JN068868

法人税申告書の書き方と留意点

基本別表編

税理士法人 右山事務所【編】

令和**6**年申告用

中央経済社

は じ め に

　申告納税制度における最も重要な手続は，提出に係る申告書の記入実務となります。租税法律主義は，課税標準・税額及び申告手続について，法律の規定によらなければならないこととしています。さらに，法人税法における申告は，確定した決算に基づき作成しなければならないと規定しています。

　これらのことを加味して租税法律主義及び確定した決算に基づく『法人税申告書の書き方と留意点』を平成16年から令和５年までの20年間にわたり発刊させて頂いております。さらに本書は，平成25年度申告用から２分冊（基本別表編・特殊別表編）化し，読者の皆様にとってより使い勝手が良い本へと衣替えをさせてもらっています。

　このうち基本別表編では，第１章の「法人税確定申告の仕組み」及び「設例による別表四・別表五（一）の書き方」で法人税確定申告書及び別表（以下単に「申告書等」といいます。）の様式・記載についてどのように法定化されているのかを解説しています。特に，令和５年10月１日から施行された「インボイス制度」及び令和６年１月１日から施行された「電子取引の取引情報に係る電子データの保存制度」の内容の解説を新たに追加しています。また，第２章に記載された各別表の様式・記載も令和５年度税制改正の内容を加味したものとしています。

　特殊別表編では，第１章の「税務処理のポイント」において，令和４年４月１日から施行された「グループ通算制度の概要」について令和５年度税制改正の内容を加味したものとしています。また，第２章に記載した各別表の様式・記載も「研究開発税制」，「DX投資促進税制」，「中小企業投資促進税制」，「中小企業経営強化税制」，「地域未来投資促進税制」及び「特定の資産の買換え制度」について令和５年度税制改正の内容を加味したものとしています。

　最後に本書が，複雑な申告納税制度の下における正しい姿としての法人税確定申告書の記入実務に役立つものとなるように，今後とも諸先輩の御叱正と御指導を伏して頂戴できれば幸いです。

　令和６年１月吉日

税理士法人　右山事務所

代表社員　宮森　俊樹

目　次

第1章　別表四・別表五（一）の仕組みと書き方

第2章　個別明細書の書き方と留意点

第1章

別表四・別表五(一)の 仕組みと書き方

I 法人税確定申告書の仕組み

1 「確定した決算に基づき」の意味

　法人税確定申告書は「確定した決算に基づき（中略）申告書を提出しなければならない。」と定められています（法法74①）。

　「確定した決算」とは，法人が会社法上の決算に基づく計算書類等につき，株式会社については株主総会の承認，合名会社・合資会社及び合同会社については総社員の同意，協同組合等については総会・総代会等その他の手続きにより出資者等による承認を受けたものをいいます。

　なお，「決算」とは，帳簿を締切り，会社法上の計算書類等を作成することを指します。

　会社法第435条第2項の規定により作成すべき各事業年度に係る計算書類は，貸借対照表，損益計算書，株主資本等変動計算書及び個別注記表の4つの計算書類であり，そのほかに会社が作成すべき各事業年度に係る書類は，附属明細書及び事業報告の2つの書類です。これらの作成書類（会計参与設置会社については，会計参与は取締役と共同して計算書類を作成し，かつ，会計参与報告を作成しなければならないこととされています（会社法374①）。）については，監査役設置会社においては監査役の監査を受けなければならず，取締役会設置会社においては，取締役会の承認を要することとされています。さらに計算書類については定時株主総会に提出し，その総会の承認を求めなければならないこととされています。また事業報告についてはその総会に報告しなければならないこととされています（会社法435②・436・438，計規59①）。

　したがって，法人税法の「確定した決算に基づき」とは通常は定時株主総会等の承認を受けた貸借対照表，損益計算書，株主資本等変動計算書，個別注記表の4つの計算書類に基づくことを意味するものと判断されます。なお，会社法上の計算関係書類と「確定した決算」及び「確定申告書の添付書類」との関係は次のとおりです。

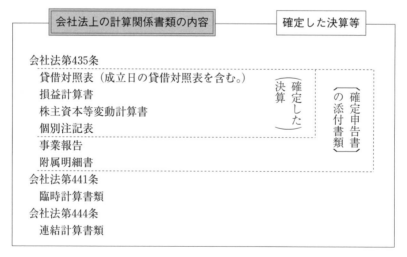

2 確定した決算と法人税確定申告書との関係

　「確定した決算」とは，通常は定時株主総会等（以下「定時総会」といいます。）で承認された貸借対照表，損益計算書，株主資本等変動計算書及び個別注記表の4つの計算書類を指すことは前述しました。

　他方「法人税確定申告書」とは基本的には次に掲げる事項を記載した申告書及び添付書類をいうものとされています（法法74）。

> **法人税法74条**（確定申告）
> ①一　当該事業年度の課税標準である所得の金額又は欠損金額
> 　二　前号に掲げる所得の金額につき税額の計算の規定を適用して計算した法人税の額
> 　（三，四，五　省略）
> 　六　前各号に掲げる金額の計算の基礎その他財務省令で定める事項
> （②省略）
> ③　第1項の規定による申告書には，当該事業年度の貸借対照表，損益計算書その他の財務省令で定める書類を添付しなければならない。

　すなわち，第1項は，確定申告書に係る「記載事項」を規定し，第3項は，確定申告書に添付すべき「添付書類」について規定しています。これらに係る通常の記載事項又は添付書類について法人税申告書に係る留意点は次のとおりです。

[1]　**記載事項・添付書類についての留意点**

①　別表の記載事項が強制されるもの（法規34②，通算法人等に係るものを除く。）
　(a)　法定の書式による記載事項が強制されるもの
　　ⓐ　別表一，別表一付表
　　ⓑ　別表二から別表六（三十二）まで
　　ⓒ　別表七（一）から別表十七（四）まで
　(b)　法定の書式による記載事項が強制されないもの

提出明細書（内国法人のみ）	適　用
イ　法令63②による（減価償却に関する明細書）	これらの規定の明細書（別表十六（一）から別表十六（六））の書式に代え，異なる書式（所定の項目記載のもの）によることができる
ロ　法令67②による（繰延資産の償却に関する明細書）	

②　確定申告書の添付書類
　(a)　次の各号に掲げる添付書類（電磁的記録に係る書類を含む。）（法規35）
　　ⓐ　その事業年度の貸借対照表及び損益計算書
　　ⓑ　その事業年度の株主資本等変動計算書若しくは社員資本等変動計算書又は損益金の処分表
　　ⓒ　ⓐに掲げるものに係る勘定科目内訳明細書
　　ⓓ　事業等の概況に関する書類　等

　すなわち，別表の記載事項については，通常の法人税申告書においては法定化された別表で記載することとされています。しかし，多量に保有する減価償却資産に係る減価償却費の明細については，コンピューターでの打出し等の関係もあり異なる書式で添付してもいいということにされています。

また，添付書類については，会社法上の計算書類の中で通常定時総会に提出しない附属明細書を基として勘定科目内訳明細書を添付させることにしている点には留意する必要があると思われます。

② 確定した決算と確定申告書との関係

そのように考えますと，確定した決算と確定申告書との関係は次の図のようになります。

区分	会社法上の計算書類等	法人税申告書の添付書類	税務調整	法人税確定申告書
摘要	貸借対照表 ──→ 損益計算書 ──→ 個別注記表 ──→ 株主資本等変動計算書──→	同　左 同　左 同　左 同　左	法人税法規定の別表	内国法人の各事業年度の所得の金額
	附属明細書 ──→ 事業報告 ──→	勘定科目内訳明細書──→ 事業概況説明書 ──→		（添付書類）

3　課税所得の算定と税務調整

① 課税所得と担税力

課税所得は，一般に担税力を指標として算定されるといわれています。担税力とは，その法人の租税を負担する力，すなわち租税の支払能力を指すものと解されていますので，企業会計における事業年度の余剰としての「当期純利益」が，その対象となります。

そして，企業会計における当期純利益は，収益－費用＝当期純利益という算式で示されます。したがって，課税所得も当然税引前当期純利益を基礎として算定することになります。

しかし，課税所得の計算は企業会計の当期純利益の計算と異なり，益金の額－損金の額＝所得の金額として規定しています（法法22①）。さらに益金の額及び損金の額は，別段の定めがあるものを除き，「一般に公正妥当と認められる会計処理の基準に従って計算されるものとする」（以下「公正処理基準」といいます。）と規定しています（法法22④）。

そこで，収益の額と益金の額との対比又は費用の額と損金の額との対比をすることにより当期純利益と課税所得との差異が明らかになることと共に企業会計の余剰としての当期純利益と法人税法における所得の金額（いわゆる担税力）との違いも鮮明になるものと思われます。

② 収益の額と益金の額との対比

第一に企業会計における収益及び費用の計上基準について述べておく必要があると考えられます。企業会計においては「すべての費用及び収益は，その支出及び収入に基づいて計上し，その発生した期間に正しく割り当てられるように処理しなければならない。ただし，未実現収益は，原則として，当期の損益計算書に計上してはならない。」（企業会計原則・第二　損益計算書原則一Ａ）とされています。

ここでは，収入の伴わない資産の無償譲渡又は低額譲渡等の処理についての会計基準は明確ではありません。しかし，税法は課税の公平の見地から無償又は低額取引についても適正時価により収益を計上する必要があります。そのために法人税法に適正時価による通則的な収益計上規定として，次の規定を設けています。

「内国法人の各事業年度の所得の金額の計算上当該事業年度の益金の額に算入すべき金額は，別段の定めがあるものを除き，資産の販売，有償又は無償による資産の譲渡又は役務の提供，無償による資産の譲受けその他の取引で資本等取引以外のものに係る当該事業年度の収益の額とする。」（法法22②）

　すなわち，法人税法は各事業年度の益金に算入すべき金額（別段の定めを除きます。）をすべての取引（資本等取引を除きます。）に係る収益の額として規定して，その中には会計基準では明確ではない無償又は低額取引も次の４つの取引に係る収益（利益として収入すべきもの）の額に含むということを定めたものということができます。

- ⓐ　資産の販売
- ⓑ　資産の有償・無償による譲渡
- ⓒ　役務の有償・無償による提供
- ⓓ　無償による資産の譲受け

③　費用の額と損金の額との対比

　第二に会計基準としての費用の額は，その支出に基づいて計上することについては前述しました。これに対して，法人税法の損金の額は次のように規定されています。

　「内国法人の各事業年度の所得の金額の計算上当該事業年度の損金の額に算入すべき金額は，別段の定めがあるものを除き，次に掲げる額とする。

- 一　当該事業年度の収益に係る売上原価，完成工事原価その他これらに準ずる原価の額
- 二　前号に掲げるもののほか，当該事業年度の販売費，一般管理費その他の費用（償却費以外の費用で当該事業年度終了の日までに債務の確定しないものを除く。）の額
- 三　当該事業年度の損失の額で資本等取引以外の取引に係るもの」（法法22③）

　すなわち，法人税法における損金の規定は，益金の額にみられるような企業会計と異なる通則的な計上規定は設けられていません。そうして損金の額については，

- ⓐ　収益に対応する原価の額
- ⓑ　期間に対応する費用の額
- ⓒ　ⓐⓑの例外としての損失の額

を規定しています。このことは，原価の額及び費用の額については，発生主義としての対応基準を計上基準とし，損失の額については実現主義としての損失の実現を計上基準としていると判断することができます。さらに税法における損金の額の規定は，会計基準における費用を性格別に三分類（原価の額，費用の額，損失の額）したものと考察することができます。したがって，その内容については，白地規定としての公正処理基準に委ねていると解され，税法基準と会計基準とは税法の「別段の定め」のみが税務調整事項となり，その他の事項については税法基準と会計基準とは理論的には概ね（会計基準における「引当金」を除きます。）一致すべきものと考えることができます。

④　各事業年度の所得の金額と当期純利益の額との対比

　したがって税法における別段の規定も含めた各事業年度の所得の金額と会計基準における当期純利益の額との対比を図にして示せば次のようになります。

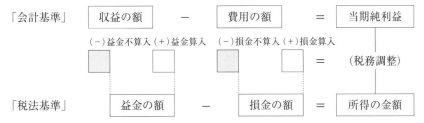

5 税務調整

(a) 確定決算主義と税務調整

　法人税の確定申告は，その法人の確定した決算に基づいて行われます（法法74①）。これを確定決算主義といいますが，この確定した決算から前述した法人税の課税所得までの加算・減算の計算過程において関係する定めのことを「税務調整」といいます。

　税務調整は，決算調整と申告調整とに分かれますが，決算調整は，剰余金の配当を制限する機能を併せ有するのに対して，申告調整は適正な税務計算のために行われるものです。その具体的内容は次のとおりです。

決算調整 ── 会社の確定した決算に所定の経理をしないとその経理が税務上有効とされないもの。主として会社の意思決定に係るもの（例：減価償却）。

申告調整 ── 確定した決算において処理することは要求しないが，申告書に記載して調整（加算・減算）した場合に税務上有効とされるもの（例：受取配当等の益金不算入）。

　税務調整の仕組みを図示すれば，次のようになります。

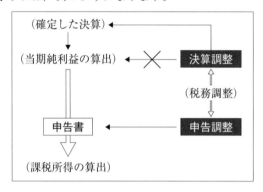

(b) 決算調整

　当期純利益は，決算で算出されたものが，株主総会等の承認を得て，はじめて確定します。

　決算調整は，この確定した決算に所定の経理を要求し，主として法人の意思を税法上確認するものですから，税法が決算で費用計上を要求するものは損金処理等をしておかないと，税法上損金算入できないことになります。

　損金処理等の形式については決算調整の大部分が，法人が確定した決算において費用又は損失として経理することを要求する「損金経理」の事項です。しかし，事項によっては剰余金の処分の経理でもよいという経理を要求しているものがあります。

(c)　申告調整

　　申告調整は，次のように任意的申告調整事項と必要的申告調整事項とに区分されます。

```
┌─(任意的申告調整事項)── 申告書において調整するか否かは法人の任意ですが，調整しな
│                        ければ税法上の適用を受けられないもの
│                        〔受取配当等の益金不算入，収用等の特別控除，各種税額控除など〕
申                        ただし，措置法規定又は引当金以外の任意的申告調整事項につ
告                        いては，平成23年度税制改正により法定金額まで更正の請求
調                        （原則5年）により救済されることになりました（平成23年12
整                        月2日以後に法定申告期限等が到来する国税に適用）。
│
└─(必要的申告調整事項)── 申告書で必ず調整しなければならないもので，調整をしなけれ
                          ば税法上更正処分の対象となるもの
                          ⎛減価償却費や引当金の限度超過額，寄附金や交際費等の損金不算⎞
                          ⎝入額など                                              ⎠
```

(d)　税務調整の全体像

　　税務調整の全体像としては，第一に，益金の額と損金の額との2つに分けて税務調整を検討します。第二に益金の額については，通則的収益計上規定と別段の定めとに分けて，その各々について決算調整事項及び申告調整事項を検討します。第三に損金の額については，別段の定めを中心として，決算調整事項と申告調整事項に分けて検討します。

ⓐ　益金の額に係る税務調整

　　益金の額に係る税務調整を表にすれば次のとおりです。

区　　分	項　　目	税務調整方法
ア　通則的収益計上規定事項（法法22②）	（ア）資産の販売 （イ）資産の有償・無償による譲渡 （ウ）役務の有償・無償による提供 （エ）無償による資産の譲受け	申告調整 （必要的申告調整）
イ　別段の定めに係る事項	（ア）受取配当等の益金不算入（法法23） （イ）完全支配関係がある場合の受贈益の益金不算入（法法25の2） （ウ）還付金等の益金不算入（法法26）	任意的申告調整 必要的申告調整 必要的申告調整
ウ　収益及び費用の認識基準に関する事項	（ア）リース譲渡に係る延払基準の適用（法法63，法令124） （イ）長期大規模工事以外の工事についての工事進行基準（法法64）	決算調整，延払基準等の経理があった場合に収益・費用の繰り延べができる

ⓑ　損金の額に係る税務調整

損金の額に係る税務調整を表にすれば次のとおりです。

決算調整事項	項　目	税務調整の効果
ア　内部取引に関する事項	（ア）減価償却資産の償却費（法法31） （イ）繰延資産の償却費（法法32） （ウ）交換により取得した資産の圧縮損（法法50） （エ）各種引当金繰入額（法法52ほか） （オ）一括償却資産の損金算入（法令133の２） （カ）少額減価償却資産の取得価額の損金算入の特例（措法67の５） （キ）資産の評価損の損金算入（法法33）など	損金経理しなければ損金の額に算入されない
	（ク）各種の特別償却に係る償却準備金積立額（措法42の６・52の３ほか） （ケ）各種準備金の積立額（措法55ほか） （コ）交換資産以外の資産の圧縮損（措法64ほか）	損金経理又は剰余金の処分のいずれかをしなければ損金の額に算入されない
イ　特定の外部取引に関する事項	（ア）役員の業績連動給与（法法34①三）	損金経理しなければ損金の額に算入されない

申告調整事項	項　目	調整の効果
ア　任意的申告調整事項	（ア）法人税額から控除する所得税額の損金不算入及び所得税額の控除（法法40・68） （イ）法人税額から控除する外国税額の損金不算入及び外国税額の控除（法法41・69） （ウ）分配時調整外国税相当額の損金不算入及び分配時調整外国税相当額の控除（法法41の２・69の２）など	調整することにより各控除に税法上の効力が発生する
イ　必要的申告調整事項	（ア）減価償却超過額（法法31） （イ）役員給与の損金不算入等（法法34②③），過大な使用人給与の損金不算入（法法36） （ウ）寄附金の損金不算入（法法37） （エ）法人税額等の損金不算入（法法38・39） （オ）貸倒引当金，準備金の繰入（積立）超過額（法法52，措法55ほか） （カ）交際費等の損金不算入（措法61の４）など	調整しなければ行政上の処分（更正）が行われる

〔留意点〕

益金の額又は損金の額に係る税務調整については，受取配当等の益金不算入又は法人税額から控除する所得税額の損金不算入及び所得税額の控除のように当初申告に記載がない又は記載額に誤りがあっても，その後の更正の請求で補完できるように当初申告要件を廃止する措置又は申告に係る控除額の制限を見直す措置（平成23年12月２日以後の申告期限に適用）が平成23年度第２次改正で設けられたので留意して下さい。

Ⅱ　設例による別表四・別表五（一）の書き方

1　損益計算書と別表四との関係

［1］　法人税申告書と別表

　法人税の申告は，法定された別表としての一定の様式に記載して行いますが，この別表のことを「法人税申告書」といいます。

　法人税申告書は，現在，別表一から別表二十までの種類があり，正しくは，別表一のみが課税標準又は税額を記載する「法人税申告書」であって，別表二以下は別表一に添付する「明細書」ですが，実務では，これらの全体を総称して法人税申告書と呼んでいます。

　法人税申告書の種類は多種類に及んでいますが，通常用いられるのは，このうちせいぜい20種類から30種類であり，あとの申告書は特殊な業種，業態にしか用いられないもの又は特殊なケースのみに用いられるものです。

　そこで，ここでは一般的に用いられている申告書の中から，特に重要と思われる別表四及び別表五（一）を中心にその構造や記入方法をみてみることにします。

［2］　別表四の様式

　別表四の様式には，簡易様式と一般様式がありますが，通常は簡易様式を使用し簡易様式では記載できない特殊な場合に一般様式を使用することになります。したがって以後の説明は種々の設例を設けることから，そのときの状況により一般様式又は簡易様式によることにします。

　そこで，別表四に係る簡易様式と一般様式の2つの様式を10～11頁に示しておきます。

［3］　別表四の機能

ⓐ　法人税の課税標準となる各事業年度の所得の金額は，法人が計算した当期純利益を基礎に申告調整事項を加算・減算して誘導的に法人税法上の所得の金額が算出されますので税務上の損益計算書ということができます。これを計算する様式が法人税申告書の別表四です。

ⓑ　各事業年度の所得の金額は，縦の行「総額①」の欄で記入，計算されますが，最終的には，同欄の�52の金額が当該事業年度の課税標準となる所得金額又は欠損金額ということになります。

ⓒ　さらに別表四の様式には，縦の行に「処分」欄があり，それが「留保②」と「社外流出③」に分かれています。

　この「留保」と「社外流出」の意味は，次のとおりです。

　　留　　保——次期以降の所得計算に影響を及ぼす税務上の貸借対照表項目を記載する欄です。

　　社外流出——留保以外の項目。次期以降の所得計算に影響を及ぼさない，その期だけの社外に払い出された項目が主として記載されます。

　したがって別表四は，会計基準による当期純利益の額に申告調整を行い，税務基準による課税標準としての所得金額又は欠損金額を算定する税務上の損益計算書としての機能を有すると同時に当該所得金額又は欠損金額に係る処分を記載します。この処分は留保と社外流出に分かれますが，留保は，次期以降の所得計算に影響を及ぼすと同時に税法上の利益積立金額計算の基礎となり，税務上の貸借対照表の基礎資料を提供するものといえます。また社外流出は，流出先の課税の源となる金額を示しているといえます。

所得の金額の計算に関する明細書（簡易様式）

事　業 年　度	・　・	法人名	

別表四（簡易様式）

区　　　　分		総　　額	処　　　　　　分	
			留　保	社　外　流　出
		①	②	③
当 期 利 益 又 は 当 期 欠 損 の 額	1	円	円	配当 円
				その他
加	損金経理をした法人税及び 地方法人税（附帯税を除く。）	2			
	損金経理をした道府県民税及び市町村民税	3			
	損 金 経 理 を し た 納 税 充 当 金	4			
	損金経理をした附帯税（利子税を除く。）、 加算金、延滞金（延納分を除く。）及び過怠税	5			その他
	減 価 償 却 の 償 却 超 過 額	6			
	役 員 給 与 の 損 金 不 算 入 額	7			その他
	交 際 費 等 の 損 金 不 算 入 額	8			その他
	通 算 法 人 に 係 る 加 算 額 （別表四付表「5」）	9			外 ※
		10			
算					
	小　　　　計	11			外 ※
減	減 価 償 却 超 過 額 の 当 期 認 容 額	12			
	納税充当金から支出した事業税等の金額	13			
	受 取 配 当 等 の 益 金 不 算 入 額 （別表八（一）「5」）	14			※
	外国子会社から受ける剰余金の配当 等の益金不算入額（別表八（二）「26」）	15			※
	受 贈 益 の 益 金 不 算 入 額	16			※
	適 格 現 物 分 配 に 係 る 益 金 不 算 入 額	17			※
	法 人 税 等 の 中 間 納 付 額 及 び 過 誤 納 に 係 る 還 付 金 額	18			
	所 得 税 額 等 及 び 欠 損 金 の 繰 戻 し に よ る 還 付 金 額 等	19			※
	通 算 法 人 に 係 る 減 算 額 （別表四付表「10」）	20			※
		21			
算					
	小　　　　計	22			外 ※
仮　　　　　　　計 (1)＋(11)−(22)	23			外 ※
対 象 純 支 払 利 子 等 の 損 金 不 算 入 額 （別表十七（二の二）「29」又は「34」）	24			その他
超 過 利 子 額 の 損 金 算 入 額 （別表十七（二の三）「10」）	25	△		※ △
仮　　　　　　　計 (23)から(25)までの計	26			外 ※
寄 附 金 の 損 金 不 算 入 額 （別表十四（二）「24」又は「40」）	27			その他
法 人 税 額 か ら 控 除 さ れ る 所 得 税 額 （別表六（一）「6の③」）	29			その他
税 額 控 除 の 対 象 と な る 外 国 法 人 税 の 額 （別表六（二の二）「7」）	30			その他
分配時調整外国税相当額及び外国関係 会社等に係る控除対象所得税額等相当額 （別表六（五の二）「5の②」）＋（別表十七（三の六）「1」）	31			その他
合　　　　　計 (26)＋(27)＋(29)＋(30)＋(31)	34			外 ※
中 間 申 告 に お け る 繰 戻 し に よ る 還 付 に 係 る 災 害 損 失 欠 損 金 額 の 益 金 算 入 額	37			※
非 適 格 合 併 又 は 残 余 財 産 の 全 部 分 配 等 に よ る 移 転 資 産 等 の 譲 渡 利 益 額 又 は 譲 渡 損 失 額	38			※
差　　　引　　　計 (34)＋(37)＋(38)	39			外 ※
更生欠損金又は民事再生等評価換えが行われる場合の 再生等欠損金の損金算入額（別表七（三）「9」又は「21」）	40	△		※ △
通算対象欠損金額の損金算入額又は通算対象所 得金額の益金算入額（別表七の二「5」又は「11」）	41			※
差　　　引　　　計 (39)＋(40)±(41)	43			外 ※
欠 損 金 等 の 当 期 控 除 額 （別表七（一）「4の計」）＋（別表七（四）「10」）	44	△		※ △
総　　　　　　　計 (43)＋(44)	45			外 ※
残余財産の確定の日の属する事業年度に係る 事業税及び特別法人事業税の損金算入額	51	△	△	
所 得 金 額 又 は 欠 損 金 額	52			外 ※

— 10 —

所得の金額の計算に関する明細書

| 事業年度 | ・ ・ | 法人名 | | 別表四 |

区分		総額 ①	処分 留保 ②	社外流出 ③
当期利益又は当期欠損の額	1	円	円	配当 その他 円
加算　損金経理をした法人税及び地方法人税（附帯税を除く。）	2			
損金経理をした道府県民税及び市町村民税	3			
損金経理をした納税充当金	4			
損金経理をした附帯税（利子税を除く。）、加算金、延滞金（延納分を除く。）及び過怠税	5			その他
減価償却の償却超過額	6			
役員給与の損金不算入額	7			その他
交際費等の損金不算入額	8			その他
通算法人に係る加算額（別表四付表「5」）	9			外※
	10			
小計	11			外※
減算　減価償却超過額の当期認容額	12			
納税充当金から支出した事業税等の金額	13			
受取配当等の益金不算入額（別表八（一）「5」）	14			※
外国子会社から受ける剰余金の配当等の益金不算入額（別表八（二）「26」）	15			※
受贈益の益金不算入額	16			※
適格現物分配に係る益金不算入額	17			※
法人税等の中間納付額及び過誤納に係る還付金額	18			
所得税額等及び欠損金の繰戻しによる還付金額等	19			※
通算法人に係る減算額（別表四付表「10」）	20			※
	21			
小計	22			外※
仮計 (1)+(11)-(22)	23			外※
対象純支払利子等の損金不算入額（別表十七（二の二）「29」又は「34」）	24			その他
超過利子額の損金算入額（別表十七（二の三）「10」）	25	△		※ △
仮計 ((23)から(25)までの計)	26			外※
寄附金の損金不算入額（別表十四（二）「24」又は「40」）	27			その他
沖縄の認定法人又は国家戦略特別区域における指定法人の所得の特別控除額又は益金算入額（別表十（一）「15」若しくは別表十（二）「10」又は別表十（一）「16」若しくは別表十（二）「11」）	28			※
法人税額から控除される所得税額（別表六（一）「6の③」）	29			その他
税額控除の対象となる外国法人税の額（別表六（二の二）「7」）	30			その他
分配時調整外国税相当額及び外国関係会社等に係る控除対象所得税額等相当額（別表六（五の二）「5の②」）+（別表十七（三の六）「1」）	31			その他
組合等損失額の損金不算入額又は組合等損失超過合計額の損金算入額（別表九（二）「10」）	32			
対外船舶運航事業者の日本船舶による収入金額に係る所得の金額の損金算入額又は益金算入額（別表十（四）「20」、「21」又は「23」）	33			※
合計 (26)+(27)±(28)+(29)+(30)+(31)+(32)±(33)	34			外※
契約者配当の益金算入額（別表九（一）「13」）	35			
特定目的会社等の支払配当又は特定目的信託に係る受託法人の利益の分配等の損金算入額（別表十八「13」、別表十九「11」又は別表十（十）「16」若しくは「33」）	36	△	△	
中間申告における繰戻しによる還付に係る災害損失欠損金額の益金算入額	37			※
非適格合併又は残余財産の全部分配等による移転資産等の譲渡利益額又は譲渡損失額	38			※
差引計 ((34)から(38)までの計)	39			外※
更生欠損金又は民事再生等評価換えが行われる場合の再生等欠損金の損金算入額（別表七（三）「9」又は「21」）	40	△		※ △
通算対象欠損金額の損金算入額又は通算対象所得金額の益金算入額（別表七の二「5」又は「11」）	41			※
当初配賦欠損金控除額の益金算入額（別表七（二）付表一「23の計」）	42			※
差引計 (39)+(40)±(41)+(42)	43			外※
欠損金等の当期控除額（別表七（一）「4の計」）+（別表七（四）「10」）	44	△		※ △
総計 (43)+(44)	45			外※
新鉱床探鉱費又は海外新鉱床探鉱費の特別控除額（別表十（三）「43」）	46	△		※ △
農業経営基盤強化準備金積立額の損金算入額（別表十二（十四）「10」）	47	△	△	
農用地等を取得した場合の圧縮額の損金算入額（別表十二（十四）「43の計」）	48	△	△	
関西国際空港用地整備準備金積立額、中部国際空港整備準備金積立額又は再投資等準備金積立額の損金算入額（別表十二（十一）「15」、別表十二（十二）「10」又は別表十二（十五）「12」）	49	△	△	
特定事業活動として特別新事業開拓事業者の株式の取得をした場合の特別勘定繰入額の損金算入額又は特別勘定取崩額の益金算入額（別表十（六）「21」-「11」）	50			※
残余財産の確定の日の属する事業年度に係る事業税及び特別法人事業税の損金算入額	51	△	△	
所得金額又は欠損金額	52			外※

—11—

2 設例による別表四の書き方

　この場合の別表四の設例は，後述の申告書記入の実務で種々の申告調整事項が加算又は減算となってその結果が別表四の記載事項として表れてきます。したがって，後述される各種申告調整事項との重複を避ける意味から税法上の「別段の定め」に係る事項を除外して「通則的収益計上」に係る事項及び前述した役員給与の損金不算入に限定して別表四の申告調整を行うことにします。さらに設例の取り上げ方については，まず株式会社M社の既存の決算及び申告書を《設例1》として取り上げ，当該申告に通則的収益計上事項等が存在するとした場合の事例《設例2》を加えて，別表四の書き方を説明することにします。

《設例1》株式会社M社の決算及び別表四の開示等

ⓐ　株式会社M社の損益計算書，株主資本等変動計算書及び貸借対照表の純資産の部

　株式会社M社の損益計算書，株主資本等変動計算書及び貸借対照表の純資産の部を開示すれば次のとおりです。

株式会社M社

貸 借 対 照 表

【純資産の部】

×2年3月31日現在

（単位　円）

科　　　　目	当　　期	前　　期	差　　額
【株　主　資　本】	【　46,873,529】	【　23,402,089】	【　23,471,440】
資　　本　　金	3,000,000	3,000,000	0
（利益剰余金）	（　43,873,529）	（　20,402,089）	（　23,471,440）
利　益　準　備　金	60,000	30,000	30,000
その他利益剰余金	43,813,529	20,372,089	23,441,440
別　途　積　立　金	20,000,000	10,000,000	10,000,000
繰越利益剰余金	23,813,529	10,372,089	13,441,440
純　資　産　合　計	46,873,529	23,402,089	23,471,440

損　益　計　算　書

自　×1年4月1日

至　×2年3月31日

（単位　円）

科　　目	当　期	前　期	差　額
税引前当期純利益金額	37,534,740	37,092,189	442,551
法人税，住民税及び事業税	13,763,300	16,690,100	△2,926,800
当期純利益金額	23,771,440	20,402,089	3,369,351

株主資本等変動計算書

自　×1年4月1日

至　×2年3月31日

（単位　円）

	株主資本					株主資本合計	純資産合計
	資本金	利益剰余金					
		利益準備金	その他利益剰余金		利益剰余金合計		
			別途積立金	繰越利益剰余金			
当期首残高	3,000,000	30,000	10,000,000	10,372,089	20,402,089	23,402,089	23,402,089
当期変動額							
別途積立金の積立			10,000,000	△10,000,000	0	0	0
剰余金の配当		30,000		△330,000	△300,000	△300,000	△300,000
当期純利益				23,771,440	23,771,440	23,771,440	23,771,440
当期変動額合計	—	30,000	10,000,000	13,441,440	23,471,440	23,471,440	23,471,440
当期末残高	3,000,000	60,000	20,000,000	23,813,529	43,873,529	46,873,529	46,873,529

ⓑ　株式会社M社の決算に基づく別表四

所得の金額の計算に関する明細書（簡易様式）

事業年度	×1・4・1　×2・3・31	法人名	株式会社M社

別表四（簡易様式）

区　分		総　額①	処分 留　保②	処分 社外流出③	
当期利益又は当期欠損の額	1	円 23,771,440	円 23,471,440	配当	300,000 円
				その他	
加	損金経理をした法人税及び地方法人税（附帯税を除く。）	2	5,885,500	5,885,500		
	損金経理をした道府県民税及び市町村民税	3	1,278,200	1,278,200		
	損金経理をした納税充当金	4	4,659,700	4,659,700		
	損金経理をした附帯税（利子税を除く。）、加算金、延滞金（延納分を除く。）及び過怠税	5			その他	
	減価償却の償却超過額	6				
	役員給与の損金不算入額	7			その他	
	交際費等の損金不算入額	8	384,583		その他	384,583
	通算法人に係る加算額（別表四付表「5」）	9			外※	
		10				
算						
	小　　計	11	12,207,983	11,823,400	外※	384,583
減	減価償却超過額の当期認容額	12				
	納税充当金から支出した事業税等の金額	13	3,556,600	3,556,600		
	受取配当等の益金不算入額（別表八（一）「5」）	14			※	
	外国子会社から受ける剰余金の配当等の益金不算入額（別表八（二）「26」）	15			※	
	受贈益の益金不算入額	16			※	
	適格現物分配に係る益金不算入額	17			※	
	法人税等の中間納付額及び過誤納に係る還付金額	18				
	所得税額等及び欠損金の繰戻しによる還付金額等	19			※	
	通算法人に係る減算額（別表四付表「10」）	20			※	
		21				
算						
	小　　計	22	3,556,600	3,556,600	外※	
仮　計（1）+（11）-（22）	23	32,422,823	31,738,240	外※	684,583	
対象純支払利子等の損金不算入額（別表十七（二の二）「29」又は「34」）	24			その他		
超過利子額の損金算入額（別表十七（二の三）「10」）	25	△		※	△	
仮　計（（23）から（25）までの計）	26	32,422,823	31,738,240	外※	684,583	
寄附金の損金不算入額（別表十四（二）「24」又は「40」）	27			その他		
法人税額から控除される所得税額（別表六（一）「6の③」）	29	20		その他	20	
税額控除の対象となる外国法人税の額（別表六（二の二）「7」）	30			その他		
分配時調整外国税相当額及び外国関係会社等に係る控除対象所得税額等相当額（別表六（五の二）「5の②」）+（別表十七（三の六）「1」）	31			その他		
合　計（26）+（27）+（29）+（30）+（31）	34	32,422,843	31,738,240	外※	684,603	
中間申告における繰戻しによる還付に係る災害損失欠損金額の益金算入額	37			※		
非適格合併又は残余財産の全部分配等による移転資産等の譲渡利益額又は譲渡損失額	38			※		
差　引　計（34）+（37）+（38）	39	32,422,843	31,738,240	外※	684,603	
更生欠損金又は民事再生等評価換えが行われる場合の再生等欠損金の損金算入額（別表七（三）「9」又は「21」）	40	△		※	△	
通算対象欠損金額の損金算入額又は通算対象所得金額の益金算入額（別表七の二「5」又は「11」）	41			※		
差　引　計（39）+（40）±（41）	43	32,422,843	31,738,240	外※	684,603	
欠損金等の当期控除額（別表七（一）「4の計」）+（別表七（四）「10」）	44	△		※	△	
総　計（43）+（44）	45	32,422,843	31,738,240	外※	684,603	
残余財産の確定の日の属する事業年度に係る事業税及び特別法人事業税の損金算入額	51	△	△			
所得金額又は欠損金額	52	32,422,843	31,738,240	外※	684,603	

《設例2》通則的収益事項の加算

　株式会社M社の決算後に次の事項が判明し申告調整を行うことにしました。この場合の別表四を示しなさい。

（事　　項）

①　商品のうちに社長宅の自家消費があり，販売価額30万円を売上に計上する。

②　法人のバイク1台（未償却残高7万円）を取引先の社長に無償で今後の事業の発展を兼ねて譲渡した。当該バイクの時価は，鑑定により5万円と評価された。

③　社長から自動車1台（中古車見積り価額100万円）を法人に無償提供を受ける。

④　役員給与の損金不算入とされる金額は200万円である。

（仕　　訳）

　①については，自家消費が定期・定額であるかどうかが問題となりますが，本件は自家消費が臨時的（中元・歳暮時に特に多い）であり，かつ事前確定届出給与に該当しない経済的利益であることから役員賞与（損金不算入の役員給与）として調整を行います。

　　役員賞与　300,000円／売上　300,000円

　②については，バイクの譲渡は交際費等に該当しますが，その価額は当該バイクの時価であることから，差額2万円については当該譲渡に伴い含み損が顕現化したものとして，譲渡損として調整を行います。

　　譲渡損等　70,000円／車両運搬具　70,000円

　　交際費　50,000円／譲渡損等　50,000円

　　（ただし，この交際費は損金算入限度額を超過しており，損金算入額はないものとします。）

　③については次の調整を行います。

　　車両運搬具　1,000,000円／受贈益　1,000,000円

　④については会計上の仕訳は必要ありません。単に加算の申告調整のみ行われます。

　これらを盛り込んだ税務調整を別表四で行うことになります。

〈設例2の加算・減算に基づく別表四の処理〉

1　別表四の記載

　《設例2》による申告調整の処理を行った後の別表四は，17頁のようになります。

　すなわち，申告所得金額が次のように変動することになります。

申告所得金額	申告調整前	申告調整後	差　額
	円	円	円
金　額	32,422,843	35,702,843	3,280,000

　なお，別表四の区分欄に記入すべき申告調整項目の表示には，絶対的なものはなく，申告調整の内容が理解できればよいこととなっていますが，その中でも使用することが慣行となっている用語があります。その代表的なものは，次のとおりです。

用　語	内　　　容
超過額	減価償却や諸引当金など税法上の限度額が定められているものについて，会社の計上額が過大であった場合にその超過分を「○○超過額」という用語で明らかにします。例：減価償却超過額
否認	新たに申告調整で加算する場合に使います。 会社で処理したものが税務上認められないとき（税務上の否認）に用いられます。例：交際費等の損金不算入
認定損	新たに申告調整で減算する場合に使います。 会社では処理していないが税務上は損金として認めようというときに主に用いられます。例：貸倒れ認定損
認容	前期以前の留保項目の否認（所得加算）について，会社で修正経理等があったために，当期の申告調整上減算する場合に使います。 また，会社で処理したものが所得計算上損金として認められるとして申告調整上減算する場合にも使われます。例：前期以前の減価償却超過額認容
認定益	新たに申告調整で加算する場合に使います。会社では処理していないが税務上益金として加算しようというときに用います。例：無償による資産の譲受け

② 別表四の記載についての留意点

　記載についての留意点を明らかにするために，別表四を会社決算に係る加算及び減算の２つに分けて説明することにします。

　加算事項については別表四が税務上の損益計算という性質を有していることから，①会社損益に税法のどの規定により加算を行い法人税の課税標準を増加させるのかという根拠を明らかにする必要があります。②加算事項の用語は，損益的用語を用いて加算の原因が明らかになるように記載すべきだと考えられます。

(a)　会社決算欄についての留意点

〔会社決算欄〕

区　　　分		総　　額	処　　　　　　　　　分		
			留　　　保	社　外　流　出	
		①	②	③	
当期利益又は当期欠損の額	1	23,771,440 円	23,471,440 円	配当	300,000 円
				その他	

　会社決算欄は後述する別表五（一）の利益積立金等の計算を行う関係もあり，確定した税引後当期純利益又は当期純損失の額から記載（総額①）されます。そうしてその額が損益金の処分に従い「留保②」又は「社外流出③」に分かれて記載されます。さらに「社外流出③」は外部の課税に対する資料として配当及びその他に分類されます。したがって株式会社Ｍ社の決算及び株主資本等変動計算書から別表四を記載しますと上の〔会社決算欄〕のようになります。

所得の金額の計算に関する明細書（簡易様式）

事業年度	×1・4・1 ×2・3・31	法人名	株式会社M社

別表四（簡易様式）

加算欄

減算欄

区　　分		総　　額 ①	処　　　　分	
			留　保 ②	社　外　流　出 ③
当 期 利 益 又 は 当 期 欠 損 の 額	1	23,771,440 円	23,471,440 円	配当　　　300,000 円 その他
加　算	損金経理をした法人税及び地方法人税（附帯税を除く。）	2	5,885,500	5,885,500	
	損金経理をした道府県民税及び市町村民税	3	1,278,200	1,278,200	
	損 金 経 理 を し た 納 税 充 当 金	4	4,659,700	4,659,700	
	損金経理をした附帯税（利子税を除く。）、加算金、延滞金（延納分を除く。）及び過怠税	5			その他
	減 価 償 却 の 償 却 超 過 額	6			
	役 員 給 与 の 損 金 不 算 入 額	7	2,000,000		その他　　2,000,000
	交 際 費 等 の 損 金 不 算 入 額	8	434,583		その他　　　434,583
	通 算 法 人 に 係 る 加 算 額（別表四付表「5」）	9			外 ※
	売 上 認 定 利 益	10	300,000		300,000
	受 贈 認 定 利 益		1,000,000	1,000,000	
	小　　　　　計	11	15,557,983	12,823,400	外 ※　　2,734,583
減　算	減 価 償 却 超 過 額 の 当 期 認 容 額	12			
	納税充当金から支出した事業税等の金額	13	3,556,600	3,556,600	
	受取配当等の益金不算入額（別表八（一）「5」）	14			※
	外国子会社から受ける剰余金の配当等の益金不算入額（別表八（二）「26」）	15			※
	受 贈 益 の 益 金 不 算 入 額	16			※
	適格現物分配に係る益金不算入額	17			※
	法 人 税 等 の 中 間 納 付 額 及 び 過 誤 納 に 係 る 還 付 金 額	18			
	所 得 税 額 等 及 び 欠 損 金 の 繰 戻 し に よ る 還 付 金 額 等	19			※
	通 算 法 人 に 係 る 減 算 額（別表四付表「10」）	20			※
	譲 渡 損 失 認 定 損	21	70,000	70,000	
	小　　　　　計	22	3,626,600	3,626,600	外 ※
仮　　　　　計 (1)＋(11)−(22)		23	35,702,823	32,668,240	外 ※　　3,034,583
対象純支払利子等の損金不算入額（別表十七（二の二）「29」又は「34」）		24			その他
超 過 利 子 額 の 損 金 算 入 額（別表十七（二の三）「10」）		25	△		※　△
仮　計 ((23)から(25)までの計)		26	35,702,823	32,668,240	外 ※　　3,034,583
寄 附 金 の 損 金 不 算 入 額（別表十四（二）「24」又は「40」）		27			その他
法 人 税 額 か ら 控 除 さ れ る 所 得 税 額（別表六（一）「6の③」）		29	20		その他　　　　　20
税額控除の対象となる外国法人税の額（別表六（二の二）「7」）		30			その他
分配時調整外国税相当額及び外国関係会社等に係る控除対象所得税額等相当額（別表六（五の二）「5の②」）＋（別表十七（三の六）「1」）		31			その他
合　　　計 (26)＋(27)＋(29)＋(30)＋(31)		34	35,702,843	32,668,240	外 ※　　3,034,603
中間申告における繰戻しによる還付に係る災害損失欠損金額の益金算入額		37			※
非適格合併又は残余財産の全部分配等による移転資産等の譲渡利益額又は譲渡損失額		38			※
差　　引　　計 (34)＋(37)＋(38)		39			外 ※
更生欠損金又は民事再生等評価換えが行われる場合の再生等欠損金の損金算入額（別表七（三）「9」又は「21」）		40	△		※　△
通算対象欠損金額の損金算入額又は通算対象所得金額の益金算入額（別表七の二「5」又は「11」）		41			※
差　　引　　計 (39)＋(40)±(41)		43	35,702,843	32,668,240	外 ※　　3,034,603
欠 損 金 等 の 当 期 控 除 額（別表七（一）「4の計」）＋（別表七（四）「10」）		44	△		※　△
総　　　計 (43)＋(44)		45	35,702,843	32,668,240	外 ※　　3,034,603
残余財産の確定の日の属する事業年度に係る事業税及び特別法人事業税の損金算入額		51	△	△	
所 得 金 額 又 は 欠 損 金 額		52	35,702,843	32,668,240	外 ※　　3,034,603

(b) 加算欄についての留意点

　加算欄の区分(2), (3), (4)の加算事項及び金額は，法人税額等の損金不算入（法法38）の規定により会社の税引後当期純利益を税引前当期純利益に引き直すための重要な加算事項です。さらに区分(7)（役員給与の損金不算入）2,000,000円は，役員給与の損金不算入（法法34）により，(8)（交際費等の損金不算入額）434,583円（当初申告の否認額384,583円＋《設例2》による否認額50,000円）は交際費等の損金不算入（措法61の4）の規定により，会社の費用計上額のうち当該金額に相当する額を損金否認するものです。この否認の記載例については，後述する別表十五，別表十四（二）の記載方法で説明されますのでここではその説明を割愛します。通則的収益計上としての区分(10)以下については，説明は前述したので割愛することにしますが，受贈認定利益1,000,000円については，翌期以降に会社の会計上で受け入れることになり二重課税となることから，事後に税法上の法理により認容する必要があります。そのことから当期の処分は「留保」としました。

(c) 減算欄についての留意点

　減算欄の(13)の減算額は下記の別表五（二）の中の（納税充当金の計算）に基づく納税充当金の取崩額(35)の（事業税及び特別法人事業税3,556,600円）に基づくものです。

納　　税　　充　　当　　金　　の　　計　　算								
期　首　納　税　充　当　金	30	16,690,100 円	取	そ	損 金 算 入 の も の	36		円
繰　入　損金経理をした納税充当金	31	4,659,700		の	損 金 不 算 入 の も の	37		
入	32		崩	他		38		
額　　　計 (31) ＋ (32)	33	4,659,700			仮 払 税 金 消 却	39		
取崩　法 人 税 額 等 (5の③)＋(10の③)＋(15の③)	34	13,133,500	額		計 (34)+(35)+(36)+(37)+(38)+(39)	40	16,690,100	
額　事業税及び特別法人事業税 (19の③)	35	3,556,600	期　末　納　税　充　当　金 (30) ＋ (33) － (40)			41	4,659,700	

　そして，当該事業税の額は前事業年度の所得の金額に基づくものですが，前事業年度に納税充当金の中に含め加算したものですから，事業税の損金性により当期に認容として前期の加算を是正したものです。なお，譲渡損失認定損については，前述したので割愛します。

　以上の申告調整（加算・減算）を行った後の別表四が17頁に掲げたものになります。

3　設例による別表五（一）の仕組みと書き方

1　利益剰余金と別表五（一）との関係

(a) 会社計算の利益剰余金

　前節の設例で挙げた株式会社M社の，会社計算における利益剰余金算出のために会社の株主資本等変動計算書を示します。

株式会社M社

株主資本等変動計算書
自　×1年4月1日　　至　×2年3月31日

（単位　円）

	資本金	利益剰余金				株主資本合計	純資産合計
		利益準備金	その他利益剰余金		利益剰余金合計		
			別途積立金	繰越利益剰余金			
当期首残高	3,000,000	30,000	10,000,000	10,372,089	20,402,089	23,402,089	23,402,089
当期変動額							
別途積立金の積立			10,000,000	△10,000,000	0	0	0
剰余金の配当		30,000		△330,000	△300,000	△300,000	△300,000
当期純利益				23,771,440	23,771,440	23,771,440	23,771,440
当期変動額合計	―	30,000	10,000,000	13,441,440	23,471,440	23,471,440	23,471,440
当期末残高	3,000,000	60,000	20,000,000	23,813,529	43,873,529	46,873,529	46,873,529

利益積立金額及び資本金等の額の計算に関する明細書

事業年度	×1・4・1 ×2・3・31	法人名	株式会社M社	別表五(一)

Ⅰ　利益積立金額の計算に関する明細書

区　分		期首現在利益積立金額 ①	当期の増減		差引翌期首現在利益積立金額 ①－②＋③ ④
			減 ②	増 ③	
利　益　準　備　金	1	30,000 円	円	30,000 円	60,000 円
別　途　積　立　金	2	10,000,000		10,000,000	20,000,000
車両運搬具	3			1,000,000	1,000,000
車両運搬具（バイク）	4			△70,000	△70,000
	24				
繰越損益金（損は赤）	25	10,372,089	10,372,089	23,813,529	23,813,529
納　税　充　当　金	26	16,690,100	16,690,100	4,659,700	4,659,700
未納法人税及び未納地方法人税（附帯税を除く。）	27	△ 10,790,100	△ 16,675,600	中間 △5,885,500 確定 △3,386,600	△ 3,386,600
未払通算税効果額（附帯税の額に係る部分の金額を除く。）	28			中間 確定	
未納道府県民税（均等割額を含む。）	29	△ 2,343,400	3,621,600	中間 △1,278,200 確定 △ 723,600	△ 723,600
未納市町村民税（均等割額を含む。）	30	△	△	中間 △ 確定 △	△
差　引　合　計　額	31	23,958,689	6,764,989	28,159,329	45,353,029

(b)　別表五（一）の利益積立金額の考え方

会社の利益剰余金と税法上の利益積立金額とは次のような差異が生ずることになります。

会社の利益剰余金		税法上の利益積立金額		差　異
科　目	金　額	科　目	金　額	金　額
	円		円	円
利益準備金	60,000	利益準備金	60,000	－
別途積立金	20,000,000	別途積立金	20,000,000	－
		納税充当金	4,659,700	549,500
		未払法人税等	△4,110,200	
		車両運搬具	1,000,000	1,000,000
		車両運搬具（バイク）	△70,000	△70,000
繰越利益	23,813,529	繰越損益金	23,813,529	
合　計	43,873,529		45,353,029	1,479,500

　すなわち，税法上の利益積立金額は，会社の利益剰余金に表現されない納税充当金と未払法人税等（損金不算入税額等）の差額又は税務調整（車両運搬具）の金額が差異となっています。特に税務調整の金額の差異は，別表四の留保欄から移行され，事後に認容するための税務調整が必要であることから重要です。

　したがって利益剰余金と利益積立金額の差異については，次の式で示されると思います。

> 利益積立金額（税法）＝利益剰余金（会計）±税務調整（留保）±納税充当金見積り差異

(c)　別表五（一）の利益積立金額の書き方

　利益積立金の金額は，会社の税法上の税引後利益を源泉とした正味財産としての積立金ですから貸借対照表の科目名で記載します。そして金額は会社の清算等に至るまで継続して清算所得に課税済積立金として対応するためにも正確に記録すべきものです。したがって，前述のとおり「期首現在利益積立金額①」の縦欄には，前期の別表五（一）に記載された「差引翌期首現在利益積立金額④」の金額をそのまま記載し，次に申告調整の留保に係る金額を「当期の増③減②」欄に移記し，別表五（二）から未払法人税等(27)(29)(30)の期中増減及び期末残高を移記し，会社計上の「納税充当金(26)」の期中増減及び期中残高を移記すれば税法上の利益積立金の金額が，別表五（一）(31)④の箇所に計算の結果として示されることになります。

② 別表五（一）の資本金等の額の計算に関する明細書

　「資本金等の額の計算に関する明細書」の様式を示せば次のとおりです。

Ⅱ　資本金等の額の計算に関する明細書

区　　　分		期　首　現　在資本金等の額	当　期　の　増　減		差引翌期首現在資本金等の額①－②＋③
			減	増	
		①	②	③	④
資本金又は出資金	32	3,000,000 円	円	円	3,000,000 円
資　本　準　備　金	33				
	34				
	35				
差　引　合　計　額	36	3,000,000			3,000,000

　当該明細書は，法人税法第2条第16号の資本金等の額に規定する資本金等の期中増減額の内訳と期末残高を表すために記載します。

　この明細書は，増資・合併等の場合に株式の発行価格のうち資本に組み入れなかった金額その他，会計上と税法上の差異のある特殊な取引について記載するためのものであり，通常使用するものではないことから，設例を基とした具体的な計算による書き方は後述されるので割愛します。

《参考文献》
・武田昌輔編著『DHCコンメンタール法人税法』（第一法規）
・青木幸弘編『図解法人税－令和元年版－』（大蔵財務協会）

Ⅲ　インボイス制度

1　インボイス制度とは

　令和5年10月1日から消費税複数税率制度に対応した仕入税額控除の方式として，適格請求書等保存方式（いわゆる「インボイス制度」）が導入されました（平成28年改正法附則46）。

　インボイス制度では，納税地を所轄する税務署長に登録申請書を提出し，登録を受けた課税事業者である適格請求書発行事業者が交付する適格請求書，適格簡易請求書又は適格返還請求書（以下単に「インボイス」といいます。）の保存が仕入税額控除の要件とされます（消法30）。

　なお，インボイス制度導入までの経過措置として，令和元年10月1日から令和5年9月30日までの間における仕入税額控除の方式は「区分記載請求書等保存方式」とされていました（平成28年改正法附則34②）。

〈図表Ⅲ－1〉仕入税額控除の計算方式

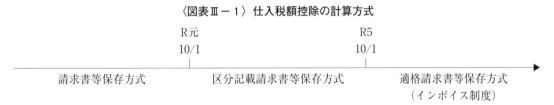

2　インボイス等発行事業者登録制度

① 課税事業者の登録申請の手続

　課税事業者がインボイス制度が開始される令和5年10月1日から登録を受けるためには，令和5年9月30日までに納税地を所轄する税務署長に登録申請書を提出する必要がありました（平成28年改正法附則44①，平成28年改正施行令附則15①）。

　また，課税事業者が令和5年10月1日後にインボイス発行事業者の登録を受けようとする場合には，課税期間の途中であっても，登録申請書を提出し，登録を受けることができます。登録申請書を提出し登録を受けた場合，登録の効力は，登録日から生じることとされます（消法57の2②，消令70の2①②）。

② 免税事業者の登録申請の手続

　免税事業者がインボイス発行事業者の登録を受けるためには，原則として，消費税課税事業者選択届出書を提出し，課税事業者となる必要があります。しかし，登録日が令和5年10月1日から令和11年9月30日までの日の属する課税期間中である場合は，消費税課税事業者選択届出書を提出しなくて

も，インボイス発行事業者の登録を受けることができます（平成28年改正法附則44①，消基通21－1－1）。

　また，免税事業者が課税期間の初日からインボイス発行事業者の登録を受けようとする場合には，その課税期間の初日から起算して15日前の日までに納税地を所轄する税務署長に登録申請書を提出する必要があります（消法57の2②，消令70の2②）。なお，15日前の日までに登録申請書を提出した免税事業者について課税期間の初日後に登録がされたときは，同日に登録を受けたものとみなされます（消令70の2②）。

<u>③</u>　**免税事業者の登録申請書の提出時期の経過措置**

　免税事業者が，令和5年10月1日から令和11年9月30日までの日の属する課税期間中にインボイス発行事業者の登録を受ける場合には，課税期間の途中であっても登録の日からインボイス発行事業者となることが可能とされる経過措置（以下「免税事業者の登録申請書の提出時期の経過措置」といいます。）が設けられています（平成28年改正法附則44④，平成28年改正施行令附則15②，消基通21－1－1）。

　免税事業者の登録申請書の提出時期の経過措置の適用を受ける事業者が，令和5年10月1日後にインボイス発行事業者の登録を受けようとするときは，登録申請書に登録希望日（登録申請書を提出する日から15日を経過する日以後の日に限ります。）を記載するものとされます（平成28年改正法附則44④，平成28年改正施行令附則15②，消基通21－1－1，インボイスQ＆A問7）。この場合において，その登録希望日後に登録がされたときは，その登録希望日に登録を受けたものとみなされます（平成28年改正施行令附則15③）。

<u>④</u>　**簡易課税制度への移行措置**

　上記③の経過措置の適用を受ける事業者が，登録の日の属する課税期間中にその課税期間から簡易課税制度の適用を受ける旨を記載した「消費税簡易課税制度選択届出書」を納税地の所轄税務署長に提出した場合には，その課税期間の初日の前日に消費税簡易課税制度選択届出書を提出したものとみなされます（平成30年改正消令附則18）。

<u>⑤</u>　**登録の効力**

　登録申請書を提出し登録を受けた場合，その登録の効力は，通知の日にかかわらず，インボイス発行事業者登録簿に登載された日（以下「登録日」といいます。）から生じます。そこで，令和5年10月1日より前に登録の通知を受けた場合には，登録の効力は登録日である令和5年10月1日に生じることとなりました（インボイスQ＆A問5）。

　また，インボイス発行事業者の氏名又は名称，本店又は主たる事務所の所在地，登録番号（法人については「T＋法人番号」，個人事業者については「T＋13桁の数字」とされます。）及び登録年月日については，「国税庁インボイス発行事業者公表サイト」を通じて登録後速やかに公表されます（消法57の2④，消令70の5①）。

　なお，インボイス発行事業者が，登録が取り消された場合又は効力を失った場合，その年月日が速やかに公表されます（消法57の2⑥⑩⑪）。

<u>⑥</u>　**インボイス発行事業者が免税事業者となる場合**

　インボイス発行事業者の登録を受けた日の属する課税期間の翌課税期間以後の課税期間については，インボイス発行事業者の登録の取消しを求める届出書の提出が行われない限り，その基準期間の課税売上高が1,000万円以下となった場合でも免税事業者となることができませんので留意して下さい（消

法9①，消基通1－4－1の2，インボイスQ&A問17)。

3　インボイス発行事業者の義務等（売り手側）

① インボイスの記載事項

「インボイス」とは，次に掲げる事項が記載された請求書，納品書，領収書及びレシート等とされており，その様式は法令等で定められていません（消法57の4①，消基通1－8－1，インボイスQ&A問25)。

また，手書きの領収書であっても，インボイスとして必要な下記①から⑥の事項が記載されていれば，インボイスに該当することとなります（インボイスQ&A問26)。

① インボイス発行事業者の氏名又は名称及び登録番号

② 課税資産の譲渡等を行った年月日（注）

　(注)　課税期間の範囲内で一定の期間内に行った課税資産の譲渡等につきインボイスをまとめて作成する場合には，その一定の期間を記載することができます。

③ 課税資産の譲渡等に係る資産又は役務の内容（その課税資産の譲渡等が軽減対象課税資産の譲渡等である場合には，資産の内容及び軽減対象課税資産の譲渡等である旨）

④ 課税資産の譲渡等に係る税抜価額又は税込価額を税率の異なるごとに区分して合計した金額及び適用税率

⑤ 消費税額等（注）

　(注)　「消費税額等」とは，消費税額及び地方消費税額の合計額をいい，課税資産の譲渡等に係る税抜価額を税率の異なるごとに区分して合計した金額に100分の10（軽減対象課税資産の譲渡等である場合には，100分の8）を乗じて計算した金額又は課税資産の譲渡等に係る税込価額を税率の異なるごとに区分して合計した金額に110分の10（軽減対象課税資産の譲渡等である場合には，108分の8）を乗じて計算した金額とされます。

　　　また，消費税額等の計算において1円未満の端数が生じた場合には，税率の異なるごとに，その端数を処理します。

⑥ 書類の交付を受ける事業者の氏名又は名称

② インボイス等の交付・保存義務

インボイス発行事業者は，国内において課税資産の譲渡等を行った場合，他の事業者（免税事業者を除きます。）からインボイス等の交付を求められたときは，その交付をしなければなりません（消法57の4①～③)。その交付に代えて，電磁的記録を提供することも可能とされます（消法57の4⑤)。

また，インボイス発行事業者には，交付したインボイスの写し及び提供したインボイスに係る電磁的記録の保存義務があります（消法57の4⑥)。このインボイスの写し及び電磁的記録については，交付した日又は提供した日の属する課税期間の末日の翌日から2月を経過した日から7年間，納税地又はその取引に係る事務所等の所在地に保存義務があります（消令70の13①)。なお，仕入税額控除の要件として保存すべき請求書等についても，同様とされます（消令50①)。

③ 交付義務が免除されるもの

インボイス発行事業者には，インボイスの交付義務が課されます。ただし，次に掲げる課税資産の譲渡等については，事業の性質上，インボイスを交付することが困難であると考えられるため，適格請求書の交付義務が免除されます（消法57の4①，消令70の9②，消規26の6，インボイスQ&A問23，

$41 \sim 47$）。

① 　3万円未満の公共交通機関（船舶，バス又は鉄道）による旅客の運送（以下「公共交通機関特例」といいます。）

② 　出荷者等が卸売市場において行う生鮮食料品等の販売（出荷者から委託を受けた受託者が卸売の業務として行うものに限ります。）

③ 　生産者が農業協同組合，漁業協同組合又は森林組合等に委託して行う農林水産物の販売（無条件委託方式かつ共同計算方式により生産者を特定せずに行うものに限ります。）

④ 　3万円未満の自動販売機及び自動サービス機により行われる商品の販売等（以下「自動販売機特例」といいます。）

⑤ 　郵便切手類のみを対価とする郵便・貨物サービス（郵便ポストに差し出されたものに限ります。）

④ **少額な返還インボイスの交付義務の免除の創設（令和5年度税制改正）**

　令和5年10月1日から適用されるインボイス制度では，インボイス発行事業者（売り手側）には，課税事業者（買い手側）に返品，値引き，割戻し又は決済の際に差し引かれた振込手数料相当額等の売上げに係る対価の返還等を行う場合，いわゆる返還インボイスの交付義務が課されます。

　令和5年度税制改正では，売り手側の事務負担を軽減させる観点から，インボイス発行事業者が行う事業の性質上その売上げに係る対価の返還等に際し返還インボイスを交付することが困難な課税資産の譲渡等を行う場合，その売上げに係る対価の返還等の金額が少額（1万円未満）であることその他一定で定めるときには，返還インボイスの交付義務が免除されます（消法57の4ただし書き，消令70の9③二）。

　この改正は，令和5年10月1日以後に国内において事業者が行うインボイスの交付義務が課される課税資産の譲渡等につき行う売上げに係る対価の返還等について適用されます（令和5年改正法附則20②，令和5年改正消令附則1二）。

〈図表Ⅲ－2〉 少額な返還インボイスの交付義務の免除の創設

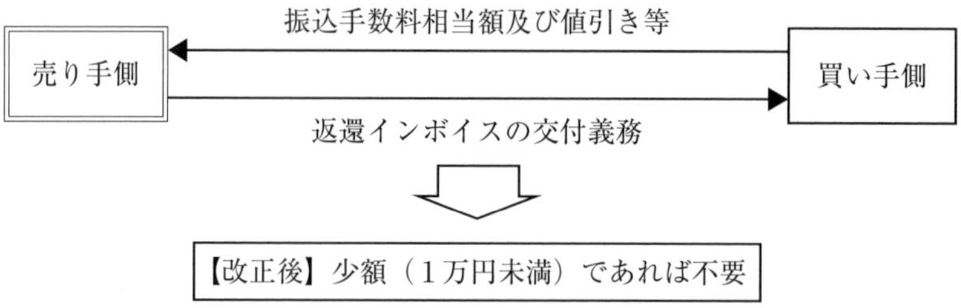

4 　仕入税額控除の要件（買い手側）

① **帳簿及び請求書の保存**

　適格請求書等保存方式においては，事業者がその課税期間の課税仕入れ等の税額の控除に係る帳簿及び適格請求書又は適格簡易請求書（適格請求書等の交付を受けることが困難である場合には，帳簿）の保存が仕入税額控除の要件とされます（消法30⑦，消令49①）。

② **帳簿の記載事項**

　上記①における課税仕入れ等の税額の控除に係る帳簿とは，次に掲げる事項が記載されているものとされます（消法30⑧）。これは，区分記載請求書等保存方式における帳簿の記載事項と同様とされ

ます。

① 課税仕入れ等の相手方の氏名又は名称（登録番号の記載は不要，取引先コード等の利用可）

② 課税仕入れ等を行った年月日

③ 課税仕入れ等に係る資産又は役務の内容（課税仕入れが他の者から受けた軽減対象資産の譲渡等に係るものである場合には，資産の内容及び軽減対象資産の譲渡等に係るものである旨，商品コード等の利用可）

④ 課税仕入れ等に係る支払対価の額

③ **帳簿のみの保存により仕入税額控除が認められる取引**

　次に掲げる課税仕入れについては，その課税仕入れを行った事業者において適格請求書等の保存を要せず，帳簿のみの保存により仕入税額控除ができることとされます（消法30⑦，消令49①，消規15の4）。この場合には，「帳簿のみの保存により仕入税額控除を受ける旨」を帳簿の摘要欄に記載します（令和5年国税庁告示第26号，インボイスQ&A問104，110）。

① 適格請求書の交付義務が免除される3万円未満の公共交通機関である船舶，バス又は鉄道による旅客の運送(注1)

　（注1）　帳簿の摘要欄への記載例：3万円未満の鉄道料金

② 適格簡易請求書の記載事項（取引年月日を除きます。）が記載されている入場券等が使用の際に回収される取引(注2)

　（注2）　帳簿の摘要欄への記載例：入場券等

③ 古物営業を営む者が適格請求書発行事業者でない者からの古物の購入

④ 質屋を営む者が適格請求書発行事業者でない者から買い受ける質物の取得

⑤ 宅地建物取引業を営む者が適格請求書発行事業者でない者からの建物の購入

⑥ 適格請求書発行事業者でない者から再生資源又は再生部品の購入

⑦ 適格請求書の交付義務が免除される3万円未満の自動販売機(注3)及び自動サービス機により行われる商品の購入等(注4)

　（注3）　帳簿の摘要欄への記載例：○○市自動販売機

　（注4）　帳簿の摘要欄への記載例：××銀行○○支店ATM

⑧ 適格請求書の交付義務が免除される郵便切手類のみを対価とする郵便・貨物サービス（郵便ポストに差し出されたものに限ります。）

⑨ 従業員等に支給する通常必要と認められる出張旅費等（出張旅費，宿泊費，日当及び通勤手当)(注5)

　（注5）　帳簿の摘要欄への記載例：出張旅費等

④ **一定規模以下の事業者（買い手側）に対する事務負担の軽減措置の創設（令和5年度税制改正）**

　軽減税率制度の実施のため，少額な取引であっても正確な適用税率の判定のため領収書等の証票が必要とされ，インボイスの保存が必要とされています。

　令和5年度税制改正では，インボイス制度の円滑な移行とその定着を図る観点から，基準期間（前々年・前々事業年度）における課税売上高が1億円以下である事業者が，令和5年10月1日から令和11年9月30日までの間に国内において行う課税仕入れについて，その課税仕入れに係る支払対価の額（税込み）が1万円未満である場合には，インボイス等の保存を要せず，帳簿のみの保存により

仕入税額控除ができることとされます（平成28年改正法附則53の２，消令24の２）。

　また，基準期間における課税売上高が１億円超であった場合でも，特定期間（前年又は前事業年度開始の日以後６カ月の期間）における課税売上高が5,000万円以下である事業者も同様とされます（平成28年改正法附則53の２かっこ書き）。特定期間における課税売上高については，納税義務の判定における場合と異なり，課税売上高に代えて給与支払額の合計額によることはできません。

　なお，この経過措置の適用に当たっては，帳簿に「経過措置（少額特例）の適用がある旨」を記載する必要はありません（インボイスＱ＆Ａ問111）。

⑤　保存すべきインボイス

　仕入税額控除の要件については，上記②に掲げる帳簿の保存と併せて，次に掲げる請求書等の保存が必要とされます（消法30⑦⑨）。

①　適格請求書

②　適格簡易請求書

③　適格請求書の記載事項に係る電磁的記録

④　事業者が課税仕入れ（売り手において課税資産の譲渡等に該当するもののみ）について作成する仕入明細書，仕入計算書等の書類で，適格請求書の記載事項が記載されているもの（適格請求書発行事業者の確認を受けたものに限ります。）

⑤　媒介又は取次ぎに係る業務を行う者（卸売市場，農業協同組合又は漁業協同組合等）が，委託を受けて行う農水産品の譲渡等について作成する一定の書類（消法30⑨四，消令49⑤，70の９②二）

5　インボイス発行事業者以外からの課税仕入れに係る税額控除に関する経過措置

① 原 則

　令和５年10月１日からインボイス制度の導入により，適格請求書発行事業者以外の者（消費者，免税事業者又は登録を受けていない課税事業者，以下「免税事業者等」といいます。）からの課税仕入れについては，原則として仕入税額控除ができなくなります。

　ただし，令和５年10月１日から令和11年９月30日までの期間は，免税事業者等からの課税仕入れであっても仕入税額控除が認められる経過措置（以下単に「経過措置」といいます。）が導入されています（平成28年改正法附則52①，53①）。

〈図表Ⅲ－３〉免税事業者等からの課税仕入れに係る経過措置

	現　　行	経　過　措　置		
		令和５年10月１日から令和８年９月30日まで	令和８年10月１日から令和11年９月30日まで	令和11年10月１日以降
仕入税額控除の控除割合	100%	80%	50%	0 %

② 一定の事項が記載された帳簿

　区分記載請求書等保存方式の記載事項に加え，この経過措置の適用を受ける課税仕入れである旨の記載が必要とされます。なお，具体的な記載事項は，次に掲げるとおりとされます。

①　課税仕入れの相手方の氏名又は名称

②　課税仕入れを行った年月日

③　課税仕入れに係る資産又は役務の内容（課税仕入れが他の者から受けた軽減対象資産の譲渡等に係るものである場合には，資産の内容及び軽減対象資産の譲渡等に係るものである旨）及び経過措置の適用を受ける課税仕入れである旨^{（注）}

（注）　経過措置の適用を受ける場合には，帳簿の摘要欄に「経過措置の適用を受ける課税仕入れである旨」の記載が必要とされます。具体的な帳簿への記載は，（イ）個々の取引ごとに「80％控除対象」又は「免税事業者からの仕入れ」と記載する方法，（ロ）経過措置の適用対象となる取引に，「※」や「☆」といった記号・番号等を表示し，かつ，これらの記号・番号等が「経過措置の適用を受ける課税仕入れである旨」を別途「※（☆）は80％控除対象」と表示する方法等とされます（インボイスＱ＆Ａ問113）。

④　課税仕入れに係る支払対価の額

③　一定の事項が記載された請求書等

区分記載請求書等保存方式の記載事項（電磁的記録を含みます。）に加え，この経過措置の適用を受ける課税仕入れである旨の記載が必要とされます。なお，具体的な記載事項は，次に掲げるとおりとされます。

①　書類の作成者の氏名又は名称

②　課税資産の譲渡等を行った年月日

③　課税資産の譲渡等に係る資産又は役務の内容（課税仕入れが他の者から受けた軽減対象資産の譲渡等に係るものである場合には，資産の内容及び軽減対象資産の譲渡等に係るものである旨）^{（注）}

④　税率ごとに合計した課税資産の譲渡等の税込価額^{（注）}

⑤　書類の交付を受ける事業者の氏名又は名称

（注）　適格請求書発行事業者以外の者から受領した請求書等の内容について，上記③かっこ書きの「資産の内容及び軽減対象資産の譲渡等である旨」及び上記④の「税率ごとに合計した課税資産の譲渡等の税込価額」の記載がない場合に限り，受領者が自ら請求書等に追記して保存することが認められます。

6　インボイス発行事業者となる小規模事業者に係る税額控除に関する経過措置（令和5年度税制改正）

1　2割特例制度

免税事業者（基準期間における課税売上高が1,000万円以下である事業者）がインボイス発行事業者を選択した場合には，令和5年10月1日から令和8年9月30日までの日の属する各課税期間において，その課税期間における課税標準額に対する消費税額から控除する金額を，その課税標準額に対する消費税額に8割を乗じた額とすることにより，納付すべき消費税額等をその課税標準額に対する消費税額の2割とすることができる制度（以下「2割特例制度」といいます。）の選択適用ができることとされます（平成28年改正法附則51の2①②）。

〔算式〕

$$\boxed{納付すべき消費税税額等} = \boxed{課税標準額に対する消費税額} - \boxed{課税標準額に対する消費税額} \times 80\%$$

2 適用除外

① 課税事業者選択届出書を提出した場合

　上記1の制度は，課税期間の特例の適用を受ける課税期間及び令和5年10月1日前から課税事業者選択届出書の提出により引き続き事業者免税点制度の適用を受けられないこととなる同日の属する課税期間については，適用できないこととされます（平成28年改正法附則51の2①）。

② 課税事業者選択不適用届出書を提出した場合

　上記①の場合において，課税事業者選択届出書を提出したことにより令和5年10月1日の属する課税期間から事業者免税点制度の適用を受けられないこととされる適格請求書発行事業者が，その課税期間中に課税事業者選択不適用届出書を提出したときは，その課税期間からその課税事業者選択届出書は効力を失うこととされます（平成28年改正法附則51の2⑤）。

3 手続規定

　適格請求書発行事業者が上記1の2割特例制度の適用を受けようとする場合には，確定申告書にその旨を付記（2割特例制度の有・無の○印を付記）するものとされます（平成28年改正法附則51の2③）。

　なお，令和5年10月1日から令和8年9月30日までの日の属する各課税期間においては，本則課税制度と2割特例制度又は簡易課税制度と2割特例制度が確定申告時に選択適用が可能とされます（平成28年改正法附則51の2①）。

4 簡易課税制度への移行措置

　上記1の2割特例制度の適用を受けた適格請求書発行事業者が，その適用を受けた課税期間の翌課税期間中に，簡易課税制度の適用を受ける旨の届出書を納税地を所轄する税務署長に提出したときは，その提出した日の属する課税期間から簡易課税制度の適用が認められます（平成28年改正法附則51の2⑥）。

Ⅳ　電子取引の取引情報に係る電子データの保存制度

1　改正の沿革

　令和3年度税制改正では，所得税（源泉徴収に係る所得税を除きます。）及び法人税に係る電子データの保存義務者は，令和4年1月1日以後に電子取引（請求書・領収書等の授受を電子データで行う取引）を行った場合，電子取引に係る取引情報（請求書・領収書等）を電子データ（原本）で保存する義務規定が創設され，電子データの書面又はCOM（以下「出力書面等」といいます。）での保存が廃止されました（電帳法7）。

　ただし，令和4年度税制改正では，令和4年1月1日から令和5年12月31日までに，電子取引を行う場合に電子データの出力書面等の保存をもって，電子データの保存に代えることができる宥恕措置が創設されました（旧電帳法4③）。

　そして，令和5年度税制改正では，令和6年1月1日から新たな猶予措置が創設されました（電帳法4③，令和5年改正電帳規2②）。

2　令和5年度改正前制度の概要

　令和4年1月1日以後においては，次に掲げる要件に従って，電子取引の取引情報に係る電子デー

タを保存する必要があります。

1　改ざん防止の要件

次に掲げるいずれかの条件を満たす必要があります。

① 発行者側でタイムスタンプが付与された電子データを受領すること。

② ユーザー（受領者）側でデータの受領後遅滞なくタイムスタンプを付与すること。

③ データの訂正・削除の履歴が残るシステム（サービス）を利用すること。

④ 改ざん防止等のための事務処理規程を作成・運用・備付けを行うこと。

2　見読可能装置の備付けの要件

ディスプレイ・プリンター等を備付け，その操作説明書を備え付けること。

3　検索機能の確保の要件

① 次の要件を充足した検索機能を確保していること。

　イ 取引の日付，取引金額及び取引先（記録項目）で検索できること。

　ロ 日付又は金額に係る記録項目について，その範囲を指定して条件を設定できること。

　ハ 2以上の任意の記録項目を組み合わせて条件を設定できること。

② 税務調査に基づくダウンロードの求めに応じることとしている場合には，上記①ロ・ハの要件が不要とされます。また，その判定期間に係る基準期間における売上高が1,000万円以下である事業者は，上記①イ〜ハの要件が不要とされます。

〈図表Ⅳ－1〉検索機能の確保の要件（改正前）

区　分	具体的な内容	
検索項目	日付，金額及び取引先に限定 [注]	
検索要件 （税務調査に 対する対応）	日付又は金額に係る記録項目について，その範囲を指定して条件を設定	保存義務者が国税庁等のその職員の質問検査兼行使に基づくダウンロードの求めに応じることができるようにしている場合には不要 [注]
	2以上の任意の記録項目を組み合わせて条件を設定	

（注）　保存義務者が判定期間の売上高が1,000万円以下の事業者は全ての検索要件が不要。

3　令和5年度税制改正

1　検索機能の確保の要件の見直し

税務調査に基づくダウンロードの求めに応じることとしている場合には，上記2 3①イ〜ハ（改正前：ロ・ハ）の要件が不要とされます。また，その判定期間に係る基準期間における売上高が5,000万円（改正前：1,000万円）以下である事業者は，上記2 3①イ〜ハの要件が不要とされます（電帳法4③⑥五）。

2　新たな猶予措置の創設

システム対応を相当の理由により行うことができなかった事業者については，出力書面等の提示・提出及びダウンロードの求めに応じることができるようにしておけば，上記2 3①イ〜ハの検索機能を確保の要件が不要とされる新たな猶予措置が創設されました（電帳法4③）。

〈図表Ⅳ-2〉 電子取引データの保存義務の新たな猶予措置の創設

区　分	改正前	改正後
適用要件	税務署長がやむを得ない事情があると認める場合（保存義務者からの手続は不要）	税務署長が相当の理由があると認める場合（保存義務者からの手続は不要）
	出力書面の提示・提出の求めに応じることができるようにしておくこと	出力書面の提示・提出及びダウンロードの求めに応じることができるようにしておくこと
運用上の配慮	事実上出力書面による保存が可能	なし（データの保存のみ）
保存期間	出力書面について，事実上，税務調査期間の保存が必要	データ及び出力書面について，事実上，税務調査期間の保存が必要
具体的な適用ケース	システム対応に間に合わなかった事業者等に適用（システム整備する意向がある旨を口頭で回答する必要あり）	システム対応を相当の理由により行うことができなかった事業者等に適用

③　適用関係

　上記①及び②の改正は，令和6年1月1日以後に行う電子取引の取引情報について適用されます（令和5年改正電帳規附則2②）。

　また，上記2に掲げる電子取引の取引情報に係る電磁的記録の保存への円滑な移行のための宥恕措置は，適用期限の到来をもって廃止されます（令和3年改正電帳規附則2③）。

4　実務上の留意点

　取引先から電子データで受領した請求書・領収書等又は取引先へ電子データで交付した請求書・領収書等の控え等が電子データに該当し，これらの電子データを授受する法人又は個人事業者が保存義務者とされます。

　また，電子データ又は出力書面等は，税務調査期間（法人：7年間又は10年間・個人：5年間）の保存が必要とされます。

《引用文献》
・『令和5年度税制改正大綱』（令和4年12月23日閣議決定）
・税制調査会資料
・国税庁軽減税率・インボイス制度対応室資料『消費税の仕入税額控除制度における適格請求書等保存方式に関するQ＆A』（令和5年4月改訂）

《参考文献》
・武田昌輔監修『DHCコンメンタール法人税法』（第一法規）
・武田昌輔監修『DHCコンメンタール所得税法』（第一法規）
・宮森俊樹著『Q＆A税制改正の実務－令和5年度版』（新日本法規）

第2章

個別明細書の
書き方と留意点

確定申告書の記入の順序

第1段階　前期繰越額の転記

使用申告書等	項　　目	関連する申告書等
別表五（一）	⑴　期首現在利益積立金額の内訳の記入	別表三（一）
別表五（二）	⑵　期首現在未納税額，当期中の納付税額等の記入	

第2段階　決算利益等の記入

使用申告書等	項　　目	関連する申告書等
別表四	⑴　決算利益及び剰余金処分の内容等の記入	
別表五（一）		別表五（一）付表

第3段階　所得金額の計算（別表四，五（一）の作成）

使用申告書等	項　　目	関連する申告書等
別表五（二）	⑴　租税公課及び納税充当金	
別表十（五）	⑵　収用換地等の場合の所得の特別控除等	
別表十一（一）	⑶　個別評価金銭債権に係る貸倒引当金の損金算入	
別表十一（一の二）	⑷　一括評価金銭債権に係る貸倒引当金の損金算入	
別表十三（一）	⑸　国庫補助金等で取得した固定資産等の圧縮記帳等の損金算入	
別表十三（二）	⑹　保険差益等の圧縮記帳等の損金算入	
別表十三（三）	⑺　交換の圧縮記帳の損金算入	
別表十三（四）	⑻　収用換地等の圧縮記帳等の損金算入	
別表十三（五）	⑼　買換えの圧縮記帳等の損金算入	
別表十三（八）	⑽　賦課金で取得した試験研究用資産の圧縮額の損金算入	
別表十四（一）	⑾　民事再生等評価換えによる資産の評価損益	別表七（三）
別表十四（六）	⑿　完全支配関係がある法人の間の取引の損益の調整	
別表十五	⒀　交際費等の損金不算入	
別表十六（一）・（二）	⒁　定額法（旧定額法）減価償却額・定率法（旧定率法）減価償却額	特別償却付表
別表十六（四）	⒂　リース期間定額法償却額	
別表十六（六）	⒃　繰延資産償却額	
別表十六（七）	⒄　少額減価償却資産の取得価額の損金算入特例	
別表十六（八）	⒅　一括償却資産の損金算入	

使用申告書等	項　　目	関連する申告書等
別表十六（九）	⑲ 特別償却準備金の損金算入	
別表十六（十）	⑳ 控除対象外消費税額等の損金算入	
別表八（一）・（二）	㉑ 受取配当等の益金不算入	
	㉒ 各別表から移記するほか，単独でこの表の上で除加算の調整をするものについて記入	
	㉓ 仮計までの計算	
別表十四（二）	㉔ 寄附金の損金算入	
別表六（一）	㉕ 所得税額の控除額	
別表六（二）	㉖ 外国法人税額の控除額	別表六（二の二）〜（五の二）
	㉗ 差引計までの計算	
別表七（一）・（二）・（三）	㉘ 欠損金の控除額	

第4段階　法人税額の計算（別表一の作成）

使用申告書等	項　　目	関連する申告書等
別表四	⑴ 所得金額の転記	
	⑵ 法人税額の計算	
別表六（九）	⑶ 一般試験研究費の額に係る特別控除額	
別表六（十）	⑷ 中小企業者等の試験研究費の額に係る特別控除額	
別表六（十四）	⑸ 特別試験研究費の額に係る特別控除額	
別表六（十七）	⑹ 中小企業者等が機械等を取得した場合の特別控除額	
別表六（二十）	⑺ 国際戦略総合特別区域において機械等を取得した場合の特別控除額	
別表六（二十一）	⑻ 地域経済牽引事業の促進区域内において特定事業用機械等を取得した場合の特別控除額	
別表六（二十三）	⑼ 地方活力向上地域等において雇用者の数が増加した場合の特別控除額	別表六（二十三）付表
別表六（二十四）	⑽ 認定地方公共団体の寄附活用事業に関連する寄附をした場合の特別控除額	
別表六（二十六）	⑾ 給与等の支給額が増加した場合の特別控除額	別表六（二十六）付表一・二
別表六（二十八）	⑿ 事業適応設備を取得した場合等の特別控除額	
別表六（六）	⒀ 法人税額の特別控除額	
	⒁ 差引法人税額までの計算	
別表三（一）	⒂ 特定同族会社の留保金額に対する税額	別表二・別表三（一）付表一
	⒃ 法人税額計までの計算	
別表六（一）	⒄ 所得税額の控除	
別表六（二）	⒅ 外国法人税額の控除	別表六（二）付表一〜六
	⒆ 差引所得に対する法人税額までの計算	

別表一　各事業年度の所得に係る申告書（内国法人の分）

I　概　　要

　別表一は内国法人の各事業年度の所得に係る法人税額を計算し申告する申告書の役割をもっており，タイトルの最後の部分は申告書となっています。そして申告書に添付される他の多くの別表は明細書と呼ばれています。

　別表一は，法人の特定，事業年度の特定，申告区分の特定という3つの特定をします。そして別表四で計算した課税される所得金額をもとに，法人税額を計算する他に，「欠損金等の当期控除額」，「翌期へ繰り越す欠損金額」，「剰余金・利益の配当（剰余金の分配）の金額」，「決算確定の日」，「還付を受けようとする金融機関等」を記載します。

II　別表一の記入上の留意点

1　別表一の計算のながれ

```
        所得金額
        法 人 税 額（ 所 得 金 額 × 税 率 ）
  △   法 人 税 額 の 特 別 控 除 額
  ＋   税 額 控 除 超 過 額 相 当 額 等 の 加 算 額
  ＋   特別税額（土地譲渡利益金，留保金，使途秘匿金）
  ─────────────────────────────────
        法　人　税　額　　計
  △   分 配 時 調 整 外 国 税 相 当 額 及 び 外 国 関 係 会 社 等
        に 係 る 控 除 対 象 所 得 税 額 等 相 当 額 の 控 除 額
  △   仮装経理に基づく過大申告の更正に伴う控除法人税額
  △   控　　　　　除　　　　　税　　　　　額
  ─────────────────────────────────
        差 引 所 得 に 対 す る 法 人 税 額
  △   中 間 申 告 分 の 法 人 税 額
        納 付 す べ き 法 人 税 額
              （差引確定法人税額）
```

2　所得金額

　別表四52①の所得金額又は欠損金額を転記します。

3　法人税額

① 適用税率（法法66，法令139の 6 ，措法67の 2 ）

区分			税率
普通法人（資本金 1 億円超）			23.2%
普通法人（資本金 1 億円以下），一般社団法人等，人格のない社団等（収益事業）	年800万円超の所得		
	年800万円以下の所得（注1）		19%
公益法人等（一般社団法人等を除く。）（収益事業），協同組合等，特定医療法人			

（注 1 ）普通法人のうち次に掲げる法人に該当するものについては，年800万円超の所得と同じ税率が適用されます。

 ① 　相互会社

 ② 　大法人（注2）との間にその大法人による完全支配関係がある普通法人

 ③ 　普通法人との間に完全支配関係がある全ての大法人（注2）が有する株式及び出資の全部をその全ての大法人のうちいずれか一の法人が有するものとみなした場合においてそのいずれか一の法人とその普通法人との間にそのいずれか一の法人による完全支配関係があることとなるときのその普通法人

 ④ 　投資法人

 ⑤ 　特定目的会社

 ⑥ 　受託法人

（注 2 ）大法人とは，次に掲げる法人をいいます。

 ① 　資本金の額又は出資金の額が 5 億円以上である法人

 ② 　保険業法第 2 条第 5 項に規定する相互会社及び同条第10項に規定する外国相互会社

 ③ 　法人税法第 4 条の 3 に規定する受託法人

② 中小企業者等の法人税率の時限措置

(1)　中小・小規模企業等の活性化を図るため中小企業等の軽減税率を時限的に引き下げる法人税率の特例措置（措法42の 3 の 2 ①）

中小法人等		税率
普通法人	資本金の額又は出資金の額が 1 億円以下（注1）	年800万円以下15%
	資本又は出資を有しないもの	
一般社団法人等		
人格のない社団等		
協同組合等		
公益法人等		
特定医療法人		

（注 1 ）大法人による完全支配関係があるもの等（① （注 1 ）参照）及び適用除外事業者（注 2 ）に該当するものについては適用されません。

（注 2 ）適用除外事業者とは，その事業年度開始の日前 3 年以内に終了した各事業年度の所得の金額の合計額を，その各事業年度の月数の合計数で除し，これに12を乗じて計算した金額が15億円を超える法人をいいます（措法42の 4 ⑲八）。

(2)　適用時期

平成24年 4 月 1 日から令和 7 年 3 月31日までの間に開始する事業年度において適用があります。

③ 法人税額

基礎となる所得金額（千円未満切捨の端数処理）に適用税率を乗じて計算します。

4 法人税額の特別控除額

上記3で計算された法人税額から，下記に掲げる「法人税額の特別控除額」を下記に掲げる各別表で算定のうえ別表六（六）で計算した特別控除額を控除して「差引法人税額」を計算します。

内　　　　　容	別　　表
一般試験研究費に係る法人税額の特別控除額	別表六（九）
中小企業者等の試験研究費に係る法人税額の特別控除額	別表六（十）
特別試験研究費に係る法人税額の特別控除額	別表六（十四）
中小企業者等が機械等を取得した場合の法人税額の特別控除額	別表六（十七）
沖縄の特定地域において工業用機械等を取得した場合の法人税額の特別控除額	別表六（十八）
国家戦略特別区域において機械等を取得した場合の法人税額の特別控除額	別表六（十九）
国際戦略総合特別区域において機械等を取得した場合の法人税額の特別控除額	別表六（二十）
地域経済牽引事業の促進区域内において特定事業用機械等を取得した場合の法人税額の特別控除額	別表六（二十一）
地方活力向上地域等において特定建物等を取得した場合の法人税額の特別控除額	別表六（二十二）
地方活力向上地域等において雇用者の数が増加した場合の法人税額の特別控除額	別表六（二十三）
認定地方公共団体の寄附活用事業に関連する寄附をした場合の法人税額の特別控除額	別表六（二十四）
中小企業者等が特定経営力向上設備等を取得した場合の法人税額の特別控除額	別表六（二十五）
給与等の支給額が増加した場合の法人税額の特別控除額	別表六（二十六）
認定特定高度情報通信技術活用設備を取得した場合の法人税額の特別控除額	別表六（二十七）
事業適応設備を取得した場合の法人税額の特別控除額	別表六（二十八）
特定復興産業集積区域若しくは復興産業集積区域等において機械等を取得した場合の法人税額の特別控除額，企業立地促進区域等において機械等を取得した場合の法人税額の特別控除額又は避難解除区域等において機械等を取得した場合の法人税額の特別控除額	別表六（二十九）
特定復興産業集積区域において被災雇用者等を雇用した場合の法人税額の特別控除額，企業立地促進区域等において避難対象雇用者等を雇用した場合の法人税額の特別控除額又は避難解除区域等において避難対象雇用者等を雇用した場合の法人税額の特別控除額	別表六（三十）

5 税額控除超過額相当額等の加算額

過去において適用を受けた特別控除について，適用要件を満たさなくなった場合に下記に掲げる各別表で算定し加算します。下記に掲げる「リース特別控除取戻税額」等が該当します。

内　　　　　容	別　　表
リース特別控除取戻税額	別表六（三十一）

上記の他，通算法人の修正申告において税額控除超過取戻税額がある場合や，旧法による連結納税の承認の取消し等の規定により連結納税義務者の承認を取り消された日の前日の属する事業年度で当期の法人税額に加算することとされる金額がある場合には，その金額についてもこの欄に記載します。

6 土地譲渡利益金

土地の譲渡益について通常の法人税額のほかに課税されるものです。下記に掲げる各別表で算定した「譲渡利益金額」に係る税額が該当します。なお，平成10年1月1日から令和8年3月31日までの間にした土地の譲渡等については適用はありません（措法62の3⑮・63⑧）。

内　　　　容	別　　表
土地の譲渡等に係る譲渡利益金額	別表三（二）
優良住宅地等のための譲渡に該当しないこととなった土地等の譲渡に係る譲渡利益金額	別表三（二の二）
短期所有に係る土地の譲渡等に係る譲渡利益金額	別表三（三）

7　留　保　金

　課税の公平という理由から，特定同族会社の所得のうち課税留保金額について通常の税額のほかに課税されるものです。下記に掲げる別表で算定した「留保金」に係る税額が該当します。

内　　　　容	別　　表
特定同族会社の留保金額	別表三（一）

　なお，留保金課税の適用対象となる特定同族会社には，一株主等による持株割合等が50％を超える会社のうち当該事業年度終了の時における資本金の額が1億円以下であるものは含まれませんが，一定の法人 (注) は含まれます（法法67①）。

　(注)　一定の法人とは次に掲げる法人をいいます。
　　①　大法人（3①（注2）参照）との間にその大法人による完全支配関係がある普通法人
　　②　普通法人との間に完全支配関係がある全ての大法人が有する株式及び出資の全部をその全ての大法人のうちいずれか一の法人が有するものとみなした場合においてそのいずれか一の法人とその普通法人との間にそのいずれか一の法人による完全支配関係があることとなるときのその普通法人
　　③　投資法人
　　④　特定目的会社

8　使途秘匿金

①　制度の内容

　使途秘匿金の支出とは，法人がした金銭の支出のうち，その相手方の氏名又は名称及び住所又は所在地並びにその事由を当該法人の帳簿書類に記載していないものをいいます（措法62）。これは，使途が明確ではないので所得金額の計算上損金の額に算入されず，さらに通常の法人税額に追加課税を行うものであり，企業の不明瞭な支出を抑制するために設けられた制度です。適用要件は下記に掲げるとおりです。

判定の時期	事業年度終了の日の現況（注）
加算する額	使途秘匿金の支出の額の40％に相当する金額
適用期間	平成6年4月1日以後に使途秘匿金の支出をした場合

　(注)　申告書の提出期限までに相手方の氏名等が帳簿に記載されている場合は，使途秘匿金となりません（措令38②）。

②　記載上の留意点

　使途秘匿金に係る追加税額は，別表一の「法人税額計　(9)」の欄の上段に外書きとして，記載します。なお，「控除税額　(12)」及び「差引所得に対する法人税額　(13)」の欄の記載については，この外書きした使途秘匿金の税額を含めて計算します。欠損法人であっても，使途秘匿金の支出があれば，本制度の適用がありますので留意する必要があります。

《設例1》使途秘匿金の支出がある場合の課税の特例

　株式会社M社（資本金1,000万円）は，当期（1年決算法人，当期末令和6年3月31日）に支出した交際費勘定12,000,000円のうち，3,000,000円については，費途が不明であり，かつ，租税特別措置法62条の使途秘匿金に該当します。その後も法人税の確定申告書の提出期限までに帳簿書類に氏名等を記載しませんでした。税務上の処理と，別表一「各事業年度の所得に係る申告書」の記載はどのようになりますか。

　（他に税務上の交際費等に該当するものはなく，M社の株主は個人株主です。）

〈解　説〉

1　交際費

　① 税務上の交際費

　　12,000,000円　－　3,000,000円　＝　9,000,000円

　② 定額控除限度額

　　$8,000,000円 \times \dfrac{12}{12} = 8,000,000円$

　③ 損金算入限度額

　　① ＞ ②　∴8,000,000円

　④ 損金不算入額

　　① － ③ ＝ 1,000,000円

　∴　交際費等の損金不算入額　1,000,000円を「別表四（8）加算・社外流出その他」に記載します。

2　費途不明金　3,000,000円

3　追加課税額

　3,000,000円×40％（税率）＝1,200,000円

　∴　使途秘匿金に対し1,200,000円追加課税されます。

　　費途不明金否認3,000,000円を「別表四加算・社外流出」に記載します。法人が交際費，機密費，接待費等の名義をもって支出した金銭でその費途が明らかでないものは，損金の額に算入されないので留意が必要です（法基通9－7－20）。

（別表一への記載）

法　人　税　額　計 (2) － (3) ＋ (4) ＋ (6) ＋ (8)	9	□□1,200,000 □□,□□□,□□□,□□□

9　仮装経理に基づく過大申告の更正に伴う控除法人税額

① 制度の内容

　各事業年度の所得の金額のうちに事実を仮装して経理したところに基づくものがある場合において，税務署長が減額の更正をすることがあります。

　この場合においては，その事業年度の所得に対する法人税として納付された金額のうちその更正に

より減少する部分の金額は，更正の日の属する事業年度開始の日前１年以内に開始した各事業年度の法人税額の範囲内で還付され（法法135②），残りはその更正の日の属する事業年度開始の日から５年以内に開始する各事業年度の所得に対する法人税額から順次控除されます（法法70）。

②　企業再生の円滑化に資するため一定の企業再生事由が生じた場合の還付の特例制度

(1)　一定の企業再生事由が生じた場合における繰越控除制度の適用の終了及び控除未済額の還付

　　上記の５年間の繰越控除制度の適用を受けている法人（以下「適用法人」といいます。）につき一定の企業再生事由^(注)が生じた場合には，その事由が生じた日以後１年以内に，納税地の所轄税務署長に対し，更正により減少する法人税額でその仮装して経理した金額に係るもの（以下「仮装経理法人税額」といいます。）のうち既に還付又は控除をされた金額以外の金額の還付を請求できることとされています（法法135④）。

　　なお，還付の請求をしようとする適用法人は，還付を受けようとする仮装経理法人税額等を記載した還付請求書を納税地の所轄税務署長に提出しなければなりません（法法135⑥，法規60の２②）。

　　（注）　一定の企業再生事由とは，次に掲げる事実をいいます（法法135④，法令175②，法規60の２①）。
　　　①　更生手続開始の決定があったこと
　　　②　再生手続開始の決定があったこと
　　　③　特別清算開始の決定があったこと
　　　④　法人税法施行令第24条の２第１項（再生計画認可の決定に準ずる事実等）に規定する事実
　　　⑤　法令の規定による整理手続によらない負債の整理に関する計画の決定又は契約の締結で第三者が関与する協議によるものとして一定のものがあったこと

(2)　更正前に一定の企業再生事由が生じていた場合の取扱い

　　事実を仮装して経理したところに基づく過大申告額がある事業年度終了の日から税務署長がその事業年度の所得に対する法人税についてする更正の日の前日までの間に上記(1)（注）又は下記(4)（注）の事実が生じていたときは，５年間の繰越控除制度を適用せず，原則どおり過大税額を直ちに還付することとされています（法法135①）。

(3)　５年間の繰越控除制度の適用期間終了後の取扱いの明確化

　　仮装経理に基づく過大申告の場合の更正において，５年間の繰越控除制度の適用期間を終了してもなお控除しきれなかった仮装経理法人税額がある場合には，その控除しきれなかった金額を還付することとされています（法法135③）。

(4)　残余財産が確定した場合等の取扱い

　　仮装経理に基づく過大申告の場合の更正において，５年間の繰越控除制度の適用期間中に適用法人に一定の事実（注）が生じた場合において，控除しきれなかった仮装経理法人税額がある場合には，その控除しきれなかった金額を還付することとされています（法法135③）。

　　（注）一定の事実とは，次に掲げる事実等をいいます。
　　　①　残余財産が確定したこと
　　　②　合併による解散をしたこと
　　　③　破産手続開始の決定による解散をしたこと
　　　④　普通法人又は協同組合等が公益法人等に該当することとなったこと

③　記載上の留意点

当期が仮装経理に基づく過大申告の更正があった日の属する事業年度開始の日から５年以内に開始

した事業年度であり，前期以前の法人税額からまだ控除されていない金額がある場合には，その金額を「仮装経理に基づく過大申告の更正に伴う控除法人税額　⑾」の欄に記載し控除します。

④　設例による個別検討

《設例２》仮装経理に基づく過大申告の更正に伴う控除法人税額

　　株式会社M社（１年決算法人，当期末令和６年３月31日）は，令和４年３月期に売上の架空計上を行い，仮装経理に基づく過大申告をして，それに係る法人税額を4,000,000円納付しました。翌令和５年３月期は法人税額を1,500,000円納付しました。令和６年３月期には仮装経理に基づくものとして，税務署長が令和４年３月期の法人税額4,000,000円全額を減額更正しました。この仮装経理の場合の還付金額と，税額控除の金額はどのようになりますか。

（当期の算出「法人税額計」（別表一⑼）の金額は2,000,000円です。）

〈解　　説〉

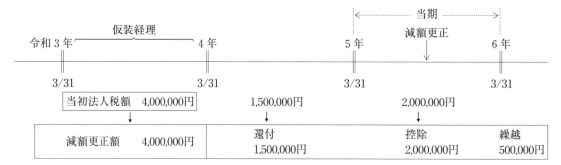

1　還付金額

　① 税額減少分

　　4,000,000円（令和４年３月期分　全額減額更正）

　② 減額更正日を含む事業年度前１年以内の開始事業年度の法人税額

　　1,500,000円（令和５年３月期分）

　③ ①＞②　　∴　1,500,000円が還付されます。

2　控除法人税額

　① 税額減少額

　　4,000,000円（令和４年３月期分　全額減額更正）

　② 繰戻し還付金額

　　1,500,000円（上記１より）

　③ 繰越控除対象額

　　①－②＝2,500,000円

　④ 当期控除額

　　2,000,000円（当期の算出「法人税額計」）＜③　　∴　2,000,000円が控除されます。

　⑤ 翌期繰越額

　　③－④＝500,000円　　∴　500,000円が翌期に繰り越されます。

（別表一次葉計算欄への記載）

仮装経理に基づく過大申告の更正に伴う控除法人税額	11	2,000,000

10　控除税額

控除すべき所得税額を各別表で算定のうえ記載します。下記のものが該当します。

内　　　容	別　　表
所得税額の控除税額	別表六（一）
外国税額の控除税額	別表六（二）

11　差引所得に対する法人税額

差引所得に対する法人税額は一事業年度において納付すべき法人税額を示すため，100円未満切捨ての端数処理をして記載します。

12　中間申告分の法人税額

申告書が確定申告書である場合には，中間申告により納付すべき中間納付額を記載します。

13　差引確定法人税額

この金額が100円未満となる場合や，マイナスとなる場合は記載しません。

（別表一その他欄への記載）
1　法人名及び代表者自署押印

① 令和3年度税制改正

国税に関する法律に基づき税務署長その他の行政機関の長又はその職員に提出する申告書，申請書，届出書，調書その他の書類（以下「税務書類」といいます。）には，次に掲げる場合の区分に応じそれぞれ次に定める者が押印しなければならないこととされていました（旧通法124②）。

イ　その税務書類を提出する者が個人である場合……その税務書類を提出する者

ロ　その税務書類を提出する者が法人である場合……その法人の代表者

ハ　納税管理人又は代理人によってその税務書類を提出する場合……その納税管理人又は代理人

ニ　不服申立人が総代を通じてその税務書類を提出する場合……その総代

なお，各税法において押印に関する規定が置かれている場合には，特別法たる各税法の規定に従うこととされていました。

令和3年度税制改正で本制度は廃止されました（通法81④，91②，旧通法124②，通規1①）。

② 税務代理をする場合

税務書類，計算事項，審査事項等を記載した添付書面への税理士の押印について，要しないこととされました。なお，これらの書類へのこれらの者の署名は，引き続き必要となります（税理士法33，33の2③，税理士規1の2④〜⑥，16①，第9号様式，第10号様式）。

③ 適用関係

上記①及び②の改正は，令和3年4月1日から施行され（改正法附則1，改正通令附則①，改正通規附則1，改正税理士規附則①），同日以後に提出する税務関係書類について適用されています。

Ⅲ 地方法人税

1 概　要

地域間の税源の偏在性を是正し，財政力の格差の縮小を図るため，地方法人税が創設（国税化）されました。

2 納税義務者（地方法人税法4）

平成26年10月1日以後に開始する事業年度において，法人税の納税義務のある法人は，地方法人税の納税義務者となり，地方法人税確定申告書の提出が必要となりました。

3 課税事業年度（地方法人税法7）

地方法人税の課税の対象となる事業年度（以下「課税事業年度」といいます。）は，法人の各事業年度とされています。

4 課税標準（地方法人税法6，9）

地方法人税の課税標準は，各課税事業年度の課税標準法人税額とされており，法人税別表一を使用する法人の場合，次により計算した金額となります。

	法　人　税　額	別表一（2）欄
－	法人税額の特別控除額	別表一（3）欄
＋	税額控除超過額相当額等の加算額	別表一（4）欄
＋	課税土地譲渡利益金額に対する税額	別表一（6）欄
＋	課税留保金額に対する税額	別表一（8）欄
＋	使途秘匿金に対する税額	別表一（9の外書）欄
	課税標準法人税額	

5 税額の計算（地方法人税法10）

地方法人税の額は，課税標準法人税額に10.3％の税率を乗じた金額となります。

6 地方法人税申告書の様式

① 法人税申告書別表一

法人税確定申告書と地方法人税確定申告書は一の様式となっていますので，この様式を使用することにより，法人税確定申告書と地方法人税確定申告書の提出を同時に行うことができます。

② **法人税申告書別表一次葉**

　別表一には，次葉が設けられており，「法人税額」，「地方法人税額」及び「課税留保金額に係る地方法人税」に記載する金額の計算や所定の項目の記載に当たっては，次葉を使用することとなります。

7　申　告

① **確定申告（地方法人税法19）**

　地方法人税確定申告書は，各課税事業年度終了の日の翌日から2月以内に納税地を所轄する税務署長に提出しなければなりません。

（注1）法人税の納税義務のない法人等については，地方法人税確定申告書を提出する必要はありません。

（注2）法人税確定申告書の提出期限が延長されている場合には，地方法人税確定申告書の提出期限は，その延長された提出期限となります。

② **中間申告（地方法人税法16）**

　平成27年10月1日以後に開始する課税事業年度において，法人税の中間申告書を提出すべき法人は，地方法人税についても中間申告書を提出することになりました。

Ⅳ　設例による個別検討

《設例3－1》別表一の記載　法人税納付の場合（ケース1）

　次の資料に基づき，株式会社M社（1年決算法人，資本金1,000万円，当期末令和6年3月31日）の別表一「各事業年度の所得に係る申告書」及び別表一次葉の記載はどのようになりますか。

　なお，当社の株主は個人株主であり，当社は同族会社に該当します。

（内容）

① 別表四で計算された所得金額（別表四52①欄の金額）は13,500,000円です。

② 中間申告分の法人税額は1,500,000円です。

③ 別表六（一）(6)③欄に記載された所得税等の税額控除額は300円です。

④ 決算確定日は令和6年5月25日です。

⑤ 中間申告分の地方法人税額は154,500円です。

〈解　説〉

1　法人税額

　① 所得金額

　　13,500,000円

　② 税額計算

　(a)　① ＞ $8,000,000円 \times \dfrac{12}{12} = 8,000,000円$

　　　∴　$8,000,000円 \times 15\% = 1,200,000円$

　(b)　①のうち年800万円相当額を超える金額　$13,500,000円 - 8,000,000円 = 5,500,000円$

　　　∴　$5,500,000円 \times 23.2\% = 1,276,000円$

(c) 法人税額

(a)+(b)＝2,476,000円

2　差引法人税額

（法人税額）　　（法人税額の特別控除額）

2,476,000円 －　　　　　0 円　　　　＝2,476,000円

3　差引所得に対する法人税額

① 法人税額計

（差引法人税額）　　　　　（法人税額の特別控除額）（特別控除額の加算額）

2,476,000円（上記2より）　－　　　0 円　　　＋　　　0 円

（特別税額）

＋　　　0 円　　＝2,476,000円

② 差引所得に対する法人税額

（法人税額計）　　　（控除税額）

2,476,000円　－　　　300円　　＝2,475,700円

4　納付すべき法人税額

（差引所得に対する法人税額）（中間申告分の法人税額）

2,475,700円（上記3より）　－　　1,500,000円　＝　　975,700円

5　地方法人税

① 課税標準法人税額の計算

（差引法人税額）

2,476,000円→2,476,000円（千円未満切捨て）

② 地方法人税額

2,476,000 円×10.3%＝255,028円

③ 差引地方法人税額

255,028円→255,000円（百円未満切捨て）

④ 差引確定地方法人税額

（中間申告分の地方法人税額）

255,000円　－　　　154,500円　　＝　　100,500円

6　同非区分欄

　同非区分欄には，別表二⑱欄の判定結果の区分により○を付します。本設例の場合には，同族会社に該当するとあるため，同族会社の欄に○を付します。

《設例３－１》による記入例

令和 6 年 5 月 31 日　税務署長殿

署受付印　芝

青色申告　一連番号

納税地　東京都港区新橋１－２－３
電話（ 03 ）1122 ‐ 3344

（フリガナ）カブシキガイシャエムシャ
法人名　株式会社Ｍ社

法人番号　１２３４５６７８９０１２３

（フリガナ）
代表者

代表者住所

所管 業種目 概況書 要否 別表等 ※

通算グループ整理番号
通算親法人整理番号

法人区分　普通法人（投資法人・特定目的会社を除く）など　協同組合等　左記以外の公益法人等又は人格のない社団等　特定の医療法人

事業種目　卸売業

期末現在の資本金の額又は出資金の額同上が１億円以下の普通法人のうち中小法人に該当しないもの　10,000,000 円　非中小法人

同非区分　特定同族会社　同族会社　非同族会社

旧納税地及び旧法人名等

添付書類　貸借対照表、損益計算書、株主（社員）資本等変動計算書又は損益金処分表、勘定科目内訳明細書、事業概況書、組織再編成に係る契約書等の写し、組織再編成に係る移転資産等の明細書

税務署処理欄	
整理番号	
事業年度（至）	年 月 日
売上金額	売 十億 百万
申告年月日	
通信日付印 確認 庁指定 局指定 指導等 区分	
年 月 日	
申告区分	
法人税 中間 期限後 修正	
地方法人税 中間 期限後 修正	

令和 ⑤ 年 ④ 月 ① 日
令和 ⑥ 年 ③ 月 ③① 日
（中間申告の場合 令和 年 月 日 の計算期間 令和 年 月 日）

事業年度分の法人税　確定　申告書
課税事業年度分の地方法人税　確定　申告書

適用額明細書提出の有無　有・無

税理士法第30条の書面提出有　有
税理士法第33条の２の書面提出有　有

			十億 百万 千 円					十億 百万 千 円
所得金額又は欠損金額（別表四「52の①」）	1		1 3 5 0 0 0 0 0	控除税額の計算	所得税の額（別表六(一)「6の③」）	16		3 0 0
法人税額 (48)+(49)+(50)	2		2 4 7 6 0 0 0		外国税額（別表六(二)「23」）	17		
法人税額の特別控除額（別表六(六)「5」）	3				計 (16)+(17)	18		3 0 0
税額控除超過額相当額等の加算額	4				控除した金額 (12)	19		3 0 0
土地譲渡税額 課税土地譲渡利益金額（別表三(二)「24」＋（別表三(二の二)「25」＋別表三(三)「21」）	5		0 0 0		控除しきれなかった金額 (18)-(19)	20		
同上に対する税額 (62)+(63)+(64)	6			この申告による還付金額	所得税額等の還付金額 (20)	21		
留保金 課税留保金額（別表三(一)「4」）	7		0 0 0		中間納付額 (14)-(13)	22		
同上に対する税額（別表三(一)「8」）	8				欠損金の繰戻しによる還付請求税額	23 外		
法人税額計 (2)-(3)+(4)+(6)+(8)	9		2 4 7 6 0 0 0		計 (21)+(22)+(23)	24 外		
分配時調整外国税相当額及び外国関係会社等に係る控除対象所得税額等相当額の控除額（別表六(五の二)「7」＋別表十七(三の六)「3」）	10							
仮装経理に基づく過大申告の更正に伴う控除法人税額	11							
控除税額 (((9)-(10)-(11))と(18)のうち少ない金額)	12		3 0 0	この申告が修正申告である場合のこの申告により納付すべき法人税額又は減少する還付請求税額 (57)		25 外		0 0
差引所得に対する法人税額 (9)-(10)-(11)-(12)	13		2 4 7 5 7 0 0	欠損金等の当期控除額（別表七(一)「4の計」＋（別表七(四)「9」若しくは「21」又は別表七(四)「10」）		26		
中間申告分の法人税額	14		1 5 0 0 0 0 0	翌期へ繰り越す欠損金額（別表七(一)「5の合計」）		27		
差引確定法人税額（中間申告の場合はその税額とし、マイナスの場合は(22)へ記入）(13)-(14)	15		9 7 5 7 0 0					
課税標準法人税額の計算 基準法人税額 (2)-(3)+(4)+(6)+(9の外書)（別表六(二)付表六「7」の外書）	28		2 4 7 6 0 0 0	外国税額の還付金額 (67)		41		
課税留保金額に対する法人税額 (8)	29			中間納付額 (39)-(38)		42		
課税標準法人税額 (28)+(29)	30		2 4 7 6 0 0 0	計 (41)+(42)		43 外		
地方法人税額 (53)	31		2 5 5 0 2 8					
税額控除超過額相当額の加算額（別表六(二)付表六「14の計」）	32							
課税留保金額に係る地方法人税額 (54)	33							
所得地方法人税額 (31)+(32)+(33)	34		2 5 5 0 2 8	この申告が修正申告である場合のこの申告により納付すべき地方法人税額 (61)		44		0 0
分配時調整外国税相当額及び外国関係会社等に係る控除対象所得税額等相当額の控除額（別表六(五の二)「8」＋別表十七(三の六)「4」）	35			剰余金・利益の配当（剰余金の分配）の金額				
仮装経理に基づく過大申告の更正に伴う控除地方法人税額	36			残余財産の最後の分配又は引渡しの日　令和 年 月 日		決算確定の日　令和 ⑥年⑤月25日		0 6 0 5 2 5
外国税額の控除額 (((34)-(35)-(36))と(65)のうち少ない金額)	37							
差引地方法人税額 (34)-(35)-(36)-(37)	38		2 5 5 0 0 0	還付を受けようとする金融機関等	銀行 金庫・組合 農協・漁協	本店・支店 出張所 本所・支所	郵便局名等 預金	
中間申告分の地方法人税額	39		1 5 4 5 0 0	口座番号	ゆうちょ銀行の貯金記号番号	－		
差引確定地方法人税額（中間申告の場合はその地方法人税額とし、マイナスの場合は(42)へ記入）(38)-(39)	40		1 0 0 5 0 0	※税務署処理欄				

税理士署名

《設例3－1》による記入例

事 業年度等	5 ・ 4 ・ 1 6 ・ 3 ・ 31	法人名	株式会社Ｍ社

法 人 税 額 の 計 算

項目	番号	金額	項目	番号	金額
(1)のうち中小法人等の年800万円相当額以下の金額 ((1)と800万円×$\frac{12}{12}$ のうち少ない金額) 又は(別表一付表「5」)	45	8,000,000	(45)の 15 % ~~又は19%~~ 相 当 額	48	1,200,000
(1)のうち特例税率の適用がある協同組合等の年10億円相当額を超える金額 (1)-10億円×$\frac{12}{12}$	46	000	(46)の 22 % 相 当 額	49	
そ の 他 の 所 得 金 額 (1)-(45)-(46)	47	5,500,000	(47)の ~~19%又は~~ 23.2 %相当額	50	1,276,000

地 方 法 人 税 額 の 計 算

項目	番号	金額	項目	番号	金額
所得の金額に対する法人税額 (28)	51	2,476,000	(51) の 10.3 % 相 当 額	53	255,028
課税留保金額に対する法人税額 (29)	52	000	(52) の 10.3 % 相 当 額	54	

こ の 申 告 が 修 正 申 告 で あ る 場 合 の 計 算

			番号	金額			番号	金額
法人税額の計算	この申告前の	法 人 税 額	55		地方法人税額の計算	この申告前の	確 定 地 方 法 人 税 額	58	
		還 付 金 額	56	外			還 付 金 額	59	
	この申告により納付すべき法人税額又は減少する還付請求税額 ((15)-(55))若しくは((15)+(56))又は((56)-(24))		57	外 00		欠損金の繰戻しによる還 付 金 額		60	
						この申告により納付すべき地方法人税額 ((40)-(58))若しくは((40)+(59)+(60))又は(((59)-(43))+((60)-(43の外書)))		61	00

土 地 譲 渡 税 額 の 内 訳

項目	番号	金額	項目	番号	金額
土 地 譲 渡 税 額 (別表三(二)「25」)	62	0	土 地 譲 渡 税 額 (別表三(三)「21」)	64	00
同 上 (別表三(二の二)「26」)	63	0			

地 方 法 人 税 額 に 係 る 外 国 税 額 の 控 除 額 の 計 算

項目	番号	金額	項目	番号	金額
外 国 税 額 (別表六(二)「56」)	65		控除しきれなかった金額 (65)-(66)	67	
控 除 し た 金 額 (37)	66				

《設例3－2》別表一の記載　法人税納付の場合（ケース2）

　次の資料に基づき株式会社M社（1年決算法人，資本金1,000万円，当期末令和6年3月31日）の別表一「各事業年度の所得に係る申告書」及び別表一次葉の記載はどのようになりますか。

　なお当社はS社（資本金5億円）による完全支配関係がある子会社です。

（内容）

①　別表四で計算された所得金額（別表四52①欄）の金額は13,500,000円です。

②　中間申告分の法人税額は1,500,000円です。

③　別表六（一）(6)③欄に記載された所得税等の税額控除額は300円です。

④　決算確定日は令和6年5月25日です。

⑤　中間申告分の地方法人税額は154,500円です。

〈解　説〉

1　法人税額

　①　所得金額　13,500,000円

　②　税額計算　13,500,000円×23.2％＝3,132,000円

2　差引法人税額　（法人税額）　　　（法人税額の特別控除額）
　　　　　　　　　3,132,000円 －　　　　　0円　　　　　＝3,132,000円

3　差引所得に対する法人税額

　①　法人税額計

　　（差引法人税額）　　　　　　（法人税額の特別控除額）　　　（特別控除額の加算額）　　　（特別税額）
　　3,132,000円（上記1より）－　　　　0円　　　　＋　　　　0円　　　　＋　　　0円　　　＝3,132,000円

　②　差引所得に対する法人税額　（法人税額計）　　（控除税額）
　　　　　　　　　　　　　　　　　3,132,000円　　－　　300円　　＝3,131,700円

4　納付すべき法人税額　（差引所得に対する法人税額）　　　　（中間申告分の法人税額）
　　　　　　　　　　　　　3,131,700円（上記3より）－　　　　1,500,000円　　　＝1,631,700円

5　地方法人税

　①　課税標準法人税額の計算　（差引法人税額）
　　　　　　　　　　　　　　　3,132,000円→3,132,000円（千円未満切捨て）

　②　地方法人税額　3,132,000円×10.3％＝322,596円

　③　差引地方法人税額　322,596円→322,500円（百円未満切捨て）

　④　差引確定地方法人税額
　　　　　　　　　　　（中間申告分の地方法人税額）
　　322,500円　　－　　　154,500円　　　＝　　168,000円

6　同非区分欄

　本設例の場合には，M社はS社に株式の100％を保有される関係にあることから同族会社に該当するため，同族会社の欄に○を付します。

《設例3-2》による記入例

別表一 各事業年度の所得に係る申告書－内国法人の分

令和6年5月31日　芝　税務署長殿

青色申告　一連番号

納税地	東京都港区新橋1－2－3　電話（ 03 ）1122－3344
（フリガナ）	カブシキガイシャエムシャ
法人名	株式会社M社
法人番号	1 2 3 4 5 6 7 8 9 0 1 2 3
（フリガナ）	
代表者	
代表者住所	

通算グループ整理番号
通算親法人整理番号
法人区分
事業種目　卸売業
期末現在の資本金の額又は出資金の額　10,000,000円　非中小法人
同非区分　特定同族会社／同族会社／非同族会社
旧納税地及び旧法人名等
添付書類

税務署処理欄：整理番号／事業年度（至）／売上金額／申告年月日／通信日付印／確認／庁指定／局指定／指導等／区分／申告区分（法人税：中間・順限後・確定・修正／地方法人税：中間・順限後・確定・修正）

令和 5 年 4 月 1 日　事業年度分の法人税　確定　申告書
令和 6 年 3 月 31 日　課税事業年度分の地方法人税　確定　申告書
（中間申告の場合の計算期間　令和　年　月　日～令和　年　月　日）

税理士法第30条の書面提出有　有
税理士法第33条の2の書面提出有　有
適用額明細書提出の有無　有／無

項目	No.	金額	項目	No.	金額
所得金額又は欠損金額（別表四「52の①」）	1	13 500 000	所得税の額（別表六(一)「6の③」）	16	300
法人税額（48）+（49）+（50）	2	3 132 000	外国税額（別表六(二)「23」）	17	
法人税額の特別控除額（別表六(六)「5」）	3		計（16）+（17）	18	300
税額控除超過額相当額等の加算額	4		控除した金額（12）	19	300
課税土地譲渡利益金額（別表三(二)「24」）+（別表三(二の二)「25」）+（別表三(三)「20」）	5	0 0 0	控除しきれなかった金額（18）-（19）	20	
同上に対する税額（62）+（63）+（64）	6		所得税額等の還付金額（20）	21	
課税留保金額（別表三(一)「4」）	7		中間納付額（14）-（13）	22	
同上に対する税額（別表三(一)「8」）	8		欠損金の繰戻しによる還付請求税額	23	
		0 0	計（21）+（22）+（23）	24	
法人税額計（2）-（3）+（4）+（6）+（8）	9	3 132 000			
分配時調整外国税相当額及び外国関係会社等に係る控除対象所得税額等相当額の控除額（別表六(五の二)「7」）+（別表十七(三の六)「3」）	10				
仮装経理に基づく過大申告の更正に伴う控除法人税額	11				
控除税額（((9)-(10)-(11))と(18)のうち少ない金額）	12	300	この申告が修正申告である場合のこの申告により納付すべき法人税額又は減少する還付請求税額（57）	25	0 0
差引所得に対する法人税額（9）-（10）-（11）-（12）	13	3 131 700	欠損金等の当期控除額（別表七(一)「4の計」+（別表七(四)「9」若しくは「21」又は別表七(四)「10」）	26	
中間申告分の法人税額	14	1 500 000	翌期へ繰り越す欠損金額（別表七(一)「5の合計」）	27	
差引確定／中間申告の場合はその法人税額／税額とし、マイナスの場合は（22）へ記入（13）-（14）	15	1 631 700			
所得の金額に対する法人税額（(2)-(3)+(4)+(6)+(9の外書)）-（一部表六(二)付表六「7の計」）	28	3 132 000	外国税額の還付金額（67）	41	
課税留保金額に対する法人税額（8）	29		中間納付額（39）-（38）	42	
課税標準法人税額（28）+（29）	30	3 132 000	計（41）+（42）	43	
地方法人税額（53）	31	322 596			
税額控除超過額相当額の加算額（別表六(二)付表六「14の計」）	32				
課税留保金額に係る地方法人税額（54）	33				
所得地方法人税額（31）+（32）+（33）	34	322 596	この申告が修正申告である場合のこの申告により納付すべき地方法人税額（61）	44	0 0
分配時調整外国税相当額及び外国関係会社等に係る控除対象所得税額等相当額の控除額（((34)-(35)-(36)）と（65）のうち少ない金額）	35		剰余金・利益の配当（剰余金の分配）の金額		
仮装経理に基づく過大申告の更正に伴う控除地方法人税額	36		残余財産の最後の分配又は引渡しの日　令和　年　月　日		
外国税額の控除額（((34)-(35)-(36)）と（65）のうち少ない金額）	37		決算確定の日　0 6 0 5 2 5		
差引地方法人税額（34）-（35）-（36）-（37）	38	322 500			
中間申告分の地方法人税額	39	154 500	還付を受けようとする金融機関等：銀行／金庫・組合／農協・漁協　本店・支店／出張所／本所・支所　預金　口座番号　ゆうちょ銀行の貯金記号番号　郵便局名等		
差引確定／中間申告の場合はその地方法人税額／税額とし、マイナスの場合は（42）へ記入（38）-（39）	40	168 000	※税務署処理欄		

税理士署名

《設例3－2》による記入例

事 業 年度等	5 ・4 ・1 6 ・3・31	法人名	株式会社Ｍ社

別表一次葉

法 人 税 額 の 計 算

(1)のうち中小法人等の年800万円相当額 以下の金額 ((1)と800万円× $\frac{}{12}$ のうち少ない金額)又は(別表 一付表「5」)	45	000	(45)の 15 % 又は 19 % 相 当 額	48	
(1)のうち特例税率の適用がある協同 組合等の年10億円相当額を超える金額 (1)-10億円× $\frac{}{12}$	46	000	(46)の 22 % 相 当 額	49	
そ の 他 の 所 得 金 額 (1)-(45)-(46)	47	13,500,000	(47)の 19 % 又は 23.2 % 相当額	50	3,132,000

地 方 法 人 税 額 の 計 算

所得の金額に対する法人税額 (28)	51	3,132,000	(51) の 10.3 % 相 当 額	53	322,596
課税留保金額に対する法人税額 (29)	52	000	(52) の 10.3 % 相 当 額	54	

こ の 申 告 が 修 正 申 告 で あ る 場 合 の 計 算

法人税額の計算	この申告前の	法 人 税 額	55		地方法人税額の計算	この申告前の	確 定 地 方 法 人 税 額	58	
		還 付 金 額	56	外			還 付 金 額	59	
		この申告により納付すべき法人 税額又は減少する還付請求税額 ((15)-(55))若しくは((15)+(56)) 又は((56)-(24))	57	外 00			欠 損 金 の 繰 戻 し に よ る 還 付 金 額	60	
							この 申 告 に よ り 納 付 す べ き 地 方 法 人 税 額 ((40)-(58))若しくは((40)+(59) +(60)) 又 は (((59)-(43))+((60) -(43の外書)))	61	00

土 地 譲 渡 税 額 の 内 訳

土 地 譲 渡 税 額 (別表三(二)「25」)	62	0	土 地 譲 渡 税 額 (別表三(三)「21」)	64	00
同　　　　　　　　　　　上 (別表三(二の二)「26」)	63	0			

地 方 法 人 税 額 に 係 る 外 国 税 額 の 控 除 額 の 計 算

外 国 税 額 (別表六(二)「56」)	65		控 除 し き れ な か っ た 金 額 (65)-(66)	67	
控 除 し た 金 額 (37)	66				

《設例4》別表一の記載　法人税還付の場合

　　次の資料に基づき株式会社M社（1年決算法人，青色申告法人，当期末令和6年3月31日）の当期における別表一「各事業年度の所得に係る申告書」の記載はどのようになりますか（本問の解答上，別表一次葉の記載について，考慮する必要はありません。）。

　　なお，当社は同族会社に該当します。

（内容）
①　別表四で計算された欠損金額（別表四⑸①欄の金額）は8,500,000円です。
②　中間申告分の法人税額は1,500,000円です。
③　別表六（一）⑹③欄に記載された所得税等の税額控除額は300円です。
④　中間申告分の地方法人税額は154,500円です。

〈解　　説〉
1　所得税額等の還付金額
　1　所得税の額等
　　300円
　2　控除した金額
　　0円（欠損が生じているため法人税額計は0円となり，控除できませんでした。）
　3　控除しきれなかった金額
　　1−2＝300円
　∴　この申告により還付されます。
2　中間納付額
　（法人税額）　（地方法人税額）
　1,500,000円　＋　154,500円　＝　1,654,500円
3　この申告による還付金額
　（所得税額等の還付金額）　（中間納付額）
　　　　　300円　　　　＋　1,654,500円　＝　1,654,800円
　∴　1,654,800円が還付されます。
4　地方法人税
　　課税標準法人税額がない場合であっても地方法人確定申告書を提出する必要がありますので，この場合には，「基準法人税額」，「地方法人税額」等の各欄に「0」と記載することになります。
5　留意点
　　還付金額について，取引銀行などの預金口座への振込みを希望する場合は，その取引銀行等の名称，預金口座名及びその口座番号を記載します。
　　ゆうちょ銀行の通常貯金口座への振込みを希望する場合は「貯金記号番号」にその通常貯金口座の記号番号のみを記載し，郵便局窓口での受取りを希望する場合は支払を受けようとする「郵便局名等」のみを記載します。

《設例4》による記入例

令和 6年 5月31日　税務署長殿

芝

青色申告　一連番号

納税地　東京都港区新橋1-2-3　電話（ 03 ）1122 - 3344

（フリガナ）カブシキガイシャエムシャ

法人名　**株式会社M社**

法人番号　1 2 3 4 5 6 7 8 9 0 1 2 3

（フリガナ）

代表者

代表者住所

通算グループ整理番号		
通算親法人整理番号		
法人区分		普通法人等の中小法人
事業種目		卸売業
期末現在の資本金の額又は出資金の額		10,000,000円　非中小法人
同非区分		特定同族会社・同族会社・非同族会社
旧納税地及び旧法人名等		
添付書類		

整理番号

事業年度（至）

売上金額

申告年月日

事業年度分の法人税　確定 申告書
課税事業年度分の地方法人税　確定 申告書

令和 5 年 4 月 1 日
令和 6 年 3 月 31 日
（中間申告の場合 令和　年　月　日　の計算期間 令和　年　月　日）

適用額明細書提出の有無　有・無
税理士法第30条の書面提出有　有
税理士法第33条の2の書面提出有　有

所得金額又は欠損金額（別表四「52の①」）	1	△8 500 000	控除税額の計算 所得税の額（別表六(一)「6の③」）	16	300
法人税額 (48) + (49) + (50)	2		外国税額（別表六(二)「23」）	17	
法人税額の特別控除額（別表六(六)「5」）	3		計 (16) + (17)	18	300
税額控除超過額相当額等の加算額	4		控除した金額 (12)	19	
課税土地譲渡利益金額	5	0 0 0	控除しきれなかった金額 (18) - (19)	20	300
同上に対する税額 (62) + (63) + (64)	6		所得税額等の還付金額 (20)	21	
課税留保金額（別表三(一)「4」）	7	0 0 0	中間納付額 (14) - (13)	22	1 500 000
同上に対する税額（別表三(一)「8」）	8	0 0	欠損金の繰戻しによる還付請求税額	23	
法人税額計 (2)-(3)+(4)+(6)+(8)	9		計 (21) + (22) + (23)	24	1 500 300
分配時調整外国税相当額及び外国関係会社等に係る控除対象所得税額等相当額の控除額	10				
仮装経理に基づく過大申告の更正に伴う控除法人税額	11		この申告が修正申告である場合のこの申告により納付すべき法人税額又は減少する還付請求税額 (57)	25	0 0
控除税額	12		欠損金等の当期控除額	26	
差引所得に対する法人税額 (9) - (10) - (11) - (12)	13		翌期へ繰り越す欠損金額（別表七(一)「5の合計」）	27	8 500 000
中間申告分の法人税額	14	1 500 000			
差引確定法人税額 (13) - (14)	15				

所得の金額に対する法人税額	28	0	外国税額の還付金額 (67)	41	
課税留保金額に対する法人税額 (8)	29		中間納付額 (39) - (38)	42	1 545 00
課税標準法人税額 (28) + (29)	30	0 0 0	計 (41) + (42)	43	1 545 00
地方法人税額 (53)	31				
税額控除超過額相当額の加算額（別表六(二)付表六「14の計」）	32				
課税留保金額に係る地方法人税額 (54)	33				
所得地方法人税額 (31) + (32) + (33)	34		この申告が修正申告である場合のこの申告により納付すべき地方法人税額 (61)	44	0 0
分配時調整外国税相当額及び外国関係会社等に係る控除対象所得税額等相当額の控除額	35		剰余金・利益の配当（剰余金の分配）の金額		
仮装経理に基づく過大申告の更正に伴う控除地方法人税額	36		残余財産の最後の分配又は引渡しの日　令和　年　月　日　決算確定の日		0 6 0 5 2 5
外国税額の控除額	37		還付を受けようとする金融機関等		○○○ 銀行　○○○ 支店　普通預金　口座番号 1,2,3,4,5,6,7
差引地方法人税額 (34) - (35) - (36) - (37)	38	0 0			
中間申告分の地方法人税額	39	1 545 00			
差引確定地方法人税額 (38) - (39)	40	0 0			

税理士署名

《設例5》別表一の記載　剰余金の配当等がある場合

　次の資料に基づき，M社の当期（令和5年4月1日から令和6年3月31日）の別表一「各事業年度の所得に係る申告書」の記載はどのようになりますか。また，株主資本等変動計算書及び個別注記表の記載はどのようになりますか。M社の当期及び翌期に効力発生日の属する剰余金の配当は次に掲げるとおりです。

（内容）

	決議	配当	基準日	効力発生日
当期	5.6.20 （前期に係る定時総会）	410,000円（注）	5.3.31	5.7.1
翌期	6.6.25 （当期に係る定時総会）	820,000円	6.3.31	6.7.1

（注）利益準備金の積立てを41,000円行いました。

〈解　説〉

1　別表一の書き方

　　当期にその支払に係る効力が生ずる法令9八《利益積立金額》に規定する剰余金の配当若しくは利益の配当若しくは剰余金の分配又は金銭の分配の額のほか，みなし配当の金額を含めて記載します。

剰余金・利益の配当 （剰余金の分配）の金額	□□,□□□,410,000

2　株主資本等変動計算書の書き方

　　株主資本等変動計算書への記載は，次に掲げるとおりとなります。

株式会社M社

株主資本等変動計算書
自　令和5年4月1日
至　令和6年3月31日　　　　　　　　　　　　　（単位　円）

株主資本
　資本金　　　　　　　　当期首残高及び当期末残高　　　　　　　　　　○○○
　利益剰余金
　　利益準備金　　　　　当期首残高　　　　　　　　　　　　　　　　　○○○
　　　　　　　　　　　　当期変動額　剰余金の配当に伴う積立て　　　　41,000
　　　　　　　　　　　　当期末残高　　　　　　　　　　　　　　　　　○○○
　　その他利益剰余金
　　　繰越利益剰余金　　当期首残高　　　　　　　　　　　　　　　　　○○○
　　　　　　　　　　　　当期変動額　剰余金の配当　　　　　　　　　△410,000
　　　　　　　　　　　　　　　　　　剰余金の配当に伴う
　　　　　　　　　　　　　　　　　　利益準備金の積立て　　　　　　　△41,000
　　　　　　　　　　　　　　　　　　当期純利益　　　　　　　　　　　○○○
　　　　　　　　　　　　当期末残高　　　　　　　　　　　　　　　　　○○○
　　　　　　　　　　～　以下省略　～

3　個別注記表の書き方

個別注記表への記載は，次に掲げるとおりとなります。

株式会社M社

個 別 注 記 表
自　令和 5 年 4 月 1 日
至　令和 6 年 3 月31日

〜　省略　〜

5　株主資本等変動計算書に関する注記
　(1)　当該事業年度中の剰余金の配当に関する事項
　　　令和 5 年 6 月20日の定時株主総会の決議により配当金を支払いました。
　　　株式の種類　普通株式
　　　配当金の総額　410,000円
　　　1 株当たり配当額　500円
　　　基準日　令和 5 年 3 月31日
　　　効力発生日　令和 5 年 7 月 1 日

　(2)　当該事業年度後の剰余金の配当に関する事項
　　　基準日が当期に属する配当のうち，配当の効力発生日が翌期となるもの
　　　　令和 6 年 6 月25日開催の定時株主総会の議案として，普通株式の配当に関する事項を次のとおり提案しております。
　　　(ア)　配当金の総額　820,000円
　　　(イ)　1 株当たり配当額　1,000円
　　　(ウ)　基準日　令和 6 年 3 月31日
　　　(エ)　効力発生日　令和 6 年 7 月 1 日
　　　配当原資は，利益剰余金を予定しています。

　　令和 6 年 6 月25日開催の定時株主総会において，上記の議案は承認可決されております。（6 月30日加筆）

〜　省略　〜

別表二　同族会社等の判定に関する明細書

Ⅰ　制度の概要

　親族のみで経営を行っているような同族会社においては，そうではない会社と比べると利益操作等による租税回避行為が行われる可能性が高いといえます。そのような租税回避行為を防止するために下記のような特別規定が設けられています。

対　象　会　社	特　別　規　定	目　　　的
同族会社	同族会社等の行為又は計算の否認（法法132）	租税回避行為を実質的な租税負担公平の見地から否認するため
	役員又は使用人兼務役員の範囲の特例（法令71①五・7二）	役員給与に関する租税回避行為（お手盛り給与）を否認するため
特定同族会社 （資本金の額又は出資金の額が1億円超等の一定の同族会社）	留保金課税（法法67①）	必要以上の利益の留保部分に課税することによる所得税課税（個人株主の配当課税）の補完を図るため

Ⅱ　同族会社等の判定

① 判　　定

　申告を行う会社が法人税法第2条第10号（同族会社の意義）に規定する同族会社に該当するかどうか，また，法人税法第67条（特定同族会社の特別税率）の規定の適用がある特定同族会社に該当するかどうかを判定する必要があり，その判定は次のように行います。

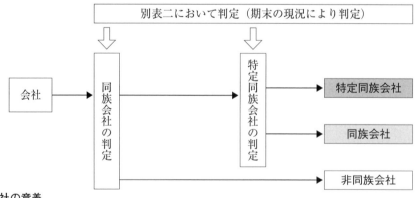

② 同族会社の意義

　同族会社とは，会社の上位3株主グループ（株主等〔その会社が自己の株式又は出資を有する場合のその会社を除きます。〕の3人以下並びにこれらの株主等と特殊の関係のある個人及び法人を一グループとした場合のそのグループをいいます。株主グループについては下記参照。）が，次の判定要

— 54 —

件のいずれかを満たす場合におけるその会社をいいます（法法2十，法令4，法基通1－3－1～1－3－8）。この同族会社については，役員及び使用人兼務役員の範囲の制限，行為計算の否認の規定が適用されます。

〈判定要件〉

1．持株割合による判定

その会社の発行済株式の総数又は出資の総額（その会社が有する自己の株式又は出資を除きます。）の50％を超える数の株式又は出資の総額を有する場合（法法2十，法令4③一）

2．議決権による判定

その会社の次に掲げる議決権のいずれかにつき，その総数（その議決権を行使することができない株主等が有する議決権の数を除きます。）の50％を超える数を有する場合（法令4⑤・③二）

(a)　事業の全部若しくは重要な部分の譲渡，解散，継続，合併，分割，株式交換，株式移転又は現物出資に関する決議に係る議決権

(b)　役員の選任及び解任に関する決議に係る議決権

(c)　役員の報酬，賞与その他の職務執行の対価として会社が供与する財産上の利益に関する事項についての決議に係る議決権

(d)　剰余金の配当又は利益の配当に関する決議に係る議決権

3．社員の数による判定

その会社の株主等（合名会社，合資会社又は合同会社の社員（その会社が業務を執行する社員を定めた場合にあっては，業務を執行する社員）に限ります。）の総数の半数を超える数を占める場合（法令4⑤・③三）

＊個人又は法人との間で契約，合意等によりその個人又は法人の意思と同一の内容の議決権を行使することに同意している者がある場合には，その者が有する議決権はその個人又は法人が有するものとみなし，かつ，その個人又は法人はその議決権に係る会社の株主等であるものとみなして判定を行います（法令4⑥）。

なお，単に過去の株主総会等において同一内容の議決権行使を行ってきた事実があることや，その個人又は法人と出資，人事・雇用関係，資金，技術，取引等において緊密な関係があることのみをもっては，その個人又は法人の意思と同一の内容の議決権を行使することに同意している者とはなりません（法基通1－3－7（注））。

---

③　被支配会社の意義

被支配会社とは，会社の上位1株主グループ（株主等〔（その会社が自己の株式又は出資を有する場合のその会社を除きます。）〕の1人並びにこれと特殊の関係のある個人及び法人を一グループとした場合のそのグループをいいます。）が，上記の〈判定要件〉のいずれかを満たす場合におけるその会社をいいます（法法67②，法令139の7）。

④　特定同族会社

被支配会社で，被支配会社であることについての判定の基礎となった株主等のうちに被支配会社でない法人がある場合には，その法人をその判定の基礎となる株主等から除外して判定するものとした

場合においても被支配会社になるもの（事業年度終了時の資本金の額又は出資金の額が1億円以下であるものにあっては一定のものに限ります（法法67①カッコ書き）。）をいいます。この特定同族会社については，留保金課税の規定が適用されます。

(注)　一定のものとは，次のものをいいます（法法66⑤二〜五）。

①　大法人（資本金の額又は出資金の額が5億円以上である法人又は相互会社）による完全支配関係があるときの普通法人

②　普通法人との間に完全支配関係がある全ての大法人が有する株式及び出資の全部をその全ての大法人のうちいずれか一の法人が有するものとみなした場合においてそのいずれか一の法人とその普通法人との間にそのいずれか一の法人による完全支配関係があることとなるときのその普通法人

③　投資法人

④　特定目的会社

〈株主グループ〉　甲を判定の基礎となる株主とすると

甲株主 + 甲株主と特殊の関係のある個人 + 甲株主と特殊の関係のある法人

↓　（法令4①）　　　　　　　　　　　　　　↓　（法令4②③）

①　親族（配偶者，六親等以内の血族，三親等以内の姻族）
②　内縁関係にある者及びその者と生計を一にするその者の親族
③　使用人及びその者と生計を一にするその者の親族
④　上記以外で甲株主から受ける金銭その他の資産によって生計を維持している者及びその者と生計を一にするその者の親族

甲株主並びに甲株主と特殊の関係のある個人及び法人で上記〈判定要件〉を満たす会社

Ⅲ　別表二の記入上の留意点

1　まず，下段の「判定基準となる株主等の株式数等の明細」から記入を行い，次に(1)から(17)まで順次記入を行います。

2　下段の(19)には，被支配会社でない法人株主等の所有する株式数又は出資の金額等を記入し，(20)には被支配会社でない法人株主等の所有する議決権（上記Ⅱ2〈判定要件〉の2.(a)〜(d)の議決権）の数を記入します。

また，下段の(21)には，その他の株主等の所有する株式数又は出資の金額等を記入し，(22)にはその他の株主等の所有する議決権（上記Ⅱ2〈判定要件〉の2.(a)〜(d)の議決権）の数を記入します。

(19)と(21)又は(20)と(22)に記載する株主グループが3グループになるまで記載し，株式数と議決権数についてそれぞれ順位を記入します。

3　上段左側の「同族会社の判定」は上位3株主グループについて，上記Ⅱ2〈判定要件〉の1.〜3.の3つの要件を満たすものかどうかの基準に対応しています。すなわち(1)〜(3)が持株割合による判定，(4)〜(6)が議決権による判定，(7)〜(9)が社員の数による判定です。

持株割合による判定は，(1)に期末現在の発行済株式総数を記入し，(2)に(19)(21)に記載された株主等のうち上位3順位の株主グループの株式数の合計を記入した後，(3)に(2)÷(1)の結果を記入します。

議決権による判定は，(4)に期末現在の議決権の総数を記入し，(5)に(20)(22)に記載された株主等のうち上位3順位の株主グループの議決権数の合計を記入した後，(6)に(5)÷(4)の結果を記入します。

社員数による判定は，当社が合資会社，合名会社又は合同会社である場合に(7)に期末現在の社員

の総数を記入し, (8)に社員のうち上位3順位の社員グループの人数の合計を記入した後, (9)に(8)÷(7)の結果を記入します。

④　(10)には(3)(6)(9)のうち最も高い割合を記入します。その結果が50％以下の場合は(18)の「非同族会社」を○で囲みます。50％を超えている場合は同族会社と判定され, さらに上段右側の「特定同族会社の判定」へ進みます。

　　ただし, 当期末における資本金の額又は出資金の額が1億円以下の法人（大法人（資本金の額又は出資金の額が5億円以上である法人等）による完全支配関係がある法人等は除きます。）である場合は, 「特定同族会社の判定」(11)～(17)の欄を記載する必要はなく, 「同族会社」を○で囲みます。

⑤　上段右側の「特定同族会社の判定」は上位1株主グループについて, 上記Ⅱ②〈判定要件〉の1.～3.の3つの要件を満たすものかどうかの基準に対応しています。すなわち(11)(12)が持株割合による判定, (13)(14)が議決権による判定, (15)(16)が社員の数による判定です。

　　持株割合による判定は, (11)に(21)に記載された株主等のうち上位1順位の株主グループの株式数の合計を記入した後, (12)に(11)÷(1)の結果を記入します。

　　議決権による判定は, (13)に(22)に記載された株主等のうち上位1順位の株主グループの議決権数の合計を記入した後, (14)に(13)÷(4)の結果を記入します。

　　社員数による判定は, 当社が合資会社, 合名会社又は合同会社である場合に, (15)に社員のうち上位1順位の社員グループの人数の合計を記入した後, (16)に(15)÷(7)の結果を記入します。

⑥　(17)には(12)(14)(16)のうち最も高い割合を記入します。その結果が50％以下の場合は(18)の「同族会社」を○で囲みます。50％を超えている場合は「特定同族会社」を○で囲みます。

Ⅳ　設例による個別検討

《設例1》種類株式がない場合（資本金105,000,000円）

　次の資料に基づき, 株式会社M社の当期（令和5年4月1日から令和6年3月31日）における別表二「同族会社等の判定に関する明細書」の記載はどのようになりますか。

〈株主構成〉

		株式数	議決権数
山田太郎	代表取締役社長	180	180
山田一郎	社長の父　会長	70	70
山田花子	社長の妻	30	30
鈴木大介	専務取締役	30	30
佐藤商事㈱	被支配会社でない法人	350	350
伊藤史郎	監査役	50	50
伊藤和夫	監査役の長男	20	20
自己株式		20	0
その他の少数株主		250	250
		1,000	980
		↓	↓

自己株式の20株を内書きにして「別表二(1)」へ　　「別表二(4)」へ

〈解　説〉

1　株主順位　（議決権順位も同じ）

① 佐藤商事㈱　　　　　　　　　　350　　第1順位　　（被支配会社ではない）
② 山田グループ　　180 + 70 + 30 = 280　　第2順位
③ 伊藤グループ　　　　50 + 20 = 70　　第3順位

2　同族会社の判定

① + ② + ③ = 700　　→　「別表二 (2)(5)」へ
700 ÷ 980 = 71.4%　　→　「別表二 (3)(6)」へ
→　(3)(6)を比較して高い方を(10)へ
71.4%　　＞　　50%　　∴　同族会社

3　特定同族会社の判定

被支配会社でない法人株主を除いて上位1グループ
② （山田グループ） = 280　　→　「別表二 (11)(13)」へ
280 ÷ 980 = 28.5%　　→　「別表二 (12)(14)」へ
→　別表二(12)(14)を比較して高い方を別表二(17)へ
28.5%　　≦　　50%　　∴　特定同族会社には該当せず　留保金課税適用なし

4　判定結果

別表二(18)の同族会社に○をする

《設例1》による記入例

同族会社等の判定に関する明細書

| 事業年度 | 5・4・1 6・3・31 | 法人名 | 株式会社M社 | 別表二 |

同族会社の判定	期末現在の発行済株式の総数又は出資の総額 1	内 20 / 1,000	
	(19)と(21)の上位3順位の株式数又は出資の金額 2	700	
	株式数等による判定 (2)/(1) 3	71.4 %	
	期末現在の議決権の総数 4	内 980	
	(20)と(22)の上位3順位の議決権の数 5	700	
	議決権の数による判定 (5)/(4) 6	71.4 %	
	期末現在の社員の総数 7		
	社員の3人以下及びこれらの同族関係者の合計人数のうち最も多い数 8		
	社員の数による判定 (8)/(7) 9	%	
	同族会社の判定割合 ((3)、(6)又は(9)のうち最も高い割合) 10	71.4%	

特定同族会社の判定	(21)の上位1順位の株式数又は出資の金額 11	280
	株式数等による判定 (11)/(1) 12	28.5 %
	(22)の上位1順位の議決権の数 13	280
	議決権の数による判定 (13)/(4) 14	28.5 %
	(21)の社員の1人及びその同族関係者の合計人数のうち最も多い数 15	
	社員の数による判定 (15)/(7) 16	%
	特定同族会社の判定割合 ((12)、(14)又は(16)のうち最も高い割合) 17	28.5%
	判定結果 18	特定同族会社 / 同族会社 / 非同族会社

判定基準となる株主等の株式数等の明細

順位		判定基準となる株主（社員）及び同族関係者		判定基準となる株主等との続柄	株式数又は出資の金額等			
					被支配会社でない法人株主等		その他の株主等	
株式数等	議決権数	住所又は所在地	氏名又は法人名		株式数又は出資の金額 19	議決権の数 20	株式数又は出資の金額 21	議決権の数 22
1	1		佐藤商事(株)	本人	350	350		
2	2		山田太郎	本人			180	180
2	2		山田一郎	父			70	70
2	2		山田花子	妻			30	30
3	3		伊藤史郎	本人			50	50
3	3		伊藤和夫	長男			20	20

《設例2》種類株式がある場合（資本金105,000,000円）

　次の資料に基づき，株式会社M社の当期（令和5年4月1日から令和6年3月31日）における別表二「同族会社等の判定に関する明細書」の記載はどのようになりますか。

〈株主構成〉

		株式数	議決権数	
山田太郎	代表取締役社長	180	180	
山田一郎	社長の父　会長	70	70	
山田花子	社長の妻	30	30	
鈴木大介	専務取締役	30	30	
佐藤商事㈱	被支配会社でない法人	350	0	（無議決権株式）
伊藤史郎	監査役	50	50	
伊藤和夫	監査役の長男	20	20	
自己株式		20	0	
その他の少数株主		250	0	（無議決権株式）
		1,000	380	

自己株式の20株を内書きにして「別表二(1)」へ　　　「別表二(4)」へ

〈**解　説**〉

1　順位

〈持株割合による判定〉

① 佐藤商事㈱　　　　　　　　　　　350　第1順位　（被支配会社ではない）

② 山田グループ　　180 + 70 + 30 = 280　第2順位

③ 伊藤グループ　　　　50 + 20 =　70　第3順位

〈議決権数による判定〉

① 山田グループ　　180 + 70 + 30 = 280　第1順位

② 伊藤グループ　　　　50 + 20 =　70　第2順位

③ 鈴木大介　　　　　　　　　　　　30　第3順位

2　同族会社の判定

〈持株割合による判定〉

① + ② + ③ =　　700　→　　「別表二　(2)」へ

700 ÷ 980 =　71.4%　→　　「別表二　(3)」へ

〈議決権数による判定〉

① + ② + ③ =　　380　→　　「別表二　(5)」へ

380 ÷ 380 =　100%　→　　「別表二　(6)」へ

→　別表二(3)(6)を比較して高い方を別表二(10)へ

100%　＞　　50%　∴　同族会社

3　特定同族会社の判定

被支配会社でない法人株主を除いて上位1グループ

〈持株割合による判定〉

② （山田グループ）=　280　　→　　「別表二　(11)」へ

280 ÷ 980 = 28.5%　　→　　「別表二　(12)」へ

〈議決権数による判定〉

2（山田グループ） = 280 → 「別表二 (13)」へ

280 ÷ 380 = 73.6% → 「別表二 (14)」へ

→ 別表二(12)(14)を比較して高い方を別表二(17)へ

73.6% > 50% ∴ 特定同族会社に該当 留保金課税適用あり

4 判定結果

別表二(18)の特定同族会社に○をする

《設例２》による記入例

同族会社等の判定に関する明細書

事業年度	5・4・1 6・3・31	法人名	株式会社M社

別表二

同族会社の判定	期末現在の発行済株式の総数又は出資の総額	1	内 20 1,000	特定同族会社の判定	(21)の上位１順位の株式数又は出資の金額	11	280
	(19)と(21)の上位３順位の株式数又は出資の金額	2	700		株式数等による判定 (11)/(1)	12	28.5 %
	株式数等による判定 (2)/(1)	3	71.4 %		(22)の上位１順位の議決権の数	13	280
	期末現在の議決権の総数	4	内 380		議決権の数による判定 (13)/(4)	14	73.6 %
	(20)と(22)の上位３順位の議決権の数	5	380		(21)の社員の１人及びその同族関係者の合計人数のうち最も多い数	15	
	議決権の数による判定 (5)/(4)	6	100 %		社員の数による判定 (15)/(7)	16	%
	期末現在の社員の総数	7			特定同族会社の判定割合 ((12)、(14)又は(16)のうち最も高い割合)	17	73.6%
	社員の３人以下及びこれらの同族関係者の合計人数のうち最も多い数	8		判定結果		18	(特定同族会社) 同族会社 非同族会社
	社員の数による判定 (8)/(7)	9	%				
	同族会社の判定割合 ((3)、(6)又は(9)のうち最も高い割合)	10	100%				

判定基準となる株主等の株式数等の明細

順位 株式数等	順位 議決権数	判定基準となる株主（社員）及び同族関係者 住所又は所在地	判定基準となる株主（社員）及び同族関係者 氏名又は法人名	判定基準となる株主等との続柄	被支配会社でない法人株主等 株式数又は出資の金額 19	被支配会社でない法人株主等 議決権の数 20	その他の株主等 株式数又は出資の金額 21	その他の株主等 議決権の数 22
1			佐藤商事(株)	本人	350	0		
2	1		山田太郎	本人			180	180
2	1		山田一郎	父			70	70
2	1		山田花子	妻			30	30
3	2		伊藤史郎	本人			50	50
3	2		伊藤和夫	長男			20	20
	3		鈴木大介	本人			30	30

別表三（一）　特定同族会社の留保金額に対する税額の計算に関する明細書

I　制度の概要

　同族会社においては株主の大部分が親族であることが多く，故意に配当等を抑えることができます。つまり，会社に必要以上の利益を留保し配当を少なくすることにより，株主個人に対する所得税課税を回避することが可能となりますので，そのような租税回避行為を防止するために同族会社のうち特定同族会社については「特定同族会社の特別税率（法法67）」の規定が設けられ留保金に対する課税が行われています。

　しかしながら，外部からの資金調達が難しい状況にあるといった中小企業の特性をふまえ，この規定の適用対象となる特定同族会社から，その事業年度終了の時における資本金の額又は出資金の額が1億円以下である会社が除外されています。

　ただし，大法人（資本金の額又は出資金の額が5億円以上である法人等）による完全支配関係がある普通法人等は特定同族会社に含まれます。

II　本制度と会計処理との関係

　法人税の所得の計算上当期末までに基準日を設定し翌期に支払の効力が発生する剰余金の配当又は利益の配当については，原則として効力発生日である翌期の社外流出となりますが，留保所得金額の計算上は，当該基準日の属する事業年度に支払われたものとして当期の留保所得金額から控除されます（法法67④）。

　したがって，当期において特に会計処理は必要とされませんが，当期の決算書類の1つである個別注記表の株主資本等変動計算書に関する注記から，翌期に予定される剰余金の基準日・配当金額を確認し，当期の留保所得金額の計算を行う必要があります。

〈図〉

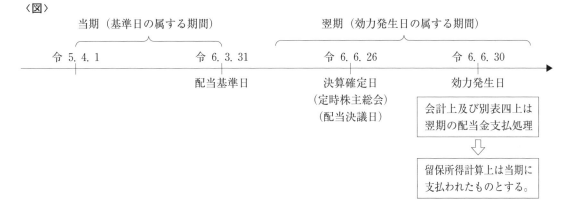

Ⅲ　特定同族会社の留保金課税

特定同族会社の各事業年度の留保金額が留保控除額を超える場合には，各事業年度の通常の法人税額のほかに，その留保控除額を超えた金額（課税留保金額といいます。）に対し特別税率による法人税が課されます（法法67①）。

留保金課税の計算

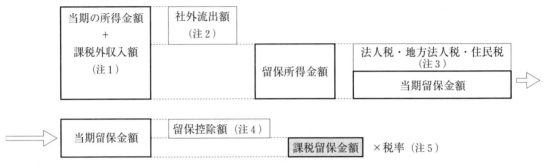

（注1）課税外収入額として1～17までを加算し，18～23を控除します。

  1　非適格合併による移転資産等の譲渡損失額（法法67③一）

  2　繰越欠損金又は災害損失金の損金算入額（法法67③六）

  3　会社更生等による債務免除等があった場合の欠損金の損金算入額（法法67③六）

  4　受取配当等の益金不算入額（法法67③二）

  5　外国子会社から受ける剰余金の配当等の益金不算入額（法法67③三）

  6　完全支配関係がある法人間の受贈益の益金不算入額（法法67③四）

  7　法人税額の還付金等（過誤納及び中間納付額に係る還付金を除きます。）の益金不算入額及び益金不算入附帯税（利子税を除きます。）の受取額（法法67③五）

  8　新鉱床探鉱費又は海外新鉱床探鉱費の特別控除額（措法59⑥）

  9　対外船舶運航事業者の日本船舶による収入金額に係る所得の金額の損金算入額（措法59の2⑤）

 10　沖縄の認定法人の所得の特別控除額（措法60⑪）

 11　国家戦略特別区域における指定法人の所得の特別控除額（措法61⑩）

 12　収用換地等の場合の所得の特別控除額（措法65の2⑨）

 13　特定事業の用地買収等の場合の所得の特別控除額（措法65の3⑦・65の4⑤・65の5④・65の5の2⑤）

 14　超過利子額の損金算入額（措令39の13の3⑥）

 15　特定外国子会社等又は特定外国法人から受ける剰余金の配当等の益金不算入額（措法66の8⑬⑭・66の9の4⑪⑫）

 16　特別新事業開拓事業者に対し特定事業活動として出資をした場合の特別勘定繰入額の損金不算入額（措法66の13⑳）

 17　農地所有適格法人の肉用牛の売却に係る所得の特別控除額（措法67の3⑦）

 18　非適格合併による移転資産等の譲渡利益額（法法67③一）

 19　中間申告における繰戻しによる還付に係る災害損失欠損金額の益金算入額（法法67③七）

 20　対外船舶運航事業者の日本船舶による収入金額に係る所得の金額の益金算入額（措法59の2⑤）

 21　沖縄の認定法人又は国家戦略特別区域における指定法人の要加算調整額の益金算入額（措法60⑪，

　　61⑩）

　22　特別新事業開拓事業者に対し特定事業活動として出資をした場合の特別勘定取崩額の益金算入額（措法66の13⑳）

　23　特定外国子会社等の課税対象金額等の益金算入額（措法66の6，措令39の20③）

（注2）社外流出額は次の1～6の合計額です。

　　1　一定の配当等の額＝その支払に係る決議の日がその支払に係る基準日の属する事業年度終了の日の翌日から当該基準日の属する事業年度に係る決算の確定の日までの期間内にある配当等の額（法法67④）

　　2　寄附金の損金不算入額（法法37）

　　3　交際費等の損金不算入額（措法61の4）

　　4　損金の額に算入した附帯税等，加算金及び延滞金の額（法法55）

　　5　役員給与の損金不算入額（法法34），過大な使用人給与の損金不算入額（法法36）

　　6　その他の社外流出額

（注3）

　　法人税額＝「別表一」の法人税額(2)−法人税額の特別控除額(3)＋税額控除超過額相当額等の加算額(4)＋土地譲渡利益金額に対する税額(6)＋法人税額計(9)の外書（使途秘匿金の特別税額）−仮装経理に基づく過大申告の更正に伴う控除法人税額(11)−（所得税控除額＋外国税額控除）(18)

　　地方法人税額＝（「別表一」の地方法人税額(31)＋税額控除超過額相当額等の加算額(32)−仮装経理に基づく過大申告の更正に伴う控除地方法人税額(36)−外国税額(65)

　　住民税額＝①　（「別表一」の法人税額(2)＋税額控除超過額相当額等の加算額(4)＋土地譲渡利益金額に対する税額(6)＋法人税額計(9)の外書（使途秘匿金の特別税額）−仮装経理に基づく過大申告の更正に伴う控除法人税額(11)−外国税額控除(17)）×10.4％

　　　　　　　②　特定寄附金の額の合計額×40％又は，①＋（「別表一」の仮装経理に基づく過大申告の更正に伴う控除法人税額(11)＋外国税額控除(17)）×10.4％）×20％のいずれか少ない金額

　　　　　　　③　①−②

（注4）留保控除額は次の基準額のうち最も多い金額です。

　　　　　　所得基準額　　　（当期の「別表四(52)①」所得金額＋（注1）の課税外収入額）×40％

　　　　　　定額基準額　　　2,000万円×事業年度の月数／12

　　　　　　積立金基準額＊　資本金又は出資金の額　×　25／100　−　利益積立金額

　　　　　　　＊利益積立金額がマイナスの場合には資本金又は出資金の額×25／100にそのマイナスの額を加算します（法基通16−1−7）。積立金基準額がマイナスとなる場合は0とします。

（注5）特別税率と税額の計算

　　　課税留保金額を下記の3つの金額に区分し，それぞれ税率を乗じて計算した金額の合計額が留保金額に対する税額となります（法法67①）。

課税留保金額の区分	税率
課税留保金額のうち年3,000万円以下の金額	10％
課税留保金額のうち年3,000万円超1億円以下の金額	15％
課税留保金額のうち年1億円超の金額	20％

Ⅳ 設例による個別検討

《設 例》留保金額に対する税額の計算

　次の資料に基づき株式会社Ｍ社の別表三（一），別表三（一）付表の記載はどのようになりますか。

　株式会社Ｍ社は，資本金105,000,000円の青色申告法人であり，株主が１名の特定同族会社です。

　当期（令和５年４月１日から令和６年３月31日）の法人税の申告に関して，別表四（参考資料１）と別表一（参考資料２）の途中までの計算が終了し，後は当期の法人税・住民税・事業税を算定し，納税充当金を設定するだけとなっています（次頁以降の参考資料参照）。

〈資料〉

１．期首利益積立金額（別表五（一）Ⅰの㉛①）　　　　　　　　　62,368,900円

２．別表六（一）(6)③に記載された所得税等の控除額　　　　　　　　　700円

３．令和６年５月20日に開催される定時株主総会において次の配当議案があります。（株主資本等変動計算書の注記に記載あり）

　　・配当金の総額　3,000,000円　　・基準日　令和６年３月31日

　　・効力発生日　　令和６年５月31日　　・当期中に支払効力発生の配当なし

《設例》参考資料1

所得の金額の計算に関する明細書（簡易様式）

事 業 年 度	5 · 4 · 1 6 · 3 · 31	法人名	株式会社M社	別表四（簡易様式）

区　　　　　分		総　　額 ①	処 分		
			留　保 ②	社 外 流 出 ③	
当 期 利 益 又 は 当 期 欠 損 の 額	1	円 50,000,000	円 50,000,000	配　当 その他	円
加算	損金経理をした法人税及び地方法人税（附帯税を除く。）	2	1,159,300	1,159,300		
	損金経理をした道府県民税及び市町村民税	3	151,400	151,400		
	損 金 経 理 を し た 納 税 充 当 金	4				
	損金経理をした附帯税（利子税を除く。）、加算金、延滞金（延納分を除く。）及び過怠税	5			その他	
	減 価 償 却 の 償 却 超 過 額	6	800,000	800,000		
	役 員 給 与 の 損 金 不 算 入 額	7			その他	
	交 際 費 等 の 損 金 不 算 入 額	8	3,500,000		その他	3,500,000
	通 算 法 人 に 係 る 加 算 額（別表四付表「5」）	9			外 ※	
		10				
	小　　　　計	11	5,610,700	2,110,700	外 ※	3,500,000
減算	減 価 償 却 超 過 額 の 当 期 認 容 額	12				
	納税充当金から支出した事業税等の金額	13				
	受 取 配 当 等 の 益 金 不 算 入 額（別表八（一）「5」）	14	1,000,000		※	1,000,000
	外国子会社から受ける剰余金の配当等の益金不算入額（別表八（二）「26」）	15			※	
	受 贈 益 の 益 金 不 算 入 額	16			※	
	適格現物分配に係る益金不算入額	17			※	
	法 人 税 等 の 中 間 納 付 額 及 び 過 誤 納 に 係 る 還 付 金 額	18				
	所 得 税 額 等 及 び 欠 損 金 の 繰 戻 し に よ る 還 付 金 額 等	19			※	
	通 算 法 人 に 係 る 減 算 額（別表四付表「10」）	20			※	
	譲 渡 損 失 認 定 損	21	1,310,500	1,310,500		
	小　　　　計	22	2,310,500	1,310,500	外 ※	1,000,000
仮　　　計（1）+（11）-（22）		23	53,300,200	50,800,200	外 ※	△1,000,000 3,500,000
対 象 純 支 払 利 子 等 の 損 金 不 算 入 額（別表十七（二の二）「29」又は「34」）		24			その他	
超 過 利 子 額 の 損 金 算 入 額（別表十七（二の三）「10」）		25	△		※	△
仮　　　計（（23）から（25）までの計）		26	53,300,200	50,800,200	外 ※	△1,000,000 3,500,000
寄 附 金 の 損 金 不 算 入 額（別表十四（二）「24」又は「40」）		27	258,748		その他	258,748
法 人 税 額 か ら 控 除 さ れ る 所 得 税 額（別表六（一）「6の③」）		29	700		その他	700
税 額 控 除 の 対 象 と な る 外 国 法 人 税 の 額（別表六（二の二）「7」）		30			その他	
分 配 時 調 整 外 国 税 相 当 額 及 び 外 国 関 係 会 社 等 に 係 る 控 除 対 象 所 得 税 額 等 相 当 額（別表六（五の二）「5の②」)+（別表十七（三の六）「1」）		31			その他	
合　　　計（26）+（27）+（29）+（30）+（31）		34	53,559,648	50,800,200	外 ※	△1,000,000 3,759,448
中 間 申 告 に お け る 繰 戻 し に よ る 還 付 に 係 る 災 害 損 失 欠 損 金 額 の 益 金 算 入 額		37			※	
非 適 格 合 併 又 は 残 余 財 産 の 全 部 分 配 等 に よ る 移 転 資 産 等 の 譲 渡 利 益 額 又 は 譲 渡 損 失 額		38			※	
差　　引　　計（34）+（37）+（38）		39	53,559,648	50,800,200	外 ※	△1,000,000 3,759,448
更生欠損金又は民事再生等評価換えが行われる場合の再生等欠損金の損金算入額（別表七（三）「9」又は「21」）		40	△		※	△
通算対象欠損金額の損金算入額又は通算対象所得金額の益金算入額（別表七の二「5」又は「11」）		41			※	
差　　引　　計（39）+（40）±（41）		43	53,559,648	50,800,200	外 ※	△1,000,000 3,759,448
欠 損 金 等 の 当 期 控 除 額（別表七（一）「4の計」)+（別表七（四）「10」）		44	△ 10,000,000		※	△ 10,000,000
総　　　計（43）+（44）		45	43,559,648	50,800,200	外 ※	△11,000,000 3,759,448
残余財産の確定の日の属する事業年度に係る事業税及び特別法人事業税の損金算入額		51	△	△		
所 得 金 額 又 は 欠 損 金 額		52	43,559,648	50,800,200	外 ※	△11,000,000 3,759,448

《設例》参考資料2

令和 6 年 5 月 31日　芝 税務署長殿

納税地	東京都港区新橋1-2-3　電話(03)1122-3344
(フリガナ)	カブシキガイシャエムシャ
法人名	株式会社M社
法人番号	1 2 3 4 5 6 7 8 9 0 1 2 3
(フリガナ)	
代表者	
代表者住所	

法人区分	普通法人
事業種目	卸売業
期末現在の資本金の額又は出資金の額	105,000,000円　非中小法人
同上が1億円以下の普通法人のうち中小法人に該当しないもの	
同非区分	
旧納税地及び旧法人名等	
添付書類	

別表一　各事業年度の所得に係る申告書－内国法人の分

青色申告　一連番号

令和 5 年 4 月 1 日　事業年度分の法人税　確定　申告書
令和 6 年 3 月 31 日　課税事業年度分の地方法人税　確定　申告書
（中間申告の場合 令和　年　月　日　の計算期間 令和　年　月　日）

税理士法第30条の書面提出 有
税理士法第33条の2の書面提出 有
適用額明細書提出の有無　有

この申告書による法人税額の計算

			金額
所得金額又は欠損金額（別表四「52の①」）	1		4 3 5 5 9 6 4 8
法人税額 (48)+(49)+(50)	2		1 0 1 0 5 6 8 8
法人税額の特別控除額（別表六(六)「5」）	3		
税額控除超過額相当額等の加算額	4		
土地譲渡税額 課税土地譲渡利益金額（別表三(二)「24」）+（別表三(二の二)「25」）+（別表三(三)「22」）	5		0 0 0
同上に対する税額 (62)+(63)+(64)	6		
留保金 課税留保金額（別表三(一)「4」）	7		0 0 0
同上に対する税額（別表三(一)「8」）	8		
法人税額計 (2)-(3)+(4)+(6)+(8)	9		0 0
分配時調整外国税相当額及び外国関係会社等に係る控除対象所得税額等相当額の控除額（別表六(五の二)「7」）+（別表十七(三の十二)「3」）	10		
仮装経理に基づく過大申告の更正に伴う控除法人税額	11		
控除税額 (((9)-(10)-(11))と(18)のうち少ない金額)	12		7 0 0
差引所得に対する法人税額 (9)-(10)-(11)-(12)	13		0 0
中間申告分の法人税額	14		0 0
差引確定/中間申告の場合はその法人税額/税額とし、マイナスの場合は(22)へ記入 (13)-(14)	15		0 0

			金額
所得税の額（別表六(一)「6の③」）	16		7 0 0
外国税額（別表六(二)「23」）	17		
計 (16)+(17)	18		7 0 0
控除した金額 (12)	19		7 0 0
控除しきれなかった金額 (18)-(19)	20		
所得税額等の還付金額 (20)	21		
中間納付額 (14)-(13)	22		
欠損金の繰戻しによる還付請求税額	23		
計 (21)+(22)+(23)	24		
この申告が修正申告である場合のこの申告により納付すべき法人税額又は減少する還付請求税額 (57)	25		0 0
欠損金等の当期控除額（別表七(一)「4の計」）+（別表七(四)「9」若しくは「21」又は別表七(四)「10」）	26		
翌期へ繰り越す欠損金（別表七(一)「5の合計」）	27		

この申告書による地方法人税額の計算

			金額
課税標準法人税額の計算 所得の金額に対する法人税額 (2)-(3)+(4)+(6)+(9の外書)-(別表六(一)「7の計」)-一部改正令の附則	28		1 0 1 0 5 6 8 8
課税留保金額に対する法人税額 (8)	29		
課税標準法人税額 (28)+(29)	30		0 0 0
地方法人税額 (53)	31		1 0 4 0 8 1 5
税額控除超過額相当額の加算額（別表六(二)付表六「14の計」）	32		
課税留保金額に係る地方法人税額 (54)	33		
所得地方法人税額 (31)+(32)+(33)	34		
分配時調整外国税相当額及び外国関係会社等に係る控除対象所得税額等相当額の控除額（別表六(五の二)「8」）+（別表十七(三の十二)「4」）	35		
仮装経理に基づく過大申告の更正に伴う控除地方法人税額	36		
外国税額の控除額 (((34)-(35)-(36))と(66)のうち少ない金額)	37		
差引地方法人税額 (34)-(35)-(36)-(37)	38		0 0
中間申告分の地方法人税額	39		0 0
差引確定/中間申告の場合はその地方法人税額/税額とし、マイナスの場合は(42)へ記入 (38)-(39)	40		0 0

			金額
外国税額の還付金額 (67)	41		
中間納付額 (39)-(38)	42		
計 (41)+(42)	43		
この申告が修正申告である場合のこの申告により納付すべき地方法人税額 (61)	44		0 0

剰余金・利益の配当（剰余金の分配）の金額

残余財産の最後の分配又は引渡しの日　令和　年　月　日
決算確定の日　令和 06 05 20

還付を受けようとする金融機関等　銀行　本店・支店／金庫・組合　出張所／農協・漁協　本所・支所　預金／ゆうちょ銀行の貯金記号番号／郵便局名等

税理士署名

〈解　説〉

記入する順番に計算していきます。

1　当期留保金額

①　留保所得金額

50,800,200円（別表四(52)②）→別表三（一）の(9)へ

②　配当等の計算

当期中に基準日が設定された配当の額　　3,000,000円→別表三（一）の(11)へ

③　法人税額及び地方法人税額の計算

$$\left(\begin{array}{c}別表一\\(2)法人税額\end{array}\right) \quad \left(\begin{array}{c}別表一\\(18)所得控除\end{array}\right) \quad \left(\begin{array}{c}別表一\\(31)地方法人税額\end{array}\right)$$

10,105,688円　－　　700円　＋　1,040,815円　＝11,145,803円→別表三（一）の(12)へ

④　住民税額の計算

$$\left(\begin{array}{c}別表一\\(2)法人税額\end{array}\right)$$

10,105,688円→別表三（一）の(22)へ

10,105,688円　×　10.4%　＝　1,050,991円→別表三（一）の(24)へ

⑤　当期留保金額の計算

（別表三（一）の(9)）　　（別表三（一）の(11)）　　（別表三（一）の(12)）　　（別表三（一）の(28)）

　　50,800,200円　－　3,000,000円　－　11,145,803円　－　1,050,991円　＝　35,603,406円

→別表三（一）の(19)へ

2　留保控除額

①　積立金基準額の計算

期末資本金額　　105,000,000円→別表三（一）付表一の(1)へ

25%相当額

　105,000,000円　　×　　25%　　＝　　26,250,000円→別表三（一）付表一の(2)へ

（別表五（一）Ⅰの(31)①）

期首利益積立金額　　62,368,900円　→別表三（一）付表一の(3)へ

期末利益積立金額

（別表三（一）付表一の(3)）（別表三（一）付表一の(4)）（別表三（一）付表一の(5)）

　62,368,900円　＋　　0円　　－　　0円　　＝　62,368,900円

→別表三（一）付表一の(6)へ

積立金基準額

（別表三（一）付表一の(2)）（別表三（一）付表一の(6)）

　26,250,000円　－　62,368,900円　＝　△36,118,900円　→　0　マイナスの場合は0

→別表三（一）付表一の(7)へ

②　定額基準額の計算

当期の月数を記入　「12」

20,000,000円　×　12/12　＝　20,000,000円→別表三（一）付表一の(8)へ

③　所得基準額の計算

（別表四(52)①）

所得金額　43,559,648円→別表三（一）付表一の(9)へ

受取配当等の益金不算入額　　1,000,000円→別表三（一）付表一の(11)へ

別表三（一）付表一の(15)へ欠損金の当期控除額10,000,000円→別表七（一）4の計より

所得等の金額

(別表四(52)の①)　　　(別表三（一）付表一の(11))　(別表三（一）付表一の(15))

43,559,648円　　+　　1,000,000円　　+　　10,000,000円　　=　　54,559,648円

→別表三（一）付表一の(31)へ

(31)の40%相当額

54,559,648円　　×　　40%　　=　　21,823,859円→別表三（一）付表一の(32)へ

留保控除額　最も多い金額

(別表三（一）付表一の(7))　　(別表三（一）付表一の(8))　　　　(別表三（一）付表一の(32))

0　　　<　　　20,000,000円　　　<　　　21,823,859円

∴留保控除額　21,823,859円→別表三（一）付表一の(33)及び別表三（一）の(20)へ

3　課税留保金額　　課税留保金額＝当期留保金額－留保控除額（千円未満切捨て）

(別表三（一）の(19))　　　(別表三（一）の(20))

35,603,406円　　－　　21,823,859円　　=　　13,779,547円　　→　　13,779,000円→別表三（一）の(21)へ

4　留保金額に対する税額の計算

課税留保金額の分類計算　当期の月数を記入　「12」

13,779,000円　≦　30,000,000円　　∴　13,779,000円→別表三（一）の(1)へ

留保金額に対する税額の計算

(別表三（一）の(1))

13,779,000円　×　10%　=　1,377,900円→別表三（一）の(5)へ

課税留保金額の合計

(別表三（一）の(1))　　　(別表三（一）の(2))　　　(別表三（一）の(3))

13,779,000円　　+　　　0　　　+　　　0　　　=　　13,779,000円　→別表三（一）の(4)へ

→別表一の(7)へ

留保金額に対する税額の計算の合計

(別表三（一）の(5))　　　(別表三（一）の(6))　　　(別表三（一）の(7))

1,377,900円　　+　　　0　　　+　　　0　　　=　　1,377,900円　→別表三（一）の(8)へ

→別表一の(8)へ

→別表一の(29)へ

5　地方法人税額の計算

(別表一の(29))

1,377,900円→1,377,000円（千円未満切捨て）→別表一次葉の(52)へ

(別表一次葉の(52))

1,377,000円×10.3％＝141,831円→別表一次葉の(54)へ

→別表一の(33)へ

《設例》による記入例

特定同族会社の留保金額に対する税額の計算に関する明細書	事業年度	5・4・1 6・3・31	法人名	株式会社M社	別表三(一)

留保金額に対する税額の計算

課税留保金額			税額		
年3,000万円相当額以下の金額 ((21)又は(3,000万円×$\frac{12}{12}$)のいずれか少ない金額)	1	13,779,000 円	(1)の10%相当額	5	1,377,900 円
年3,000万円相当額を超え年1億円相当額以下の金額 (((21)−(1))又は(1億円×$\frac{12}{12}$−(1))のいずれか少ない金額)	2	000	(2)の15%相当額	6	
年1億円相当額を超える金額 (21)−(1)−(2)	3	000	(3)の20%相当額	7	
計(21) (1)+(2)+(3)	4	13,779,000	計 (5)+(6)+(7)	8	1,377,900

別表一の(7)へ ←

別表一の(8)(29)へ →

課税留保金額の計算

			金額	住民税額の計算の基礎となる法人税額			金額
留保金額の計算	留保所得金額 (別表四「52の②」)	9	50,800,200 円	中小企業者等以外の法人 (別表一「2」+「4」+「6」+「9の外書」−「11」−「17」)−(別表六(六)「9の②」+「9の④」)から「9の⑦」までの合計+「9の⑮」+「9の⑯」+「9の㉒」から「9の㉔」までの合計)	22	10,105,688 円	
	前期末配当等の額(通算法人間配当等の額を除く。) (前期の(11))	10					
	当期末配当等の額(通算法人間配当等の額を除く。) (11)	11	3,000,000	中小企業者等 (別表一「2」+「4」+「6」+「9の外書」−「11」−「17」)−(別表六(六)「3」+「9の②」から「9の⑦」までの合計+「9の⑩」から「9の⑬」までの合計+「9の⑮」から「9の㉔」までの合計)	23		
	法人税額及び地方法人税額の合計額 (((別表一「2」−「3」+「4」+「6」+「9の外書」−「11」−「18」)−別表六(五の二)「5の③」)と0のいずれか多い金額+((別表一「31」+「32」−「36」−「65」)と0のいずれか多い金額)−((別表六(五の二)「5の③」)−(別表一「2」−「3」+「4」+「6」+「9の外書」))と0のいずれか多い金額) (マイナスの場合は0)	12	11,145,803				
	住民税額 (28)	13	1,050,991	住民税額 ((22)又は(23))×10.4%	24	1,050,991	
	外国関係会社等に係る控除対象所得税額等相当額 (別表十七(三の六)「1」)	14					
	法人税額等の合計額 (12)+(13)−(14) (マイナスの場合は0)	15	12,196,794	特定寄附金を支出した場合の計算	特定寄附金の額の合計額に係る控除額 (特定寄附金の額の合計額)×40%	25	
	通算法人の留保金加算額 (別表三(一)付表二「5」)	16			調整地方税額に係る控除額 ((24)+(別表一「11」+「17」)×10.4%−(別表六(二)付表六「7の計」)×10.4%)×20% (マイナスの場合は0)	26	
	通算法人の留保金控除額 (別表三(一)付表二「10」)	17					
	他の法人の株式又は出資の基準時の直前における帳簿価額から減算される金額 (別表三(一)付表一「19」)	18			住民税額から控除される金額 ((25)又は(26)のいずれか少ない金額)	27	
	当期留保金額 (9)+(10)−(11)−(15)+(16)−(17)−(18)	19	35,603,406				
	留保控除額 (別表三(一)付表一「33」)	20	21,823,859				
	課税留保金額 (19)−(20)	21	13,779,000	住民税額 (24)−(27)	28	1,050,991	

特定同族会社の留保金額から控除する留保控除額の計算に関する明細書　　事業年度 5・4・1 ～ 6・3・31　　法人名 株式会社M社　　別表三(一)付表一

	項目	No.	金額		項目	No.	金額
積立金基準額の計算	期末資本金の額又は出資金の額	1	105,000,000 円	所得基準額の計算	通算法人の所得基準額加算額（別表三(一)付表二「13」）	17	円
	同上の25％相当額	2	26,250,000		通算法人の所得基準額控除額（別表三(一)付表二「17」）	18	
	期首利益積立金額（別表五(一)「31の①」）－（別表三(一)「10」）	3	62,368,900		他の法人の株式又は出資の基準時の直前における帳簿価額から減算される金額（別表八(三)「13」の合計額）	19	
	期中増減 適格合併等により増加した利益積立金額	4			新鉱床探鉱費又は海外新鉱床探鉱費の特別控除額（別表十(三)「43」）	20	
	期中増減 適格分割型分割等により減少した利益積立金額	5			対外船舶運航事業者の日本船舶による収入金額に係る所得の金額の損金算入額（別表十(四)「20」）	21	
	期末利益積立金額 (3)＋(4)－(5)	6	62,368,900		対外船舶運航事業者の日本船舶による収入金額に係る所得の金額の益金算入額（別表十(四)「21」又は「23」）	22	
	積立金基準額 (2)－(6)	7			沖縄の認定法人又は国家戦略特別区域における指定法人の所得の特別控除額（別表十(一)「15」）又は（別表十(二)「10」）	23	
定額基準額	定額基準額 2,000万円×12/12	8	20,000,000		沖縄の認定法人又は国家戦略特別区域における指定法人の要加算調整額の益金算入額（別表十(一)「16」）又は（別表十(二)「11」）	24	
所得基準額の計算	所得金額（別表四「52の①」）	9	43,559,648		収用等の場合等の所得の特別控除額（別表十(五)「22」＋「37」＋「42」＋「47」＋「52」）	25	
	非適格合併による移転資産等の譲渡利益額又は譲渡損失額（別表四「38」）	10			特定事業活動として特別新事業開拓事業者の株式の取得をした場合の特別勘定繰入額の損金算入額（別表十(六)「12」）	26	
	受取配当等の益金不算入額（別表八(一)「5」から通算法人間配当等の額に係る金額を除いた金額）	11	1,000,000		特定事業活動として特別新事業開拓事業者の株式の取得をした場合の特別勘定取崩額の益金算入額（別表十(六)「18」＋「20」）	27	
	外国子会社等から受ける剰余金の配当等の益金不算入額（別表八(二)「26」）＋（別表十七(三の七)「27の計」）	12			肉用牛の売却に係る所得の特別控除額（別表十(七)「22」）	28	
	受贈益の益金不算入額（別表四「16」）	13			超過利子額の損金算入額（別表十七(二の三)「10」）	29	
	法人税額の還付金等(過誤納及び中間納付額に係る還付金を除く。)（別表四「19」）＋（別表四付表「7」）	14			課税対象金額等の益金算入額（別表十七(三の二)「28」）＋（別表十七(三の三)「9」）＋（別表十七(三の四)「11」）	30	
	欠損金等の当期控除額（別表七(一)「4の計」）＋（別表七(三)「9」若しくは「21」又は別表七(四)「10」）	15	10,000,000		所得等の金額 (9)－(10)＋(11)＋(12)＋(13)＋(14)＋(15)－(16)＋(17)－(18)－(19)＋(20)＋(21)－(22)＋(23)－(24)＋(25)＋(26)－(27)＋(28)＋(29)－(30)	31	54,559,648
	中間申告における繰戻しによる還付に係る災害損失欠損金額の益金算入額（別表四「37」）	16			所得基準額 (31)×40％	32	21,823,859
					留保控除額 ((7)、(8)又は(32)のいずれか多い金額)	33	21,823,859

別表三(一)　特定同族会社の留保金額に対する税額の計算に関する明細書

別表一　各事業年度の所得に係る申告書―内国法人の分

令和 6 年 5 月 31 日
税務署長殿
芝

納税地　東京都港区新橋1－2－3
電話(03)1122－3344

(フリガナ)　カブシキガイシャエムシャ
法人名　株式会社M社
法人番号　1 2 3 4 5 6 7 8 9 0 1 2 3

(フリガナ)
代表者

代表者住所

事業種目　卸売業
期末現在の資本金の額又は出資金の額　105,000,000円
同上が1億円以下の普通法人のうち中小法人に該当しないもの　非中小法人

同非区分　特定同族会社　同族会社　非同族会社

所管　業種目　概況書　要否　別表等
通算グループ整理番号
通算親法人整理番号
法人区分
事務署処理欄

青色申告　一連番号
整理番号
事業年度(至)　年　月
売上金額　兆　十億　百万
申告年月日
通信日付印　確認　庁指定　局指定　指導等　区分
年 月 日
申告区分
法人税　中間　期限後　修正　地方法人税　中間　期限後　修正

令和 5 年 4 月 1 日
令和 6 年 3 月 31 日
事業年度分の法人税　確定 申告書
課税事業年度分の地方法人税　確定 申告書
(中間申告の場合の計算期間　令和 年 月 日 令和 年 月 日)

適用額明細書提出の有無　有・無
税理士法第30条の書面提出有　有
税理士法第33条の2の書面提出有

所得金額又は欠損金額 (別表四「52の①」)	1	435 559 648
法人税額 (48)+(49)+(50)	2	101 105 688
法人税額の特別控除額 (別表六(六)「5」)	3	
税額控除超過額相当額等の加算額	4	
土地譲渡税 課税土地譲渡利益金額	5	0 0 0
同上に対する税額 (62)+(63)+(64)	6	
留保金 課税留保金額 (別表三(一)「4」)	7	13 779 0 0 0
同上に対する税額 (別表三(一)「8」)	8	1 377 900
		0 0
法人税額計 (2)-(3)+(4)+(6)+(8)	9	114 83 588
分配時調整外国税相当額及び外国関係会社等に係る控除対象所得税額等相当額の控除額	10	
仮装経理に基づく過大申告の更正に伴う控除法人税額	11	
控除税額	12	700
差引所得に対する法人税額 (9)-(10)-(11)-(12)	13	114 82 800
中間申告分の法人税額	14	10 511 00
差引確定法人税額 (13)-(14)	15	104 317 00
所得金額に対する法人税額	28	101 105 688
課税留保金額に対する法人税額	29	1 377 900
課税標準法人税額 (28)+(29)	30	114 83 000
地方法人税額 (53)	31	10 408 15
税額控除超過額相当額の加算額	32	
課税留保金額に係る地方法人税額 (54)	33	14 18 31
所得地方法人税額 (31)+(32)+(33)	34	11 826 46
分配時調整外国税相当額及び外国関係会社等に係る控除対象所得税額等相当額の控除額	35	
仮装経理に基づく過大申告の更正に伴う控除地方法人税額	36	
外国税額の控除額	37	
差引地方法人税額 (34)-(35)-(36)-(37)	38	11 826 00
中間申告分の地方法人税額	39	108 200
差引確定地方法人税額 (38)-(39)	40	10 744 00

所得税の額 (別表六(一)「6の③」)	16	700
外国税額 (別表六(二)「23」)	17	
計 (16)+(17)	18	700
控除した金額 (12)	19	700
控除しきれなかった金額 (18)-(19)	20	
所得税額等の還付金額 (20)	21	
中間納付額 (14)-(13)	22	
欠損金の繰戻しによる還付請求税額	23	
計 (21)+(22)+(23)	24	
この申告が修正申告である場合のこの申告により納付すべき法人税額又は減少する還付請求税額 (57)	25	0 0
欠損金等の当期控除額	26	10 000 000
翌期へ繰り越す欠損金額 (別表七(一)「5の合計」)	27	
外国税額の還付金額 (67)	41	
中間納付額 (39)-(38)	42	
計 (41)+(42)	43	
この申告が修正申告である場合のこの申告により納付すべき地方法人税額 (61)	44	0 0

剰余金・利益の配当(剰余金の分配)の金額
残余財産の最後の分配又は引渡しの日
決算確定の日　令和 06 05 20

還付する金融機関等　銀行・金庫・組合・農協・漁協　本店・支店・出張所・本所・支所　預金　郵便局名等
口座番号
ゆうちょ銀行の貯金記号番号
※税務署処理欄

税理士署名

— 71 —

| 事 業
年度等 | 5・4・1
6・3・31 | 法人名 | 株式会社Ｍ社 |

法 人 税 額 の 計 算

(1)のうち中小法人等の年800万円相当額以下の金額 ((1)と800万円×12のうち少ない金額)又は(別表一付表「5」)	45	000	(45)の15％又は19％相当額	48	
(1)のうち特例税率の適用がある協同組合等の年10億円相当額を超える金額 (1)-10億円×12	46	000	(46)の 22 ％ 相 当 額	49	
そ の 他 の 所 得 金 額 (1)-(45)-(46)	47	43,559,000	(47)の19％又は23.2％相当額	50	10,105,688

地 方 法 人 税 額 の 計 算

| 所得の金額に対する法人税額
(28) | 51 | 10,105,000 | (51) の 10.3 ％ 相 当 額 | 53 | 1,040,815 |
| 課税留保金額に対する法人税額
(29) | 52 | 1,377,000 | (52) の 10.3 ％ 相 当 額 | 54 | 141,831 |

こ の 申 告 が 修 正 申 告 で あ る 場 合 の 計 算

法人税額の計算	この申告前の	法 人 税 額	55		地方法人税額の計算	この申告前の	確 定 地 方 法 人 税 額	58	
		還 付 金 額	56	外			還 付 金 額	59	
							欠損金の繰戻しによる 還 付 金 額	60	
	この申告により納付すべき法人税額又は減少する還付請求税額 ((15)-(55))若しくは((15)+(56))又は((56)-(24))		57	外 00		この申告により納付すべき地方法人税額 ((40)-(58))若しくは((40)+(59)+(60))又は(((59)-(43))+((60)-(43の外書)))		61	00

土 地 譲 渡 税 額 の 内 訳

| 土 地 譲 渡 税 額
(別表三(二)「25」) | 62 | 0 | 土 地 譲 渡 税 額
(別表三(三)「21」) | 64 | 00 |
| 同 上
(別表三(二の二)「26」) | 63 | 0 | | | |

地 方 法 人 税 額 に 係 る 外 国 税 額 の 控 除 額 の 計 算

| 外 国 税 額
(別表六(二)「56」) | 65 | | 控除しきれなかった金額
(65)-(66) | 67 | |
| 控 除 し た 金 額
(37) | 66 | | | | |

別表四　所得の金額の計算に関する明細書

I　所得の金額の計算に関する明細書の機能

　この明細書は，確定した決算に基づいた会社の損益計算書における当期純利益又は当期純損失の額を基礎（法法74①）として，いわゆる申告調整事項（7頁参照）を加算又は減算して法人税の課税標準となる所得金額若しくは欠損金額又は留保金額を計算するために使用します。したがって，この明細書は税務上の損益計算書としての役割を持っており，法人税法上の所得の金額（法法22①）の計算書として毎期継続して確定申告書に添付する必要があります。

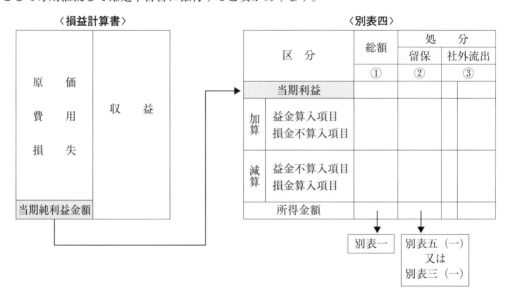

II　当期利益の転記

1　当期利益の転記事項

　「当期利益又は当期欠損の額 (1)」の欄は，損益計算書及び株主資本等変動計算書から転記します。

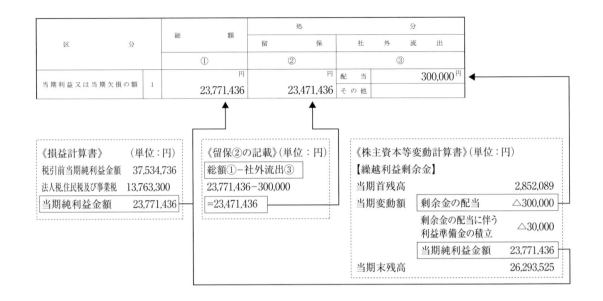

区　　　　　　分		総　　　　額	処		分
			留　　　　保	社　外　流　出	
		①	②	③	
当期利益又は当期欠損の額	1	円 23,771,436	円 23,471,436	配　当	300,000円
				その他	

《損益計算書》　（単位：円）
税引前当期純利益金額　37,534,736
法人税,住民税及び事業税　13,763,300
当期純利益金額　23,771,436

《留保②の記載》(単位：円)
総額①－社外流出③
23,771,436－300,000
＝23,471,436

《株主資本等変動計算書》(単位：円)
【繰越利益剰余金】
当期首残高　　　　　　2,852,089
当期変動額　剰余金の配当　△300,000
　　　　　　剰余金の配当に伴う
　　　　　　利益準備金の積立　△30,000
　　　　　　当期純利益金額　23,771,436
当期末残高　　　　　　26,293,525

2　記入上の留意点

1 「当期利益又は当期欠損の額 (1)」の「総額①」には，損益計算書の当期純利益金額又は当期純損失金額を記載します。この金額はその事業年度の所得の金額の基礎となるものですからこれとは関係のないものは除外する趣旨から，この金額の中に前期から繰り越された利益又は損失の額が含まれる場合には，これらを控除した金額を記載します。

2 「当期利益又は当期欠損の額 (1)」の「社外流出③」の「配当」の欄には，その事業年度にその支払に係る効力が生ずる利益積立金額（法令9八）に規定する剰余金の配当若しくは利益の配当若しくは剰余金の分配又は金銭の分配の額を記載します。また，この社外流出は，その金額を受領した個人課税等の基礎となります。

3 「当期利益又は当期欠損の額 (1)」の「留保②」には，「総額①」に記載した金額から「社外流出③」に記載した金額の合計額を控除した金額を記載します。

4 「社外流出③」に記載した金額が「総額①」に記載した金額より多い場合には，その超える金額を「留保②」に△印を付して記載します。

5 すなわち，「留保②」は利益積立金等の計算の基礎となりますので，そのために3及び4の処理を行うことになります。

3　設例による個別検討

《設例 1 》当期利益又は当期欠損の額の記載

次の設例における別表四の「当期利益又は当期欠損の額(1)」の記載はどのようになりますか。

【損益計算書】		【株主資本等変動計算書】		
		繰越利益剰余金		
税引前当期純利益金額	79,493,600円	当期首残高		22,254,930円
法人税，住民税及び事業税	37,256,137円	当期変動額	剰余金の配当	△12,800,000円
当期純利益金額	42,237,463円		剰余金の配当に伴う利益準備金の積立	△1,280,000円
			当期純利益金額	42,237,463円
		当期末残高		50,412,393円

〈解　説〉

損益計算書の当期純利益金額を「当期利益又は当期欠損の額 (1)」の「総額①」欄へ転記します。当期純損失が生じている場合は，金額の前に「△」を付して記載します。

株主資本等変動計算書の繰越利益剰余金からの転記のうち，「当期利益又は当期欠損の額 (1)」の「社外流出③」欄は，当期の剰余金の配当を「配当」，これ以外に社外に支出する金額を「その他」に記載します。また，「留保②」欄は，「総額①」に記載した金額から「社外流出③」に記載した金額の合計額を控除した金額を記載します。

区　　分		総　　額	処　　分		
			留　　保	社　外　流　出	
		①	②	③	
当期利益又は当期欠損の額	1	42,237,463 円	29,437,463 円	配　当	12,800,000円
				その他	

III　別表五（二）からの転記

1　別表五（二）からの転記事項

別表五（二）「租税公課の納付状況等に関する明細書」に記載されている「法人税及び地方法人税」「道府県民税」「市町村民税」「附帯税等その他の税金」及び「納税充当金」ごとに，その税額の発生及び納付状況に応じて別表四に転記します。この転記は，法人税額及び地方法人税額の損金不算入（法法38①）の規定に基づき，法人税法の課税標準の基を税引前当期純利益金額又は税引前当期純損失金額に引き直すために加算するものです。

① 法人税の転記

したがって，別表四の「損金経理をした法人税及び地方法人税（附帯税を除く。）(2)」には，別表五（二）の「計(5)」の「仮払経理による納付④」及び「損金経理による納付⑤」の法人税額及び地方法人税額の合計額を記載し，損金不算入とされている法人税及び地方法人税の納付額の総額を加算します。

この場合において，別表五（二）の「計(5)」の「仮払経理による納付④」に記載した金額は，その法人税額及び地方法人税額を損金算入したわけではありませんので総額から除外する必要から別表四において「仮払税金認定損　㉑」として減算欄に記載します。

〔別表四〕

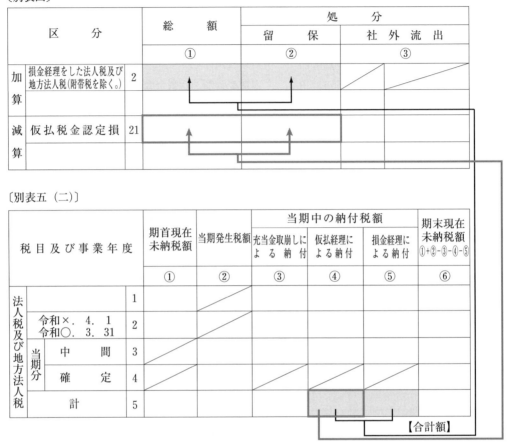

〔別表五（二）〕

税 目 及 び 事 業 年 度			期首現在未納税額	当期発生税額	当期中の納付税額			期末現在未納税額①+②-③-④-⑤
					充当金取崩しによる納付	仮払経理による納付	損金経理による納付	
			①	②	③	④	⑤	⑥
法人税及び地方法人税			1					
	令和×．4．1 令和○．3．31		2					
	当期分	中　　　間	3					
		確　　　定	4					
		計	5					【合計額】

② 道府県民税及び市町村民税の転記

　別表四の「損金経理をした道府県民税及び市町村民税　(3)」には，別表五（二）の「(6)」「(7)」「中間(8)」「(11)」「(12)」及び「中間(13)」の「仮払経理による納付④」及び「損金経理による納付⑤」の金額の合計額を法人税と同様に損金不算入（法法38②）の規定により加算欄に記載します。

　この場合において，別表五（二）の「計　(10)」及び「計　(15)」の「仮払経理による納付④」に記載した金額は，法人税と同様の趣旨で別表四において減算欄に「仮払税金認定損　㉑」として記載します。

〔別表四〕

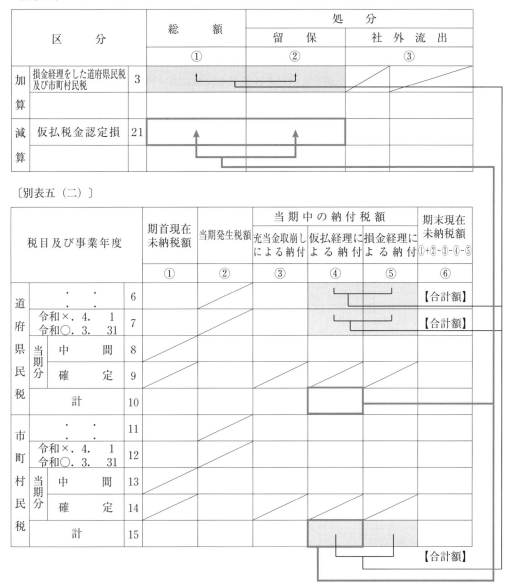

[3] **附帯税等その他の税目の転記**

　別表四の「損金経理をした附帯税（利子税を除く。），加算金，延滞金（延納分を除く。）及び過怠税　(5)」には，別表五（二）の「加算税及び加算金　(24)」から「過怠税　(27)」までの「当期中の納付税額③〜⑤」の各欄の金額の合計額を損金不算入の税金（法法55④）として加算欄に記載します。

　また，別表四の「法人税額から控除される所得税額　(29)」は，原則として別表六（一）の「(6)の③」から加算欄に転記しますが，同時に別表五（二）の「源泉所得税　(28)又は(29)」にも記載されますので，この金額が「仮払経理による納付④」及び「損金経理による納付⑤」の金額の合計額と一致しているか確認して下さい。

　この他に法人の役員又は従業員に対して課された業務遂行に関連して生じた罰金，過料及び交通反則金等のいわゆる罰金等（法基通9－5－12）については，別表五（二）において損金不算入（法法55

⑤）として「罰金等　㉘又は㉙」の「仮払経理による納付④」及び「損金経理による納付⑤」の欄に記載するとともに，別表四の「⑽以降」に「損金計上罰金等（加算・社外流出その他）」として加算欄に記載します。

　この場合において，別表五（二）の「その他，損金不算入のもの㉔から㉙」の「仮払経理による納付④」に記載した金額は，前述した趣旨と同様の趣旨で別表四において「仮払税金認定損　㉑」として減算欄に記載します。

〔別表四〕

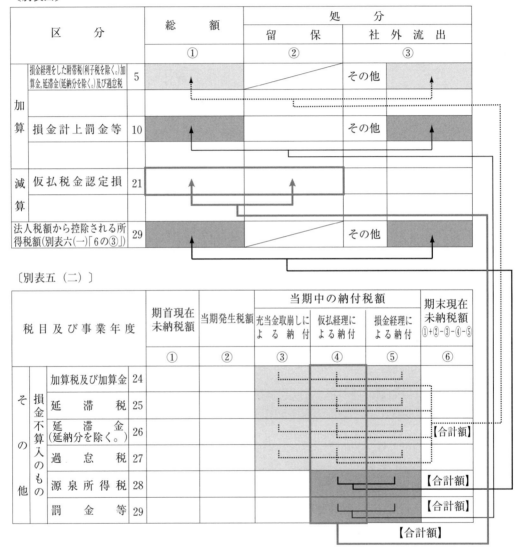

区　　分		総　額	処　分		
			留　保	社　外　流　出	
		①	②	③	
加算	損金経理をした附帯税(利子税を除く。)加算金,延滞金(延納分を除く。)及び過怠税 5			その他	
	損金計上罰金等 10			その他	
減算	仮払税金認定損 21				
	法人税額から控除される所得税額(別表六(一)「6の③」) 29			その他	

〔別表五（二）〕

税目及び事業年度			期首現在未納税額	当期発生税額	当期中の納付税額			期末現在未納税額 ①+②-③-④-⑤
					充当金取崩しによる納付	仮払経理による納付	損金経理による納付	
			①	②	③	④	⑤	⑥
その他	損金不算入のもの	加算税及び加算金 24						
		延滞税 25						
		延滞金(延納分を除く。) 26						【合計額】
		過怠税 27						
		源泉所得税 28						【合計額】
		罰金等 29						【合計額】
							【合計額】	

④　納税充当金の転記

　別表四の「損金経理をした納税充当金　(4)」には，別表五（二）の「損金経理をした納税充当金㉛」の金額を記載します。

　別表四の「納税充当金から支出した事業税等の金額　⒀」には，事業税が損金算入税金であることから納税充当金加算を取り消す意味で別表五（二）の「事業税及び特別法人事業税　㉟」から「㊴」

— 78 —

までの金額の合計額を減算欄に記載します。ただし，「損金不算入のもの ⒄」に金額の記載がある場合には，その税目等を別表四の「加算」に記載の上，その金額を「総額①」及び「社外流出③」に記載します。

〔別表四〕

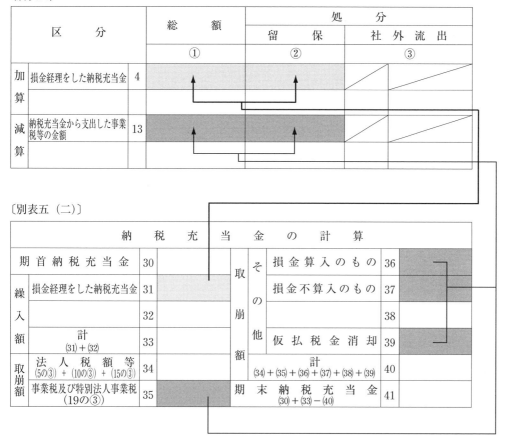

区　　分		総　額	処　　分		
			留　保	社　外　流　出	
		①	②	③	
加算	損金経理をした納税充当金 4				
減算	納税充当金から支出した事業税等の金額 13				

〔別表五（二）〕

納　税　充　当　金　の　計　算						
期　首　納　税　充　当　金 30		取崩額	その他	損　金　算　入　の　も　の 36		
繰入額	損金経理をした納税充当金 31			損　金　不　算　入　の　も　の 37		
	32			38		
	計 (31)＋(32) 33			仮　払　税　金　消　却 39		
取崩額	法　人　税　額　等 (5の③)＋(10の③)＋(15の③) 34		計 (34)＋(35)＋(36)＋(37)＋(38)＋(39) 40			
	事業税及び特別法人事業税 (19の③) 35		期　末　納　税　充　当　金 (30)＋(33)－(40) 41			

2　仮払税金の取扱い

　仮払経理をした事業年度においては，別表五（二）の「仮払経理による納付④」欄に記載したすべての税金を，別表四において「仮払税金認定損（減算・留保）」の処理を行うとともにこの仮払処理を行った税金に応じて損金不算入となるものについては，「損金経理をした法人税及び地方法人税（加算・留保）」などの処理を行います。

　また，会社が翌事業年度にこの仮払金処理を消却した場合には，その消却したすべての税金を，別表四において「前期仮払税金否認（加算・留保）」の処理を行います。

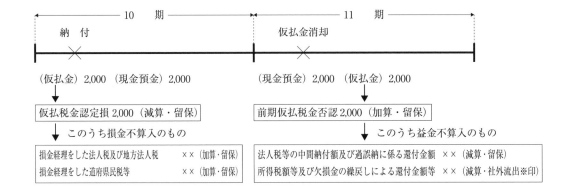

3　還付税金の取扱い

　支払時に損金不算入の税務調整を行った税金が還付された場合には，留保項目の還付税金については別表四において「法人税等の中間納付額及び過誤納に係る還付金額（減算・留保）」の「(18)」欄に記載し，社外流出項目の還付税金については別表四において「所得税額等及び欠損金の繰戻しによる還付金額等（減算・社外流出※印）」の「(19)」欄に記載します。

　なお，還付税金の別表四における取扱いをまとめると次のとおりとなります。

還付税金の区分	別表四における取扱い
法人税の本税	「法人税等の中間納付額及び過誤納に係る還付金額（減算・留保）」
地方法人税の本税	
道府県民税及び市町村民税の本税	
源泉所得税額等	「所得税額等及び欠損金の繰戻しによる還付金額等（減算・社外流出※印）」
延滞税及び延滞金	
欠損金の繰戻しによる還付金額	
事業税及び特別法人事業税の本税	調整なし
利子税	
納期限延長に係る延滞金	
還付加算金	

4　別表四の記入上の留意点

1　「損金経理をした法人税及び地方法人税（附帯税を除く。）(2)」には，別表五（二）の「計(5)」の「仮払経理による納付④」及び「損金経理による納付⑤」の法人税額等の合計額を記載します。

2　「損金経理をした道府県民税及び市町村民税(3)」には，別表五（二）の「(6)」「(7)」「中間(8)」「(11)」「(12)」及び「中間(13)」の「仮払経理による納付④」及び「損金経理による納付⑤」の金額の合計額を記載します。

3　「損金経理をした納税充当金(4)」には，別表五（二）の「損金経理をした納税充当金(31)」の金額を記載します。

4　「損金経理をした附帯税（利子税を除く。），加算金，延滞金（延納分を除く。）及び過怠税(5)」には，別表五（二）の「加算税及び加算金(24)」から「過怠税(27)」までの「当期中の納付税額③〜⑤」の各欄の金額の合計額を記載します。

⑤　「納税充当金から支出した事業税等の金額　⒀」には，別表五（二）の「事業税及び特別法人事業税　㉟」から「㉟」までの金額の合計額を記載します。

5　設例による個別検討

《設例2》別表四の基本的転記

次の設例における別表四の「加算・減算」の記載はどのようになりますか。

〔別表五（二）〕　　　　　　　　　　　　　　　　　　　　　　　（単位：円）

税目及び事業年度				期首現在未納税額 ①	当期発生税額 ②	当 期 中 の 納 付 税 額			期末現在未納税額 ①＋②－③－④－⑤ ⑥
						充当金取崩しによる納付 ③	仮払経理による納付 ④	損金経理による納付 ⑤	
法人税及び地方法人税		・ ・ ・	1						
		令和×. 4. 1 令和〇. 3. 31	2	6,208,000		6,208,000			0
	当期分	中　　間	3		5,779,900			5,779,900	0
		確　　定	4		2,726,100				2,726,100
		計	5	6,208,000	8,506,000	6,208,000		5,779,900	2,726,100
道府県民税		・ ・ ・	6						
		令和×. 4. 1 令和〇. 3. 31	7	1,361,500		1,361,500			0
	当期分	中　　間	8		1,272,200			1,272,200	0
		確　　定	9		641,400				641,400
		計	10	1,361,500	1,913,600	1,361,500		1,272,200	641,400
その他	損金不算入のもの	加算税及び加算金	24						
		延　滞　税	25						
		延　滞　金（延納分を除く。）	26		1,100			1,100	0
		過　怠　税	27						
		源泉所得税	28		17,689			17,689	0
			29						

〈解　説〉

〔別表四〕 (単位：円)

区　分			総　額 ①	処　分	
				留　保 ②	社　外　流　出 ③
加算	損金経理をした法人税及び地方法人税(附帯税を除く。)	2	5,779,900	5,779,900	
	損金経理をした道府県民税及び市町村民税	3	1,272,200	1,272,200	
	損金経理をした納税充当金	4			
	損金経理をした附帯税(利子税を除く。)加算金,延滞金(延納分を除く。)及び過怠税	5	1,100		その他　1,100
法人税額から控除される所得税額(別表六(一)「6の③」)		29	17,689		その他　17,689

《設例3》仮払税金がある場合の転記

　次の設例（仮払税金が生ずる場合）における別表四の「加算・減算」の記載はどのようになりますか。

〔別表五（二）〕 (単位：円)

税目及び事業年度				期首現在未納税額 ①	当期発生税額 ②	当期中の納付税額			期末現在未納税額 ①+②-③-④-⑤ ⑥
						充当金取崩しによる納付 ③	仮払経理による納付 ④	損金経理による納付 ⑤	
法人税及び地方法人税	・　・ ・　・		1						
	令和×. 4. 1 令和○. 3. 31		2	2,726,000		2,726,000			0
	当期分	中　間	3		4,252,900		4,252,900		0
		確　定	4		△4,252,900				△4,252,900
	計		5	2,726,000	0	2,726,000	4,252,900		△4,252,900
道府県民税	・　・ ・　・		6						
	令和×. 4. 1 令和○. 3. 31		7	641,400		641,400			0
	当期分	中　間	8		956,800		801,800	155,000	0
		確　定	9		△801,800 155,000				△801,800 155,000
	計		10	641,400	310,000	641,400	801,800	155,000	△646,800

そ の 他	損金不算入のもの	加算税及び加算金	24				
		延　滞　税	25				
		延　滞　金 （延納分を除く。）	26				
		過　怠　税	27				
		源泉所得税	28	23,174		23,174	0
			29				

〈解　説〉

〔別表四〕　　　　　　　　　　　　　　　　　　　　　　　　　　　（単位：円）

区　　分		総　額	処　　分	
			留　保	社 外 流 出
		①	②	③
加算	損金経理をした法人税及び地方法人税（附帯税を除く。） 2	4,252,900	4,252,900	
	損金経理をした道府県民税及び市町村民税 3	956,800	956,800	
	損金経理をした納税充当金 4			
	損金経理をした附帯税（利子税を除く。）加算金、延滞金（延納分を除く。）及び過怠税 5			その他
減算	仮 払 税 金 認 定 損 21	5,077,874	5,077,874	
	法人税額から控除される所得税額（別表六（一）「6の③」） 29	23,174		その他 23,174

（注）別表四　仮払税金認定損の計算

　　　「別表五（二）⑸の④」　　「別表五（二）⑽の④」　「別表五（二）⒇の④」

　　　　4,252,900円　　　＋　　　801,800円　　　＋　　　23,174円　　　＝5,077,874円

《設例4》翌期に仮払税金が還付された場合の転記

前述した《設例3》の翌期において仮払税金が還付された場合における別表四の「加算・減算」の記載はどのようになりますか。

〔別表五（二）〕　　　　　　　　　　　　　　　　　　　　　　　　　　　　　　　　（単位：円）

税目及び事業年度			期首現在未納税額	当期発生税額	当期中の納付税額			期末現在未納税額①+②-③-④-⑤
					充当金取崩しによる納付	仮払経理による納付	損金経理による納付	
			①	②	③	④	⑤	⑥
法人税及び地方法人税	・　・ ・　・	1						
	令和×. 4. 1 令和○. 3. 31	2	△4,252,900			△4,252,900		0
	当期分 中　　間	3						
	確　　定	4		11,962,800				11,962,800
	計	5	△4,252,900	11,962,800		△4,252,900		11,962,800
道府県民税	・　・ ・　・	6						
	令和×. 4. 1 令和○. 3. 31	7	△801,800 155,000		155,000	△801,800		0 0
	当期分 中　　間	8						
	確　　定	9		2,630,100				2,630,100
	計	10	△646,800	2,630,100	155,000	△801,800		2,630,100
そ の 他	損金不算入のもの 加算税及び加算金	24						
	延　滞　税	25						
	延　滞　金（延納分を除く。）	26						
	過　怠　税	27						
	源泉所得税	28		9,802			9,802	0
	罰　金　等	29		20,000			20,000	0

〈解　説〉

〔別表四〕　　　　　　　　　　　　　　　　　　　　　　　　　　　　（単位：円）

区　分			総　額	処　分	
				留　保	社 外 流 出
			①	②	③
加算	損金経理をした法人税及び地方法人税(附帯税を除く。)	2			
	損金経理をした道府県民税及び市町村民税	3			
	損金経理をした納税充当金	4			
	損 金 計 上 罰 金 等	10	20,000		その他　20,000
	前 期 仮 払 税 金 否 認	11	5,077,874	5,077,874	
減算	法人税等の中間納付額及び過誤納に係る還付金額	18	5,054,700	5,054,700	
	所得税額等及び欠損金の繰戻しによる還付金額等	19	23,174		※　23,174
法人税額から控除される所得税額(別表六(一)「6の③」)		29	9,802		その他　9,802

（注）法人税等の中間納付額及び過誤納に係る還付金額の計算

　　　　（前期中間法人税分）　　　　（前期中間道府県民税）

　　　4,252,900円　　　　＋　　　　801,800円　　　　＝5,054,700円

《設例5》納税充当金の転記

　次の設例における別表四の「加算・減算」の記載はどのようになりますか。

〔別表五（二）〕

納　税　充　当　金　の　計　算							
期 首 納 税 充 当 金	30	6,735,000	その他取崩額	損 金 算 入 の も の	36		
繰入額	損金経理をした納税充当金	31	7,845,000		損 金 不 算 入 の も の	37	
		32				38	
	計 (31)＋(32)	33	7,845,000		仮 払 税 金 消 却	39	
取崩額	法 人 税 額 等 (5の③)＋(10の③)＋(15の③)	34	5,223,000		計 (34)＋(35)＋(36)＋(37)＋(38)＋(39)	40	6,735,000
	事業税及び特別法人事業税 (19の③)	35	1,512,000	期 末 納 税 充 当 金 (30)＋(33)－(40)		41	7,845,000

〈解　説〉

〔別表四〕

区　　分			総　　額	処　　分	
			①	留　保 ②	社　外　流　出 ③
加算	損金経理をした納税充当金	4	7,845,000	7,845,000	
減算	納税充当金から支出した事業税等の金額	13	1,512,000	1,512,000	

Ⅳ　その他の加算又は減算項目の転記

1　役員賞与の会計処理と法人税法上の取扱い

1　会社法

　会社法第361条では，「取締役の報酬，賞与その他の職務執行の対価として株式会社から受ける財産上の利益」を報酬等と定め，報酬と賞与を職務執行の対価として取り扱います。

2　役員賞与に関する会計基準

(a)　会計基準の適用対象

　会計基準は，取締役，会計参与，監査役等の役員に対する賞与の会計処理を定めており，すべての会社における役員賞与の会計処理に適用されます（会計基準1・2）。

　なお，既存の会計基準で，本会計基準と異なる取扱いを定めている場合でも，本会計基準の取扱いが優先適用されることとなります（会計基準1）。

(b)　会計基準の会計処理

　会計基準では，役員賞与は発生した会計期間に費用処理することが明記されています（会計基準3）。

　そこで，役員賞与の具体的な仕訳を示すと次のとおりとなります（会計基準13）。

　①　期末後の定時総会で役員賞与の支給額の決議を行う場合

　　（借方）　役員賞与引当金繰入××　　　（貸方）　役員賞与引当金××

　②　株主総会の決議はなされないが，実質的に確定債務と認められる場合（例：子会社が支給する役員賞与等）

　　（借方）　役員賞与××　　　（貸方）　未払役員賞与××

　なお，上記①及び②における役員賞与引当金繰入及び役員賞与は，損益計算書において販売費及び一般管理費等の区分で表示されます。

3　法人税法上の取扱い

(a)　別表四との関係

　法人税法では，会社から受ける財産上の利益を役員給与とし，報酬，賞与及び退職金の区分をなくすとともに，報酬及び賞与については，その支給金額が職務執行の対価として相当額であれば，その支払方法により，①定期同額給与，②事前確定届出給与及び③業績連動給与に区分し，損金算入を認

めています（法法34①）。

　このうち，事前確定届出給与は，その役員の職務執行開始の日以後の職務につき，確定額を支給する旨の定めに基づいて支給する給与をいい，確定額を支給する旨の定めは株主総会等の決議によることを必要としていますので，あらかじめ定められていることを前提とします。

　これに対して，役員賞与引当金は，「当事業年度の職務に係る額に限るものとします（会計基準13）」として株主総会の決議を前提に引当金に計上されます。そこで，株主総会で当事業年度の職務執行期間に係るものとして決議された役員賞与は，事前確定届出給与には該当しないこととなります。

　具体的には，「役員賞与引当金繰入」は「加算・留保」とされ，法人税法における債務の確定の判定要件（法基通2－2－12）に合致する「未払役員賞与」は，「加算・社外流出」として別表四で処理されることとなります。

［法人税法における役員給与のまとめ］

（b）　別表三（一）との関係

　留保金課税の計算では，「役員賞与引当金繰入」として「加算・留保」された金額は，留保金課税の対象となるため留意が必要となります（法法67③）。

《設例6》役員賞与の記載

　次の資料に基づき，確定した決算による会計処理及び別表四「所得の金額の計算に関する明細書」の記載はどのようになりますか。

　株式会社M社は，当期（令和5年4月1日から令和6年3月31日まで）における経営成績が上昇したため，当期純利益金額の1／2相当額の25,000,000円を当期の期末後の定時総会で役員賞与として支給することとしました。

〈解　説〉

〔確定した決算における会計処理〕

　（借方）　役員賞与引当金繰入25,000,000円　（貸方）　役員賞与引当金25,000,000円

　（注）今回の設例では，期末後の定時総会で役員賞与の支給額の決議を行うため，確定した決算における会計処理として「役員賞与引当金」の仕訳を行います。

《設例6》による記入例

〔別表四〕

区　　分		総　　額	処　　分	
			留　保	社　外　流　出
		①	②	③
加算	役員賞与引当金繰入超過額 10	25,000,000	25,000,000	

2　その他の項目

　別表五（二）以下の各明細書から転記するものと，別表四のみで加算又は減算の調整を行う項目があります。

　なお，詳しくは「第1章　別表四・別表五（一）の仕組みと書き方」及び次頁以降の各別表の項目を参照して下さい。

別表五（一）利益積立金額及び資本金等の額の計算に関する明細書

I　利益積立金額の計算に関する明細書

　利益積立金額は，会計上の利益剰余金に対応する概念であり，税務上の留保利益額を表します。

　利益積立金額の計算に関する明細書は，期首現在の利益積立金額に当期中の利益積立金額の増減額を記載することにより，期末現在の利益積立金額を計算します。なお，別表五（一）は利益積立金額を適正に計算することにより税務上の純資産額を把握するとともに，税務調整により生じた会社計算と税務計算との間における帳簿価額の差異を把握する明細書としての役割があり，翌期以降の税務計算への橋渡しとしての機能を有しています。したがって，本明細書は毎期継続して確定申告書に添付する必要があります。

①	−	②	+	③	=	④
期首現在利益積立金額		当期の増減				差引翌期首現在利益積立金額
		減		増		
①		②		③		④

- 前期末④欄の金額を転記
- 別表四留保項目及び株主資本等変動計算書からの転記

　別表五（一）には利益積立金額の計算に影響を及ぼす事項を転記することとなりますが，大別すると「1　株主資本等変動計算書からの転記事項」「2　別表四　留保欄からの転記事項」及び「3　未納法人税等に関する事項」の3つの事項から構成されています。

II　株主資本等変動計算書からの転記事項

　当期の確定した決算に係る株主資本等変動計算書の利益剰余金に関する記載事項のうち，株主配当金等の社外流出項目以外を③欄に記載し，利益積立金の増加を認識します。また，任意積立金の取崩しがあった場合には利益積立金の減少を認識するため②欄に記載します。

　また，当期首繰越利益剰余金及び当期末繰越利益剰余金については㉕繰越損益金の欄を使用し，①欄に繰り越された当期首繰越利益剰余金は②欄に同額を記入することにより0とし，改めて当期末の次期繰越利益剰余金を③欄に転記し，同額が④欄に記載されます。なお，繰越利益剰余金が損失の場合には△（マイナス）表示で記載します。

（例）株主資本等変動計算書からの転記

株主資本等変動計算書（利益剰余金以外の項目は省略）

	利益剰余金				
	利益準備金	その他利益剰余金			
		圧縮積立金	別途積立金	繰越利益剰余金	
当期首残高	500	1,000	3,000	4,000	
当期変動額					
剰余金の配当	250			△ 2,750	期中の
積立金等の積立			1,300	△ 1,300	異動状況
積立金等の取崩		△ 200		200	
当期純利益				4,000	
当期変動額合計	250	△ 200	1,300	150	
当期末残高	750	800	4,300	4,150	

（注）当期中に行った剰余金の配当は2,500であり，すべて利益剰余金を原資としています。

（記 載 例）

・別表五（一）①欄（期首残高）は株主資本等変動計算書の当期首残高と一致します。

・別表五（一）④欄（期末残高）は株主資本等変動計算書の当期末残高と一致します。

・株主資本等変動計算書の利益剰余金に係る期中異動状況のうち，剰余金の配当及び繰越利益剰余金以外の事項を別表五（一）②欄（減少額），③欄（増加額）に転記します。

・株主資本等変動計算書の当期首繰越利益剰余金を別表五（一）繰越損益金㉕の②欄に転記し，当期末繰越利益剰余金を別表五（一）繰越損益金㉕の③欄へ転記します。

〔別表五（一）〕

区　　　分	①	②	③	④
利益準備金	500		250	750
別途積立金	3,000		1,300	4,300
圧縮積立金	1,000	200		800
繰越損益金㉕	4,000	4,000	4,150	4,150

（注）圧縮積立金取崩額については，別表四において「圧縮積立金加算200（加算・留保）」の税務調整が行われることから，別途別表四留保欄からの転記が必要となります。また，利益剰余金の配当2,500は別表四へ転記します。

Ⅲ　別表四　留保欄からの転記事項

1　基本的な記載のルール

別表五（一）③欄

　当期の別表四における留保項目のうち，当期において新たに発生した税務調整事項を転記します。なお，別表五（一）③欄は利益積立金額の増加を意味しますので，別表四における減算調整事項を転記する際には△（マイナス）表示で記載します。

別表五（一）②欄

　当期の別表四における留保項目のうち，前期以前に発生した税務調整事項を消去（解消）する税務調整事項を転記します。なお，別表五（一）②欄は利益積立金額の減少を意味しますので，別表四における加算調整事項を転記する際には△（マイナス）表示で記載します。

（例）

〔別表四〕

区　　分		総　　額	処　　分	
			留　　保	社外流出
		①	②	③
加算	交際費等の損金不算入額	2,300		2,300
	貸倒引当金繰入超過額	5,000	5,000	
	前期仮払税金否認	3,000	3,000	
減算	受取配当等の益金不算入額	1,100		1,100
	貸倒引当金繰入超過額認容	4,800	4,800	
	仮払税金認定損	2,900	2,900	

〔別表五（一）〕

転記

区　　分	①	②	③	④
貸倒引当金	4,800	4,800	5,000	5,000
仮払税金	△3,000	△3,000	△2,900	△2,900

※別表五（一）は会社計算と税務計算との間で生じた資産・負債の帳簿価額の差異を把握する役割をもっています。したがって，別表五（一）を確認することにより前期以前に生じた税務調整で当期以降の所得計算に影響を及ぼす項目を把握することができます。

2　納税充当金の記載に係る注意事項

　別表五（一）②欄及び③欄の記載は，基本的には別表四で生じた税務調整事項に係る調整金額を転記していきますが，別表四「納税充当金から支出した事業税等の金額（減算・留保)」の調整については別表四で減算した金額にかかわらず，取り崩した納税充当金の全額を別表五（一）の納税充当金㉖②欄に記載します。

3　法人税・住民税に係る注意事項

　次に掲げる法人税及び住民税に関する税務調整項目については，別表四の留保項目であっても通常の税務調整項目と同様の転記は行わずに，後述する未納法人税等の欄に記載します。
　・損金経理をした法人税及び地方法人税（別表四(2)）
　・損金経理をした道府県民税及び市町村民税（別表四(3)）

Ⅳ　未納法人税等に関する事項

　法人税及び住民税は，法人の所得に対して課される税金であり，法人の獲得した所得の一部から支

払われる性格のものです。したがって，課税所得の内部留保としての利益積立金額を構成しないため，㉗欄～㉚欄により未納法人税及び住民税を利益積立金額から控除します。

区　分			①	②	③		④
未納法人税等 （退職年金等積立金に対するものを除く。）	未納法人税及び 未納地方法人税 （附帯税を除く。）	27	△	△	中間	△	△
					確定	△	
	未納道府県民税 （均等割額を含む。）	29	△	△	中間	△	△
					確定	△	
	未納市町村民税 （均等割額を含む。）	30	△	△	中間	△	△
					確定	△	

①欄：期首現在の未納税額を記載します。

②欄：法人税及び住民税の当期中間分と前期確定分の当期納付額を記載します（通常は①＋③（上段））。

③欄（上段）：当期中間分の法人税及び住民税の発生額を記載します。

③欄（下段）：当期確定分の法人税及び住民税の発生額を記載します。

④欄：当期末現在未納となっている法人税及び住民税の額を記載します（①－②＋③）。

（注）㉗欄から㉚欄に記載する税額はいずれも本税の額とし，道府県民税及び市町村民税には均等割額を含むものとします。

（例）

1　納税充当金の異動状況（当期：令和6年3月期）

科目	期首現在額	当期取崩額	当期繰入額	期末現在額
法人税	4,500	4,500	4,700	4,700
地方法人税	700	700	800	800
道府県民税	900	900	1,000	1,000
市町村民税	2,000	2,000	2,200	2,200
事業税等	1,600	1,600	1,800	1,800
合　計	9,700	9,700	10,500	10,500

（注）上記表中の税目はすべて本税に係るものであり，当期取崩額は前期の確定申告分の各税金を納付するために取り崩したものです。また，当期繰入額は当期の確定申告分の各税金の納付に充てるために損金経理により引き当てたものです。

2　当期中に損金経理により納付した租税公課には次のものが含まれています。

(a)　当期中間分の法人税及び地方法人税　　　　2,400

(b)　当期中間分の道府県民税（均等割を含みます。）　　500

(c)　当期中間分の市町村民税（均等割を含みます。）　1,000

(d)　当期中間分の事業税及び特別法人事業税　　800

（以下「事業税等」といいます。）

〔別表四〕

区　　　分	総　　額	処　　分	
		留　　保	社 外 流 出
	①	②	③
加算 損金経理をした法人税及び地方法人税	2,400	2,400	
損金経理をした住民税	1,500	1,500	
損金経理をした納税充当金	10,500	10,500	
減算 納税充当金から支出した事業税等の金額	1,600	1,600	

〔別表五（一）〕

区　　分		①	②	③		④
納　税　充　当　金	26	9,700	9,700		10,500	10,500
未納法人税等（退職年金等積立金に対するものを除く。） 未納法人税及び未納地方法人税（附帯税を除く。）	27	△　5,200	△　7,600	中間 △　2,400	△　5,500	
				確定 △　5,500		
未納道府県民税（均等割額を含む。）	29	900	△　1,400	中間 △　500	△　1,000	
				確定 △　1,000		
未納市町村民税（均等割額を含む。）	30	△　2,000	△　3,000	中間 △　1,000	△　2,200	
				確定 △　2,200		

（注）納税充当金の②欄は別表四で減算した1,600ではなく，取り崩した金額9,700を記載します。

V　設例による個別検討

《設例１》利益積立金額の明細書の記入

　次の場合において，当期（令和６年３月期）の別表五（一）「利益積立金額の計算に関する明細書」の記載はどのようになりますか。

1　前期の別表五（一）④欄には次の事項が記載されています。

（単位：円）

区　　分	金　　額	区　　分	金　　額
利　益　準　備　金	3,000,000	仮 払 寄 附 金 認 定 損	△300,000
別　途　積　立　金	8,000,000	繰　越　損　益　金	108,200,000
特 別 償 却 準 備 金	3,200,000	納　税　充　当　金	62,130,000
特 別 償 却 準 備 金 認 定 損	△3,200,000	未 納 法 人 税 及 び 未 納 地 方 法 人 税	△32,360,000
減 価 償 却 超 過 額	650,000	未 納 道 府 県 民 税	△5,550,000
一 括 償 却 資 産 超 過 額	420,000	未 納 市 町 村 民 税	△13,660,000
貸 倒 引 当 金 繰 入 超 過 額	850,000	合　　計	131,380,000

2　当期の確定した決算に係る株主資本等変動計算書は次のとおりです。

株主資本等変動計算書（利益剰余金以外の項目は省略）　　　（単位：円）

	利益剰余金				
	利益準備金	その他利益剰余金			
		圧縮積立金	特別償却準備金	別途積立金	繰越利益剰余金
当期首残高	3,000,000		3,200,000	8,000,000	108,200,000
当期変動額					
剰余金の配当	4,300,000				△ 47,300,000
積立金等の積立		10,000,000		5,000,000	△ 15,000,000
積立金等の取崩			△ 640,000		640,000
当期純利益					61,662,000
当期変動額合計	4,300,000	10,000,000	△ 640,000	5,000,000	2,000
当期末残高	7,300,000	10,000,000	2,560,000	13,000,000	108,202,000

（注）当期中に行った剰余金の配当は43,000,000円であり，すべて利益剰余金を原資としています。

3　租税公課に関する事項

(1)　前期に設定した納税充当金62,130,000円については，前期確定分の法人税，住民税及び事業税等を納付する際に全額取り崩しています。

(2)　当期中間申告分の法人税及び地方法人税29,000,000円，道府県民税5,105,000円，市町村民税11,200,000円及び事業税等9,820,000円については，損金経理により納付しており当期末現在未納の税額はありません。

(3)　当期確定申告分の法人税及び地方法人税41,960,000円，道府県民税7,150,000円，市町村民税17,596,000円及び事業税等13,632,000円の合計額80,338,000円を，当期末において損金経理により納税充当金勘定に繰り入れています。なお，道府県民税及び市町村民税には均等割額が含まれています。

(4)　源泉所得税等40,840円は当期の費用に計上しています。

4　当期の別表四の記載内容は次のとおりです。

（単位：円）

区　　　分	総　　額	処　　　分		
		留　　保	社 外 流 出	
	①	②	③	
当期利益又は当期欠損の額	61,662,000	18,662,000	配当	43,000,000
			その他	
加　　算　損金経理をした法人税及び地方法人税	29,000,000	29,000,000		
損金経理をした住民税	16,305,000	16,305,000		
損金経理をした納税充当金	80,338,000	80,338,000		
交際費等の損金不算入額	860,000		その他	860,000
一括償却資産超過額	320,000	320,000		
前期仮払寄附金否認	300,000	300,000		
特別償却準備金加算	640,000	640,000		
貸倒引当金繰入超過額	720,000	720,000		
圧縮積立金積立超過額	1,500,000	1,500,000		

減算	減価償却超過額認容	250,000	250,000			
	納税充当金から支出した事業税等の金額	10,560,000	10,560,000			
	受取配当等の益金不算入額	105,000			※	105,000
	圧縮積立金認定損	10,000,000	10,000,000			
	一括償却資産超過額認容	210,000	210,000			
	貸倒引当金繰入超過額認容	850,000	850,000			
仮　　計		169,670,000	125,915,000	外※		43,755,000
寄附金の損金不算入額		420,000		その他		420,000
法人税額から控除される所得税額		40,840		その他		40,840
合　　計		170,130,840	125,915,000	外※		44,215,840
差　引　計		170,130,840	125,915,000	外※		44,215,840
総　　計		170,130,840	125,915,000	外※		44,215,840
所得金額又は欠損金額		170,130,840	125,915,000	外※		44,215,840

〈解　説〉

1　任意積立金の取崩し

　　株主資本等変動計算書に係る社内留保項目は別表五（一）②及び③欄に記入を行います。この場合，任意積立金の取崩額は利益積立金の減少を意味しますので②欄に転記を行います。

2　圧縮積立金等の積立て

　　圧縮記帳等については，その適用を受ける金額を損金経理により当該固定資産の帳簿価額から直接減額することに代えて，確定した決算において剰余金の処分により圧縮積立金等として積み立てる方法が認められています（決算の確定日までに剰余金の処分により積立金として積み立てる方法を含みます。）。この場合には，当該圧縮積立金等は圧縮記帳等の適用を受けようとする事業年度の株主資本等変動計算書に記載され，貸借対照表に反映されることとなります。したがって，税務申告上は当該株主資本等変動計算書から圧縮積立金等の増減額を把握し別表五（一）へ転記することとなります。

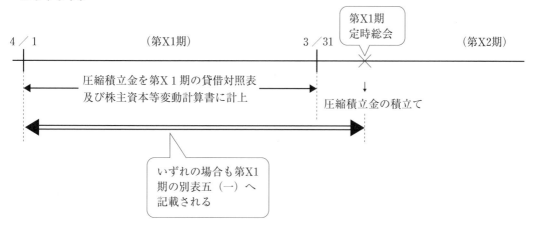

3　当期中の増減（②欄，③欄）

・②欄は本来，利益積立金の減少を認識する欄であるため，別表四における加算調整の金額を記入する際には△（マイナス）表示をします。

・③欄は本来，利益積立金の増加を認識する欄であるため，別表四における減算調整の金額を記入

する際には△（マイナス）表示をします。

4　別表四との検算

　別表五（一）の差引翌期首現在利益積立金額合計額（31）④の金額は以下の算式で検算を行うことができます。

$$\boxed{\text{別表五（一）の}(31)①} + \boxed{\text{別表四留保所得金額又は欠損金額}(52)} - \boxed{※\text{中間分，確定分法人税住民税の合計額}}$$

131,380,000円　　　　　　　125,915,000円　　　　　　　　　　　※112,011,000円

$$= \boxed{\text{別表五（一）の}(31)④}$$

145,284,000円

※　別表五（一）未納法人税等（(27)から(30)）③欄の合計額

《設例1》による記入例

利益積立金額及び資本金等の額の計算に関する明細書	事業年度	5・4・1 6・3・31	法人名	株式会社M社	別表五(一)

Ⅰ　利益積立金額の計算に関する明細書

区　分		期首現在利益積立金額 ①	当期の増減 減 ②	当期の増減 増 ③	差引翌期首現在利益積立金額 ①－②＋③ ④
利　益　準　備　金	1	3,000,000 円	円	4,300,000 円	7,300,000 円
別　途　積　立　金	2	8,000,000		5,000,000	13,000,000
特別償却準備金	3	3,200,000	640,000		2,560,000
特別償却準備金認定損	4	△ 3,200,000	△ 640,000		△ 2,560,000
減価償却超過額	5	650,000	250,000		400,000
一括償却資産	6	420,000	210,000	320,000	530,000
貸倒引当金繰入超過額	7	850,000	850,000	720,000	720,000
仮払寄附金認定損	8	△ 300,000	△ 300,000		0
圧縮積立金	9			10,000,000	10,000,000
圧縮積立金認定損	10			△ 10,000,000	△ 10,000,000
圧縮積立金積立超過額	11			1,500,000	1,500,000
	12				
	13				
	14				
	15				
	16				
	17				
	18				
	19				
	20				
	21				
	22				
	23				
	24				
繰越損益金（損は赤）	25	108,200,000	108,200,000	108,202,000	108,202,000
納　税　充　当　金	26	62,130,000	62,130,000	80,338,000	80,338,000
未納法人税等（退職年金等積立金に対するものを除く。） 未納法人税及び未納地方法人税（附帯税を除く。）	27	△ 32,360,000	△ 61,360,000	中間 △ 29,000,000 確定 △ 41,960,000	△ 41,960,000
未払通算税効果額（附帯税の額に係る部分の金額を除く。）	28			中間 確定	
未納道府県民税（均等割額を含む。）	29	△ 5,550,000	△ 10,655,000	中間 △ 5,105,000 確定 △ 7,150,000	△ 7,150,000
未納市町村民税（均等割額を含む。）	30	△ 13,660,000	△ 24,860,000	中間 △ 11,200,000 確定 △ 17,596,000	△ 17,596,000
差　引　合　計　額	31	131,380,000	74,465,000	88,369,000	145,284,000

Ⅱ　資本金等の額の計算に関する明細書

区　分		期首現在資本金等の額 ①	当期の増減 減 ②	当期の増減 増 ③	差引翌期首現在資本金等の額 ①－②＋③ ④
資本金又は出資金	32	円	円	円	円
資　本　準　備　金	33				
	34				
	35				
差　引　合　計　額	36				

《設例2》利益積立金額の明細書の記入（還付の場合）

次の場合において，当期（令和6年3月期）の別表五（一）「利益積立金額の計算に関する明細書」はどのようになりますか。

1　前期の別表五（一）④欄には次の事項が記載されています。

（単位：円）

区　分	金　額	区　分	金　額
利　益　準　備　金	1,000,000	繰　越　損　益　金	3,265,000
別　途　積　立　金	2,000,000	納　税　充　当　金	2,308,000
減　価　償　却　超　過　額	230,000	未 納 法 人 税 及 び 未 納 地 方 法 人 税	△1,100,000
一　括　償　却　資　産　超　過　額	200,000	未 納 道 府 県 民 税	△270,000
貸　倒　引　当　金　繰　入　超　過　額	180,000	未 納 市 町 村 民 税	△665,000
未　払　寄　附　金　否　認	100,000	合　　計	7,248,000

2　当期の確定した決算に係る株主資本等変動計算書は次のとおりです。

株主資本等変動計算書（利益剰余金以外の項目は省略）　（単位：円）

	利益剰余金		
	利益準備金	その他利益剰余金	
		別途積立金	繰越利益剰余金
当期首残高	1,000,000	2,000,000	3,265,000
当期変動額			
剰余金の配当			
積立金等の積立			
当期純損失			△6,126,000
当期変動額合計	0	0	△6,126,000
当期末残高	1,000,000	2,000,000	△2,861,000

3　租税公課に関する事項

(1)　前期に設定した納税充当金2,308,000円については，前期確定申告分の法人税，住民税及び事業税等を納付する際に全額取り崩しています。

(2)　当期中間申告分の法人税620,000円，道府県民税160,000円，市町村民税370,000円及び事業税等170,000円については，仮払金勘定により経理処理しており当期末現在未納の税額はありません。

(3)　源泉所得税等2,150円は仮払金勘定で処理しています。

(4)　当期の確定申告による法人税還付税額620,000円，道府県民税還付税額160,000円，市町村民税還付税額370,000円及び事業税等還付税額170,000円が生じていますが，これらの金額については翌期の入金時に上記(2)及び(3)の仮払金と相殺処理するため当期においては何ら経理処理は行っていません。

なお，道府県民税均等割20,000円及び市町村民税均等割50,000円については，損金経理により納税充当金勘定に70,000円を繰り入れています。

4　当期の別表四の記載内容は次のとおりです。

(単位：円)

区　　分	総　　額	処　　分			
		留　　保	社 外 流 出		
	①	②	③		
当期利益又は当期欠損の額	△6,126,000	△6,126,000	配当		
			その他		
加算	損金経理をした法人税及び地方法人税	620,000	620,000		
	損金経理をした住民税	530,000	530,000		
	損金経理をした納税充当金	70,000	70,000		
	交際費等の損金不算入額	152,000		その他	152,000
	貸倒引当金繰入超過額	120,000	120,000		
減算	減価償却超過額認容	150,000	150,000		
	納税充当金から支出した事業税等の金額	273,000	273,000		
	受取配当等の益金不算入額	8,700		※	8,700
	一括償却資産超過額認容	100,000	100,000		
	貸倒引当金繰入超過額認容	180,000	180,000		
	前期未払寄附金認容	100,000	100,000		
	仮払税金認定損	1,322,150	1,322,150		
仮　　計	△6,767,850	△6,911,150	外※	143,300	
法人税額から控除される所得税額	2,150		その他	2,150	
合　　計	△6,765,700	△6,911,150	外※	145,450	
差 引 計	△6,765,700	△6,911,150	外※	145,450	
総　　計	△6,765,700	△6911,150	外※	145,450	
所得金額又は欠損金額	△6,765,700	△6,911,150	外※	145,450	

〈解　　説〉

1　還付税金の取扱い

　　当期末現在未納の法人税及び住民税の額については、⑵から㉚欄にその未納税額を記載することにより利益積立金額の減少を認識しましたが、法人税及び住民税が還付になる場合には、利益積立金額の増加を認識する必要があります。

　　法人税及び住民税が還付になる場合には、⑶から㉔までの空欄に「未収還付法人税額」等の欄を設け、未収還付税額を③欄へ記載します（記載金額には△印は付さないで下さい。）。

　　なお、本設例のように課税所得が生じない場合でも住民税均等割は発生するため、当期確定分の住民税均等割の金額を未納道府県民税㉙③（下段）及び未納市町村民税㉚③（下段）へ記載します。

2　別表四との検算

　　別表五（一）の差引翌期首現在利益積立金額合計額㉛④の金額は以下の算式で検算を行うことができます。

$$\boxed{別表五(一)の㉛①} + \boxed{別表四留保所得金額又は欠損金額⑸②} - \boxed{※中間分，確定分法人税住民税の合計額} = \boxed{別表五(一)の㉛④}$$

　7,248,000円　　　　　　△6,911,150円　　　　　　　※70,000円　　　　　　　266,850円

　　※　中間納付分（620,000円＋160,000円＋370,000円）＋確定納付分（20,000円＋50,000円）－還付分
　　　　（620,000円＋160,000円＋370,000円）＝70,000円

《設例2》による記入例

利益積立金額及び資本金等の額の計算に関する明細書	事業年度	5・4・1 6・3・31	法人名	株式会社M社	別表五(一)

Ⅰ 利益積立金額の計算に関する明細書

区　　　分		期首現在利益積立金額 ①	当期の増減 減 ②	当期の増減 増 ③	差引翌期首現在利益積立金額 ①-②+③ ④
利 益 準 備 金	1	1,000,000 円	円	円	1,000,000 円
別 途 積 立 金	2	2,000,000			2,000,000
減価償却超過額	3	230,000	150,000		80,000
一括償却資産	4	200,000	100,000		100,000
貸倒引当金繰入超過額	5	180,000	180,000	120,000	120,000
未払寄附金否認	6	100,000	100,000		0
	7				
	8				
	9				
	10				
	11				
	12				
	13				
	14				
	15				
	16				
	17				
	18				
	19				
	20				
未収還付法人税額	21			620,000	620,000
未収還付道府県民税額	22			160,000	160,000
未収還付市町村民税額	23			370,000	370,000
仮払税金	24			△ 1,322,150	△ 1,322,150
繰越損益金（損は赤）	25	3,265,000	3,265,000	△ 2,861,000	△ 2,861,000
納 税 充 当 金	26	2,308,000	2,308,000	70,000	70,000
未納法人税等（退職年金等積立金に対するものを除く。）未 納 法 人 税 及 び 未 納 地 方 法 人 税 （附帯税を除く。）	27	△ 1,100,000	△ 1,720,000	中間 △ 620,000 確定 △ 0	△ 0
未 払 通 算 税 効 果 額 （附帯税の額に係る部分の金額を除く。）	28			中間 確定	
未 納 道 府 県 民 税 （均等割額を含む。）	29	△ 270,000	△ 430,000	中間 △ 160,000 確定 △ 20,000	△ 20,000
未 納 市 町 村 民 税 （均等割額を含む。）	30	△ 665,000	△ 1,035,000	中間 △ 370,000 確定 △ 50,000	△ 50,000
差 引 合 計 額	31	7,248,000	2,918,000	△ 4,063,150	266,850

Ⅱ 資本金等の額の計算に関する明細書

区　　　分		期首現在資本金等の額 ①	当期の増減 減 ②	当期の増減 増 ③	差引翌期首現在資本金等の額 ①-②+③ ④
資 本 金 又 は 出 資 金	32	円	円	円	円
資 本 準 備 金	33				
	34				
	35				
差 引 合 計 額	36				

Ⅵ　資本金等の額の計算に関する明細書

1　資本金等の額とは

　資本金等の額とは会計上の資本金（又は出資金）及び資本剰余金と対応する概念であり，法人が株主等から出資を受けた金額として一定の金額をいいます。資本金等の額は，基本的には会計上の資本金及び資本剰余金と範囲が一致しますが，一定の場合には差異が生ずることから本明細書で税務上の資本概念である資本金等の額を把握しておく必要があります。

区　　分	期 首 現 在 資本金等の額 ①	当期の増減		差引翌期首現在資本金等の額 ① − ② + ③ ④
		減 ②	増 ③	
資本金又は出資金	円	円	円	円
資 本 準 備 金				
差 引 合 計 額				

空欄にはその他資本剰余金等の名称を記載します	前期末の④欄の金額を転記します	当期において生じた資本金等の額から減算する金額	当期において生じた資本金等の額に加算する金額

2　株主資本等変動計算書との関係

株主資本等変動計算書　（株主資本以外の項目は省略）　　　　　　　　　　　（単位：円）

	株 主 資 本						
	資本金	資本剰余金		利益剰余金			株主資本合計
		資本準備金	その他資本剰余金	利益準備金	その他利益剰余金		
					○○積立金	繰越利益剰余金	
当期首残高	10,000,000	5,000,000	0	0	0	50,000,000	65,000,000
当期変動額							
新株の発行	5,000,000	2,500,000					7,500,000
剰余金の配当				2,500,000		△ 42,500,000	△ 40,000,000
積立金の積立							
当期純利益						35,000,000	35,000,000
当期変動額合計	5,000,000	2,500,000	0	2,500,000	0	△ 7,500,000	2,500,000
当期末残高	15,000,000	7,500,000	0	2,500,000	0	42,500,000	67,500,000

別表五（一）Ⅱ資本金等の額の計算に関する明細書へ転記を行います。	別表五（一）Ⅰ利益積立金額の計算に関する明細書へ転記を行います。

3 設例による個別検討

《設例3》 資本金等の額の明細書の記入

　当期において増資を行い新株100株を発行しています。なお，1株当たりの払込金額は75,000円であり，このうち資本に組入れた金額は50,000円です（株主資本等変動計算書の記載は上記2を参照して下さい。）。

　この場合における別表五（一）「Ⅱ　資本金等の額の計算に関する明細書」の記載はどのようになりますか。

〈解　説〉

　増資により株主から払い込みを受けた金額は7,500,000円（75,000円×100株）ですが，この金額のうち資本に組入れた金額は5,000,000円（50,000円×100株）であるため，払込金額と資本に組入れた金額との差額2,500,000円は資本準備金を構成することとなります。

　－会社仕訳－

（現　預　金）7,500,000円　　（資　本　金）5,000,000円

　　　　　　　　　　　　　　（資本準備金）2,500,000円

　なお，資本に組入れた金額及び株式の払込金額のうち資本に組入れなかった金額は，税務上資本金等の額を構成することから別表五（一）Ⅱにおいて資本金等の額の増加を認識する必要があります。

　－税務仕訳－

（現　預　金）7,500,000円　　（資本金等の額）7,500,000円

《設例3》による記入例

Ⅱ　資本金等の額の計算に関する明細書

区　　分		期首現在資本金等の額 ①	当期の増減 減 ②	当期の増減 増 ③	差引翌期首現在資本金等の額 ①－②＋③ ④
資 本 金 又 は 出 資 金	32	10,000,000 円	円	5,000,000 円	15,000,000 円
資　本　準　備　金	33	5,000,000		2,500,000	7,500,000
	34				
	35				
差　引　合　計　額	36	15,000,000		7,500,000	22,500,000

《参考》資本金等の額の定義（法法2十六，法令8）

　資本金等の額とは，法人の資本金の額又は出資金の額に次の$\boxed{1}$の金額を加算し，$\boxed{2}$の金額を減算した金額とします。

$\boxed{1}$　加算する金額（法令8①一～十二）

　(a)　株式の発行又は自己の株式の譲渡をした場合（新株予約権の行使によりその行使をした者に自己の株式を交付した場合等を除きます。）に払い込まれた金銭の額及び給付を受けた金銭以外の資産の価額その他の対価の額に相当する金額から，その発行により増加した資本金の額又は出資金の額（法人の設立による株式の発行にあっては，その設立の時における資本金の額又は出資金

の額）を減算した金額

　(b)　新株予約権の行使によりその行使をした者に自己の株式を交付した場合のその行使に際して払い込まれた金銭の額及び給付を受けた金銭以外の資産の価額並びに当該法人の当該直前の当該新株予約権の帳簿価額に相当する金額の合計額から，その行使に伴う株式の発行により増加した資本金の額を減算した金額

　(c)　資本金の額又は出資金の額を減少した場合のその減少した金額に相当する金額

　(d)　その他一定の金額

② 減算する金額（法令8①十三〜二十二）

　(a)　準備金の額又は剰余金の額を減少して資本金の額又は出資金の額を増加した場合のその増加した金額等

　(b)　資本の払戻し等（法人税法第24条第1項第4号に規定する資本の払戻し及び解散による残余財産の一部の分配をいいます。）に係る減資資本金額（当該資本の払戻し等の直前の資本金等の額に一定の割合を乗じて計算した金額（減少した資本剰余金の額を限度とします。）をいいます。）

　(c)　その他一定の金額

4　種類資本金額の計算に関する明細書

　法人が二以上の種類の株式を発行している場合には，株式の種類ごとに区分した種類資本金額（法令8②）を把握する必要があります。そこで，種類株式を発行している法人については，別表五（一）付表「種類資本金額の計算に関する明細書」の添付が必要となります。

別表五（二）租税公課の納付状況等に関する明細書

I　制度の概要

　別表五（二）は，法人税等の税額の発生及び納付の状況並びに納税充当金の積立て及び取崩し状況を明らかにするために記載します。また，別表五（二）には別表四（所得の金額の計算に関する明細書）と別表五（一）（利益積立金額及び資本金等の額の計算に関する明細書）の附属明細書としての性格があります。

II　損金の額に算入されない租税公課

　法人が納付する次に掲げる租税公課は損金の額に算入できません（法法38〜41，55，66，法令139の6）（限定列挙）。

1　法人税額等の損金不算入（法法38）
　[1]　法人税・地方法人税（延滞税，過少申告加算税，無申告加算税及び重加算税，退職年金等積立金に対する法人税を除きます。）
　[2]　人格のない社団又は財団等に対して課される贈与税，相続税
　[3]　道府県民税，市町村民税（都民税を含み，退職年金等積立金に対する法人税に係るものは除きます。）
2　不正行為等に係る費用等の損金不算入（法法55，法令111の4）
　[1]　国税に係る延滞税，過少申告加算税，無申告加算税，不納付加算税，重加算税，印紙税法の規定による過怠税
　[2]　地方税法の規定による延滞金（納期限の延長の場合の延滞金は除きます。），過少申告加算金，不申告加算金，重加算金
　[3]　森林環境税に係る延滞金
　[4]　特別法人事業税に係る延滞金（納期限の延長の場合の延滞金を除きます。），過少申告加算金，不申告加算金及び重加算金
　[5]　地方消費税貨物割に係る延滞税及び加算税並びに地方消費税譲渡割に係る延滞税，利子税及び加算税（納期限の延長の場合の利子税を除きます。）
　[6]　罰金及び科料（通告処分による罰金又は科料に相当するもの及び外国又は外国の地方公共団体が課する罰金又は科料に相当するものを含みます。）並びに過料
　[7]　国民生活安定緊急措置法の規定による課徴金及び延滞金
　[8]　私的独占の禁止及び公正取引の確保に関する法律の規定による課徴金及び延滞金
　[9]　金融商品取引法の規定による課徴金及び延滞金

⑩　公認会計士法の規定による課徴金及び延滞金

⑪　不当景品類及び不当表示防止法による課徴金及び延滞金

⑫　医薬品，医療機器等の品質，有効性及び安全性の確保等に関する法律による課徴金及び延滞金

3　第二次納税義務に係る納付税額の損金不算入（法法39，法令78の2）

　　①　第二次納税義務等の規定により納付すべき国税（滞納処分費を含みます。）

　　②　第二次納税義務等の規定により納付すべき地方税

　　③　第二次納税義務等の規定により納付し，又は納付すべき森林環境税に係る徴収金

　　④　第二次納税義務等の規定により納付すべき特別法人事業税に係る徴収金

　　⑤　第二次納税義務等の規定により納付すべき地方消費税貨物割に係る延滞税及び加算税並びに地方消費税譲渡割に係る延滞税，利子税及び加算税並びにこれらの滞納処分費

4　その他（法法40～41）

　　①　法人税額から控除又は還付される所得税等

　　②　法人税額から控除する対象とした場合の控除対象外国法人税

Ⅲ　損金の額に算入される租税公課の例示

法人が納付する次に掲げる租税公課は，損金の額に算入されます。

①　退職年金等積立金に対する法人税・地方法人税（法法38①一・四）

②　修正申告・更正又は決定の手続により還付金の額が減少する部分に対応する還付加算金に相当する法人税・地方法人税（法法38①二・五）

③　確定申告書の提出期限の延長，又は確定申告書の提出期限の延長の特例の場合の利子税（法法38①三・六）

④　退職年金等積立金に対する法人税に係る道府県民税及び市町村民税（法法38②二）

⑤　地方税法の規定による納期限の延長の場合の延滞金（法法55④二）

⑥　事業税，特別法人事業税

⑦　固定資産税，都市計画税，自動車税

⑧　消費税

⑨　地方消費税

⑩　酒税，その他の個別消費税（石油臨時特別税を含みます。）

⑪　地価税

⑫　内国法人が外国で課された加算税等

⑬　労働保険又は社会保険等の追徴金及び延滞金

⑭　公害健康被害の補償等に関する法律第52条第1項（汚染負荷量賦課金の徴収）に規定する汚染負荷量賦課金（法基通9－5－7⑴）

⑮　公害健康被害の補償等に関する法律第62条第1項（特定賦課金の徴収）に規定する特定賦課金（法基通9－5－7⑵）

⑯　障害者の雇用の促進等に関する法律53条第1項（障害者雇用納付金の徴収）に規定する障害者雇用納付金（法基通9－5－7⑶）

17 印紙税

18 登録免許税

19 特別土地保有税

20 不動産取得税

21 事業所税

Ⅳ 損金算入時期

損金算入が認められる国税及び地方税は，次に掲げる区分に応じ，それぞれ次に掲げる事業年度の損金の額に算入します（法基通9－5－1）。

① 申告納税方式による租税公課 （事業税，酒税，事業所税等）	• 納税申告書が提出された日の属する事業年度 • 更正又は決定に係るものについてはその更正又は決定があった日の属する事業年度（法基通9－5－1(1)）
② 賦課課税方式による租税公課 （固定資産税，不動産取得税，自動車税等）	• 賦課決定のあった日の属する事業年度 • 法人がその納付すべき税額について，その納期の開始の日の属する事業年度又は実際に納付した日の属する事業年度において損金経理した場合には，その事業年度（法基通9－5－1(2)）
③ 特別徴収方式による租税公課 （軽油引取税等）	• 納入申告書に係る税額はその申告の日の属する事業年度 • 更正又は決定に係る不足税額についてはその更正又は決定があった日の属する事業年度 　　ただし，申告期限未到来のものにつき収入金額のうちに納入すべき金額が含まれている場合において，法人がその金額を損金経理により未払金に計上したときは，その事業年度 （法基通9－5－1(3)）
④ 利子税及び延滞金	• 国税の利子税及び地方税の延滞金（納期限延長の場合の延滞金に限る。）は納付の日の属する事業年度 　　ただし，法人がその事業年度の期間に係る未納の金額を損金経理により未払金に計上したときは，その損金経理をした事業年度 （法基通9－5－1(4)）

Ⅴ 租税公課の経理処理と別表四及び五（一）の調整

1 納税充当金から支出した租税公課の調整

① 納税充当金を損金経理により設定した場合

《設例1》 納税充当金を損金経理により設定した場合

納税充当金9,780,000円を損金経理により設定した場合における当期（令和5年4月1日から令和6年3月31日）の別表四，別表五（一），別表五（二）の記載はどのようになりますか。なお，納税充当金の内訳は法人税及び地方法人税5,280,000円，道府県民税900,000円，市町村民税2,000,000円，事業税等1,600,000円です。

損金経理に係る納税充当金に係る申告書の記入例は以下のようになります。

※設例上，他の計数については考慮していません。

《設例１》による記入例

所得の金額の計算に関する明細書（簡易様式）

事 業 年 度	5・4・1 6・3・31	法人名	株式会社M社

別表四（簡易様式）

区　　　　分		総　　額 ①	処		分	
			留　　保 ②	社　外　流　出 ③		
当 期 利 益 又 は 当 期 欠 損 の 額	1	円	円	配当		円
				その他		
加	損 金 経 理 を し た 法 人 税 及 び 地 方 法 人 税（附帯税を除く。）	2				
	損金経理をした道府県民税及び市町村民税	3				
	損 金 経 理 を し た 納 税 充 当 金	4	9,780,000	9,780,000		
	損金経理をした附帯税(利子税を除く。)、加算金、延滞金(延納分を除く。)及び過怠税	5			その他	
	減 価 償 却 の 償 却 超 過 額	6				
	役 員 給 与 の 損 金 不 算 入 額	7			その他	
	交 際 費 等 の 損 金 不 算 入 額	8			その他	
	通 算 法 人 に 係 る 加 算 額（別表四付表「5」）	9			外 ※	
		10				
算						
	小　　　　　　計	11	9,780,000	9,780,000	外 ※	
	減 価 償 却 超 過 額 の 当 期 認 容 額	12				
	納税充当金から支出した事業税等の金額	13				
減	受 取 配 当 等 の 益 金 不 算 入 額	14			※	

利益積立金額及び資本金等の額の計算に関する明細書

事 業 年 度	5・4・1 6・3・31	法人名	株式会社M社

別表五(一)

I　利益積立金額の計算に関する明細書						
区　　　　分		期 首 現 在 利 益 積 立 金 額 ①	当 期 の 増 減			差引翌期首現在 利 益 積 立 金 額 ①－②＋③ ④
			減 ②	増 ③		
利 益 準 備 金	1	円	円	円		円
積　　立　　金	2					
	24					
繰 越 損 益 金（損 は 赤）	25					
納 税 充 当 金	26			9,780,000		9,780,000
未納法人税等(退職年金等積立金に対するものを除く。)	未 納 法 人 税 及 び 未 納 地 方 法 人 税（附帯税を除く。）	27	△	△	中間	△	△ 5,280,000
					確定	△5,280,000	
	未 払 通 算 税 効 果 額（附帯税の額に係る部分の金額を除く。）	28			中間		
					確定		
	未 納 道 府 県 民 税（均等割額を含む。）	29	△	△	中間	△	△ 900,000
					確定	△ 900,000	
	未 納 市 町 村 民 税（均等割額を含む。）	30	△	△	中間	△	△ 2,000,000
					確定	△2,000,000	
差 　 引 　 合 　 計 　 額	31					

租税公課の納付状況等に関する明細書

事業年度	5 : 4 : 1
	6 : 3 : 31

法人名　株式会社M社

別表五(二)

税目及び事業年度			期首現在未納税額 ①	当期発生税額 ②	当期中の納付税額			期末現在未納税額 ①+②-③-④-⑤ ⑥
					充当金取崩しによる納付 ③	仮払経理による納付 ④	損金経理による納付 ⑤	
法人税及び地方法人税	・ ・	1	円			円	円	円 円
	・ ・	2						
	当期分 中間	3		円				
	確定	4		5,280,000				5,280,000
	計	5		5,280,000				5,280,000
道府県民税	・ ・	6						
	・ ・	7						
	当期分 中間	8						
	確定	9		900,000				900,000
	計	10		900,000				900,000
市町村民税	・ ・	11						
	・ ・	12						
	当期分 中間	13						
	確定	14		2,000,000				2,000,000
	計	15		2,000,000				2,000,000
事業税		16						
の		29						

納税充当金の計算

期首納税充当金		30	円	取崩額	その他	損金算入のもの	36	円
繰入額	損金経理をした納税充当金	31	9,780,000			損金不算入のもの	37	
		32					38	
	計 (31)＋(32)	33	9,780,000			仮払税金消却	39	
取崩額	法人税額等 (5の③)＋(10の③)＋(15の③)	34				計 (34)＋(35)＋(36)＋(37)＋(38)＋(39)	40	9,780,000
	事業税及び特別法人事業税 (19の③)	35			期末納税充当金 (30)＋(33)－(40)		41	

通算法人の通算税効果額の発生状況等の明細

事業年度		期首現在未決済額 ①	当期発生額 ②	当期中の決済額		期末現在未決済額 ⑤
				支払額 ③	受取額 ④	
・ ・	42	円		円	円	円
・ ・	43					
当期分	44		中間 円			
			確定			
計	45					

2 　納税充当金から租税公課を納付した場合

《設例2》納税充当金から租税公課を納付した場合

　納税充当金から租税公課を支出した場合における当期（令和5年4月1日から令和6年3月31日）別表四，別表五（一），別表五（二）の記載はどのようになりますか。

①	前期末の納税充当金	10,700,000円
②	当期に損金経理した納税充当金	10,000,000円
③	納税充当金から支出した法人税及び地方法人税	7,000,000円
④	納税充当金から支出した道府県民税	1,200,000円
⑤	納税充当金から支出した事業税等	2,500,000円

納税充当金から租税公課を納付した場合の申告書の記入例は以下のようになります。

※設例上，他の計数については考慮していません。

《設例 2 》による記入例

所得の金額の計算に関する明細書(簡易様式)

事業年度	5・4・1 6・3・31	法人名	株式会社M社	別表四(簡易様式)

区　　分		総　額	処　　　　　分		分
			留　保	社　外　流　出	
		①	②	③	
当 期 利 益 又 は 当 期 欠 損 の 額	1	円	円	配当	円
				その他	
加	損金経理をした法人税及び地方法人税(附帯税を除く。)	2				
	損金経理をした道府県民税及び市町村民税	3				
	損金経理をした納税充当金	4	10,000,000	10,000,000		
	損金経理をした附帯税(利子税を除く。)、加算金、延滞金(延納分を除く。)及び過怠税	5			その他	
	減価償却の償却超過額	6				
	役員給与の損金不算入額	7			その他	
	交際費等の損金不算入額	8			その他	
	通算法人に係る加算額 (別表四付表「5」)	9			外 ※	
		10				
算						
	小　　　計	11	10,000,000	10,000,000	外 ※	
減	減価償却超過額の当期認容額	12				
	納税充当金から支出した事業税等の金額	13	2,500,000	2,500,000		
	受取配当等の益金不算入額 (別表八) 外国子会社	14			※	

利益積立金額及び資本金等の額の計算に関する明細書

事業年度	5・4・1 6・3・31	法人名	株式会社M社	別表五(一)

I　　利益積立金額の計算に関する明細書						
区　　分		期首現在利益積立金額	当　期　の　増　減			差引翌期首現在利益積立金額 ①－②＋③
			減	増		
		①	②	③		④
利 益 準 備 金	1	円	円	円		円
積 立 金	2					
	3					
	4					
	24					
繰 越 損 益 金 (損 は 赤)	25					
納 税 充 当 金	26	10,700,000	10,700,000	10,000,000		10,000,000
未納法人税等(退職年金等積立金に対するものを除く。)	未 納 法 人 税 及 び 未 納 地 方 法 人 税 (附帯税を除く。)	27	△ 7,000,000	△ 7,000,000	中間 △	△
					確定 △	
	未 払 通 算 税 効 果 額 (附帯税の額に係る部分の金額を除く。)	28			中間	
					確定	
	未 納 道 府 県 民 税 (均等割額を含む。)	29	△ 1,200,000	△ 1,200,000	中間 △	△
					確定 △	
	未 納 市 町 村 民 税 (均等割額を含む。)	30	△	△	中間 △	△
					確定 △	
差 引 合 計 額	31	2,500,000	2,500,000	10,000,000		10,000,000

租税公課の納付状況等に関する明細書

| 事業年度 | 5・4・1 ～ 6・3・31 | 法人名 | 株式会社M社 | 別表五(二) |

税目及び事業年度				期首現在未納税額 ①	当期発生税額 ②	当期中の納付税額 充当金取崩しによる納付 ③	仮払経理による納付 ④	損金経理による納付 ⑤	期末現在未納税額 ①+②-③-④-⑤ ⑥
法人税及び地方法人税		：・：・：	1	円		円	円	円	円
		令和4・4・1 令和5・3・31	2	7,000,000		7,000,000			0
	当期分	中間	3		円				
		確定	4						
		計	5	7,000,000		7,000,000			0
道府県民税		：・：・：	6						
		令和4・4・1 令和5・3・31	7	1,200,000		1,200,000			0
	当期分	中間	8						
		確定	9						
		計	10	1,200,000		1,200,000			0
市町村民税		：・：・：	11						
		：・：・：	12						
	当期分	中間	13						
		確定	14						
		計	15						0
事業税及び特別法人事業税		：・：・：	16						
		令和4・4・1 令和5・3・31	17		2,500,000	2,500,000			0
	当期中間分		18						
		計	19		2,500,000	2,500,000			
その他	損金算入のもの	利子税	20						
		延滞金（延納に係るもの）	21						
			22						
			23						
	損金不算入のもの		28						
			29						

納税充当金の計算

期首納税充当金	30	10,700,000 円	その他取崩額	損金算入のもの	36	円
繰入額 損金経理をした納税充当金	31	10,000,000		損金不算入のもの	37	
	32				38	
計 (31)＋(32)	33	10,000,000		仮払税金消却	39	
取崩額 法人税額等 (5の③)+(10の③)+(15の③)	34	8,200,000	計 (34)+(35)+(36)+(37)+(38)+(39)		40	10,700,000
事業税及び特別法人事業税 (19の③)	35	2,500,000	期末納税充当金 (30)＋(33)－(40)		41	10,000,000

通算法人の通算税効果額の発生状況等の明細

事業年度		期首現在未決済額 ①	当期発生額 ②	当期中の決済額 支払額 ③	受取額 ④	期末現在未決済額 ⑤
：・：	42	円		円	円	円
：・：	43					
当期分	44		中間 円 確定			
計	45					

2　損金経理した場合の申告調整

　法人が納付した租税公課を損金経理した場合は次のように取り扱います。

1　損金不算入のものは，別表四において申告調整により所得に加算します。

　法人税と道府県民税は，社外流出していますが，別表四及び別表五（一）では，「留保」として取

り扱います。

　これは，税務上の利益積立金額に当期納付額を加算し税込利益積立金を算出し，税務計算に基づく確定未納法人税等を控除する計算方法を採っているためです。

　加算税や延滞税等の罰則的見地から損金不算入とされているものは別表四で「社外流出」として所得金額に加算します。

② 　損金に算入されるものは，別表四上の申告調整は不要です。

《設例 3 》損金経理した場合の申告調整

　株式会社M社が損金経理により支払った租税公課の明細は次に掲げるとおりです。この場合における当期（令和 5 年 4 月 1 日から令和 6 年 3 月31日）の別表四，別表五（一），別表五（二）の記載はどのようになりますか。

①	前期確定分法人税及び地方法人税	3,000,000円
②	前期確定分法人住民税	500,000円
③	前期確定分事業税等	1,000,000円
④	前期更正分法人税及び地方法人税	750,000円
⑤	前期更正分法人住民税	100,000円
⑥	前期更正分事業税等	250,000円
⑦	更正に係る過少申告加算税及び過少申告加算金（④～⑥に係るものの合計額）	60,000円
⑧	更正に係る延滞税	7,000円
⑨	更正に係る延滞金	3,000円
⑩	源泉所得税の不納付加算税	25,000円
⑪	固定資産税	200,000円
	①～⑪の合計金額	5,895,000円

〈解　説〉

損金不算入	前期確定分法人税及び地方法人税	3,000,000円	
	前期更正分法人税及び地方法人税	750,000円	計3,750,000円
	前期確定分住民税	500,000円	
	前期更正分住民税	100,000円	計600,000円
	更正に係る過少申告加算税等	60,000円	
	更正に係る延滞税	7,000円	
	更正に係る延滞金	3,000円	
	源泉税の納付遅延による不納付加算税	25,000円	計95,000円
損金算入	前期確定分事業税等	1,000,000円	損金算入のため申告調整は不要です。
	前期更正分事業税等	250,000円	
	固定資産税	200,000円	

上記租税公課に係る申告書の記載例は以下のようになります。

※設例上，他の計数については考慮していません。

《設例3》による記入例（損金不算入に係る所得の金額の調整）

所得の金額の計算に関する明細書（簡易様式）

別表四（簡易様式）

事業年度	5・4・1 6・3・31	法人名	株式会社M社

区　　　　分		総　額 ①	処　分		
			留　保 ②	社外流出 ③	
当 期 利 益 又 は 当 期 欠 損 の 額	1	円	円	配当	円
				その他	
加	損金経理をした法人税及び地方法人税（附帯税を除く。）	2	3,750,000	3,750,000		
	損金経理をした道府県民税及び市町村民税	3	600,000	600,000		
	損 金 経 理 を し た 納 税 充 当 金	4				
	損金経理をした附帯税(利子税を除く。)、加算金、延滞金(延納分を除く。)及び過怠税	5	95,000		その他	95,000
	減 価 償 却 の 償 却 超 過 額	6				
	役 員 給 与 の 損 金 不 算 入 額	7			その他	
算	交 際 費 等 の 損 金 不 算 入 額	8			その他	
	通 算 法 人 に 係 る 加 算 額（別表四付表「5」）	9			外※	
		10				
	小　　　計	11	4,445,000	4,350,000	外※	95,000
減	減価償却超過額の当期認容額	12				
	納税充当金から支出した事業税等の金額	13				
	受取配当等の益金不算入額（別表…）	14			※	

《設例3》による記入例（損金不算入に係る利益積立金額の調整）

利益積立金額及び資本金等の額の計算に関する明細書

別表五(一)

事業年度	5・4・1 6・3・31	法人名	株式会社M社

I　利益積立金額の計算に関する明細書

区　　　分		期首現在利益積立金額 ①	当期の増減		差引翌期首現在利益積立金額 ①-②+③ ④
			減 ②	増 ③	
利 益 準 備 金	1	円	円	円	円
積 立 金	2				
	3				
	4				
	24				
繰 越 損 益 金 （ 損 は 赤 ）	25				
納 税 充 当 金	26				
未納法人税等（退職年金等積立金に対するものを除く。）	未 納 法 人 税 及 び未 納 地 方 法 人 税（ 附 帯 税 を 除 く 。 ）	27	△ 3,750,000	△ 3,750,000	中間 △	△
					確定 △	
	未 払 通 算 税 効 果 額（附帯税の額に係る部分の金額を除く。）	28			中間	
					確定	
	未 納 道 府 県 民 税（ 均 等 割 額 を 含 む 。 ）	29	△ 600,000	△ 600,000	中間 △	△
					確定 △	
	未 納 市 町 村 民 税（ 均 等 割 額 を 含 む 。 ）	30	△	△	中間 △	△
					確定 △	
差 引 合 計 額	31	△ 4,350,000	△ 4,350,000		

— 112 —

《設例3》による記入例（損金経理）

租税公課の納付状況等に関する明細書

事業年度	5・4・1 〜 6・3・31	法人名	株式会社M社

別表五(二)

税目及び事業年度			期首現在未納税額①	当期発生税額②	当期中の納付税額 充当金取崩しによる納付③	仮払経理による納付④	損金経理による納付⑤	期末現在未納税額 ①+②-③-④-⑤ ⑥
法人税及び地方法人税	令和4・4・1 令和5・3・31	1	3,000,000円		円	円	3,000,000円	0円
	令和4・4・1 令和5・3・31	2	750,000				750,000	0
	当期分 中間	3		円				
	確定	4						
	計	5	3,750,000				3,750,000	0
道府県民税	令和4・4・1 令和5・3・31	6	500,000				500,000	0
	令和4・4・1 令和5・3・31	7	100,000				100,000	0
	当期分 中間	8						
	確定	9						
	計	10	600,000				600,000	0
市町村民税	・・	11						
	・・	12						
	当期分 中間	13						
	確定	14						
	計	15						
事業税及び特別法人事業税	令和4・4・1 令和5・3・31	16		1,000,000			1,000,000	0
	令和4・4・1 令和5・3・31	17		250,000			250,000	0
	当期中間分	18						
	計	19		1,250,000			1,250,000	0
その他 損金算入のもの	利子税	20						
	延滞金（延納に係るもの）	21						
	固定資産税	22		200,000			200,000	0
		23						
その他 損金不算入のもの	加算税及び加算金	24		85,000			85,000	0
	延滞税	25		7,000			7,000	0
	延滞金（延納分を除く。）	26		3,000			3,000	0
	過怠税	27						
		28						
		29						

納税充当金の計算

期首納税充当金	30	円	取崩額 その他	損金算入のもの	36	円
繰入額 損金経理をした納税充当金	31			損金不算入のもの	37	
	32				38	
	計 (31)+(32)	33			仮払税金消却	39
取崩額 法人税額等 (5の③)+(10の③)+(15の③)	34			計 (34)+(35)+(36)+(37)+(38)+(39)	40	
事業税及び特別法人事業税 (19の③)	35		期末納税充当金 (30)+(33)-(40)	41	

通算法人の通算税効果額の発生状況等の明細

事業年度		期首現在未決済額①	当期発生額②	当期中の決済額 支払額③	受取額④	期末現在未決済額⑤
・・	42	円		円	円	円
・・	43					
当期分	44		中間 円 確定			
計	45					

3 仮払経理をした場合の別表四と別表五（一）の調整

① 納付した法人税等を仮払金として経理した場合は，次に掲げる取扱いとなります。

(a) 別表四の「減算」欄に「仮払税金認定損」として減算します。

(b) (a)の「仮払税金認定損」として減算処理をしたもののうち，損金不算入のものについては別表四で加算します。

② 仮払税金をその後の事業年度において消却した場合は，次に掲げる取扱いとなります。

(a) 損金経理により消却した場合

ⓐ 別表四「加算」欄に「仮払税金消却」等と記載し，その金額を「総額」「留保」の欄に記載します。

ⓑ 別表五（一）「当期の増減」の「減」の欄に△印を付けて記載します。

ⓒ 別表五（二）記載不要です。

《設例4》 仮払経理をした場合の申告調整

　当期（令和5年4月1日から令和6年3月31日）中間分の法人税1,200,000円を仮払法人税として処理した場合における別表四，別表五（一），別表五（二）の記載はどのようになりますか。

仮払経理をした場合の申告調整は以下のようになります。

※設例上，他の計数については考慮していません。

《設例4》による記入例（仮払経理に係る所得の金額の調整）

所得の金額の計算に関する明細書(簡易様式)

事業年度 5・4・1 6・3・31　法人名 株式会社M社　別表四（簡易様式）

区　　分		総　額①	処分		
			留保②	社外流出③	
当期利益又は当期欠損の額	1	円	円	配当	円
				その他	
加	損金経理をした法人税及び地方法人税(附帯税を除く。)	2	1,200,000	1,200,000		
	損金経理をした道府県民税及び市町村民税	3				
	損金経理をした納税充当金	4				
	損金経理をした附帯税(利子税を除く。)、加算金、延滞金(延納分を除く。)及び過怠税	5			その他	
	減価償却の償却超過額	6				
	役員給与の損金不算入額	7			その他	
	交際費等の損金不算入額	8			その他	
	通算法人に係る加算額(別表四付表「5」)	9			外※	
		10				
算						
	小　計	11	1,200,000	1,200,000	外※	
減	減価償却超過額の当期認容額	12				
	納税充当金から支出した事業税等の金額	13				
	受取配当等の益金不算入額(別表八(一)「5」)	14			※	
	外国子会社から受ける剰余金の配当等の益金不算入額(別表八(二)「26」)	15			※	
	受贈益の益金不算入額	16			※	
	適格現物分配に係る益金不算入額	17			※	
	法人税等の中間納付額及び過誤納に係る還付金額	18				
	所得税額等及び欠損金の繰戻しによる還付金額等	19			※	
	通算法人に係る減算額(別表四付表「10」)	20			※	
	仮払税金認定損	21	1,200,000	1,200,000		
算						
	小　計	22	1,200,000	1,200,000	外※	
	仮　計 (1)+(11)-(22)	23			外※	
	対象純支払利子等の損金不算入額	24				

《設例4》による記入例（仮払経理に係る利益積立金額の調整）

利益積立金額及び資本金等の額の計算に関する明細書

| 事業
年度 | 5・4・1
6・3・31 | 法人名 | 株式会社M社 | 別表五(一) |

Ⅰ　利益積立金額の計算に関する明細書

区　　分		期首現在 利益積立金額 ①	当期の増減		差引翌期首現在 利益積立金額 ①－②＋③ ④
			減 ②	増 ③	
利　益　準　備　金	1	円	円	円	円
積　立　金	2				
	3				
	4				
	5				
	6				
	23				
仮　払　税　金	24			△ 1,200,000	△ 1,200,000
繰越損益金（損は赤）	25				
納　税　充　当　金	26				
未納法人税等（退職年金等積立金に対するものを除く。） 未納法人税及び未納地方法人税（附帯税を除く。）	27	△	△ 1,200,000	中間 △1,200,000 確定 △	△
未払通算税効果額（附帯税の額に係る部分の金額を除く。）	28			中間 確定	
未納道府県民税（均等割額を含む。）	29	△	△	中間 △ 確定 △	△
未納市町村民税（均等割額を含む。）	30	△	△	中間 △ 確定 △	△
差　引　合　計　額	31		△ 1,200,000	△ 2,400,000	△ 1,200,000

《設例4》による記入例（仮払経理）

租税公課の納付状況等に関する明細書

| 事業
年度 | 5・4・1
6・3・31 | 法人名 | 株式会社M社 | 別表五(二) |

税目及び事業年度			期首現在 未納税額 ①	当期発生税額 ②	当期中の納付税額			期末現在 未納税額 ①＋②－③－④－⑤ ⑥
					充当金取崩し による納付 ③	仮払経理に よる納付 ④	損金経理に よる納付 ⑤	
法人税及び地方法人税	：・：・：	1	円		円	円	円	円
	：・：・：	2						
	当期分 中間	3		1,200,000円		1,200,000		0
	確定	4						
	計	5		1,200,000		1,200,000		0
道府	：・：・：	6						

損金により消却した場合の申告調整は以下のようになります。

※設例上，他の計数については考慮していません。

《設例４》による記入例（仮払経理：翌事業年度に消却した場合の所得の金額の調整）

所得の金額の計算に関する明細書(簡易様式)

事業年度	6・4・1 7・3・31	法人名	株式会社M社

別表四（簡易様式）

区 分			総 額 ①	処　　分		
				留 保 ②	社 外 流 出 ③	
当 期 利 益 又 は 当 期 欠 損 の 額		1	円	円	配 当	円
					その他	
加	損 金 経 理 を し た 法 人 税 及 び 地 方 法 人 税 （ 附 帯 税 を 除 く 。 ）	2				
	損金経理をした道府県民税及び市町村民税	3				
	損 金 経 理 を し た 納 税 充 当 金	4				
	損金経理をした附帯税（利子税を除く。）、加算金、延滞金（延納分を除く。）及び過怠税	5			その他	
	減 価 償 却 の 償 却 超 過 額	6				
	役 員 給 与 の 損 金 不 算 入 額	7			その他	
	交 際 費 等 の 損 金 不 算 入 額	8			その他	
	通 算 法 人 に 係 る 加 算 額 （別表四付表「5」）	9			外 ※	
		10	1,200,000	1,200,000		
算	仮 払 税 金 消 却					
	小 計	11	1,200,000	1,200,000	外 ※	
減	減 価 償 却 超 過 額 の 当 期 認 容 額	12				
	納税充当金から支出した事業税等の金額	13				
	受 取 配 当 等 の 益 金 不 算 入 額 （別表八（一）「5」）	14			※	
	外国子会社から受ける剰余金の配当等の益金不算入額（別表八（二）「26」）	15			※	
	受 贈 益 の 益 金 不 算 入 額	16			※	
	適 格 現 物 分 配 に 係 る 益 金 不 算 入 額	17			※	
	法 人 税 等 の 中 間 納 付 額 及 び 過 誤 納 に 係 る 還 付 金 額	18				
	所 得 税 額 等 及 び 欠 損 金 の 繰 戻 し に よ る 還 付 金 等	19			※	
	通 算 法 人 に 係 る 減 算 額 （別表四付表「10」）	20			※	
		21				
算						
	小 計	22			外 ※	
	仮 計 (1)＋(11)－(22)	23			外 ※	
対象純支払利子等の損金不算入額（別表十）		24				

《設例４》による記入例（仮払経理：翌事業年度に消却した場合の利益積立金額の調整）

利益積立金額及び資本金等の額の計算に関する明細書

事業年度	6・4・1 7・3・31	法人名	株式会社M社

別表五（一）

Ⅰ 利益積立金額の計算に関する明細書

区 分		期 首 現 在 利 益 積 立 金 額 ①	当 期 の 増 減		差引翌期首現在利益積立金額 ①－②＋③ ④
			減 ②	増 ③	
利 益 準 備 金	1	円	円	円	円
積 立 金	2				
	3				
	23				
仮 払 税 金	24	△ 1,200,000	△ 1,200,000		
繰 越 損 益 金 （ 損 は 赤 ）	25				
納 税 充 当 金	26				
未納法人税等（通算税効果額に対するものを除く。）	未 納 法 人 税 及 び 未 納 地 方 法 人 税 （ 附 帯 税 を 除 く 。 ）	27	△	△	中間 △	△
					確定 △	
	未 払 通 算 税 効 果 額 （附帯税の額に係る部分の金額を除く。）	28			中間	
					確定	
	未 納 道 府 県 民 税 （均等割額を含む。）	29	△	△	中間 △	△
					確定 △	
	未 納 市 町 村 民 税 （均等割額を含む。）	30	△	△	中間 △	△
					確定 △	
差 引 合 計 額	31	△ 1,200,000	△ 1,200,000		

《設例5》仮払経理をした場合の申告調整（納税充当金により消却した場合）

　前期に仮払経理をした中間分の法人税1,200,000円を当期（令和5年4月1日から令和6年3月31日）に納税充当金により消却した場合における，別表五（一），別表五（二）の記載はどのようになりますか。

納税充当金により消却した場合の申告調整は以下のようになります。

※設例上，他の計数については考慮していません。

《設例5》による記入例（仮払経理：納税充当金により消却した場合の利益積立金額の調整）

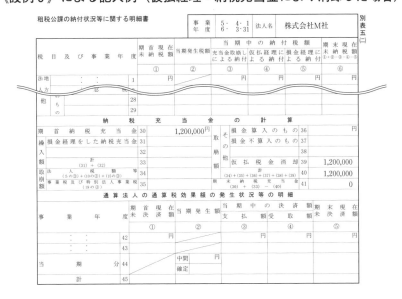

《設例5》による記入例（仮払経理：納税充当金により消却した場合）

4　法人税等の還付金を受け取った場合の調整

① 還付金を収益勘定で処理した場合

(a) 納付時に損金経理され，税務調整がなかった税金等が還付された場合，別表における税務調整は不要です。

(b) 損金不算入の法人税等が還付された場合は，別表四の減算「⒅」の「総額」「留保」に記載します。

(c) 加算税等又は所得税額等の還付金及び欠損金の繰戻還付金については，減算「⒆」の「総額」「社外流出」（※欄）に記載します。

② 還付金を費用勘定のマイナスで処理した場合

(a) 当初の法人税及び法人住民税の納付分は別表四で全額を所得の金額に加算します。

(b) 法人税及び法人住民税の還付金額は，別表四でその還付金の額を所得金額から減算します。ただし，還付加算金を除きます。

《設例6》法人税等の還付を受けた場合（還付金を費用勘定のマイナスで処理した場合）

損金経理により支出した当期（令和5年4月1日から令和6年3月31日）中間分の租税公課の内訳は①当期中間納付分の仕訳に掲げるとおりです。そして前期に納付確定した中間分法人税，住民税及び事業税の還付を受けました。その内訳は②還付時に掲げる仕訳のとおりです。

【仕訳例】

① 当期中間納付分

　　租税公課（法人税及び地方法人税）1,500,000円　／　現金1,500,000円

　　租税公課（法人住民税）300,000円　／　現金300,000円

　　租税公課（事業税等）900,000円　／　現金900,000円

② 還付時

　　現金　250,000円　／　租税公課（法人税及び地方法人税）250,000円

　　現金　50,000円　／　租税公課（法人住民税）50,000円

　　現金　60,000円　／　租税公課（事業税等）60,000円

この場合における別表四，別表五（一），五（二）の記載はどのようになりますか。

《設例6－1》

当期中間納付分の別表五（二）の記載はどのようになりますか。

《設例6－2》

当期中間納付分及び前期に納付した中間法人税等の還付の別表四の記載はどのようになりますか。

《設例6－3》

上記《設例6－2》の別表五（一）の記載はどのようになりますか。

還付金を費用勘定の相殺として処理した場合の申告書の記入例は《設例6－1》から《設例6－3》のようになります。

※設例上，他の計数については考慮していません。

《設例６−１》による記入例

租税公課の納付状況等に関する明細書

事業年度	5 ・ 4 ・ 1　6 ・ 3・31	法人名	株式会社M社

税 目 及 び 事 業 年 度			期首現在未納税額 ①	当期発生税額 ②	当 期 中 の 納 付 税 額 充当金取崩しによる納付 ③	仮払経理による納付 ④	損金経理による納付 ⑤	期末現在未納税額 ①+②−③−④−⑤ ⑥
法人税及び地方法人税		・ ・ 　1	円		円	円	円	円
		・ ・ 　2						
	当期分	中　間　3		1,500,000円			1,500,000	0
		確　定　4						
	計　5			1,500,000			1,500,000	0
道府県民税		・ ・ 　6						
		・ ・ 　7						
	当期分	中　間　8		300,000			300,000	0
		確　定　9						
	計　10			300,000			300,000	0
市町村民税		・ ・ 　11						
		・ ・ 　12						
	当期分	中　間　13						
		確　定　14						
	計　15							
事業税及び特別法人事業税		・ ・ 　16						
		・ ・ 　17						
	当　期　中　間　分　18			900,000			900,000	0
	計　19			900,000			900,000	0
そ　の　他	損金算入のもの	利　子　税　20						
		延　滞　金（延納に係るもの）21						
		22						
		23						
	損金不算入のもの	加算税及び加算金 24						
		延　滞　税　25						
		延　滞　金（延納分を除く。）26						
		過　怠　税　27						
		28						
		29						

納　税　充　当　金　の　計　算					
期首納税充当金 30	円	取崩額	その他	損金算入のもの 36	円
繰入額	損金経理をした納税充当金 31			損金不算入のもの 37	
	32			38	
	計 (31)＋(32) 33			仮　払　税　金　消　却 39	
取崩額	法 人 税 額 等 (5の③)＋(10の③)＋(15の③) 34			計 (34)＋(35)＋(36)＋(37)＋(38)＋(39) 40	
	事業税及び特別法人事業税 (19の③) 35		期末納税充当金 (30)＋(33)−(40) 41		

通 算 法 人 の 通 算 税 効 果 額 の 発 生 状 況 等 の 明 細					
事 業 年 度	期首現在未決済額 ①	当期発生額 ②	当 期 中 の 決 済 額 支 払 額 ③	受 取 額 ④	期末現在未決済額 ⑤
・ ・ 　42	円		円	円	円
・ ・ 　43					
当　期　分　44		中間　円　確定			
計　45					

《設例6−2》による記入例

所得の金額の計算に関する明細書（簡易様式）

事 業 年 度	5 ・ 4 ・ 1 6 ・ 3 ・ 31	法人名	株式会社M社

別表四（簡易様式）

区　　　　　分		総　　額 ①	処分 留　保 ②	処分 社 外 流 出 ③
当 期 利 益 又 は 当 期 欠 損 の 額	1	円	円	配当 / その他 / 円
加	損 金 経 理 を し た 法 人 税 及 び 地 方 法 人 税（ 附 帯 税 を 除 く。）	2	1,500,000	1,500,000	
	損金経理をした道府県民税及び市町村民税	3	300,000	300,000	
	損 金 経 理 を し た 納 税 充 当 金	4			
	小　　　　計	11	1,800,000	1,800,000	外 ※
減	減 価 償 却 超 過 額 の 当 期 認 容 額	12			
	納税充当金から支出した事業税等の金額	13			
	受 取 配 当 等 の 益 金 不 算 入 額（ 別 表 八（ 一 ）「 5 」）	14			※
	外 国 子 会 社 か ら 受 け る 剰 余 金 の 配 当 等 の 益 金 不 算 入 額（ 別 表 八（ 二 ）「 26 」）	15			※
	受 贈 益 の 益 金 不 算 入 額	16			※
	適 格 現 物 分 配 に 係 る 益 金 不 算 入 額	17			※
	法 人 税 等 の 中 間 納 付 額 及 び 過 誤 納 に 係 る 還 付 金 額	18	300,000	300,000	
	所 得 税 額 等 及 び 欠 損 金 の 繰 戻 し に よ る 還 付 金 額 等	19			※
	通 算 法 人 に 係 る（ 別 表 四	20			※

《設例6−3》による記入例

利益積立金額及び資本金等の額の計算に関する明細書

事 業 年 度	5 ・ 4 ・ 1 6 ・ 3 ・ 31	法人名	株式会社M社

別表五(一)

Ⅰ　利益積立金額の計算に関する明細書

区　　　　分		期 首 現 在 利 益 積 立 金 額 ①	当 期 の 増 減 減 ②	当 期 の 増 減 増 ③	差引翌期首現在 利 益 積 立 金 額 ①−②＋③ ④
利 益 準 備 金	1	円	円	円	円
積 立 金	2				
還 付 法 人 税 等	3	250,000	250,000		
還 付 住 民 税	4	50,000	50,000		
	5				
	6				
	23				
	24				
繰 越 損 益 金（ 損 は 赤 ）	25				
納 税 充 当 金	26				
未納法人税等（退職年金等積立金に対するものを除く。）	未 納 法 人 税 及 び 未 納 地 方 法 人 税（ 附 帯 税 を 除 く。）	27	△	△ 1,500,000	中間 △1,500,000 確定 △	△
	未 払 通 算 税 効 果 額（附帯税の額に係る部分の金額を除く。）	28			中間 確定	
	未 納 道 府 県 民 税（均等割額を含む。）	29	△	△ 300,000	中間 △ 300,000 確定 △	△
	未 納 市 町 村 民 税（均等割額を含む。）	30	△	△	中間 △ 確定 △	△
差 引 合 計 額	31	300,000	△ 1,500,000	△ 1,800,000	

— 120 —

別表六（一）　所得税額の控除に関する明細書

I　制度の概要

　利子等，配当等，給付補塡金，利息，利益，差益，利益の分配又は賞金（所法174）や預貯金の懸賞金等（措法41の9）及び割引債の償還差益（措法41の12）の支払を受ける場合に源泉徴収される所得税の額は，当該事業年度の所得に対する法人税の額から控除します（法法68①）。なお，利子及び配当等に課される復興特別所得税の額は，所得税の額とみなして，法人税における所得税額控除の制度の適用を受けることができることとされています（財確法33②）。

　源泉徴収された所得税額は，法人税の前払いと考えられているため，納付すべき法人税額からいわゆる二重課税を排除するために控除します。この制度では，法人が源泉徴収された所得税を一旦納付しなかった状態に戻して法人税額を計算し，算出された法人税額から前払い部分に相当する源泉所得税を控除します。

II　本制度と会計処理との関係

　この制度を利用して，別表一において所得税額控除を行うためには，別表四において源泉徴収された所得税額を損金不算入とする必要があります（法法40）。この所得税額控除の適用を受けるかどうかは法人の任意であり，適用を受けない場合には源泉徴収税額はそのまま損金として取り扱われます。

III　所得税額

① 所得税額控除

　法人が支払を受ける利子等，配当等[注1]，給付補塡金，賞金などについて，所得税法，租税特別措置法又は復興財源確保法の規定により源泉徴収される所得税及び復興特別所得税の額は，法人税の額から控除することができます（法法68①，所法174）。

② 所有期間に対応する所得税額控除

　法人が支払を受ける利子等，配当等，給付補塡金，賞金などに係る所得税等の額の全額は，原則として所得税額控除の対象となります。ただし，IV 2の表における期間按分が必要なものの配当等に係る所得税等の額については，元本の所有期間に対応する部分の額のみが所得税額控除の対象になります（法令140の2①）。

（注1）　配当等に係る源泉徴収の廃止（所法171①②，212③，所令301①②）

　　　　内国法人が支払を受ける配当等で次に掲げるものは，所得税が課されないこととされ，その配当等に係る所得税の源泉徴収を行わないこととされました。

① 完全子法人株式等

　完全子法人株式等（株式等保有割合100％）に該当する株式等に係る配当等

② 関連法人株式等

　配当等の支払いに係る基準日において，その内国法人が直接に保有する他の内国法人の株式等（その内国法人が名義人として保有するものに限ります。以下同じです。）の発行済株式等の総数等に占める割合が３分の１超である場合におけるその他の内国法人の株式等に係る配当等

③ 適用除外法人の範囲（所法177①②かっこ書き）

　内国法人のうち，一般社団法人及び一般財団法人（公益社団法人及び公益財団法人を除きます。），人格のない社団等並びに法人税法以外の法律によって公益法人等とみなされている法人については適用されません。

【完全子法人から親法人への配当の支払に係る源泉徴収と精算の流れ】

【令和５年度税制改正後】配当等に係る源泉徴収不要

④ 適用関係（令和４年改正法附則６①②，８）

　この規定は　令和５年10月１日以後に支払を受けるべき配当等について適用されます。

Ⅳ　適用要件等

1　制度の選択

この所得税額控除制度の適用は，次のように任意選択となっています。

区　　分		処　　理
法人の任意選択	所得税額控除を選択する	損金不算入
	所得税額控除を選択しない	損金算入

※次に掲げるように所得税額控除を選択するほうが有利となります。

① 会計処理

　（借方）（法人税等）1,531円　（貸方）（受取利息）10,000円

　　　　（現　　金）8,469円

② 所得税額控除を受ける場合

　所得金額10,000円×法人税率23.2％＝2,320円　→　法人税額2,320円－控除税額1,531円＝700円納付

（百円未満切捨て）

③ 所得税額控除を受けない場合

　所得金額（10,000円－1,531円）×法人税率23.2％＝1,964円　→　法人税額1,900円納付（百円未満切捨て）

④　②＜③　∴　所得税額控除を選択したほうが有利です。

2　期間按分の区分（法令140の2①）

　源泉徴収された所得税額は，法人税の前払い的性格を有しています。よって，源泉徴収された税額は基本的に全額控除されるべきであると考えられます。しかし，利子配当等の計算期間中に元本所有者が異動するものについては，元本所有期間を適正に期間対応させるため，次に掲げる源泉徴収所得税額の区分に応じ期間按分計算をします。

	区　　分		計　算　方　法
期間按分が必要なもの	株式出資グループ	①　剰余金の配当（特定公社債等運用投資信託の受益権及び特定目的信託の社債的受益権に係るものを除く。） ②　利益の配当 ③　剰余金の分配（みなし配当を除く。） ④　金銭の分配（みなし配当を除く。）	原則法と簡便法のいずれか大きい金額
	受益権グループ	①　集団投資信託の収益の分配(注) （合同運用信託，公社債投資信託及び公社債等運用投資信託（特定公社債等運用投資信託を除く。）の収益の分配を除く）	
	割引債グループ	①　割引債の償還差益	
期間按分が不要なもの	①　公社債及び預貯金の利子，合同運用信託，公社債投資信託及び公社債等運用投資信託（特定公社債等運用投資信託を除く。）の収益の分配並びに特定公社債等運用投資信託の受益権及び特定目的信託の社債的受益権に係る剰余金の配当 ②　みなし配当		全　　額

　（注）集団投資信託とは平成19年度改正によって規定された信託です（法法2二十九）。合同運用信託，投資信託及び外国投資信託，特定受益証券発行信託がこれに該当しますが，このうち合同運用信託，公社債投資信託及び公社債等運用投資信託については受益権グループから除かれ，期間按分が不要なものとされます。

3　原則法（法令140の2②⑥）

　原則法は，次の計算式によります。

控除を受ける所得税額	（源泉徴収所得税額）× $\dfrac{\text{分母のうち元本所有期間の月数}}{\text{利子配当等の計算期間の月数}}$ （小数点以下3位未満切上） ※　1月未満の端数は1月とします。

4　簡便法（法令140の2③）

　簡便法は，期中増加分をその取得日に関係なく，計算期間の中間地点で取得したものとみなして計算する方法で，次の計算式によります。

	① 計算期間開始時所有数
控除を受ける所得税額	② 計算期間終了時所有数 (源泉徴収所得税額) $\times \dfrac{\left\{ ① + (② - ①) \times \dfrac{1}{2} \ (注) \right\}}{②}$ （小数点以下3位未満切上） (注) 利子配当等の計算期間が1年を超える場合は $\dfrac{1}{12}$ となります。 ※ ①≧②の場合上記算式上分子は②となります。 （終了時株式は開始時から所有しているものと考えます。）

5　原則法と簡便法の選択

　原則法と簡便法は，毎期有利な方法を選択して計算することができます。有利選択の手順は，次のとおりとなります。

順序	手　　　順
①	利子配当等の元本を4つのグループに区分する。 　　　株式出資グループ 　　　受益権グループ 　　　割引債グループ 　　　その他（利子等みなし配当）グループ
②	それぞれのグループ内で銘柄ごとに区分する。 　　　（例，株式出資グループ） 　　　A銘柄 　　　B銘柄 　　　C銘柄（計算期間1）⎫ 同じC銘柄であっても（計算期間1）と（計算期間2）は計算期間が異 　　　C銘柄（計算期間2）⎭ なるので，別の銘柄として取り扱うこと。
③	グループ内で原則法と簡便法の計算をし，有利選択をする。 　　　（例，株式出資グループ） 　(a)　原則法 　　　A銘柄＋B銘柄＋C銘柄（計算期間1）＋C銘柄（計算期間2）＝○○○円 　(b)　簡便法 　　　A銘柄＋B銘柄＋C銘柄（計算期間1）＋C銘柄（計算期間2）＝○○○円 　(c)　有利選択（大きい額）をする 　　　(a)＞(b)　の場合　　∴　(a) 　　　(a)＜(b)　の場合　　∴　(b) ※　その他グループは全額控除につき有利選択は不要
④	それぞれ有利選択されたグループ合計（上記③の(a)又は(b)）を集計する。 　　　（例） 　(a)　株式出資グループ　　　原則法　　○○○円 　(b)　受益権グループ　　　　簡便法　　○○○円 　(c)　割引債グループ　　　　簡便法　　○○○円 　(d)　その他グループ　　　　　　　　　○○○円 　(e)　(a)＋(b)＋(c)＋(d)＝×××円 →別表四㉙①「法人税額から控除される所得税額」（加算・社外流出その他）

V　別表六（一）の記入上の留意点

1　収入金額

別表六（一）の収入金額の欄のうち(7)及び(13)については同一銘柄であっても，所有期間が異なる場合にはその異なるごとに記入します。

2　原則法と簡便法の記入区分

原則法により計算したものは，別表六（一）「個別法による場合」欄(7)から(12)に記入し，簡便法により計算したものは，「銘柄別簡便法による場合」欄(13)から(19)に記入します。

VI　設例による個別検討

《設　例》所得税額控除

次の資料に基づき，株式会社M社の当期（令和 5 年 4 月 1 日から令和 6 年 3 月31日）における別表六（一）「所得税額の控除に関する明細書」の記載はどのようになりますか。

種　類	利子配当等の計算期間・所有元本数			収入金額	源泉所得税等
	開始時	購入又は売却	終了時		
A銀行預金	－	－	－	60,000円	9,189円
B社社債	令 5 年 1 月 1 日 30,000,000円	令 5 年10月15日購入 ＋20,000,000円	令 5 年12月31日 50,000,000円	800,000円	122,520円
C社株式	令 4 年 4 月 1 日 20,000株	令 4 年 7 月20日購入 ＋5,000株	令 5 年 3 月31日 25,000株	1,000,000円	204,200円
D社株式	令 4 年10月 1 日 20,000株	なし	令 5 年 3 月31日 20,000株	100,000円	20,420円
合　計	－	－	－	1,960,000円	356,329円

（注）C社株式については計算期間12月，D社株式については計算期間 6 月とします。なお，源泉所得税等には，復興特別所得税を含みます。

〈解　説〉

1　預金利子

A銀行からによるもの　9,189円　∴　全額控除9,189円

2　社債

B社社債からによるもの　122,520円　∴　全額控除122,520円

3　株式

① 原則法

　(a)　C社株式

　　ⓐ　C社株式に係る源泉所得税額等　204,200円

　　ⓑ　開始時から所有分20,000株に係る所得税額

$$204,200円ⓐ \times \frac{20,000株 （開始時）}{25,000株 （終了時）} = 163,360円$$

$$163,360円 \times \frac{12月}{12月} （1.000） = 163,360円$$

ⓒ 期中増加分5,000株に係る所得税額

$$204,200円ⓐ \times \frac{5,000株 （取得時）}{25,000株 （終了時）} = 40,840円$$

$$40,840円 \times \frac{9月}{12月} （0.750） = 30,630円$$

ⓓ ⓑ＋ⓒ＝193,990円

∴ C社株式の原則法による控除所得税額は193,990円

(b) D社株式

ⓐ D社株式に係る源泉所得税額等 20,420円

ⓑ $20,420円 \times \frac{6月}{6月} （1.000） = 20,420円$

∴ D社株式の原則法による控除所得税額は20,420円

(c) (a)＋(b)＝214,410円

∴ 株式の原則法による控除所得税額は214,410円

2 簡便法

(a) C社株式

ⓐ C社株式に係る源泉所得税額等 204,200円

ⓑ 開始時所有元本20,000株，終了時所有元本25,000株

$$204,200円ⓐ \times \frac{20,000株＋（25,000株－20,000株）\times \frac{1}{2}}{25,000株} （0.900） = 183,780円$$

∴ C社株式の簡便法による控除所得税額は183,780円

(b) D社株式

ⓐ D社株式に係る源泉所得税額等 20,420円

ⓑ 開始時所有元本20,000株，終了時所有元本20,000株

$$20,420円ⓐ \times \frac{20,000株＋（20,000株－20,000株）\times \frac{1}{2}}{20,000株} （1.000） = 20,420円$$

∴ D社株式の簡便法による控除所得税額は20,420円

(c) (a)＋(b)＝204,200円

∴ 株式の簡便法による控除所得税額は204,200円

3 有利選択

1＞2 ∴ 株式の控除所得税額は原則法を選択する 214,410円

4 控除所得税額

以上により控除所得税額は次のとおりとなります。

1	預金利子	全額控除	9,189円
2	社債	全額控除	122,520円
3	株式	原則法を選択	214,410円
控除所得税額計		－	346,119円

《参考》

源泉所得税等を集計する際の書式を次に記載しておきますので，参考として下さい。

（所得税額の控除に関する資料）

源 泉 所 得 税 等 一 覧 表　　　　　　　　　（単位：円）

（普通）　A銀行			日付	金額	所得税等	日付	金額	所得税等
日付	金額	所得税等						
8月○日	60,000	9,189						
合計	60,000	9,189	合計	0	0	合計	0	0
B社社債			日付	金額	所得税等	日付	金額	所得税等
日付	金額	所得税等						
12月○日	800,000	122,520						
合計	800,000	122,520	合計	0	0	合計	0	0
C社株式			D社株式			日付	金額	所得税等
日付	金額	所得税等	日付	金額	所得税等			
6月○日	1,000,000	204,200	6月○日	100,000	20,420			
合計	1,000,000	204,200	合計	100,000	20,420	合計	0	0

集計		
種類	金額	所得税等
預貯金・公社債の利子等	860,000	131,709
剰余金の配当等	1,100,000	224,620
収益の分配		
総合計	1,960,000	356,329

《設例》による記入例

所得税額の控除に関する明細書

| 事業年度 | 5 : 4 : 1
6 : 3 : 31 | 法人名 | 株式会社M社 | 別表六(一) |

区　　　分		収　入　金　額 ①	①について課される 所　得　税　額 ②	②のうち控除を受ける 所　得　税　額 ③
公社債及び預貯金の利子、合同運用信託、公社債投資信託及び公社債等運用投資信託(特定公社債等運用投資信託を除く。)の収益の分配並びに特定公社債等運用投資信託の受益権及び特定目的信託の社債的受益権に係る剰余金の配当	1	円 860,000	円 131,709	円 131,709
剰余金の配当(特定公社債等運用投資信託の受益権及び特定目的信託の社債的受益権に係るものを除く。)、利益の配当、剰余金の分配及び金銭の分配(みなし配当等を除く。)	2	1,100,000	224,620	214,410
集団投資信託(合同運用信託、公社債投資信託及び公社債等運用投資信託(特定公社債等運用投資信託を除く。)を除く。)の収益の分配	3			
割　引　債　の　償　還　差　益	4			
そ　　　　　の　　　　　他	5			
計	6	1,960,000	356,329	346,119

剰余金の配当(特定公社債等運用投資信託の受益権及び特定目的信託の社債的受益権に係るものを除く。)、利益の配当、剰余金の分配及び金銭の分配(みなし配当等を除く。)、集団投資信託(合同運用信託、公社債投資信託及び公社債等運用投資信託(特定公社債等運用投資信託を除く。)を除く。)の収益の分配又は割引債の償還差益に係る控除を受ける所得税額の計算

個別法による場合	銘　　柄	収　入　金　額	所　得　税　額	配当等の計算期間	(9)のうち元本所有期間	所有期間割合 $\frac{(10)}{(9)}$ (小数点以下3位未満切上げ)	控除を受ける所得税額 (8)×(11)
		7	8	9	10	11	12
	C社株式	800,000 円	163,360 円	12 月	12 月	1.000	163,360 円
	C社株式	200,000	40,840	12	9	0.750	30,630
	D社株式	100,000	20,420	6	6	1.000	20,420

銘柄別簡便法による場合	銘　　柄	収　入　金　額	所　得　税　額	配当等の計算期末の所有元本数等	配当等の計算期首の所有元本数等	$\frac{(15)-(16)}{2又は12}$ (マイナスの場合は0)	所有元本割合$\frac{(16)+(17)}{(15)}$ (小数点以下3位未満切上げ)(1を超える場合は1)	控除を受ける所得税額 (14)×(18)
		13	14	15	16	17	18	19
		円	円					円

その他に係る控除を受ける所得税額の明細

支払者の氏名又は法人名	支払者の住所又は所在地	支払を受けた年月日	収　入　金　額 20	控除を受ける所得税額 21	参　　考
		・　・	円	円	
		・　・			
		・　・			
		・　・			
		・　・			
計					

別表七（一）　欠損金の損金算入等に関する明細書

Ⅰ　制度の概要

　欠損金の繰越控除は，租税負担の公平の観点から，法人のその事業年度開始の日前一定期間内に生じた欠損金について，一定の適用要件の下，その欠損金をその事業年度の所得の金額の計算上損金の額に算入することができる制度です（法法57・58・59）。すなわち，過去に生じた欠損金を繰り越して，当期の損金の額に算入することができるということです。

Ⅱ　本制度と会計処理との関係

　本制度は，会計上の欠損を基とした税務上の調整であって，本制度の適用を受けるにあたって特別な会計処理は必要となりません。また，本制度でいう「欠損金」とは，各事業年度の「税務上の欠損金」（別表四の「所得金額又は欠損金額　�52」に記載される欠損金）をいいます。

Ⅲ　趣　　旨

　法人税法において，課税所得の計算は，原則として一事業年度を一単位として算定します。しかしながら，法人の大半は，継続して事業を行うことを前提としており，一事業年度単位による課税を厳格に適用することは，法人の全存続期間における租税負担の公平を害することとなります。

　そこで，一事業年度単位による課税の例外として，欠損金を損金の額に算入することとし，財政収入の安定性との調整から，損金の額に算入する欠損金をその事業年度開始の日前一定期間内に生じた欠損金と限定したのです。

Ⅳ　青色申告書を提出した事業年度の欠損金の繰越し制度

　内国法人の各事業年度開始の日前10年（平成30年4月1日前に開始する事業年度は9年）以内に開始した事業年度において生じた欠損金額（既にこの規定によりその各事業年度前の事業年度の所得の金額の計算上損金の額に算入されたもの及び欠損金の繰戻しによる還付の規定により還付を受けるべき金額の計算の基礎となったものを除きます。）がある場合には，その欠損金額に相当する金額は，その各事業年度の所得の金額の計算上，損金の額に算入します（以下「青色欠損金の繰越控除」といいます。）（法法57①）。

　ただし，その欠損金額に相当する金額が，その欠損金額について上記の規定を適用せず，かつ，会社更生等による債務免除等があった場合の欠損金の損金算入（法法59②③），解散があった場合の欠損

金の損金算入（法法59④）及び現物分配による資産の譲渡（法法62の5⑤）の規定を適用しないものとして計算した場合におけるその各事業年度の所得の金額の一定の割合（平成29年度…55％，平成30年度以後…50％）に相当する金額（その欠損金額の生じた事業年度前の事業年度において生じた欠損金額に相当する金額で上記の規定又は青色申告書を提出しなかった事業年度の災害による損失金の繰越し（法法58①）の規定によりその各事業年度の所得の金額の計算上損金の額に算入されるものがある場合には，その損金の額に算入される金額を控除した金額）を超える場合は，その超える部分の金額については，損金の額に算入できません（以下，「欠損金の控除限度額の縮減」といいます。）。

　なお，中小法人等（下記「1　欠損金の控除限度額の縮減に関する適用除外法人の範囲」参照）については，欠損金の控除限度額の縮減は適用されないこととなります（法法57⑪）。

〈図表1〉欠損金の繰越期間

〔3月決算法人の場合〕

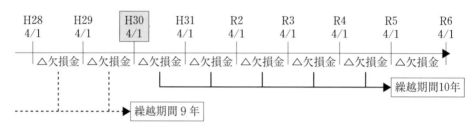

1　欠損金の控除限度額の縮減に関する適用除外法人の範囲（中小法人等の場合）

　以下に掲げる法人については，欠損金の控除限度額の縮減は適用されないこととなります（法法57⑪）。なお，下記Ⅵの青色申告書を提出しなかった事業年度の欠損金の特例制度における控除限度額の縮減についても同様です（法法58②）。

① 普通法人のうち，資本金の額若しくは出資金の額が1億円以下であるもの又は資本若しくは出資を有しないもの（以下の法人を除きます）（法法57⑪一イ）。

(a) 大法人（次の法人をいいます。）との間にその大法人による完全支配関係がある普通法人（法法66⑤二）

　ⓐ 資本金の額又は出資金の額が5億円以上である法人

　ⓑ 相互会社及び外国相互会社（法令139の6）

　ⓒ 法人課税信託に係る受託法人（法法4の3）

(b) 普通法人との間に完全支配関係がある全ての大法人が有する株式又は出資の全部をその全ての大法人のうちいずれか一の法人が有するものとみなした場合においてそのいずれか一の法人とその普通法人との間にそのいずれか一の法人による完全支配関係があることとなるときのその普通法人（法法66⑤三）

(c) 相互会社（法法57⑪一イ）

(d) 投資法人，特定目的会社及び法人課税信託に係る受託法人（法法4の3）

② 公益法人等又は協同組合等（法法57⑪一ロ）

③ 人格のない社団等（法法57⑪一ハ）

〈図表2〉別表七(一)における中小法人等の判定

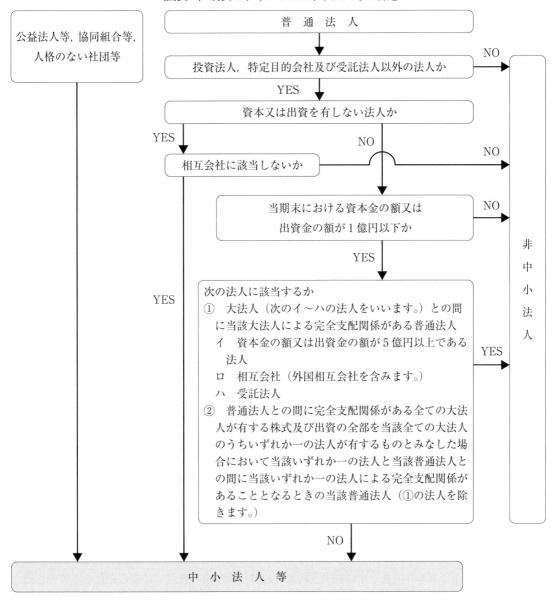

（注）　適用除外事業者の判定は必要ありません。

〈図表3〉欠損金の控除限度額

区分		平成19年度以前	平成20年度～平成23年度	平成24年度～平成26年度	平成27年度	平成28年度	平成29年度	平成30年度以後
繰越期間		7年間	9年間					10年間
控除限度額	中小法人等	100%						
	上記以外の大法人	100%	80%	65%	60%	55%	50%	

※適用年度はそれぞれ4月1日以後に開始する事業年度を示します。
　（例）　「平成30年度」は平成30年4月1日から31年3月31日までの間に開始する事業年度

2 適用要件

① その内国法人が欠損金の生じた事業年度について青色申告書である確定申告書を提出し，かつ，その後において連続して確定申告書を提出している場合であって，欠損金額の生じた事業年度に係る帳簿書類を下記により保存していること（法法57⑩）。

【帳簿書類の保存】

欠損金額が生じた事業年度の一定の帳簿書類（法規59①各号）（一定の場合は帳簿書類又はその写し）を整理し，一定の起算日（法規59②）から10年（平成30年4月1日前に開始する事業年度は9年）間，これを納税地（一定の書類又はその写しについては，その納税地又は取引に係る国内の事務所，事業所その他これらに準ずるものの所在地）に保存しなければなりません（法規26の3①）。

② 各事業年度開始の日前10年（平成30年4月1日前に開始する事業年度は9年）以内に開始した事業年度において生じた欠損金であること。ただし，既にこの制度により，損金の額に算入されたもの及び欠損金の繰戻しによる還付の計算の基礎となったものは除かれます（法法57①）。

3 繰越控除額

青色欠損金の繰越控除における欠損金の額は，前述した適用要件にあるように，「青色申告書を提出」している事業年度において生じた欠損金であり，かつ，「各事業年度開始の日前10年（平成30年4月1日前に開始する事業年度は9年）以内」に生じた欠損金であることが必要です（〈図表1〉参照）。

〈図表4〉 繰越控除額1

平25	⑩	平26	⑨	平27	⑧	平28	⑦	平29	⑥	平30	⑤	平31	④	令2	③	令3	②	令4	①	令5	令6
青		青		青		白		白		白		青		青		青		青		当期	
△500		△1,000		△2,000		△2,000		△1,500		△1,200		△1,000		△750		△600		△450			
×		○		○		×		×		×		○		○		○		○			

∴ △1,000（⑨）＋△2,000（⑧）＋△1,000（④）＋△750（③）＋△600（②）＋△450（①）＝△5,800

（注）平成30年4月1日前に開始する事業年度において生じた欠損金の繰越期間は9年間となります。

ただし，全ての欠損金を繰越控除できるわけではなく，次の点に注意する必要があります。

① 既にこの制度により，損金の額に算入されたもの及び欠損金の繰戻しによる還付の計算の基礎となったものは除かれます。

② 欠損金の控除限度額の縮減が適用される法人については，本制度等適用前の所得の金額の一定の割合（平成29年度…55%，平成30年度以後…50%）に相当する額が控除額の限度となります。

③ 2以上の事業年度で欠損金が生じている場合は，最も古い欠損金から控除します（法基通12-1-1）。

〈図表５〉　繰越控除額２

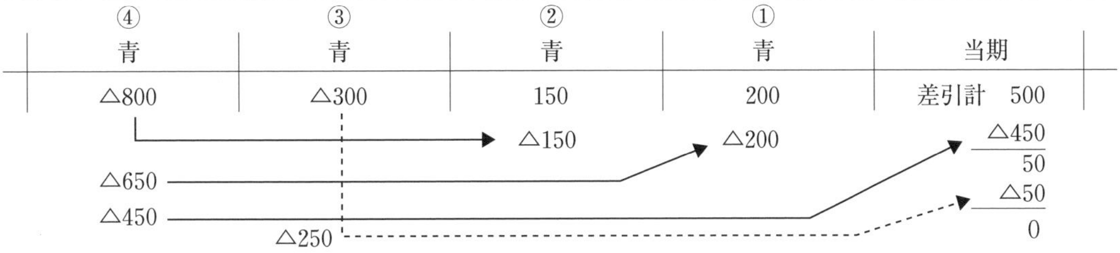

∴　当期の差引計500からは，最も古い△450（△800＋150＋200）を控除し，さらに残50に対して
　　③の△300のうち△50を控除します。その後の残高△250（△300＋50）は翌事業年度以後に繰り
　　越します。
（注）　欠損金の控除限度額の縮減は考慮していません。

V　欠損金の繰戻し制度

　青色申告書を提出した法人に欠損金が生じている場合には，その欠損金額に係る事業年度（以下
「欠損事業年度」といいます。）開始の日前1年以内に開始したいずれかの事業年度（以下「還付所得
事業年度」といいます。）に係る法人税額のうち，一定の金額の還付を税務署長に対し請求すること
ができます（法法80）。

1　適用要件
　その還付所得事業年度から欠損事業年度の前事業年度までの各事業年度について，連続して青色申
告書である確定申告書を提出している場合で，欠損事業年度の青色申告書である確定申告書をその提
出期限までに提出した場合（税務署長においてやむを得ない事情があると認める場合には，その申告
書をその提出期限後に提出した場合を含みます。）に限り適用されます（法法80③）。

2　中小企業者等以外の法人の欠損金の繰戻し制度の不適用（措法66の12）
　欠損金の繰戻し制度は，次に掲げる法人以外の法人については，平成4年4月1日から令和6年3
月31日までの間に終了する各事業年度において生じた欠損金額については，適用されません。
１　普通法人（投資法人及び特定目的会社を除きます。）のうち，その事業年度終了の時において資
　本金の額若しくは出資金の額が1億円以下であるもの（その事業年度終了の時において上記Ⅳ1１
　(a)又は上記Ⅳ1１(b)に掲げる法人に該当するものを除きます。）又は資本若しくは出資を有しない
　もの（保険業法に規定する相互会社及びこれに準ずる一定のものを除きます。）
２　公益法人等（他の法律により公益法人等とみなされている一定の法人を含みます。）
３　協同組合等
４　人格のない社団等
　なお，清算中に終了する事業年度及び解散等の一定の事実が生じた場合の事業年度の欠損金額につ
いては，上記の法人に該当しない場合でも適用されることとなっています。

3 欠損金の繰戻し還付の仕組み

① 法人税

　青色申告法人は欠損金額が生じた場合には，その欠損金額をその欠損事業年度開始の日前1年以内に開始した還付所得事業年度の所得金額に繰り戻し，その還付所得事業年度の法人税の全部又は一部の還付請求をすることができます（法法80①）。

　（注）分母の金額を限度とします。

〈図表6〉欠損金の繰戻し還付の仕組み

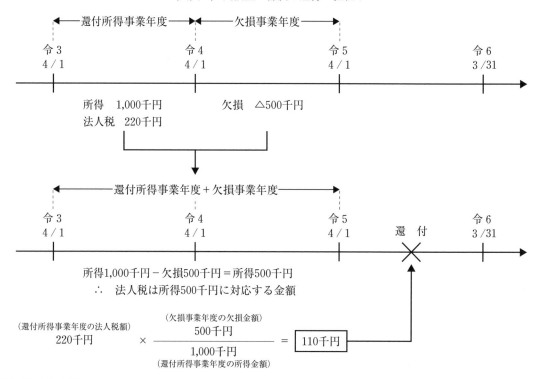

② 地方法人税

　地方法人税については，税務署長が法人税を還付する場合に地方法人税の額でその還付の時において確定しているものがあるときは，法人税の還付金の額に100分の10.3を乗じて計算した金額に相当する金額が還付額となります（地法23①）。

　　　法人税の還付請求額　×　10.3%

4 手続規定（法法80①③⑨）

① 法人税

(a) 還付所得事業年度から欠損事業年度の前事業年度まで連続して青色申告書である確定申告書を提出していなければなりません。

(b) 欠損事業年度の確定申告書を青色申告書により提出期限内に提出しなければなりません。

⒞　欠損事業年度の確定申告書の提出と同時に「欠損金の繰戻しによる還付請求書」を提出しなければなりません。

② 　地方法人税

　　地方法人税については，税務署長が法人税を還付する場合に地方法人税も併せて還付することとされていますので，特段の手続は不要です（地法23①）。

Ⅵ　青色申告書を提出しなかった事業年度の欠損金の特例制度

　　内国法人の各事業年度開始の日前10年（平成30年4月1日前に開始する事業年度は9年）以内に開始した事業年度において生じた欠損金額（青色欠損金の繰越控除又は欠損金の繰戻しによる還付の適用があるものを除きます。）のうち，棚卸資産，固定資産又は一定の繰延資産について災害等により生じた損失に係るもの（以下「災害損失欠損金額」といいます。）があるときは，その災害損失欠損金額に相当する金額は，その各事業年度の所得の金額の計算上，損金の額に算入します（以下「災害損失金の繰越控除」といいます。）（法法58①）。

　　ただし，その災害損失欠損金額に相当する金額がその災害損失欠損金額について上記の規定を適用せず，かつ，会社更生等による債務免除等があった場合の欠損金の損金算入（法法59②），解散があった場合の欠損金の損金算入（法法59④）及び現物分配による資産の譲渡（法法62の5⑤）の規定を適用しないものとして計算した場合におけるその各事業年度の所得の金額の一定の割合（平成29年度…55％，平成30年度以後…50％）に相当する金額（その災害損失欠損金額の生じた事業年度前の事業年度において生じた欠損金額に相当する金額で上記の規定又は青色欠損金の繰越控除の規定によりその各事業年度の所得の金額の計算上損金の額に算入されるものがある場合には，その損金の額に算入される金額を控除した金額）を超える場合には，その超える部分の金額については，損金の額に算入できません（以下「災害損失金の控除限度額の縮減」といいます。）。

　　なお，中小法人等については，災害損失金の控除限度額の縮減は適用されないこととなります（法法58②）。

　　災害損失金の繰越控除に関する適用関係，災害損失金の控除限度額の縮減に関する適用除外法人の範囲（中小法人等の場合）については，青色欠損金の繰越控除と同様であるため，上記Ⅳ1を参照して下さい。

1　適用要件

①　災害損失欠損金額の生じた事業年度の確定申告書，修正申告書又は更正請求書に損失の額の計算に関する明細を記載した書類を添付し，かつ，その事業年度後の各事業年度について連続して確定申告書を提出している場合であって，災害損失欠損金額の生じた事業年度に係る帳簿書類を下記により保存していること（法法58③）。

【帳簿書類の保存】

　　災害損失欠損金が生じた事業年度の一定の帳簿（法規66①）及び書類（法規67①各号）（一定の場合はその帳簿及び書類又はこれらの写し）を整理し，一定の起算日（法規59②）から10年（平成30年4月1日前に開始する事業年度は9年）間，これを納税地（一定の書類又はその写しにあっては，

その納税地又は取引に係る国内の事務所，事業所その他これらに準ずるものの所在地）に保存しなければなりません（法規26の3①）。

② 各事業年度開始の日前10年（平成30年4月1日前に開始する事業年度は9年）以内に開始した事業年度において生じた欠損金であること。

2 対象となる資産（法法58①，法令114）

① 棚卸資産

② 固定資産

③ 繰延資産のうち，他の者の有する固定資産を利用するために支出されたもの

3 災害の範囲（法法58①，法令115）

① 震災，風水害，火災

② 冷害，雪害，干害，落雷，噴火その他の自然現象の異変による災害

③ 鉱害，火薬類の爆発その他の人為による異常な災害

④ 害虫，害獣その他の生物による異常な災害

4 繰越控除額

① 損失の額

　この制度の対象となる損失の額は，次に掲げる損失の額の合計額から，保険金等により補塡される金額を控除した金額となります（法令116）。

(a) 対象資産が滅失等又は災害による価値の減少に伴い，その資産の帳簿価額を減額したことにより生じた損失の額（その資産の取壊し等に係る損失の額を含みます。）

(b) 災害により対象資産が損壊等し事業の用に供することが困難となった場合において，その災害のやんだ日の翌日から1年を経過した日（大規模な災害の場合その他やむを得ない事情がある場合には，3年を経過した日）の前日までに行う原状回復のために支出する修繕費等に係る損失の額

(c) 災害によりその資産につき現に被害が生じ，又はまさに被害が生ずるおそれがあると見込まれる場合において，その資産に係る被害の拡大又は発生を防止するため緊急に必要な措置を講ずるための費用に係る損失の額

② 繰越額

(a) 損失の額

(b) その災害の生じた事業年度の欠損金

(c) (a)と(b)とのいずれか少ない金額

③ 控除額

　繰越額のうち損金の額に算入することができる金額は，青色欠損金の繰越控除と同様に，別表四の「差引計 ⑷」（災害損失金の控除限度額の縮減の適用がある場合には，本制度等適用前の所得の金額の一定の割合（平成29年度…55％，平成30年度以後…50％））に相当する金額が限度となります。また，2以上の事業年度において欠損金が生じている場合においても，青色欠損金の繰越控除と同様に，最も古い欠損金から控除することになります（法基通12-1-1〈図表5〉，〈図表7〉参照）。

〈図表 7 〉災害損失金の繰越控除額

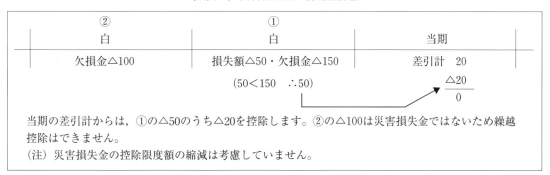

当期の差引計からは，①の△50のうち△20を控除します。②の△100は災害損失金ではないため繰越控除はできません。
(注) 災害損失金の控除限度額の縮減は考慮していません。

Ⅶ　災害損失欠損金の繰戻しによる還付制度

　　災害のあった日から同日以後 1 年を経過する日までの間に終了する各事業年度又は災害のあった日から同日以後 6 月を経過する日までの間に終了する中間期間において生じた災害損失欠損金額がある場合には，その事業年度又は中間期間開始の日前 2 年（白色申告である場合には， 1 年）以内に開始した事業年度の法人税額のうち災害損失欠損金額に対応する部分の金額について，還付を受けることができます（法法80①⑤）。

Ⅷ　別表七（一）の記入上の留意点

①　「損金算入限度額　(2)」の「$\frac{50又は100}{100}$」の分子は，適用されない文字等を適宜二重線で削除して下さい。

②　「当期控除額　(4)」には，最も古い事業年度の欠損金のうち順次控除できる金額を記載します。ただし，当該事業年度の「控除未済欠損金額　(3)」と「損金算入限度額　(2)から当該事業年度前の当期控除額　(4)の合計額を控除した金額（(2)−(4)）」のうち少ない金額を限度とします。

③　「災害により生じた損失の額がある場合の繰越控除の対象となる欠損金額等の計算」の各欄は，棚卸資産と固定資産（繰延資産を含みます。）に区分して記載します。なお，それぞれの明細を別紙記載して添付して下さい。

Ⅸ　設例による個別検討

《設例 1》青色欠損金及び災害損失金の繰越控除

　株式会社M社（資本金1,000万円の法人であり，個人株主が存在します。）は，前期以前から，欠損金を繰り越しています。この場合における，当期（令和 5 年 4 月 1 日から令和 6 年 3 月31日）の別表七（一）「欠損金の損金算入等に関する明細書」の記載はどのようになりますか。

1　欠損金の明細

事業年度	所得金額又は欠損金額	申告書
平成29.4.1〜平成30.3.31	△7,000,000円	白
平成30.4.1〜平成31.3.31	△3,000,000円	白
平成31.4.1〜令和 2 .3.31	△2,500,000円	青
令和 2 .4.1〜令和 3 .3.31	△1,000,000円	青
令和 3 .4.1〜令和 4 .3.31	△750,000円	青
令和 4 .4.1〜令和 5 .3.31	1,500,000円	青
令和 5 .4.1〜令和 6 .3.31 （当期）	5,000,000円 （別表四差引計「⑷の①」）	青

2　平成31年 3 月期において，M社の倉庫が火災により半焼し，次の事実が生じています。

① 倉庫の焼失額　2,000,000円（保険金1,000,000円控除前）

② 商品の焼失額　500,000円

③ 商品の損壊に伴う評価損　100,000円

　なお，M社は，この災害損失事業年度において，確定申告書に損失の額の計算に関する明細を記載した書類を添付し，その後の事業年度において連続して確定申告書を提出しています。

3　M社は，過去において欠損金の繰戻し還付の適用は受けていません。

〈解　説〉

1　令和 5 年 3 月期

　① 災害損失金の繰越控除

　(a)　損失額（2,000,000円−1,000,000円）＋500,000円＋100,000円＝1,600,000円

　(b)　災害損失事業年度の欠損金　3,000,000円（平成31. 3 月期）

　(c)　(a)＜(b)　∴1,600,000円

　(d)　1,500,000円−1,500,000円（注）＝ 0 円
　　　　　（所得金額）　　（損失額）
　　　（注）1,500,000円＜1,600,000円　∴1,500,000円

2　当期

　　5,000,000円−100,000円（注 1 ）−4,250,000円（注 2 ）＝650,000円

　　（注 1 ）平31. 3 月期分　1,600,000円（ 1 ①(c)）−1,500,000円（ 1 ①(d)（注））＝100,000円
　　　　　　　　　（令 2 . 3 月期）（令 3 . 3 月期）（令 4 . 3 月期）
　　（注 2 ）2,500,000円＋1,000,000円＋750,000円＝4,250,000円

3　図解

（単位：円）

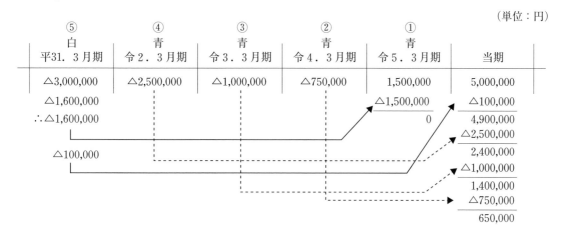

《設例１》による記入例

欠損金の損金算入等に関する明細書

| 事業年度 | 5・4・1
6・3・31 | 法人名 | 株式会社M社 | 別表七（一） |

| 控除前所得金額
（別表四「43の①」） | 1 | 5,000,000 円 | 損金算入限度額
(1) × ~~50又は~~100 / 100 | 2 | 5,000,000 円 |

事業年度	区　分	控除未済欠損金額	当期控除額 (当該事業年度の(3)と((2)－当該事業年度前の(4)の合計額)のうち少ない金額)	翌期繰越額 ((3)－(4))又は(別表七(四)「15」)
		3	4	5
・　・ ・　・	青色欠損・連結みなし欠損・災害損失	円	円	
・　・ ・　・	青色欠損・連結みなし欠損・災害損失			円
・　・ ・　・	青色欠損・連結みなし欠損・災害損失			
・　・ ・　・	青色欠損・連結みなし欠損・災害損失			
30・4・1 31・3・31	青色欠損・連結みなし欠損・⦅災害損失⦆	100,000	100,000	0
31・4・1 2・3・31	⦅青色欠損⦆・連結みなし欠損・災害損失	2,500,000	2,500,000	0
2・4・1 3・3・31	⦅青色欠損⦆・連結みなし欠損・災害損失	1,000,000	1,000,000	0
3・4・1 4・3・31	⦅青色欠損⦆・連結みなし欠損・災害損失	750,000	750,000	0
・　・ ・　・	青色欠損・連結みなし欠損・災害損失			
	計	4,350,000	4,350,000	
当期	欠損金額 （別表四「52の①」）		欠損金の繰戻し額	
	同上青色欠損額			

別表四⑷へ

《設例2》による記入例

		計			
当期分	欠 損 金 額（別表四「52の①」）	5,000,000	欠 損 金 の 繰 戻 し 額		
	同上のうち	青 色 欠 損 金 額	5,000,000		5,000,000
		災 害 損 失 欠 損 金 額	(16の③)		
	合　　　計				5,000,000

《設例3》による記入例

災害により生じた損失の額がある場合の繰越控除の対象となる欠損金額等の計算					
災　害　の　種　類			災害のやんだ日又はやむを得ない事情のやんだ日		令5・10・25
災害を受けた資産の別		棚 卸 資 産 ①	固 定 資 産（固定資産に準ずる繰延資産を含む。） ②		計 ①＋② ③
当 期 の 欠 損 金 額（別表四「52の①」）	6				3,000,000 円
災害により生じた損失の額	資産の滅失等により生じた損失の額	7	600,000 円	2,000,000 円	2,600,000
	被害資産の原状回復のための費用等に係る損失の額	8			
	被害の拡大又は発生の防止のための費用に係る損失の額	9			
	計 (7)＋(8)＋(9)	10	600,000	2,000,000	2,600,000
保 険 金 又 は 損 害 賠 償 金 等 の 額	11		1,000,000		1,000,000
差引災害により生じた損失の額 (10)－(11)	12	600,000	1,000,000		1,600,000
同上のうち所得税額の還付又は欠損金の繰戻しの対象となる災害損失金額	13				
中間申告における災害損失欠損金の繰戻し額	14				
繰戻しの対象となる災害損失欠損金額（(6の③)と((13の③)－(14の③))のうち少ない金額）	15				
繰越控除の対象となる欠損金額（(6の③)と((12の③)－(14の③))のうち少ない金額）	16				1,600,000

《設例4》欠損金の控除限度額の縮減

　株式会社M社（資本金2億円の法人です。）は，前期以前から欠損金を繰り越しています。この場合における当期（令和5年4月1日から令和6年3月31日）の別表七（一）「欠損金の損金算入等に関する明細書」の記載はどのようになりますか。

1　欠損金の明細

事業年度	所得金額又は欠損金額	申告書
平成30.4.1～平成31.3.31	△3,200,000円	青
平成31.4.1～令和2.3.31	1,540,000円	青
令和2.4.1～令和3.3.31	650,000円	青
令和3.4.1～令和4.3.31	△700,000円	青
令和4.4.1～令和5.3.31	△100,000円	青
令和5.4.1～令和6.3.31 （当期）	4,400,000円 （別表四差引計「㐀の①」）	青

2　M社は，過去において欠損金の繰戻し還付の適用を受けていません。

〈解　説〉

1　繰越控除額

　①　控除前所得金額

　　4,400,000円（別表四「㐀の①」）

　　（注）会社更生等による債務免除等があった場合の欠損金の損金算入（法法59）の規定の適用がある場合には，別表四差引計「㊲の①」から別表七（三）「9」又は「21」の金額を控除した別表四「㐀の①」の金額となります。

　②　所得金額控除限度額

　　$① \times \dfrac{50}{100} = 2,200,000円$

　③　当期控除額

　　(a)　平成31年3月期分の欠損金

　　　ⓐ　平成31年3月期分の欠損金残額　2,105,000円（注）

　　　（注）$\underset{(平成31年3月期の欠損金額)}{3,200,000円} - \underset{(令和2年3月期の所得金額)}{1,540,000円} \times \dfrac{50}{100} - \underset{(令和3年3月期の所得金額)}{650,000円} \times \dfrac{50}{100} = 2,105,000円$

　　　ⓑ　2,200,000円（所得金額控除限度額）

　　　ⓒ　ⓐ＜ⓑ　∴2,105,000円

　　(b)　令和4年3月期分の欠損金

　　　ⓐ　$\underset{(令和4年3月期分の欠損金)}{700,000円}$

　　　ⓑ　$\underset{(②)}{2,200,000円} - \underset{((a)ⓒ)}{2,105,000円} = 95,000円$

　　　ⓒ　ⓐ＞ⓑ　∴95,000円

(c) 当期控除額

$$\underset{((a)©)}{2,105,000円} + \underset{((b)©)}{95,000円} = 2,200,000円$$

2 図解 （単位：円）

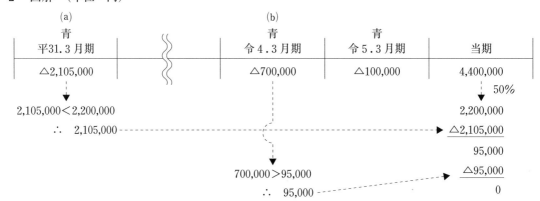

∴ 当期の所得金額4,400,000 − 欠損金繰越控除額2,200,000 = 2,200,000 （課税所得）

《設例4》による記入例

欠損金の損金算入等に関する明細書

| 事業年度 | 5 ・4 ・1
6 ・3 ・31 | 法人名 | 株式会社M社 | 別表七（一） |

| 控除前所得金額
（別表四「43の①」） | 1 | 4,400,000 | 円 | 損金算入限度額
(1)×$\frac{50\text{又は}100}{100}$ | 2 | 2,200,000 | 円 |

事業年度	区　分	控除未済欠損金額	当期控除額 (当該事業年度の(3)と((2)−当該事業年度前の(4)の合計額)のうち少ない金額)	翌期繰越額 ((3)−(4))又は(別表七(四)「15」)
		3	4	5
・・・	青色欠損・連結みなし欠損・災害損失	円	円	
・・・	青色欠損・連結みなし欠損・災害損失			円
・・・	青色欠損・連結みなし欠損・災害損失			
・・・	青色欠損・連結みなし欠損・災害損失			
・・・	青色欠損・連結みなし欠損・災害損失			
30・4・1 31・3・31	青色欠損・連結みなし欠損・災害損失	2,105,000	2,105,000	0
・・・	青色欠損・連結みなし欠損・災害損失			
・・・	青色欠損・連結みなし欠損・災害損失			
3・4・1 4・3・31	青色欠損・連結みなし欠損・災害損失	700,000	95,000	605,000
4・4・1 5・3・31	青色欠損・連結みなし欠損・災害損失	100,000	0	100,000
計		2,905,000	2,200,000	705,000

別表四(44)へ

当期分	欠損金額 （別表四「52の①」）		欠損金の繰戻し額	
	同上のうち	青色欠損金額		
		災害損失欠損金額	(16の③)	
合計				705,000

災害により生じた損失の額がある場合の繰越控除の対象となる欠損金額等の計算

《設例 5 》欠損金の繰戻し還付

　株式会社Ｍ社（資本金3,000万円であり，個人株主が存在します。）の当期（令和 5 年 4 月 1 日から令和 6 年 3 月31日）及び前期（令和 4 年 4 月 1 日から令和 5 年 3 月31日）の申告状況等は次のとおりです。

　この場合における，同社の別表七（一）「欠損金の損金算入等に関する明細書」，別表一「各事業年度の所得に係る申告書」及び「欠損金の繰戻しによる還付請求書」の記載はどのようになりますか。また，欠損金の繰戻しによる還付税額の会計処理及び表示，税務処理による別表四「所得の金額の計算に関する明細書」及び別表五（一）「利益積立金額及び資本金等の額の計算に関する明細書」の記載はどのようになりますか。

当期及び前期の申告状況等

① 　当期の欠損金額　　　　　　　　　　　　　　　　　　　　　7,000,000円

② 　当期中に納付した中間申告分の法人税額（地方法人税額）　1,305,700円（138,100円）

③ 　前期の別表一の一部

所得金額又は欠損金額	1	15,000,000円
法人税額	2	2,824,000円
法人税額の特別控除額	3	140,000円
税額控除超過額相当額等の加算額	4	75,600円
法人税額計	9	2,759,600円
控除税額	12	72,400円
差引所得に対する法人税額	13	2,687,200円
中間申告分の法人税額	14	0円
差引確定法人税額	15	2,687,200円

④ 　繰戻しの対象となる欠損金額は，全額を還付所得事業年度に繰り戻すものとします。

⑤ 　株式会社Ｍ社は，設立以来青色申告書により法人税の申告を行っており，当期についても申告期限内に青色申告書により確定申告を行う予定です。

《設例5》による記入例

欠損金の損金算入等に関する明細書

事 業 年 度	5 · 4 · 1 6 · 3 · 31	法人名	株式会社M社	別表七（一）

控 除 前 所 得 金 額 (別表四「43の①」)	1	円	損 金 算 入 限 度 額 (1) × $\frac{50又は100}{100}$	2	円

事業年度	区　　　　分	控 除 未 済 欠 損 金 額 3	当 期 控 除 額 (当該事業年度の(3)と((2)－当該事業年度前の(4)の合計額)のうち少ない金額) 4	翌 期 繰 越 額 ((3)－(4))又は(別表七(四)「15」) 5
・　・	青色欠損・連結みなし欠損・災害損失	円	円	
・　・	青色欠損・連結みなし欠損・災害損失			円
・　・	青色欠損・連結みなし欠損・災害損失			
・　・	青色欠損・連結みなし欠損・災害損失			
・　・	青色欠損・連結みなし欠損・災害損失			
・　・	青色欠損・連結みなし欠損・災害損失			
・　・	青色欠損・連結みなし欠損・災害損失			
・　・	青色欠損・連結みなし欠損・災害損失			
・　・	青色欠損・連結みなし欠損・災害損失			
	計			
当 期 分	欠 損 金 額 (別表四「52の①」)	7,000,000	欠 損 金 の 繰 戻 し 額	
	同上のうち　青 色 欠 損 金 額	7,000,000	7,000,000	
	同上のうち　災 害 損 失 欠 損 金 額	(16の③)		
	合　　　　計			

災害により生じた損失の額がある場合の繰越控除の対象となる欠損金額等の計算

災　　害　　の　　種　　類		災害のやんだ日又はやむを得ない事情のやんだ日		・　　・
災 害 を 受 け た 資 産 の 別		棚 卸 資 産 ①	固 定 資 産 (固定資産に準ずる繰延資産を含む。) ②	計 ①＋② ③
当 期 の 欠 損 金 額 (別表四「52の①」)	6			円
資産の滅失等により生じた損失の額	7	円	円	
被害資産の原状回復のための費用等に係る損失の額	8			
被害の拡大又は発生の防止のための費用に係る損失の額	9			
計 (7)＋(8)＋(9)	10			
保険金又は損害賠償金等の額	11			
差引災害により生じた損失の額 (10)－(11)	12			
同上のうち所得税額の還付又は欠損金の繰戻しの対象となる災害損失金額	13			
中間申告における災害損失欠損金の繰戻し額	14			
繰戻しの対象となる災害損失欠損金額 ((6の③)と((13の③)－(14の③))のうち少ない金額)	15			
繰越控除の対象となる欠損金額 ((6の③)と((12の③)－(14の③))のうち少ない金額)	16			

《設例5》による記入例

別表一　各事業年度の所得に係る申告書―内国法人の分

	令和 6 年 5 月31日 税務署長殿	

納税地　　　　電話（　　　）　－

（フリガナ）カブシキガイシャエムシャ

法人名　**株式会社M社**

法人番号　1 2 3 4 5 6 7 8 9 0 1 2 3

（フリガナ）

代表者

代表者住所

通算グループ整理番号

通算親法人整理番号

法人区分　普通法人以外の公益法人等、協同組合等又は人格のない社団等

事業種目

期末現在の資本金の額又は出資金の額　30,000,000 円　非中小法人

同上が1億円以下の普通法人のうち中小法人に該当しないもの

同非区分　特定同族会社　同族会社　非同族会社

旧納税地及び旧法人名等

添付書類　貸借対照表、損益計算書、株主(社員)資本等変動計算書又は損益金処分表、勘定科目内訳明細書、事業概況書、組織再編成に係る契約書等の写し、組織再編成に係る移転資産等の明細書

※　青色申告　一連番号

整理番号

事業年度（至）

売上金額

申告年月日

通信日付印　確認　庁指定　局指定　指導等　区分

申告区分

法人税　中間　修正　期限後　修正

地方法人税　中間　修正　期限後　修正

令和 5 年 4 月 1 日　**事業年度分の法人税　確定 申告書**

令和 6 年 3 月 31 日　**課税事業年度分の地方法人税　確定 申告書**

（中間申告の場合　令和　年　月　日　の計算期間　令和　年　月　日）

税理士法第30条の書面提出有　有

税理士法第33条の2の書面提出有　有

適用額明細書提出の有無　有　無

項目	No.	金額
所得金額又は欠損金額（別表四「52の①」）	1	
法人税額 (48)＋(49)＋(50)	2	
法人税額の特別控除額（別表六(六)「5」）	3	
税額控除超過額相当額等の加算額	4	
土地譲渡税額 課税土地譲渡利益金額（別表三(二)「24」）＋（別表三(二の二)「25」）＋（別表三(三)「20」）	5	0 0 0
同上に対する税額 (62)＋(63)＋(64)	6	
留保金 課税留保金額（別表三(一)「4」）	7	0 0 0
同上に対する税額（別表三(一)「8」）	8	
		0 0
法人税額計 (2)－(3)＋(4)＋(6)＋(8)	9	
分配時調整外国税相当額及び外国関係会社等に係る控除対象所得税額等相当額の控除額（別表六(五の二)「7」）＋（別表十七(三の六)「3」）	10	
仮装経理に基づく過大申告の更正に伴う控除法人税額	11	
控除税額 ((9)－(10)－(11))と(18)のうち少ない金額	12	
差引所得に対する法人税額 (9)－(10)－(11)－(12)	13	0 0
中間申告分の法人税額	14	1 3 0 5 7 0 0
差引確定/中間申告の場合はその法人税額/税額とし、マイナス(13)－(14)/の場合は(22)へ記入	15	0 0

項目	No.	金額
所得税の額（別表六(一)「6の③」）	16	
外国税額（別表六(二)「23」）	17	
計 (16)＋(17)	18	
控除した金額 (12)	19	
控除しきれなかった金額 (18)－(19)	20	
所得税額等の還付金額 (20)	21	
中間納付額 (14)－(13)	22	1 3 0 5 7 0 0
欠損金の繰戻しによる還付請求税額	23	外　1 2 5 2 5 3 3
計 (21)＋(22)＋(23)	24	外　1 2 5 2 5 3 3 1 3 0 5 7 0 0

項目	No.	金額
この申告が修正申告である場合のこの申告により納付すべき法人税額又は減少する還付請求税額 (57)	25	外　0 0
欠損金等の当期控除額（別表七(一)「4の計」）＋（別表七(四)「9」若しくは「21」又は別表七(四)「10」）	26	
翌期へ繰り越す欠損金額（別表七(一)「5の合計」）	27	

項目	No.	金額
課税標準法人税額の計算 所得金額に対する法人税額 ((2)－(3)＋(4)＋(6)＋(9の外書)－(21)－(37)に付表六「7」の外書)	28	
課税留保金額に対する法人税額 (8)	29	
課税標準法人税額 (28)＋(29)	30	0 0 0
地方法人税額 (53)	31	
税額控除超過額相当額の加算額（別表六(二)付表六「14の計」）	32	
課税留保金額に係る地方法人税額 (54)	33	
所得地方法人税額 (31)＋(32)＋(33)	34	
分配時調整外国税相当額及び外国関係会社等に係る控除対象所得税額等相当額の控除額（別表六(五の二)「8」）＋（別表十七(三の六)「4」）と(34)のうち少ない金額	35	
仮装経理に基づく過大申告の更正に伴う控除地方法人税額	36	
外国税額の控除額 ((34)－(35)－(36))と(65)のうち少ない金額	37	
差引地方法人税額 (34)－(35)－(36)－(37)	38	0 0
中間申告分の地方法人税額	39	1 3 8 1 0 0
差引確定/中間申告の場合はその地方法人税額/税額とし、マイナス(38)－(39)/の場合は(42)へ記入	40	

項目	No.	金額
外国税額の還付金額 (67)	41	
中間納付額 (39)－(38)	42	1 3 8 1 0 0
計 (41)＋(42)	43	外　1 2 9 0 1 0 1 3 8 1 0 0
この申告が修正申告である場合のこの申告により納付すべき地方法人税額 (61)	44	0 0

剰余金・利益の配当（剰余金の分配）の金額

残余財産の最後の分配又は引渡しの日　令和　年　月　日

決算確定の日　令和 6 年 5 月 20 日

還付を受けようとする金融機関等　　　銀行　本店・支店　金庫・組合　出張所　農協・漁協　本所・支所　預金　郵便局名等　○○

口座番号　1 2 3 4 5 6 7　ゆうちょ銀行の貯金記号番号　－

※税務署処理欄

税理士署名

欠損金の繰戻しによる還付請求書

※整理番号	
※通算グループ整理番号	

税務署受付印	納 税 地	〒 電話( ) －	
	（ フ リ ガ ナ ）	カブシキガイシャエムシャ	
令和 6 年 5 月 31 日	法 人 名 等	株式会社M社	
	法 人 番 号	1 2 3 4 5 6 7 8 9 0 1 2 3	
	（ フ リ ガ ナ ）		
	代 表 者 氏 名		
税務署長殿	代 表 者 住 所	〒	
	事 業 種 目	業	

法人税法第80条の規定に基づき下記のとおり欠損金の繰戻しによる法人税額の還付を請求します。

記

欠 損 事 業 年 度	自 ⑪令和 5 年 4 月 1 日 至 ⑪令和 6 年 3 月 31 日		還付所得事業年度	自 ⑪令和 4 年 4 月 1 日 至 ⑪令和 5 年 3 月 31 日	
区	分		請 求 金 額	※ 金 額	
欠損事業 年度の欠 損金額	欠 損 金 額	(1)	7,000,000 円	円	
	同上のうち還付所得事業年度に繰り戻す欠損金額	(2)	7,000,000		
還付所得 事業年度 の所得金 額	所 得 金 額	(3)	15,000,000		
	既 に 欠 損 金 の 繰 戻 し を 行 っ た 金 額	(4)			
	差 引 所 得 金 額 （ （ 3 ） － （ 4 ） ）	(5)	15,000,000		
還付所得 事業年度 の法人税 額	納 付 の 確 定 し た 法 人 税 額	(6)	2,687,200		
	仮装経理に基づく過大申告の更正に伴う控除法人税額	(7)			
	控 除 税 額	(8)	72,400		
	使 途 秘 匿 金 額 に 対 す る 税 額	(9)	0 0		
	課 税 土 地 譲 渡 利 益 金 額 に 対 す る 税 額	(10)			
	税 額 控 除 超 過 額 相 当 額 等 の 加 算 額	(11)	75,600		
	法人税額（(6)＋(7)＋(8)－(9)－(10)－(11)）	(12)	2,684,000		
	既 に 欠 損 金 の 繰 戻 し に よ り 還 付 を 受 け た 法 人 税 額	(13)			
	差 引 法 人 税 額 （ （ 1 2 ） － （ 1 3 ） ）	(14)	2,684,000		
還 付 金 額 （ （ 1 4 ） × （ 2 ） ／ （ 5 ） ）		(15)	1,252,533		
請 求 期 限	令和 6 年 5 月 31 日		確定申告書提出年月日	⑪令和 6 年 5 月31日	

還付を受けよう とする金融機関 等	1　銀行等の預金口座に振込みを希望する場合 ○○（銀行）　　　　　　　○○本店（支店） 金庫・組合　　　　　　出　張　所 漁協・農協　　　　　　本所・支店 ○○　預金　口座番号　　1234567	2　ゆうちょ銀行の貯金口座に振込みを希望する場合 　　貯金口座の記号番号　　　　－ 3　郵便局等の窓口での受け取りを希望する場合 　　郵便局名等

この請求が次の場合に該当するときは、次のものを添付してください。
1　期限後提出の場合、確定申告書をその提出期限までに提出することができなかった事情の詳細を記載した書類
2　法人税法第80条第4項の規定に基づくものである場合には、解散、事業の全部の譲渡等の事実発生年月日及びその事実の詳細を記載した書類
3　特定設備廃棄等欠損金額に係る請求である場合には、農業競争力強化支援法施行規則第20条第1項の証明に係る同条第2項の申請書の写し及び当該証明に係る証明書の写し

税 理 士 署 名	

※税務署 処理欄	部 門	決算 期	業種 番号	番 号	整理 簿	備 考	通信 日付印	年 月 日	確認	

〈解　説〉

1　欠損金の繰戻しによる還付請求書

　1　還付所得事業年度の所得金額の記入

　　①　「所得金額(3)」欄には，還付所得事業年度の所得金額（申告書別表一の「所得金額又は欠損金額」欄に記載された所得金額ですが，その事業年度について更正が行われている場合には，更正決定通知書の「所得金額又は欠損金額」欄に記載された更正後の所得金額）を記載してください。

　　②　「既に欠損金の繰戻しを行った金額(4)」欄には，次の場合にそれぞれ次の金額を記載してください。

　　　㋑　還付所得事業年度について，既に欠損金又は災害損失の繰戻しによりその一部の法人税額の還付を受けている場合　その法人のその還付所得事業年度に係るこの請求書の「(2)」欄の金額又は「災害損失の繰戻しによる還付請求書」の「(2)」欄の金額

　　　㋺　還付所得事業年度につき災害損失の繰戻しによる法人税額の還付を請求する場合　その法人のその還付所得事業年度に係る「災害損失の繰戻しによる還付請求書」の「(2)」欄に記載した金額

　2　「還付所得事業年度の法人税額」の各欄

　　①　「納付の確定した法人税額(6)」欄には，還付所得事業年度の申告書別表一の「差引所得に対する法人税額」欄の金額を記載しますが，その事業年度について更正が行われている場合には，更正決定通知書の「差引所得に対する法人税額」欄に記載された更正後の法人税額を記載してください。

　　②　「仮装経理に基づく過大申告の更正に伴う控除法人税額(7)」欄には，還付所得事業年度において法人税額から控除した仮装経理に基づく過大申告の更正に伴う控除法人税額があった場合に，その金額を記載してください。

　　③　「控除税額(8)」欄には，還付所得事業年度において法人税額から控除した所得税額，昭和42年5月31日までに解散し又は合併した内国法人から受けるみなし配当の25％相当額及び外国税額の合計額を記載してください。

　　　なお，還付所得事業年度において法人税額から控除できないため還付を請求した所得税額等については，これに含まれないことになりますからご注意ください。

　　④　「使途秘匿金額に対する税額(9)」欄には，令和2年旧措置法第62条第1項《使途秘匿金の支出がある場合の課税の特例》の規定により加算された税額がある場合に，その金額を記載してください。

　　⑤　「課税土地譲渡利益金額に対する税額(10)」欄には，令和2年旧措置法第3章第5節の2《土地の譲渡等がある場合の特別税率》の規定により加算された税額がある場合に，その金額を記載してください。

　　⑥　「税額控除超過額相当額等の加算額(11)」欄には，還付所得事業年度の申告書別表一の「税額控除超過額相当額等の加算額」欄の金額を記載してください。

　　⑦　「既に欠損金の繰戻しにより還付を受けた法人税額(13)」欄には，還付所得事業年度について既に欠損金又は災害損失の繰戻しにより，その一部の法人税額の還付を受けている場合に，そ

の還付を受けた法人税額（還付加算金は含みません。）を記載してください。

③ 「還付金額 ⒂」欄には，算式に基づいて計算した金額を記載します。なお，1円未満の端数が生じた場合は切り捨てます（国通法120①）。設例の場合は，1,252,533円（2,684,000円×7,000,000円／15,000,000円）を記載します。

2 繰戻しによる還付請求税額の別表一への記載

欠損金の繰戻しによる還付税額は，確定申告書への記載が必要となります。なお，法人税の還付請求税額の記載箇所は申告書別表一「欠損金の繰戻しによる還付請求税額 ⒆」欄に外書きとして，地方法人税の還付請求税額の記載箇所は「この申告による還付金額⒆」欄に外書きとして記載します。

3 会計処理及び税務処理

欠損金の繰戻しによる還付税額は，損益計算書上，「法人税，住民税及び事業税」の次にその内容を示す名称を付した科目をもって記載し，貸借対照表上，「未収還付法人税等」等，その内容を示す適当な科目で表示します。

なお，欠損金の繰戻しによる還付法人税については，「個別財務諸表における税効果会計に関する実務指針（会計制度委員会報告第10号）」の第29項の規定に基づき，欠損金の発生年度において認識します（「諸税金に関する会計処理及び表示に係る監査上の取扱い（監査・保証実務委員会報告第63号）」）。

税務上の欠損金が発生し，それを過去に支払った法人税の繰戻還付に利用する場合は，還付請求手続をとることにより債権となるため，その未収還付金額は税務上の欠損金発生年度に貸借対照表上，未収還付法人税等その内容を示す適当な名称を付した科目で資産に計上し，繰延税金資産とは区別して表示します（「個別財務諸表における税効果会計に関する実務指針（会計制度委員会報告第10号）」第29項繰延税金資産及び繰延税金負債の表示等（法人税の繰戻還付金額の表示））。

① 会計処理

欠損金の発生事業年度である当期の処理として次のとおり会計処理及び表示を行います。

(a) 会計仕訳

（借方）未収還付法人税等 1,381,543円 （貸方）法人税繰戻還付額 1,381,543円

(b) 損益計算書上の表示

税引前当期純損失金額	○○○円
法人税，住民税及び事業税	○○○円
法 人 税 繰 戻 還 付 額	△1,381,543円
当 期 純 損 失 金 額	○○○円

(c) 貸借対照表上の表示

【流動資産】未収還付法人税等 1,381,543円

② 税務処理

欠損金の発生事業年度である当期の処理として減算留保し，次のとおり別表四及び別表五（一）に記載します。

(a) 別表四の記載

	区　　　分	総　　額	留　　保
	当 期 利 益	×××	×××
減算	欠損金の繰戻還付金額	1,381,543円	1,381,543円

(b)　別表五（一）の記載

区　分	期 首 現 在 利益積立金額	当 期 の 増 減		差引翌期首現在 利 益 積 立 金 額
		減	増	
欠 損 金 の 繰戻還付金額			△1,381,543円	△1,381,543円

別表八（一）　受取配当等の益金不算入に関する明細書

I　制度の概要

　法人が他の内国法人から受ける利益剰余金を原資とする剰余金の配当等は，支払法人における課税済利益の分配であることから，受取法人側でその剰余金の配当等に課税してしまうと，同一所得に対し法人税を二度課税してしまうこととなります。そこで，法人が他の内国法人から受ける利益剰余金を原資とする剰余金の配当等については，法人税の二重課税を排除する趣旨から益金の額に算入しない措置が講じられています。

II　本制度と会計処理との関係

　法人が受ける利益剰余金を原資とする剰余金の配当等の額は損益計算書上収益に計上されますが，法人税法上は二重課税排除の趣旨から，申告調整により課税所得の計算から除外することとしています。そこで，法人が受ける剰余金の配当等の額のうち本制度により計算された金額を別表四において益金不算入の減算調整を加えることにより課税所得から除外します。なお，当該剰余金の配当等はその支払の際に所得税が源泉徴収されますが，本制度は源泉徴収税額控除前の剰余金の配当等の額の総額を基に益金不算入額の計算を行います。

例		会　社　経　理				本制度の対象額
配当金の総額	1,000	（現 預 金）	796	（受取配当金）	1,000	
源泉所得税	204	（法 人 税 等）	204			1,000（源泉税控除前）
差引手取額	796	（現 預 金）	796	（受取配当金）	796	

III　配当等の範囲

1　益金不算入の対象になるもの（法法23①，措法67の6，法規8の4）

　受取配当等の益金不算入の対象となる配当等は，課税済利益の分配としての性格を有するものであり，次のものが対象となります。

 ① 剰余金の配当（株式等に係るものに限るものとし，資本剰余金の額の減少に伴うもの並びに分割型分割によるもの及び株式分配を除きます。）の額

 ② 利益の配当（分割型分割によるもの及び株式分配を除きます。）の額

 ③ 剰余金の分配（出資に係るものに限ります。）の額

 ④ 金銭の分配（出資総額等の減少に伴う金銭の分配として配当等の額とみなす金額（以下「出資等減少分配」といいます。）を除きます。）の額

⑤　資産の流動化に関する法律第115条第１項（中間配当）に規定する金銭の分配の額

⑥　特定株式投資信託（外国株価指数連動型特定株式投資信託を除きます。）の収益の分配の額

（注１）上記①～③の金額にあっては，外国法人若しくは公益法人等又は人格のない社団等から受けるもの及び適格現物分配に係るものは除きます。

（注２）上記④の金銭の分配の額とは投資信託及び投資法人に関する法律第137条の金銭の分配をいいます。

（注３）上記⑥の特定株式投資信託とは，信託財産を株式のみに対する投資として運用することを目的とする証券投資信託のうち一定のものをいいます（措法３の２，措令２）。

（注４）公社債投資信託以外の証券投資信託の収益の分配の額は益金不算入額の計算対象とはなりません。

2　みなし配当（法法24）

①　概　要

　一定の事由により法人が行う株主への払戻しのうち，その払戻原資にその他資本剰余金が含まれている場合には，その払戻しをした金銭等を法人の留保利益からの払戻し部分（利益積立金相当額）と株主の払込資本からの払戻し部分（資本金等の額相当額）に区分計算を行います。このうち留保利益からの払戻し部分については課税済利益の分配であると考えられるため，二重課税排除の趣旨から受取法人側で上記1の配当等の額とみなし，受取配当等の益金不算入の計算対象に含めることとしています。

【法人税における配当課税の考え方】（財務省資料より）

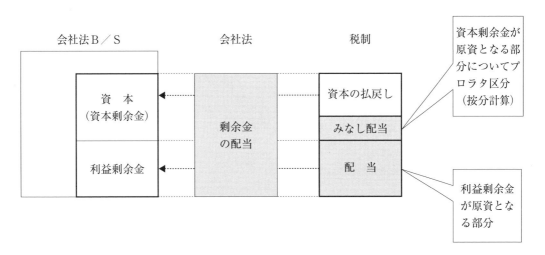

②　みなし配当金額（法法24①）

　具体的には，法人の株主等である内国法人が当該法人の次に掲げる事由により金銭その他の資産の交付を受けた場合において，その金銭の額及び金銭以外の資産の価額の合計額が当該法人の資本金等の額のうち，その交付の基因となった当該法人の株式又は出資に対応する部分の金額を超えるときは，その超える部分の金額は受取配当等の益金不算入の対象となる配当等の額とみなします。

(a)　合併（適格合併を除きます。）

(b)　分割型分割（適格分割型分割を除きます。）

(c)　株式分配（適格株式分配を除きます。）

(d) 資本の払戻し（剰余金の配当（資本剰余金の額の減少に伴うものに限ります。）のうち分割型分割によるもの及び株式分配以外のもの並びに出資等減少分配をいいます。）又は解散による残余財産の分配

(e) 自己の株式又は出資の取得（金融商品取引所の開設する市場における購入による取得その他一定の取得を除きます。）

(f) 出資の消却（取得した出資について行うものを除きます。），出資の払戻し，社員その他法人の出資者の退社又は脱退による持分の払戻しその他株式又は出資をその発行した法人が取得することなく消滅させること

(g) 組織変更（当該組織変更に際して当該組織変更をした法人の株式又は出資以外の資産を交付したものに限ります。）

《参考》資本の払戻しの場合（法令23①四）

　資本の払戻しの場合におけるみなし配当の額の計算の基礎となる払戻等対応資本金額等の計算方法についての令和3年3月11日最高裁判決（いわゆる混合配当事件）を受けて，令和4年度税制改正において，資本の払戻しの直前の払戻等対応資本金額等の計算方法が整備され，減少資本剰余金額が限度とされました（法令23①四イ）。

　また，種類株式を発行する法人が資本の払戻しを行った場合におけるみなし配当の額の計算の基礎となる払戻等対応資本金額等及び資本金額等の額の計算の基礎となる減資資本金額は，その資本の払戻しに係る各種類資本金額を基礎として計算することとされました（法令23①四ロ）。

　なお，出資等減少分配に係るみなし配当の額の計算及び資本金等の額から減算する金額についても，同様とされました（法令8①十八）。

　これらの計算方法の見直しは，令和4年4月1日以後に行われる払戻し等について適用されます（令和4年改正法令附則1，2，3，11，12）。

$$\boxed{\begin{array}{c}\text{剰余金の配当（その他資本}\\\text{剰余金の減少を伴うもの）}\end{array}} - \boxed{\begin{array}{c}\text{対応する資本金額}\\\text{等（注）}\end{array}} = \boxed{\text{みなし配当金額}}$$

（注）対応する資本金額等

$$\boxed{\underbrace{\text{払戻し直前の資本金等の額×払戻割合※}}_{\text{減少した資本剰余金の額が限度}} \times \begin{array}{c}\text{払戻し直前に有していた払戻}\\\text{法人の払戻しに係る株式の数}\\\hline\text{払戻法人の当該払戻しに係る}\\\text{株式の総数}\end{array}}$$

※払戻割合

$$= \frac{\text{資本の払戻しにより減少した資本剰余金の額}}{\begin{array}{c}\text{払戻法人の前期末時の資産の簿価から負債の}\\\text{簿価を控除した金額（前期末簿価純資産額）}\end{array}} \quad \text{（小数点以下3位未満切上げ）}$$

　払戻し直前の資本金額等が零以下である場合には零とし，当該資本金額等が零を超え，かつ，前期末簿価純資産額が零以下である場合には1とします。

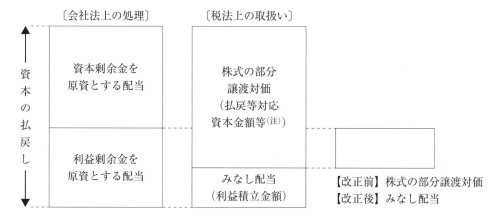

（注）　払戻等対応資本金額等＝直前の資本金等の額 × $\dfrac{減少した資本剰余金の額}{簿価純資産価額}$

　　　　【改正後】減少した資本剰余金の額が限度

3　短期所有株式に係る適用除外（法法23②，法令20）

　配当等の額の元本である株式等をその配当等の支払いに係る基準日等 (注1) 以前１月以内に取得し，かつ，その株式等又はその株式等と銘柄を同じくする株式等を当該基準日等後２月以内に譲渡した場合における，その譲渡した株式等（短期所有株式）に係る配当等については益金不算入の適用がありません。具体的には以下の算式により算出された株式が短期所有株式となります。同一銘柄の株式の取得・譲渡が複数回ある場合には注意して下さい。

（注1）　基準日等とは，次に掲げる配当等の額の区分に応じ定める日をいいます（法法23②）。

区　　　分	基準日等
株式会社がする法人税法第23条第１項第１号に規定する剰余金の配当でその剰余金の配当を受ける者を定めるための会社法第124条第１項（基準日）に規定する基準日（以下法人税法第23条第２項とこの表において「基準日」といいます。）の定めがあるものの額	その基準日
株式会社以外の法人がする法人税法第23条第１項第１号に規定する剰余金の配当若しくは利益の配当若しくは剰余金の分配，同項第２号に規定する金銭の分配又は同項第３号に規定する金銭の分配（以下この表において「配当等」といいます。）で，その配当等を受ける者を定めるための基準日に準ずる日の定めがあるものの額	同日
配当等でその配当等を受ける者を定めるための基準日又は基準日に準ずる日の定めがないものの額	その配当等がその効力を生ずる日（その効力を生ずる日の定めがない場合には，その配当等がされる日）

〔算式〕

　短期所有株式に係る適用除外額　＝　１株当たりの配当金額 × 短期所有株式数 (注2)

（注2）　短期所有株式数 ＝ E × $\dfrac{C \times \dfrac{B}{A+B}}{C+D}$

A …配当等の額の支払に係る基準日等から起算して1月前の日に所有していた株式数

B …配当等の額の支払に係る基準日等以前1月以内に取得した株式数

C …配当等の額の支払に係る基準日等において所有する株式数

D …配当等の額の支払に係る基準日等後2月以内に取得した株式数

E …配当等の額の支払に係る基準日等後2月以内に譲渡した株式数

Ⅳ　益金不算入額

受取配当等の益金不算入額は次の①～④の合計額になります。

> ①　完全子法人株式等に係る配当等の額
>
> ②　関連法人株式等に係る配当等の額－関連法人株式等に係る負債利子の額
>
> ③　その他の株式等に係る配当等の額×50%
>
> ④　非支配目的株式等に係る配当等の額×20%

1　元本の区分

受取配当等の益金不算入額の計算を行う際には，配当等の元本を区分する必要があります。

1　完全子法人株式等（法法23⑤，法令22の2）

配当等の額の計算期間の初日からその計算期間の末日まで継続して内国法人とその支払を受ける配当等の額を支払う他の内国法人（公益法人及び人格のない社団等を除きます。）との間に完全支配関係がある場合（みなし配当に該当する場合は，その金額の支払に効力発生日の前日において完全支配関係がある場合）のその他の内国法人の株式等をいいます。

> 株式等保有割合　100%

2　関連法人株式等（法法23④，法令22）

内国法人（その内国法人との間に完全支配関係がある他の法人を含みます。）が他の内国法人（公益法人等及び人格のない社団等を除きます。）の発行済株式又は出資（その他の内国法人が有する自己株式等を除きます。）の総数又は総額の3分の1を超える数又は金額の株式等を有する場合として次の要件を満たす場合におけるその他の内国法人の株式等（完全子法人株式等を除きます。）をいいます。

(a)　内国法人が，他の内国法人の発行済株式等の総数又は総額の3分の1を超える数又は金額の株式等を有すること。

(b)　(a)の状態が，その内国法人がその他の内国法人から受ける配当等の額に係る配当等の前に最後にその他の内国法人によりされた配当等の基準日等^(注)（みなし配当（分割型分割，株式分配，資本の払戻しを除きます。）に該当する場合には，その効力発生日の前日）の翌日からその受ける配当等の額に係る基準日等まで継続していること。

（注）　基準日等とは，次に掲げる区分に応じ定める日をいいます（法令22②二）。

区　分	基準日等
イ　株式会社がする剰余金の配当でその剰余金の配当を受ける者を定めるための会社法第124条第1項（基準日）に規定する基準日（以下表において「基準日」といいます。）の定めがあるもの	その基準日
ロ　株式会社以外の法人がする剰余金の配当等でその剰余金の配当等を受ける者を定めるための基準日に準ずる日の定めがあるもの	同日
ハ　剰余金の配当等でその剰余金の配当等を受ける者を定めるための基準日又は基準日に準ずる日の定めがないもの	その剰余金の配当等がその効力を生ずる日（その効力を生ずる日の定めがない場合には，その剰余金の配当等がされる日）
ニ　法人税法施行令第22条第2項第1号ロに掲げるもの	法人税法第24条第1項各号に掲げる事由が生じた日

株式等保有割合　1／3超

③　その他の株式等（法法23①）

完全子法人株式等，関連法人株式等及び非支配目的株式等のいずれにも該当しない株式等をいいます。

株式等保有割合　5％超　1／3以下

④　非支配目的株式等（法法23⑥，措法67の6，法令22の3）

内国法人（その内国法人との間に完全支配関係がある他の法人を含みます。）が他の内国法人（公益法人等及び人格のない社団等を除きます。）の発行済株式又は出資（その他の内国法人が有する自己の株式等を除きます。）の総数又は総額の5％以下に相当する数又は金額の株式等を基準日等（みなし配当（分割型分割，株式分配，資本の払戻しを除きます。）に該当する場合には，その効力発生日の前日）において有する場合のその他の内国法人の株式等（完全子法人株式等を除きます。）及び特定株式投資信託の受益権をいいます。

株式等保有割合　5％以下　＋　特定株式投資信託

《設例1》完全子法人株式等に係る配当等の額を受けた場合

次の資料に基づき，内国法人M社が内国法人M1社及び内国法人M2社から支払を受けた配当等の額の益金不算入額はいくらになりますか。

(1)　支払を受けた配当等の額（いずれも完全子法人株式等に係る受取配当等の全額益金不算入の適用対象となります。）は，次のとおりとなります。

①　内国法人M1社分　1,000,000円

②　内国法人M2社分　800,000円

(2)　内国法人M社，M1社及びM2社における株式の保有割合は，次に記載したとおりとなります。なお，各社の株式の保有割合は，数年来異動はありません。いずれにおいても受取配当等の額の計算期間は令和4年6月1日から令和5年5月31日です。

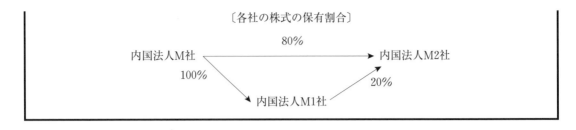

〔各社の株式の保有割合〕

内国法人M社 ──80%──→ 内国法人M2社

100% ＼　　↗ 20%

内国法人M1社

〈解　　説〉

1　完全子法人株式等に係る受取配当等の額

1,000,000円＋800,000円＝1,800,000円

2　益金不算入額

1,800,000円

2　負債利子の控除（法法23①，法令19①②）

　関連法人株式等に係る配当等の額については，その配当等の額に係る利子の額を控除することとされています。控除される利子の額は，関連法人株式等に係る配当等の額の4％相当額とし，その事業年度の支払利子総額の10％相当額を上限とされます。

1　控除する負債利子の額

(a)　原則

関連法人株式等に係る配当等の額	×	4 ％

(b)　特例

支払利子等の額の合計額	×	10%

(c)　控除する負債利子の額

　(a)と(b)のいずれか小さい金額

2　関連法人株式等が複数（A社とB社）ある場合の控除する負債利子の額

(a)　原則

各関連法人株式等に係る配当等の額の合計額	×	4 ％

(b)　特例

支払利子等の額の合計額	×	10%

(c)　判定

　(a)＜(b)の場合　→　原則

　(a)≧(b)の場合　→　特例

(d)　控除する負債利子の額（原則の場合）

　A社の配当等の額×4％＋B社の配当等の額×4％

(e)　控除する負債利子の額（特例の場合）

　ⓐ　A社分

　　（支払利子等の額の合計額×10％）×A社の配当等の額／（A社の配当等の額＋B社の配当等の額）

ⓑ　B社分

（支払利子等の額の合計額×10％）×B社の配当等の額／（A社の配当等の額＋B社の配当等の額）

ⓒ　控除する負債利子の額

ⓐ＋ⓑ

③　**支払利子等の額**（法令19②③，法基通3－1－3 ～ 3－1－3の7）

支払利子等の額は，法人が支払う負債の利子又は手形の割引料など，次に掲げる区分のとおりとなります。

支払利子等の額に含まれるもの	支払利子等の額に含まれないもの
・借入金の利子 ・社債利子 ・手形売却損（手形割引料） ・社債等償還差損の損金算入額 ・生命保険契約等による一定のもの ・受取手形の手形金額と当該受取手形の割引による受領金額との差額を手形売却損として処理している場合の当該差額（手形に含まれる金利相当額を会計上別処理する方式を採用している場合には，手形売却損として帳簿上計上していない部分の金額を含みます。） ・買掛金を手形によって支払った場合において，相手方に対して当該手形の割引料を負担したときにおけるその負担した割引料相当額 ・従業員預り金，営業保証金，敷金その他これらに準ずる預り金の利子の額 ・金融機関の預金利息の額及び給付補塡備金繰入額（給付補塡備金繰入額に準ずる繰入額を含みます。） ・相互会社の支払う基金利息の額 ・相互掛金契約により給付を受けた金額が掛け込むべき金額の合計額に満たない場合のその差額に相当する金額 ・信用事業を営む協同組合等が支出する事業分量配当のうちその協同組合等が受け入れる預貯金（定期積金を含みます。）の額に応じて分配するものの額 ・割賦購入資産等の取得価額に算入しない利息相当額 ・輸入決済手形借入金利息の額 ・原価に算入した負債の利子の額	・利子税の額又は地方税の延滞金の額（法人がこれらの金額を支払利子等の額に含めないで計算した場合には，これが認められます。） ・売上割引料の額

V　別表八（一）の記入上の留意点

令和2年度税制改正における「連結納税制度の見直しに伴うグループ法人税制等の見直し」により，関連法人株式の負債利子控除の計算方法が見直され，令和4年4月1日以後開始事業年度から，別表八（一）の「負債利子等の額の計算」及び「基準年度実績により負債利子等の計算の額を計算する場合」の各欄は，記載を要しなくなりました。それにより，旧別表八（一）付表一「支払利子等の額及び受取配当等の額に関する明細書」は，別表八（一）の1枚に統合されています。

Ⅵ 設例による個別検討

《設例2》受取配当等の益金不算入額の計算

　次の場合において，株式会社M社の当期（令和5年4月1日から令和6年3月31日）における別表八（一）「受取配当等の益金不算入に関する明細書」の記載はどのようになりますか。

(1) 当期において収益に計上した配当等の額（源泉徴収税額控除前）は以下のとおりです。

銘柄	区分（持株割合）	配当等の基準日等	配当等の効力発生日	配当等の額	本店所在地
A株式	剰余金の配当（40％）	令5.5.31	令5.9.1	1,000,000円	東京都港区
B株式	剰余金の配当（6％）	令5.12.31	令6.3.15	500,000円	東京都新宿区
C株式	利益配当（4％）	令5.8.31	令6.2.28	750,000円	○×合衆国
D証券投資信託	収益分配金（0.1％）	令5.9.30	令5.9.30	150,000円	東京都中央区

(注1) A株式及びB株式に係る剰余金の配当は，いずれも利益剰余金を原資とするものです。また，C株式の発行法人は外国法人です。

(注2) D証券投資信託は外国株価指数連動型特定株式投資信託以外の特定株式投資信託です。なお，D証券投資信託の収益分配金の計算期間は，毎年10月1日から翌年9月30日までとなっています。

(注3) AからDの銘柄は数年前から取得し当期末まで引き続き保有しています。

(2) 当期中の費用に計上されている負債利子の額は8,000,000円であり，このなかには受取手形の割引料が500,000円が含まれています。

〈解　説〉

1　受取配当等の金額の把握

　① A株式　1,000,000円

　　A株式は，持株割合が3分の1超で，受ける配当等の額の前の基準日等から今回の基準日等まで引き続き有していることから関連法人株式等に該当します。

　② B株式　500,000円

　　B株式は，完全子法人株式等，関連法人株式等及び非支配目的株式等のいずれにも該当しない株式等であることからその他の株式等に該当します。

　③ C株式　0円

　　C株式は，外国法人の株式等であることから益金不算入額の計算の対象外となります。

　④ D証券投資信託　150,000円

　　D証券投資信託は，外国株価指数連動型特定株式投資信託以外の特定株式投資信託の受益権であることから非支配目的株式等に該当します。

2　控除する負債利子の計算

[1]　原則

（関連法人株式等Ａ株式の配当等の額）1,000,000円×４％＝40,000円

[2]　特例

（当期に支払う利子等の額）8,000,000円×10％＝800,000円

（注）　手形の割引料は，支払う負債利子の金額に含まれますので注意してください。

[3]　控除する負債利子の額

[1]　＜　[2]　∴　特例の適用なし（不適用）(34)欄の「不適用」を○で囲みます。

いずれか少ない額　40,000円

3　益金不算入額

[1]　関連法人株式等（Ａ株式）

(a)　受取配当等の額

1,000,000円

(b)　控除する負債利子の額

40,000円

(c)　支払利息等控除後の受取配当等の額

(a)－(c)＝960,000円

(d)　受取配当等の益金不算入額

960,000円

[2]　その他株式等（Ｂ株式）

(a)　受取配当等の額

500,000円

(b)　受取配当等の益金不算入額

500,000円×50％＝250,000円

[3]　非支配目的株式等（Ｄ証券投資信託）

(a)　受取配当等の額

150,000円

(b)　受取配当等の益金不算入額

150,000円×20％＝30,000円

[4]　受取配当等の益金不算入額

[1]＋[2]＋[3]＝1,240,000円（別表四(14)　減算・社外流出　※印）

受取配当等の益金不算入に関する明細書

					別表八(一)
事業年度	5・4・1 6・3・31	法人名	株式会社M社		

完全子法人株式等に係る受取配当等の額 (9の計)	1	円	非支配目的株式等に係る受取配当等の額 (33の計)	4	円 150,000
関連法人株式等に係る受取配当等の額 (16の計)	2	1,000,000	受取配当等の益金不算入額 (1) + ((2) − (20の計)) + (3) × 50% + (4) × (20% ~~又は40%~~)	5	**1,240,000**
その他株式等に係る受取配当等の額 (26の計)	3	500,000			

別表四(14)(減算・社外流出※)へ

	受 取 配 当 等 の 額 の 明 細						
完全子法人株式等	法 人 名	6					計
	本 店 の 所 在 地	7					
	受取配当等の額の計算期間	8	・ ・	・ ・	・ ・	・ ・	
	受 取 配 当 等 の 額	9	円	円	円	円	
関連法人株式等	法 人 名	10	A社				計
	本 店 の 所 在 地	11	東京都港区				
	受取配当等の額の計算期間	12	4・6・1 5・5・31	・ ・	・ ・	・ ・	
	保 有 割 合	13	40%				
	受 取 配 当 等 の 額	14	1,000,000 円	円	円	円	1,000,000 円
	同上のうち益金の額に算入される金額	15					
	益金不算入の対象となる金額 (14) − (15)	16	1,000,000				1,000,000
	(34)が「不適用」の場合又は別表八(一)付表「13」が「非該当」の場合 (16) × 0.04	17	40,000				40,000
	同上以外の場合	(16) (16の計)	18					
		支払利子等の10%相当額 (((38)×0.1)又は(別表八(一)付表「14」))×(18)	19	円	円	円	円	円
	受取配当等の額から控除する支払利子等の額 (17)又は(19)	20	40,000				40,000
その他株式等	法 人 名	21	B社				計
	本 店 の 所 在 地	22	東京都新宿区				
	保 有 割 合	23	6 %				
	受 取 配 当 等 の 額	24	500,000 円	円	円	円	500,000 円
	同上のうち益金の額に算入される金額	25					
	益金不算入の対象となる金額 (24) − (25)	26	500,000				500,000
非支配目的株式等	法人名又は銘柄	27	D投資信託				計
	本 店 の 所 在 地	28	東京都中央区				
	基 準 日 等	29	5・9・30	・ ・	・ ・	・ ・	
	保 有 割 合	30	0.1%				
	受 取 配 当 等 の 額	31	150,000	円	円	円	150,000 円
	同上のうち益金の額に算入される金額	32					
	益金不算入の対象となる金額 (31) − (32)	33	150,000				150,000

	支 払 利 子 等 の 額 の 明 細					
令第19条第2項の規定による支払利子控除額の計算	34	適用・⦅不適用⦆			
当期に支払う利子等の額	35	8,000,000 円	超過利子額の損金算入額 (別表十七(二の三)「10」)	37	円
国外支配株主等に係る負債の利子等の損金不算入額、対象純支払利子等の損金不算入額又は恒久的施設に帰せられるべき資本に対応する負債の利子の損金不算入額 (別表十七(一)「35」と別表十七(二の二)「29」のうち多い金額)又は(別表十七(二の二)「34」と別表十七の二(二)「17」のうち多い金額)	36		支払利子等の額の合計額 (35) − (36) + (37)	38	8,000,000

《設例3》受取配当等の益金不算入額の計算（短期所有株式がある場合）

　上記《設例2》の場合において，Ｂ株式の当期中の異動状況が以下のとおりである場合の別表八（一）「受取配当等の益金不算入に関する明細書」の記載はどのようになりますか。

－当期におけるＢ株式の異動状況－

(1)　前期末所有株式数　300株

(2)　令和5年12月2日　200株　追加取得

(3)　令和6年1月20日　150株　譲渡

(4)　令和6年2月10日　100株　追加取得

〈解　説〉

　《設例3》におけるＢ株式の異動状況を上記Ⅲ3の算式にあてはめると次のようになります。

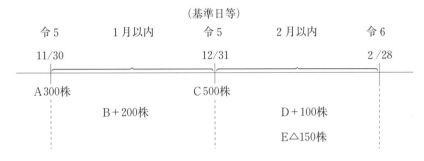

① 　1株当たりの配当金額

$$\frac{500,000円}{500株（C）}=1,000円 （1株当たりの配当金額）$$

② 　短期所有株式数

$$150株\times\frac{500株\times\dfrac{200株}{300株+200株}}{500株+100株}=50株 （短期所有株式数）$$

③ 　短期所有株式に係る適用除外

　1,000円×50株＝50,000円（適用除外額）　別表八（一）㉕に転記します。

《設例3》による記入例

受取配当等の益金不算入に関する明細書

事業年度	5 · 4 · 1 6 · 3 · 31	法人名	株式会社M社	別表八(一)

完全子法人株式等に係る受取配当等の額 (9の計)	1	円	非支配目的株式等に係る受取配当等の額 (33の計)	4	円 150,000
関連法人株式等に係る受取配当等の額 (16の計)	2	1,000,000	受取配当等の益金不算入額 (1)＋((2)－(20の計))＋(3)×50％＋(4)×(20％ 又は40％)	5	1,215,000
その他株式等に係る受取配当等の額 (26の計)	3	450,000			

別表四(14)(減算・社外流出※)へ →

受取配当等の額の明細

完全子法人株式等	法　　人　　名	6						計
	本　店　の　所　在　地	7						
	受取配当等の額の計算期間	8	· ·	· ·	· ·	· ·		
	受　取　配　当　等　の　額	9	円	円	円	円		
関連法人株式等	法　　人　　名	10	A社					計
	本　店　の　所　在　地	11	東京都港区					
	受取配当等の額の計算期間	12	4 · 6 · 1 5 · 5 · 31	· ·	· ·	· ·		
	保　　有　　割　　合	13	40％					
	受　取　配　当　等　の　額	14	1,000,000 円	円	円	円	1,000,000 円
	同上のうち益金の額に算入される金額	15						
	益金不算入の対象となる金額 (14)－(15)	16	1,000,000				1,000,000
	(34)が「不適用」の場合又は別表八(一)付表「13」が「非該当」の場合 (16)×0.04	17	40,000				40,000
	同上以外の場合	(16)／(16の計)	18					
		支払利子等の10％相当額 (((38)×0.1)又は(別表八(一)付表「14」))×(18)	19	円	円	円	円	円
	受取配当等の額から控除する支払利子等の額 (17)又は(19)	20	40,000				40,000
その他株式等	法　　人　　名	21	B社					計
	本　店　の　所　在　地	22	東京都新宿区				
	保　　有　　割　　合	23	6％				
	受　取　配　当　等　の　額	24	500,000 円	円	円	円	500,000 円
	同上のうち益金の額に算入される金額	25	50,000				50,000
	益金不算入の対象となる金額 (24)－(25)	26	450,000				450,000
非支配目的株式等	法人名又は銘柄	27	D投資信託					計
	本　店　の　所　在　地	28	東京都中央区				
	基　　準　　日　　等	29	5 · 9 · 30	· ·	· ·		
	保　　有　　割　　合	30	0.1％				
	受　取　配　当　等　の　額	31	150,000 円	円	円		150,000 円
	同上のうち益金の額に算入される金額	32					
	益金不算入の対象となる金額 (31)－(32)	33	150,000				150,000

支払利子等の額の明細

令第19条第2項の規定による支払利子控除額の計算	34	適用 ·（不適用）			
当期に支払う利子等の額	35	8,000,000 円	超過利子額の損金算入額 (別表十七(二の三)「10」)	37	円
国外支配株主等に係る負債の利子等の損金不算入額、対象純支払利子等の損金不算入額又は恒久的施設に帰せられるべき資本に対応する負債の利子の損金不算入額 (別表十七(一)「35」と別表十七(二の二)「29」のうち多い金額)又は(別表十七(二の二)「34」と別表十七の二(二)「17」のうち多い金額)	36		支払利子等の額の合計額 (35)－(36)＋(37)	38	8,000,000

別表十一（一）　個別評価金銭債権に係る貸倒引当金の損金算入に関する明細書

Ⅰ　制度の概要

1　制度の概要（法法52①）

　中小法人等の有する金銭債権（債券に表示されるべきものを除きます。）のうち，再生計画認可の決定に基づいて弁済を猶予されること等の事由が生じていることにより，将来その一部につき貸倒れによる損失が見込まれるもの（個別評価金銭債権）については，損金経理を要件として一定の金額（繰入限度額）に達するまでの金額を貸倒引当金繰入額として損金の額に算入することができます。

　なお，貸倒引当金の繰入れは債務確定基準の特例と位置づけられることから，繰入事由が限定される等の制約があります。

2　適用対象法人

1　**中小法人等**（法法52①一，66⑤二・三，4の3，法令14の6⑥，139の6）

(a)　普通法人（投資法人及び特定目的会社を除く。）のうち，資本金の額若しくは出資金の額が1億円以下であるもの(注)又は資本若しくは出資を有しないもの

　(注)　次の法人を除きます。

　　ⓐ　大法人（資本金の額又は出資金の額が5億円以上である法人，相互会社及び外国相互会社，法人課税信託に係る受託法人）との間にその大法人による完全支配関係がある普通法人

　　ⓑ　普通法人との間に完全支配関係がある全ての大法人が有する株式及び出資の全部をその全ての大法人のいずれか一の法人が有するものとみなした場合においてそのいずれか一の法人とその普通法人との間にそのいずれか一の法人による完全支配関係があることとなるときのその普通法人（ⓐに掲げる法人を除きます。）

(b)　公益法人等又は協同組合等

(c)　人格のない社団等

2　**銀行，保険会社その他これらに準ずる法人**（法法52①二）

3　**売買があったものとされるリース資産の対価の額に係る金銭債権を有する内国法人等**（法法52①三）（以下「金融に関する取引に係る金銭債権を有する内国法人」といいます。）（上記1又は2に該当する法人を除きます。）

3　対象となる金銭債権（法法52⑨）

法人の区分	対象となる債権
中小法人等	金銭債権
銀行，保険会社その他これらに準ずる法人	
金融に関する取引に係る金銭債権を有する内国法人	内国法人の区分に応じ，次表に掲げる一定の金銭債権

適用法人（法令96⑤）		対象となる金銭債権（法令96⑨）
①	法法第64条の2第1項（リース取引に係る所得の金額の計算）の規定により同項に規定するリース資産の売買があったものとされる場合の当該リース資産の対価の額に係る金銭債権を有する内国法人	左記の金銭債権
②	金融商品取引法第2条第9項に規定する金融商品取引業者（同法第28条第1項（通則）に規定する第1種金融商品取引業を行うものに限ります。）に該当する内国法人	左記の内国法人が行う金融商品取引法第35条第1項第2号（第1種金融商品取引業又は投資運用業を行う者の業務の範囲）に掲げる行為に係る金銭債権
③	質屋営業法（昭和25年法律第158号）第1条第2項（定義）に規定する質屋である内国法人	質屋営業法第13条（帳簿）の帳簿に記載された質契約に係る金銭債権
④	割賦販売法（昭和36年法律第159号）第31条（包括信用購入あっせん業者の登録）に規定する登録包括信用購入あっせん業者又は同法第35条の2の3第1項（登録）に規定する登録少額包括信用購入あっせん業者に該当する内国法人	割賦販売法第35条の3の56（基礎特定信用情報の提供）の規定により同法第35条の3の43第1項第6号（業務規程の認可）に規定する基礎特定信用情報として同法第30条の2第3項（包括支払可能見込額の調査）に規定する指定信用情報機関に提供された同法第35条の3の56第1項第3号に規定する債務に係る金銭債権
⑤	割賦販売法第35条の3の23（個別信用購入あっせん業者の登録）に規定する登録個別信用購入あっせん業者に該当する内国法人	
⑥	次に掲げる内国法人 イ　銀行法第2条第1項に規定する銀行の同条第8項に規定する子会社である同法第16条の2第1項第11号（銀行の子会社の範囲等）に掲げる会社のうち同法第10条第2項第5号（業務の範囲）に掲げる業務を営む内国法人 ロ　保険業法第2条第2項に規定する保険会社の同条第12項に規定する子会社である同法第106条第1項第12号（保険会社の子会社の範囲等）に掲げる会社のうち同法第98条第1項第4号（業務の範囲等）に掲げる業務を営む内国法人 ハ　イ又はロに規定する会社に準ずるものとして財務省令で定める会社のうちイ又はロに規定する業務に準ずる業務として財務省令で定める業務を営む内国法人	商業，工業，サービス業その他の事業を行う者から買い取った金銭債権（下記⑦ロにおいて「買取債権」といいます。）で当該内国法人の左記イからハまでに掲げる区分に応じそれぞれイからハまでに規定する業務として買い取ったもの
⑦	貸金業法（昭和58年法律第32号）第2条第2項（定義）に規定する貸金業者に該当する内国法人	次に掲げる金銭債権 イ　貸金業法第19条（帳簿の備付け）（同法第24条第2項（債権譲渡等の規制）において準用する場合を含みます。）の帳簿に記載された同法第2条第3項に規定する貸付けの契約に係る金銭債権 ロ　買取債権
⑧	信用保証業を行う内国法人	左記の内国法人の行う信用保証業に係る保証債務を履行したことにより取得した金銭債権

4　適用対象外

上記2①～③以外の法人については貸倒引当金の繰入れができません。

5　一括評価金銭債権と個別評価金銭債権の関係

金銭債権		区　　分		計算方式	
売掛金，貸付金その他これらに準ずる金銭債権	売掛債権等（注1）	売掛債権等のうち個別評価金銭債権を除いた部分の金銭債権	一括評価金銭債権	一括して貸倒引当金の繰入限度額を計算します。	一括評価金銭債権と個別評価金銭債権はそれぞれ別に貸倒引当金の繰入限度額を計算します（法基通11－2－1の2）。
		会社更生法の規定による更生手続開始の申立て等により，貸倒れ等による損失が見込まれる金銭債権	個別評価金銭債権	個々の債務者ごとに貸倒引当金の繰入限度額を計算します。	
売掛債権等以外（注1）		上記以外（注2）	上記以外の金銭債権（注2）	貸倒引当金の設定対象外	

（注1）売掛債権等の範囲

売掛債権等（法法52, 法令130, 法基通11－2－16・11－2－17）	売掛債権等以外　（法基通11－2－18）
① 売掛金・受取手形 ② 裏書手形・割引手形（※） ③ 貸付金 ④ 未収の譲渡代金，未収の役務提供対価，貸付金の未収利子，未収の損害賠償金等で益金の額に算入されたもの ⑤ 他人のための立替払いをした場合の立替金 ⑥ 保証債務を履行した場合の求償権 ⑦ 工事進行基準による未収入金	① 預貯金及びその未収利子, 公社債の未収利子, 未収配当等の債権 ② 保証金, 敷金, 預け金等の債権 ③ 手付金, 前渡金 ④ 前払給料, 概算払旅費として一時的に仮払金, 立替金等として経理されている金額 ⑤ 仕入割戻しの未収金　等

（※）　この取扱いは，その裏書譲渡又は割引された受取手形の金額が財務諸表の注記等において確認できる場合に適用します。また，売掛債権等について取得した受取手形につき裏書・割引をしたものに限ります。したがって，裏書きにより取得した受取手形（取立委任裏書・質入裏書により取得したものを除きます。）で，その取得の原因が売掛金・貸付金等の既存債権と関係のないものについて更に裏書譲渡をしたものは含まれません。

（注2）　売掛債権等以外の金銭債権のうち，貸倒れの損失が見込まれるものが個別評価金銭債権に該当し，貸倒れによる損失が見込まれないものが「上記以外」及び「上記以外の金銭債権」に該当します。

6　金銭債権計上差額

「収益認識に関する会計基準（企業会計基準第29号）」及び「収益認識に関する会計基準の適用指針（企業会計基準適用指針第30号）」では，資産の販売等の対価として受け取る金額のうち，貸倒れ・返品が生ずる可能性があることにより売掛金等の金銭債権の勘定としていない金額（以下「金銭債権計上差額」といいます。）がある場合は，法人税法上の金銭債権の帳簿価額は，その金銭債権計上差額を加算した金額とされています。

また，当該金銭債権計上差額は，その金額を損金経理により貸倒引当金勘定に繰り入れた金額又はその設けた期中個別貸倒引当金勘定若しくは期中一括貸倒引当金勘定の金額とみなして貸倒引当金制度を適用するとされています（法法22の2⑤，法令18の2④，99）。

Ⅱ　本制度と会計処理との関係

　貸倒れによる損失の見込額を損金の額に算入するためには，確定した決算においてその見込額を貸倒引当金として損金経理する必要があります（法法52①）。その金額のうち，税法上で認められる金額（限度額）を別表十一（一）上で計算し，その限度額を超える金額（貸倒引当金繰入超過額）の調整を別表四及び別表五（一）で行います。

Ⅲ　個別評価金銭債権に係る貸倒引当金の繰入超過額の計算

1　貸倒引当金の繰入超過額の計算

> 損金経理した貸倒引当金勘定の金額 － 貸倒引当金の繰入限度額
> 　　　　　　　　＝（別表四及び別表五（一））貸倒引当金繰入超過額（加算・留保）（注）

　（注）計算結果が0円以下になった場合には，損金経理した金額全額が損金に算入され限度超過額がないため，別表四及び別表五（一）での調整の必要はありません。

2　貸倒引当金の繰入限度額の計算

　法人税法上，個別評価金銭債権として貸倒引当金の設定が認められるのは，次の①〜④の場合に限られます。それぞれの要件及び限度額の計算方法は次のとおりとなります。

①　弁済猶予又は賦払弁済があった場合（法令96①一，法規25の2）

(a)　要件

　その事業年度終了の時において有する金銭債権に係る債務者につき，次の表に掲げる事由が生じたことにより，その金銭債権の弁済を猶予され又は賦払により弁済されること及びその事由が生じた事業年度終了の日の翌日から5年以内に弁済されない金額があること。

	事　由
ⓐ	更生計画認可の決定
ⓑ	再生計画認可の決定
ⓒ	特別清算に係る協定の認可の決定
ⓓ	法人税法施行令第24条の2第1項（再生計画認可の決定に準ずる事実等）に規定する事実が生じたこと
ⓔ	法令の規定による整理手続によらない関係者の協議決定で次に掲げるもの（ⓓに掲げる事由を除きます。） ア　債権者集会の協議決定で合理的な基準により債務者の負債整理を定めているもの イ　行政機関，金融機関その他第三者のあっせんによる当事者間の協議により締結された契約でアに準ずるもの

(b)　繰入限度額

個別評価 金銭債権の額	－	上記(a)の事由が生じた日の属する事業年度終了の日の翌日から5年を経過する日までに弁済されることとなっている金額	－	担保権の実行その他によりその取立て等の見込みがあると認められる部分の金額	＝	繰入限度額

② 取立て等の見込みがないと認められる場合（法令96①二）

(a) 要件

　その事業年度終了の時において有する金銭債権に係る債務者につき，債務超過の状態が相当期間継続(注)し，かつ，その営む事業に好転の見通しがないこと，災害，経済事情の急変等により多大な損害が生じたことその他の事由が生じていることにより，その金銭債権の一部の金額につきその取立て等の見込みがないと認められる場合（上記①に該当する場合を除きます。）。

　（注）相当期間とは，おおむね１年以上をいいます（法基通11－2－6）。

(b) 繰入限度額

　（注）次に掲げる場合には，人的保証に係る回収可能額の算定上，回収可能額を考慮しないことができます（法基通11－2－7）。

　　ⓐ　保証債務の存否に争いのある場合で，そのことにつき相当の理由のあるとき

　　ⓑ　保証人が行方不明で，かつ，その保証人の有する資産について評価額以上の質権等が設定されていること等によりその資産からの回収が見込まれない場合

　　ⓒ　保証人について下記③(a)に掲げる表の事由が生じている場合　等

③ 債務者につき更生手続開始の申立て等があった場合（法令96①三，法規25の3）

(a) 要件

　その事業年度終了の時において有する金銭債権に係る債務者につき次の表に掲げる事由が生じている場合（上記①(a)の事由が生じている場合及び②に該当し制度の適用を受けた場合を除きます。）。

事　　由
更生手続開始の申立て
再生手続開始の申立て
破産手続開始の申立て
特別清算開始の申立て
手形交換所（手形交換所のない地域にあっては，その地域において手形交換業務を行う銀行団を含みます。）による取引停止処分
電子記録債権法に規定する電子債権記録機関（注）による取引停止処分

　（注）次の要件を満たすものに限ります。

　　ⓐ　金融機関の総数の100分の50を超える数の金融機関に業務委託をしていること

　　ⓑ　その業務規程に，「業務委託を受けている金融機関はその取引停止処分を受けた者に対し，その金融機関の有する債権を保全するための資金の貸付け以外の資金の貸付けをすることができない旨の定め」があること

(b) 繰入限度額

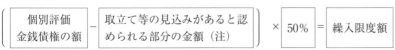

　（注）取立て等の見込みがあると認められる部分の金額とは，次の場合等をいいます（法令96①三，法基通11－2－10）。

　　ⓐ　その個別評価金銭債権の額のうち，その債務者から受け入れた金額があるため実質的に債権とみられない部分の金額

    ⓑ　担保権の実行により取立ての見込みがある部分

    ⓒ　金融機関又は保証機関による保証債務の履行により取立ての見込みがある部分

    ⓓ　法人が債務者から他の第三者の振り出した手形（債務者の振り出した手形で第三者の引き受けたものを含みます。）を受け取っている場合のその手形の金額に相当する金額　等

④　**外国の政府等の債務の履行遅滞等により弁済を受けることが著しく困難である場合（法令96①四）**

(a)　要件

　その事業年度終了の時において有する外国の政府，中央銀行又は地方公共団体に対する金銭債権につき，これらの者の長期にわたる債務の履行遅滞によりその金銭債権の経済的な価値が著しく減少し，かつ，その弁済を受けることが著しく困難であると認められる事由が生じている場合。

(b)　繰入限度額

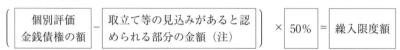

$$\left[\begin{array}{c}\text{個別評価}\\\text{金銭債権の額}\end{array} - \begin{array}{c}\text{取立て等の見込みがあると認}\\\text{められる部分の金額（注）}\end{array}\right] \times \boxed{50\%} = \boxed{繰入限度額}$$

　（注）取立て等の見込みがあると認められる部分の金額とは，次の場合等をいいます（法令96①四，法基通11－2－15）。

    ⓐ　他の者による保証債務の履行により取立ての見込みがある部分

    ⓑ　債務の履行不能によって生ずる損失を塡補する保険が付されている場合のその保険が付されている部分　等

Ⅳ　翌期の処理

　貸倒引当金として損金の額に算入された金額は，翌期取り崩して全額益金の額に戻し入れ（毎期洗い替え）ます。したがって，貸倒引当金繰入超過額が生じた場合には，翌期の別表四及び別表五（一）において貸倒引当金繰入超過額認容（減算・留保）の調整が必ず行われることになります。

　また，会計処理として差額補充法を採用して貸倒引当金の繰入額又は戻入額を相殺計算しても，それとは関係なく法人税法上は洗い替えの方式を採用しますが，確定申告書に添付する明細書に相殺前の金額の繰入れ等であることを明らかにしている場合は，その相殺前の金額により当該引当金の繰入れ及び取崩しがあったものとして取り扱うこととしています（法基通11－1－1）。

Ⅴ　別表十一（一）の記入上の留意点

①　個別評価金銭債権に係る貸倒引当金は，債務者ごとに計算します。

②　(3)には，繰入要件として法令第96条第1項第1号から第4号，すなわち前述したⅢ2①～④のいずれを適用したのかを記入します。

③　(4)には，繰入要件の発生した年月日を記入します。

④　(7)には，繰入要件が法令第96条第1項第1号（弁済猶予又は賦払弁済があった場合）の，その事由が生じた事業年度終了の日の翌日から5年以内に弁済される金額を記入します。

⑤　(8)から(10)には，金銭債権のうち取立て等の見込額をそれぞれの欄に記入し，その合計を(11)に記入します。

6　⑿には，金銭債権に係る債務者に対する買掛金・借入金等の実質的に債権とみられない部分の金額を記入します。

7　⒁から⒄には，それぞれの繰入要件に該当する欄に⒀の金額を記入します。ただし，⒃と⒄には，50％を乗じた後の金額を記入しますので，注意が必要です。

8　⒆には，⑹の個別評価金銭債権が売掛金，貸付金等の売掛債権等である場合の⑸と（⒁，⒂，⒃又は⒄）のうち少ない金額を記入します。「計」の金額は，当期又は翌期以後の別表十一（一の二）の⑿に記載する金額の基礎となります。

9　㉑には，⒇の個別評価金銭債権が売掛金，貸付金等の売掛債権等である場合に，前期のこの明細書の⒆の金額を記載します。

10　㉔には，㉒又は㉓に金額の記載がある場合の㉑の金額を記載し，「計」には債務者ごとの㉔の金額の合計額を記載します。「計」の金額は，翌期以後の別表十一（一の二）の⒀に記載する金額の基礎となります。

11　⒆〜㉔は，一括評価金銭債権に係る貸倒引当金の設定にあたって，貸倒実績率を算定する際に使用するものです。

Ⅵ　設例による個別検討

《設例１》弁済猶予又は賦払弁済があった場合

　次の資料に基づき，株式会社Ｍ社の当期（令和５年４月１日から令和６年３月31日）における別表十一（一）「個別評価金銭債権に係る貸倒引当金の損金算入に関する明細書」の記載はどのようになりますか。

1　貸付金8,000,000円に係る債務者である㈱Ａ商事（神奈川県横浜市所在）が経営不振のため倒産寸前となったので，当期７月15日に債権者集会を開いて協議した結果，次の決議が行われました。

　　①　債権金額の40％は，決議の日の翌日から８年を経過する日まで棚上げします。

　　②　残額の60％は，来期以降毎年10月31日を支払期日として，10回の年賦により均等額の返済を受けます。

2　Ｍ社は，㈱Ａ商事から時価1,000,000円の有価証券を担保として受け取っています。

3　Ｍ社は，この決議に伴い，当期末において損金経理により貸倒引当金勘定に5,000,000円を繰り入れています。

4　Ｍ社の期末資本金は3,000万円であり，他の法人との資本関係はありません。

〈解　説〉

　この設例は，弁済猶予又は賦払弁済があった場合（法令96①一ホ，法規25の２①一）に該当します。

1　繰入限度額の計算

　　①　事業年度終了の日の翌日から５年を経過する日までに弁済されることとなっている金額

$$8,000,000円 \times 60\% \times \frac{5回}{10回} = 2,400,000円$$

《設例1》による記入例

<table>
<tr><td colspan="3" rowspan="2">個別評価金銭債権に係る貸倒引当金の損金算入に関する明細書</td><td rowspan="2">事 業
年 度</td><td>5 · 4 · 1</td><td rowspan="2">法人名</td><td rowspan="2">株式会社M社</td><td rowspan="2">別表十一(一)</td></tr>
<tr><td>6 · 3·31</td></tr>
<tr><td rowspan="4">債
務
者</td><td colspan="2">住　所　又　は　所　在　地　1</td><td>神奈川県
横浜市</td><td></td><td></td><td></td><td>計</td><td></td></tr>
<tr><td colspan="2">氏　名　又　は　名　称
（外 国 政 府 等 の 別）　2</td><td>A商事</td><td>（　　　）</td><td>（　　　）</td><td>（　　　）</td><td></td><td></td></tr>
<tr><td colspan="2">個　別　評　価　の　事　由　3</td><td>令第96条第1項
第1号ホ該当</td><td>令第96条第1項
第　号　該当</td><td>令第96条第1項
第　号　該当</td><td>令第96条第1項
第　号　該当</td><td></td><td></td></tr>
<tr><td colspan="2">同　上　の　発　生　時　期　4</td><td>令5· 7·15</td><td>· ·</td><td>· ·</td><td>· ·</td><td></td><td></td></tr>
<tr><td rowspan="14">当繰入限度額の計算</td><td colspan="2">当　期　繰　入　額　5</td><td>円
5,000,000</td><td>円</td><td>円</td><td>円</td><td>円
5,000,000</td><td></td></tr>
<tr><td rowspan="8">繰入限度額の計算</td><td>個　別　評　価　金　銭　債　権　の　額　6</td><td>8,000,000</td><td></td><td></td><td></td><td>8,000,000</td><td></td></tr>
<tr><td>(6)のうち5年以内に弁済される金額
（令第96条第1項第1号に該当する場合）　7</td><td>2,400,000</td><td></td><td></td><td></td><td></td><td></td></tr>
<tr><td>(6)のうち取立て等の見込額　担保権の実行による取立て等の見込額　8</td><td>1,000,000</td><td></td><td></td><td></td><td></td><td></td></tr>
<tr><td>他の者の保証による取立て等の見込額　9</td><td></td><td></td><td></td><td></td><td></td><td></td></tr>
<tr><td>その他による取立て等の見込額　10</td><td></td><td></td><td></td><td></td><td></td><td></td></tr>
<tr><td>(8)＋(9)＋(10)　11</td><td>1,000,000</td><td></td><td></td><td></td><td></td><td></td></tr>
<tr><td>(6)のうち実質的に債権とみられない部分の金額　12</td><td></td><td></td><td></td><td></td><td></td><td></td></tr>
<tr><td>(6)－(7)－(11)－(12)　13</td><td>4,600,000</td><td></td><td></td><td></td><td></td><td></td></tr>
<tr><td rowspan="4">繰入限度額</td><td>令 第 96 条 第 1 項 第 1 号 該 当
(13)　14</td><td>4,600,000</td><td></td><td></td><td></td><td>円
4,600,000</td><td></td></tr>
<tr><td>令 第 96 条 第 1 項 第 2 号 該 当
(13)　15</td><td></td><td></td><td></td><td></td><td></td><td></td></tr>
<tr><td>令 第 96 条 第 1 項 第 3 号 該 当
(13) × 50 %　16</td><td></td><td></td><td></td><td></td><td></td><td></td></tr>
<tr><td>令 第 96 条 第 1 項 第 4 号 該 当
(13) × 50 %　17</td><td></td><td></td><td></td><td></td><td></td><td></td></tr>
<tr><td colspan="2">繰　入　限　度　超　過　額
(5) － ((14)、(15)、(16) 又 は (17))　18</td><td>400,000</td><td></td><td></td><td></td><td>400,000</td><td></td></tr>
<tr><td rowspan="6">貸倒実績率の計算の基礎となる金額の明細</td><td colspan="2">貸倒れによる損失の額等の合計額に加える金額
((6)の個別評価金銭債権が売掛債権等である場合の(5)と((14)、(15)、(16)又は(17))のうち少ない金額)　19</td><td>4,600,000</td><td></td><td></td><td></td><td>4,600,000</td><td></td></tr>
<tr><td rowspan="5">貸倒れによる損失の額の合計額に加える金額から控除する金額等の明細</td><td>前期の個別評価金銭債権の額
（前期の(6)）　20</td><td></td><td></td><td></td><td></td><td></td><td></td></tr>
<tr><td>(20)の個別評価金銭債権が売掛債権等である場合の当該個別評価金銭債権に係る損金算入額
（前期の(19)）　21</td><td></td><td></td><td></td><td></td><td></td><td></td></tr>
<tr><td>(21)に係る売掛債権等が当期において貸倒れとなった場合のその貸倒れとなった金額　22</td><td></td><td></td><td></td><td></td><td></td><td></td></tr>
<tr><td>(21)に係る売掛債権等が当期においても個別評価の対象となった場合のその対象となった金額　23</td><td></td><td></td><td></td><td></td><td></td><td></td></tr>
<tr><td>(22) 又は (23) に金額の記載がある場合の(21)の金額　24</td><td></td><td></td><td></td><td></td><td></td><td></td></tr>
</table>

別表四「貸倒引当金繰入超過額（加算・留保）」へ

　　②　取立て又は弁済の見込みがあると認められる部分の金額

　　　　1,000,000円

　　③　繰入限度額

　　　　8,000,000円－2,400,000円－1,000,000円＝4,600,000円

2　繰入超過額

　5,000,000円－4,600,000円＝400,000円　→　（別表四及び別表五（一））貸倒引当金繰入超過額（加算・留保）

　（参考）翌期の処理

　　　　（別表四及び別表五（一））貸倒引当金繰入超過額認容400,000円（減算・留保）

《設例2》債務者につき更生手続開始の申立てがあった場合

　　次の資料に基づき，株式会社M社の当期（令和5年4月1日から令和6年3月31日）における別表十一（一）「個別評価金銭債権に係る貸倒引当金の損金算入に関する明細書」の記載はどのようになりますか。

　1　㈱B商事（神奈川県横浜市所在）に対して貸付金20,000,000円を有していますが，㈱B商事は当期の1月31日に会社更生法の規定による更生手続開始の申立てを行いました。

　2　M社は，㈱B商事に対して買掛金5,200,000円があります。

　3　M社は，当期末に損金経理により貸倒引当金勘定に8,000,000円を繰り入れています。

　4　M社の期末資本金は3,000万円であり，他の法人との資本関係はありません。

〈解　説〉

　この設例は，債務者につき更生手続開始の申立て等があった場合（法令96①三イ）に該当します。

1　繰入限度額の計算

　　①　取立て等の見込みがあると認められる部分の金額

　　　　実質的に債権とみられない部分の金額　→　5,200,000円（㈱B商事に対する買掛金）

　　②　繰入限度額

　　　　（20,000,000円－5,200,000円）×50％＝7,400,000円

2　繰入超過額

　8,000,000円－7,400,000円＝600,000円　→　（別表四及び別表五（一））貸倒引当金繰入超過額（加算・留保）

　（参考）翌期の処理

　　　　（別表四及び別表五（一））貸倒引当金繰入超過額認容600,000円（減算・留保）

《設例２》による記入例

個別評価金銭債権に係る貸倒引当金の損金算入に関する明細書			事業年度	5・4・1 6・3・31	法人名	株式会社M社			別表十一(一)

債務者	住　所　又　は　所　在　地	1	神奈川県横浜市				計
	氏　名　又　は　名　称（外国政府等の別）	2	B商事	(　　　　)	(　　　　)	(　　　　)	
	個　別　評　価　の　事　由	3	令第96条第1項第3号イ該当	令第96条第1項第　号該当	令第96条第1項第　号該当	令第96条第1項第　号該当	
	同　上　の　発　生　時　期	4	令6・1・31	・・	・・	・・	
当	期　　繰　　入　　額	5	8,000,000 円	円	円	円	8,000,000 円
繰入限度額の計算	個　別　評　価　金　銭　債　権　の　額	6	20,000,000				20,000,000
	(6)のうち5年以内に弁済される金額（令第96条第1項第1号に該当する場合）	7					
	(6)のうち取立て等の見込額 担保権の実行による取立て等の見込額	8					
	他の者の保証による取立て等の見込額	9					
	その他による取立て等の見込額	10					
	(8)＋(9)＋(10)	11					
	(6)のうち実質的に債権とみられない部分の金額	12	5,200,000				
	(6)－(7)－(11)－(12)	13	14,800,000				
	繰入限度額 令第96条第1項第1号該当 (13)	14					円
	令第96条第1項第2号該当 (13)	15					
	令第96条第1項第3号該当 (13)×50%	16	7,400,000				7,400,000
	令第96条第1項第4号該当 (13)×50%	17					
繰　入　限　度　超　過　額 (5)－((14)、(15)、(16)又は(17))		18	600,000				600,000
貸倒実績率の計算の基礎となる金額の明細	貸倒れによる損失の額等の合計額に加える金額（(6)の個別評価金銭債権が売掛債権等である場合の(5)と((14)、(15)、(16)又は(17))のうち少ない金額）	19	7,400,000				7,400,000
	貸倒れ計算額からよる控除する損失の額等の額の 前期の個別評価金銭債権の額（前期の(6)）	20					
	(20)の個別評価金銭債権が売掛債権等である場合の当該個別評価金銭債権に係る損金算入額（前期の(19)）	21					
	(21)に係る売掛債権等が当期において貸倒れとなった場合のその貸倒れとなった金額	22					
	(21)に係る売掛債権等が当期においても個別評価の対象となった場合のその対象となった金額	23					
	(22)又は(23)に金額の記載がある場合の(21)の金額	24					

別表四「貸倒引当金繰入超過額（加算・留保）」へ

別表十一（一の二）　一括評価金銭債権に係る貸倒引当金の損金算入に関する明細書

I　制度の概要

1　制度の概要（法法52②）

　法人の有する売掛金，貸付金その他これらに準ずる金銭債権[注]（一括評価金銭債権）の貸倒れによる損失の見込額につき，損金経理を要件として一定の金額（繰入限度額）に達するまでの金額を貸倒引当金繰入額として損金の額に算入することができます。

　（注）債券に表示されるべきもの及び個別評価金銭債権を除きます。

2　適用対象法人

　前述した別表十一（一）の I 2を参照して下さい。

3　対象となる金銭債権

　前述した別表十一（一）の I 3を参照して下さい。

4　一括評価金銭債権と個別評価金銭債権の関係

　前述した別表十一（一）の I 5を参照して下さい。

II　本制度と会計処理との関係

　貸倒れによる損失の見込額を損金の額に算入するためには，確定した決算においてその見込額を貸倒引当金として損金経理する必要があります（法法52②）。その金額のうち，税法上で認められる金額（限度額）を別表十一（一の二）上で計算し，その限度額を超える金額（貸倒引当金繰入超過額）の調整を別表四及び別表五（一）で行います。

III　一括評価金銭債権に係る貸倒引当金の繰入超過額の計算

1　貸倒引当金の繰入超過額の計算

損金経理した貸倒引当金勘定の金額 − 貸倒引当金の繰入限度額 　　　　　　　　　= （別表四及び別表五（一））貸倒引当金繰入超過額（加算・留保）[注]

　（注）計算結果が0円以下になった場合には，損金経理した金額全額が損金の額に算入されるため，別表四及び別表五（一）での調整の必要はありません。

2　貸倒引当金の繰入限度額の計算

① 概　　要

中小法人等（注）の繰入限度額の計算については原則又は特例の有利選択をします。

（注）前述した別表十一（一）のⅠ2①を参照して下さい。

② 原　　則（法令96⑥）

(a)　貸倒引当金の繰入限度額

その事業年度終了の時において有する一括評価金銭債権の帳簿価額の合計額	×	貸倒実績率（下記(b)参照）	=	繰入限度額

(b)　貸倒実績率

$$\frac{\left[\begin{array}{l}\left[\begin{array}{l}\text{前3年内事業年度（注1）において売掛債権等の貸倒れ}\\\text{により生じた損失の額の合計額（税務上の損金算入額）}\end{array}\right]\\+\left[\begin{array}{l}\text{前3年内事業年度（注1）における個別評価金銭債権}\\\text{に係る貸倒引当金の繰入額（注2）}\end{array}\right]\\-\left[\begin{array}{l}\text{前3年内事業年度（注1）における個別評価金銭債権}\\\text{に係る貸倒引当金の戻入額（注3）}\end{array}\right]\end{array}\right]\times\dfrac{12}{\left[\begin{array}{l}\text{前3年内事業年度（注1）}\\\text{の月数（注4）の合計数}\end{array}\right]}}{\left[\begin{array}{l}\text{前3年内事業年度（注1）終了の時における一括評価金銭}\\\text{債権の帳簿価額の合計額}\end{array}\right]\div（\text{前3年内事業年度の数}）}$$

（注1）前3年内事業年度とは，その事業年度開始の日前3年以内に開始した事業年度のことをいいます。

（注2）個別評価金銭債権に係る貸倒引当金の繰入額とは，その事業年度で損金の額に算入された貸倒引当金勘定の金額（売掛債権等に係る金額に限ります。）をいいます。

（注3）個別評価金銭債権に係る貸倒引当金の戻入額とは，その各事業年度で益金の額に算入された貸倒引当金勘定の金額のうち，その直前の事業年度において個別評価により損金算入された金額の合計額（その各事業年度において，貸倒損失の額が生じた売掛債権等又は個別評価の対象とされた売掛債権等に係るものに限ります。）をいいます。

（注4）月数は，暦に従って計算し，1月に満たない端数を生じたときは，これを1月とします。

（注5）貸倒実績率の計算の基礎となる個別評価分の貸倒引当金繰入額の損金算入額及び戻入額の益金算入額について，前3年内事業年度など一定の事業年度において，「別表十一（一）Ⅰ2②の法人」に該当しない場合には，該当するものとした場合の貸倒引当金の繰入額の損金算入額及び戻入額の益金算入額を実際の貸倒引当金の繰入額の損金算入額及び戻入額の益金算入額とみなして貸倒実績率を計算します（法令96⑧）。

（注6）貸倒実績率の計算上，小数点以下4位未満の端数があるときは，これを切り上げます。

③ 中小法人の特例（法法52①，措法57の9①，42の4⑲八）

(a)　特例の適用対象法人

各事業年度終了の時において，中小法人等（前述した別表十一（一）のⅠ2①に掲げる法人）については，この特例の方法により貸倒引当金の繰入限度額を計算することができます。

ただし，中小法人等であっても「適用除外事業者」に該当する場合にはこの特例の適用を受けることはできません。

「適用除外事業者」とはその事業年度開始の日前3年以内に終了した各事業年度（以下(a)において，

「基準年度」といいます。）の所得の金額の合計額を各基準年度の月数の合計数で除し，これに12を乗じて計算した金額が15億円を超える法人をいいます。

「適用除外事業者」は法人の平成31年4月1日以後に開始する事業年度分の法人税について適用することとされています（平成29年改正法附則62①）。適用除外事業者の詳細については特殊別表編第1章の**Ⅲ**を参照して下さい。

(b)　有利選択

適用対象法人に該当する場合には，上記**2**の原則とこの特例の有利選択（金額が大きい方が有利になります。）をすることになります。

(c)　貸倒引当金の繰入限度額

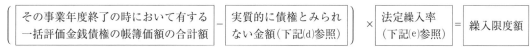

(d)　実質的に債権とみられないものの額（措令33の7②③，措通57の9－1・57の9－2）

次の②原則法と⑤簡便法の有利選択（金額が小さい方が有利になります。）をすることになります。

②　原則法

同一人に対する債権と債務を比較していずれか少ない金額が，実質的に債権とみられないものの額になります。

（注）債務者から受け入れた金額がその債務者に対し有する金銭債権と相殺適状にあるものだけでなく，金銭債権と相殺的な性格をもつもの及びその債務者と相互に融資しているもの等である場合のその債務者から受け入れた金額も含まれます。

⑤　簡便法

平成27年4月1日に存する法人は，次の方法により計算することができます。なお，平成27年4月1日から平成29年3月31日までの期間内に開始した各事業年度において貸倒引当金を設けていたかどうかは関係ありません。

その事業年度終了の時における一括評価金銭債権の額 × 平成27年4月1日から平成29年3月31日までの間に開始した各事業年度終了の時における原則法による実質的に債権とみられない部分の金額の合計額 ／ 平成27年4月1日から平成29年3月31日までの間に開始した各事業年度終了の時における一括評価金銭債権の額の合計額

（注）上記算式での割合に小数点以下3位未満の端数があるときは，これを切り捨てます。

(e)　法定繰入率（措令33の7④）

業　　　　　種	法定繰入率
卸売及び小売業（飲食店業及び料理店業を含み，割賦販売小売業を除きます。）	10／1000
製造業（電気業，ガス業，修理業等を含みます。）	8／1000
金融及び保険業	3／1000
割賦販売小売業及び包括信用購入あっせん業等	7／1000
上記以外	6／1000

④　公益法人等又は協同組合等の特例（旧措法57の9③，平成31年改正法附則54，令和3年改正措令附則16）

　公益法人等又は協同組合等の平成10年4月1日から令和5年3月31日までの間に開始する事業年度における一括評価金銭債権に係る貸倒引当金の繰入限度額は，上記③で計算した繰入限度額に次の区分に応じ次の割合を乗じて計算した金額とします。

区　　　　　分	割合
(a)　令和2年4月1日から令和3年3月31日までの間に開始する事業年度	106／100
(b)　令和3年4月1日から令和4年3月31日までの間に開始する事業年度	104／100
(c)　令和4年4月1日から令和5年3月31日までの間に開始する事業年度	102／100
(d)　令和5年4月1日以後	制度廃止

Ⅳ　翌期の処理

　貸倒引当金として損金の額に算入された金額は，翌期取り崩して全額益金の額に戻し入れ（毎期洗い替え）ます。したがって，貸倒引当金繰入超過額が生じた場合には，翌期の別表四及び別表五（一）において貸倒引当金繰入超過額認容（減算・留保）の調整が必ず行われることになります。

　また，会計処理として差額補充法を採用して貸倒引当金の繰入額又は戻入額を相殺計算しても，それとは関係なく法人税法上は洗い替えの方式を採用しますが，確定申告書に添付する明細書に相殺前の金額の繰入れ等であることを明らかにしている場合は，相殺前の金額により当該引当金の繰入れ及び取崩しがあったものとして取り扱うことにしています（法基通11-1-1）。

Ⅴ　別表十一（一の二）の記入上の留意点

①　当期末に有する金銭債権のうち個別評価金銭債権に係る貸倒引当金の繰入限度額を別表十一（一）で計算した後に，一括評価金銭債権に係る貸倒引当金を別表十一（一の二）で計算します。

②　(17)欄には，貸借対照表上に記載した金額を勘定科目ごとに記載します。

③　(19)欄には，「別表五（一）Ⅰ利益積立金額の計算に関する明細書」の「差引翌期首現在利益積立金額」のうち，売掛債権等について是否認された金額を記載することとなります。

④　(24)欄の「実質的に債権とみられないものの額」の計には，原則法により計算した金額と(29)欄の簡便法により計算した金額とのいずれか少ない方を記載することになります。

⑤　(11)欄には，当期前3年内事業年度における売掛債権等の貸倒れによる損失の額の合計額を記載します。

⑥　(12)欄には，当期前3年内事業年度において損金の額に算入された個別評価金銭債権に係る貸倒引

当金の金額（売掛債権等に係る金額に限ります。）を記載します。

7　⒀欄には，当期前3年内事業年度において益金の額に算入された貸倒引当金勘定の金額のうちその直前事業年度において個別評価金銭債権に係る貸倒引当金として損金の額に算入された金額の合計額（その各事業年度において，貸倒損失の額が生じた売掛債権等又は個別評価の対象とされた売掛債権等に係るものに限ります。）を記載します。

8　⑹欄には，（⑵×⑶）と（⑷×⑸）のいずれか大きい金額を記載します。

9　⑺欄は，公益法人等，協同組合等の繰入限度額Ⅲ 2 ④を計算する場合に使用します。

Ⅵ　設例による個別検討

《設例1》貸倒実績率による貸倒引当金繰入限度額の計算（原則）

　次の資料に基づき，株式会社M社の第60期（令和5年4月1日から令和6年3月31日）における貸倒実績率による貸倒引当金繰入限度額（原則）を計算してください。

　1　当期末における一括評価金銭債権の帳簿価額の合計額は41,242,911円です。

　2　貸倒実績率の算定に関する資料

（単位：円）

事業年度	一括評価金銭債権の額	貸倒損失の額	個別評価繰入額	個別評価戻入額
（第56期）令1.10.1 ～令2.9.30	19,483,258	25,845	358,679	258,643
（第57期）（注1）令2.10.1 ～令3.3.31	20,406,098	633,604	213,276	358,679
（第58期）令3.4.1 ～令4.3.31	40,675,920	257,031	2,112,672（注2）	213,276
（第59期）令4.4.1 ～令5.3.31	44,390,192	3,480,565	558,631	2,112,672（注2）

（注1）第57期より事業年度を変更しています。

（注2）前渡金に係る個別評価繰入額が350,000円含まれています。

　3　M社の期末資本金は3,000万円であり，他の法人との資本関係はありません。

〈解　説〉

1　貸倒実績率の計算

$$\frac{4,571,152円（注1，2）\times \dfrac{12}{30（注1，4）}}{105,472,210円（注1，3）\div 3（注1）} = \frac{1,828,460円}{35,157,403円} = 0.052007\cdots \to 0.0521（小数点以下4位未満切上）$$

（注1）前3年内事業年度は，第57期，第58期，第59期の3事業年度が該当します。

（注2）貸倒れによる損失の額等の合計額

　　　　① 貸倒損失の額

　　　　633,604円＋257,031円＋3,480,565円＝4,371,200円

　　　② 個別評価繰入額
　　　　213,276円＋（2,112,672円－350,000円）＋558,631円＝2,534,579円

　　　③ 個別評価戻入額
　　　　358,679円＋213,276円＋（2,112,672円－350,000円）＝2,334,627円

　　　④ ①＋②－③＝4,571,152円

（注3）前3年内事業年度終了の時における一括評価金銭債権の帳簿価額の合計額
　　　　20,406,098円＋40,675,920円＋44,390,192円＝105,472,210円

（注4）前3年内事業年度の月数の合計数
　　　　6月（第57期）＋12月（第58期）＋12月（第59期）＝30月

2　繰入限度額の計算　　41,242,911円×0.0521＝2,148,755円

《設例1》による記入例

| 一括評価金銭債権に係る貸倒引当金の損金算入に関する明細書 | | | 事業年度 | 5・4・1
6・3・31 | 法人名 | 株式会社M社 | 別表十一（の二） |

当　期　繰　入　額	1	円		前3年内事業年度（設立事業年度である場合には当該事業年度）の(2)の合計額	9	105,472,210 円
繰入限度額の計算	期末一括評価金銭債権の帳簿価額の合計額 (23の計)	2	41,242,911	貸倒実績率の計算	(9) ÷ 前3年内事業年度における事業年度の数	10	35,157,403
	貸倒実績率 (16)	3	0.0521		前3年内事業年度（設立事業年度）の売掛債権等の貸倒れによる損失の額の合計額	11	4,371,200
	実質的に債権とみられないものの額を控除した期末一括評価金銭債権の帳簿価額の合計額 (25の計)	4	円		別表十一(一)「19の計」の合計額	12	2,534,579
	法定の繰入率	5	── / 1,000		別表十一(一)「24の計」の合計額	13	2,334,627
	繰入限度額 ((2)×(3)) 又は((4)×(5))	6	円 2,148,755		貸倒れによる損失の額等の合計額 (11)＋(12)－(13)	14	4,571,152
	公益法人等・協同組合等の繰入限度額 (6)×102/100	7			(14)× 12 / 前3年内事業年度における事業年度の月数の合計	15	1,828,460
繰入限度超過額 (1)－((6)又は(7))	8			貸倒実績率 (15)÷(10) （小数点以下4位未満切上げ）	16	0.0521

一　括　評　価　金　銭　債　権　の　明　細								
勘定科目	期末残高	売掛債権等とみなされる額及び貸倒否認額	(17)のうち税務上貸倒れがあったものとみなされる額及び売掛債権等に該当しないものの額	個別評価の対象となった売掛債権等の額及び非適格合併等により合併法人等に移転する売掛債権等の額	法第52条第1項第3号に該当する法人の令第96条第9項各号の金銭債権以外の金銭債権の額	完全支配関係がある他の法人に対する売掛債権等の額	期末一括評価金銭債権の額 (17)＋(18)－(19)－(20)－(21)－(22)	実質的に債権とみられないものの額	差引期末一括評価金銭債権の額 (23)－(24)
	17	18	19	20	21	22	23	24	25
	円	円	円	円	円	円	円	円	円

《設例2》実質的に債権とみられないものの額の計算（原則法）

　次の資料に基づき，株式会社M社（3月決算法人）の一括評価金銭債権に係る貸倒引当金の繰入限度額（中小法人の特例）の計算の際に使用する実質的に債権とみられないものの額（原則法）を計算してください。

1　M社は，冷暖房設備の修理業を営む期末資本金1,000万円の株式会社であり，他の法人との資本関係はありません。

2　当期末の貸借対照表に記載されている金額は，次のとおりです。

貸借対照表記載金額	留　意　事　項	
受取手形　　1,018,192円 （注1）	A社に対する受取手形	288,848円
	B社に対する受取手形	336,000円
売掛金　　18,147,544円	A社に対する売掛金	799,519円
	B社に対する売掛金	273,867円
未収金　　　309,000円	C社に対する未収家賃	300,000円（注2）
買掛金　　7,638,839円	B社に対する買掛金	11,866円
未払金　　2,084,630円	A社に対する未払金	26,770円
預り保証金　1,100,000円	B社からの営業保証金	500,000円
	C社からの預り敷金	600,000円（注2）

（注1）すべて修理代金として取得した受取手形に該当します。

（注2）C社に対して当社所有の家屋を事務所として貸付けており，当月分の家賃を当月末に受け取る契約になっていますが，当期3月分の家賃が入金されなかったことにより計上した金額300,000円及び契約に際して収受した敷金600,000円を計上したものです。

3　上記の他当期の個別注記表に記載されている裏書手形が1,260,417円あり，そのうちB社への売掛金について取得した受取手形の裏書額が838,300円あります。

〈解　説〉

1　A社に対する実質的に債権とみられないものの額

　①　債権　　288,848円（受取手形）＋799,519円（売掛金）＝1,088,367円

　②　債務　　26,770円（未払金）

　③　①＞②　∴　26,770円

2　B社に対する実質的に債権とみられないものの額

　①　債権　　336,000円（受取手形）＋273,867円（売掛金）＋838,300円（裏書手形）＝1,448,167円

　②　債務　　11,866円（買掛金）＋500,000円（預り保証金）＝511,866円

　③　①＞②　∴511,866円

3　C社に対する実質的に債権とみられないものの額

　①　債権　　300,000円（未収金）

　②　債務　　600,000円（預り保証金）

3　①＜②　∴300,000円

4　実質的に債権とみられないものの額の合計額

　　1＋2＋3＝838,636円

〈参　考〉

　実質的に債権とみられないものの額（原則法）を集計する際の書式を次に記載しておきますので，参考としてください。

一括評価金銭債権に係る貸倒引当金に関する資料

実質的に債権とみられないものの額　　　　　　　　　　　　　　　　　　　（単位：円）

債務者氏名	受取手形	売掛金	未収金	その他債権	債権合計	実質的に債権とみ
	支払手形	買掛金	未払金	その他債務	債務合計	られないものの額
A　社	288,848	799,519			1,088,367	
			26,770		26,770	26,770
B　社	336,000	273,867		838,300	1,448,167	
		11,866		500,000	511,866	511,866
C　社			300,000		300,000	
				600,000	600,000	300,000
合　計	―	―	―	―	―	838,636

《設例3》法定繰入率による貸倒引当金繰入限度額の計算（中小法人の特例）

　次の資料に基づき，株式会社M社の当期（令和5年4月1日から令和6年3月31日）における法定繰入率による貸倒引当金繰入限度額（中小法人の特例）を計算してください。

1　M社は，冷暖房設備の修理業（注）を営む期末資本金1,000万円の株式会社であり，他の法人との資本関係はありません。

2　当期末における一括評価金銭債権の帳簿価額の合計額は21,000,000円です。

3　実質的に債権とみられないものの額（簡便法）等に関する資料は次のとおりです。

事業年度	一括評価金銭債権の額	左のうち原則法による実質的に債権とみられないものの額
平27.4.1 ～平28.3.31	18,000,000円	780,000円
平28.4.1 ～平29.3.31	20,000,000円	800,000円
令5.4.1 ～令6.3.31	21,000,000円	810,000円

（注）法定繰入率は8／1,000です。

〈解　説〉

1　実質的に債権とみられないものの額の計算

　①　原則法　　810,000円

　②　簡便法　　21,000,000円×0.041 （注）＝861,000円

（注）

$$\frac{780,000円 + 800,000円}{18,000,000円 + 20,000,000円} = 0.0415\cdots \to 0.041（小数点以下3位未満切捨）$$

3　①＜②　∴810,000円

2　繰入限度額の計算

$$（21,000,000円 - 810,000円）\times \frac{8}{1,000} = 161,520円$$

上記1より，原則法を採用していることから別表十一（一の二）㉖から㉙は記載する必要がありません。

《設例3》による記入例

一括評価金銭債権に係る貸倒引当金の損金算入に関する明細書			事業年度	5・4・1 6・3・31	法人名	株式会社M社	別表十一（一の二）
当　期　繰　入　額		1	円	前3年内事業年度（設立事業年度である場合には当該事業年度）の(2)の合計額		9	円
繰入限度額の計算	期末一括評価金銭債権の帳簿価額の合計額（23の計）	2	21,000,000	貸倒実績率の計算	(9) 前3年内事業年度における事業年度の数	10	
	貸　倒　実　績　率（16）	3			前3年内事業年度（設立事業年度～当該事業年度）の売掛債権等の貸倒れによる損失の額の合計額	11	
	実質的に債権とみられないものの額を控除した期末一括評価金銭債権の帳簿価額の合計額（25の計）	4	円 20,190,000		別表十一（一）「19の計」の合計額	12	
	法　定　の　繰　入　率	5	8.0 1,000		別表十一（一）「24の計」の合計額	13	
	繰　入　限　度　額（(2)×(3)）又は（(4)×(5)）	6	円 161,520		貸倒れによる損失の額等の合計額（11）＋（12）－（13）	14	
	公益法人等・協同組合等の繰入限度額（6）×102/100	7			(14)×12/前3年内事業年度における事業年度の月数の合計	15	
繰　入　限　度　超　過　額（1）－（(6)又は(7)）		8		貸　倒　実　績　率(15)/(10)（小数点以下4位未満切上げ）		16	

一　括　評　価　金　銭　債　権　の　明　細

勘定科目	期末残高	売掛債権等とみなされる額及び貸倒否認額	(17)のうち税務上貸倒れがあったものとみなされる額及び貸倒否認等に該当しないものの額	個別評価の対象となった売掛金等及び非適格合併等により合併法人等に移転する売掛債権等の額	法第52条第1項第3号に該当する法人の令第96条第9項各号の金銭債権以外の金銭債権の額	完全支配関係がある他の法人に対する売掛債権等の額	期末一括評価金銭債権の額(17)＋(18)－(19)－(20)－(21)－(22)	実質的に債権とみられないものの額	差引期末一括評価金銭債権の額(23)－(24)
	17	18	19	20	21	22	23	24	25
	円	円	円	円	円	円	円	円	円
計	21,000,000						21,000,000	810,000	20,190,000

基準年度の実績により実質的に債権とみられないものの額を計算する場合の明細

平成27年4月1日から平成29年3月31日までの間に開始した各事業年度末の一括評価金銭債権の額の合計額	26	円	債権からの控除割合(27)/(26)（小数点以下3位未満切捨て）	28	
同上の各事業年度末の実質的に債権とみられないものの額の合計額	27		実質的に債権とみられないものの額（23の計）×(28)	29	円

《設例４》中小法人の一括評価金銭債権に係る貸倒引当金の繰入限度額の計算

　次の資料に基づき，株式会社Ｍ社の当期（令和５年４月１日から令和６年３月31日）における別表十一（一の二）「一括評価金銭債権に係る貸倒引当金の損金算入に関する明細書」の記載はどのようになりますか。

１　Ｍ社は，電気製品の製造業(注)を営む期末資本金5,000万円の株式会社であり，他の法人との資本関係はありません。

　（注）法定繰入率は８／1,000です。

２　当期末の貸借対照表に記載されている金銭債権は，次のとおりです。

　　① 売掛金　15,000,000円(注１)

　　② 貸付金　10,000,000円(注２)

　　③ 未収金　　750,000円(注３)

　（注１）Ａ社に対しては売掛金3,000,000円及び買掛金1,431,000円があります。

　（注２）貸付金のうち1,700,000円はＢ社に対するものですが，Ｂ社は前々期中に会社更生法による更生手続開始の申立てを行っています。なお，当期末までに更生計画認可の決定は行われていません。

　（注３）未収金のうち200,000円は仕入割戻しの未収金です。

３　貸倒実績率の算定に関する資料

事業年度	一括評価金銭債権の額	貸倒損失の額	個別評価繰入額
令２.4.1～令３.3.31	20,580,000円	171,000円	―
令３.4.1～令４.3.31	22,550,000円	150,000円	850,000円
令４.4.1～令５.3.31	22,027,000円	153,000円	850,000円

４　実質的に債権とみられないものの額（簡便法）の算定に関する資料

事業年度	一括評価金銭債権の額	左のうち原則法による実質的に債権とみられないものの額
平27.4.1～平28.3.31	20,580,000円	1,355,000円
平28.4.1～平29.3.31	22,550,000円	1,127,000円
令５.4.1～令６.3.31	23,850,000円	1,431,000円

５　その他

　　① 前期における個別評価繰入額の戻入れは，適正に処理されています。

　　② 当期において損金経理により貸倒引当金勘定に繰り入れた金額は1,350,000円（個別評価繰入額850,000円，一括評価繰入額500,000円）です。また，前期において損金経理により貸倒引当金勘定に繰り入れた金額は1,400,000円（うち繰入超過額12,530円）の全額を戻入れ，当期の収益に計上しています。

〈解　　説〉

　Ｍ社は，期末資本金が１億円以下であるため中小法人に該当します。したがって，一括評価金銭債権に係る貸倒引当金の繰入限度額の計算について，原則と特例の有利選択をすることになります。

1　貸倒引当金の繰入限度額の計算

①　原則

(a)　期末一括評価金銭債権の帳簿価額の合計額

ⓐ　売掛金　15,000,000円

ⓑ　貸付金　10,000,000円－1,700,000円（注１）＝8,300,000円

ⓒ　未収金　750,000円－200,000円（注２）＝550,000円

ⓓ　ⓐ＋ⓑ＋ⓒ＝23,850,000円

（注１）　B社に対する貸付金1,700,000円は，個別評価金銭債権に該当します。

（注２）　仕入割戻しの未収金は，売掛債権等に該当しません（法基通11－2－18⑻）。

(b)　貸倒実績率の計算

$$\frac{\{(171,000円＋150,000円＋153,000円)＋(850,000円＋850,000円)－850,000円\}\times\frac{12}{36}}{(20,580,000円＋22,550,000円＋22,027,000円)\div3}＝\frac{441,333円}{21,719,000円}$$

＝0.020320…→0.0204（小数点以下4位未満切上）

(c)　繰入限度額

(a)×(b)＝486,540円

②　特例

(a)　期末一括評価金銭債権の帳簿価額の合計額　23,850,000円（上記①(a)と同じ）

(b)　実質的に債権とみられないものの額

ⓐ　原則法

3,000,000円（A社に対する売掛金）＞1,431,000円（A社に対する買掛金）　∴　1,431,000円

ⓑ　簡便法

(a)×0.057（注）＝1,359,450円

（注）

$$\frac{1,355,000円＋1,127,000円}{20,580,000円＋22,550,000円}＝0.0575…→0.057（小数点3位未満切捨）$$

ⓒ　ⓐ＞ⓑ　∴1,359,450円

(c)　繰入限度額

$$[(a)－(b)]\times\frac{8}{1,000}＝179,924円$$

③　①＞②　∴　486,540円（原則有利）

2　貸倒引当金の繰入超過額

500,000円－486,540円＝13,460円→（別表四及び別表五（一））貸倒引当金繰入超過額（加算・留保）

〈留 意 点〉

1　個別評価金銭債権（B社に対する貸付金）に係る貸倒引当金

①　繰入限度額　1,700,000円×50％＝850,000円

②　繰入超過額　850,000円－850,000円＝0　→　「別表四」及び「別表五（一）」の調整なし

2　貸倒引当金繰入超過額認容

12,530円　→　「別表四」及び「別表五（一）」貸倒引当金繰入超過額認容（減算・留保）

《設例4》による記入例

一括評価金銭債権に係る貸倒引当金の損金算入に関する明細書

事業年度	5・4・1 6・3・31	法人名	株式会社M社

			円
当　期　繰　入　額	1	500,000	

			円
繰入限度額の計算	期末一括評価金銭債権の帳簿価額の合計額（23の計）	2	23,850,000
	貸倒実績率（16）	3	0.0204
	実質的に債権とみられないものの額を控除した期末一括評価金銭債権の帳簿価額の合計額（25の計）	4	円 22,490,550
	法定の繰入率	5	8.0/1,000
	繰入限度額 ((2)×(3)) 又は((4)×(5))	6	円 486,540
	公益法人等・協同組合等の繰入限度額 (6)×102/100	7	
	繰入限度超過額 (1)-((6)又は(7))	8	13,460

貸倒実績率の計算	前3年内事業年度（設立事業年度である場合には当該事業年度）の(2)の合計額	9	円 65,157,000
	(9)/前3年内事業年度における事業年度の数	10	21,719,000
	前3年内事業年度（設立事業年度である場合には当該設立事業年度）の	売掛債権等の貸倒れによる損失の額の合計額	11	474,000
		別表十一(一)「19の計」の合計額	12	1,700,000
		別表十一(一)「24の計」の合計額	13	850,000
		貸倒れによる損失の額等の合計額 (11)+(12)-(13)	14	1,324,000
	(14)×12/前3年内事業年度における事業年度の月数の合計	15	441,333
	貸倒実績率 (15)/(10)（小数点以下4位未満切上げ）	16	0.0204

一　括　評　価　金　銭　債　権　の　明　細

勘定科目	期末残高	売掛債権等とみなされる額及び貸倒否認額	(17)のうち税務上貸倒れがあったものとみなされる額及び売掛債権等に該当しないものの額	個別評価の対象となった売掛債権等の額及び非適格合併等により移転する売掛債権等の額	法第52条第1項第3号に該当する法人の令第96条第9項各号の金銭債権以外の金銭債権の額	完全支配関係がある他の法人に対する売掛債権等の額	期末一括評価金銭債権の額 (17)+(18)-(19)-(20)-(21)-(22)	実質的に債権とみられないものの額	差引期末一括評価金銭債権の額 (23)-(24)
	17	18	19	20	21	22	23	24	25
売掛金	円 15,000,000	円	円	円	円	円	円 15,000,000	円 1,431,000	円 13,569,000
貸付金	10,000,000			1,700,000			8,300,000		8,300,000
未収金	750,000		200,000				550,000		550,000
計	25,750,000		200,000	1,700,000			23,850,000	1,359,450 1,431,000	22,490,550 22,419,000

基準年度の実績により実質的に債権とみられないものの額を計算する場合の明細

平成27年4月1日から平成29年3月31日までの間に開始した各事業年度末の一括評価金銭債権の額の合計額	26	円 43,130,000	債権からの控除割合 (27)/(26)（小数点以下3位未満切捨て）	28	0.057
同上の各事業年度末の実質的に債権とみられないものの額の合計額	27	2,482,000	実質的に債権とみられないものの額 (23の計)×(28)	29	円 1,359,450

別表四「貸倒引当金繰入超過額（加算・留保）」へ

別表十四（二） 寄附金の損金算入に関する明細書

I 制度の概要

法人税法上では，法人が各事業年度において支出した寄附金のうち，原則として一定額を超える部分の金額は損金の額に算入されないこととなっています。本来，寄附金はその支出に対する見返りがないため費用性に乏しく，また相手方に対する利益の分配の性格が強いことから，全額を損金に算入すべきではありません。しかし，事業との関連性がある寄附金もあるので，一定額以内の損金算入を認めています。

II 本制度と会計処理の関係

法人税法上は寄附金について，現実に金銭等により支払がされた時（金銭以外の資産の場合は引き渡しの日又は所有権移転の日）をもって損金の額を認識する現金主義を採用しています。そのことから法人が寄附金として会計処理をしていても，その処理をした日の属する事業年度の支出寄附金に含まれない場合が生じてきます（法令78）。

1 未払の場合
① 未払経理の場合

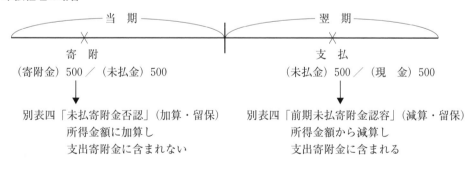

② 手形支払の場合（法基通9－4－2の4）
法人税法上寄附金については現金主義を採用しているので，現金支出の伴わない寄附金の支払のための手形の振出し（裏書譲渡を含みます。）は，現実の支払には該当しないことになります。

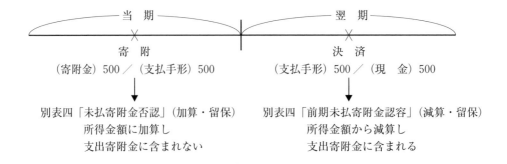

当　期 — 翌　期

寄　附　　　決　済

（寄附金）500／（支払手形）500　　　（支払手形）500／（現　金）500

↓　　　　　　　　　　↓

別表四「未払寄附金否認」（加算・留保）　別表四「前期未払寄附金認容」（減算・留保）

所得金額に加算し　　　　　　　　所得金額から減算し

支出寄附金に含まれない　　　　　支出寄附金に含まれる

2　仮払経理の場合（法基通9－4－2の3）

　法人税法上寄附金については現金主義を採用しているので，法人が各事業年度において支払った寄附金の額を仮払経理した場合には，その寄附金はその支払った事業年度において支出したものとして取り扱います。

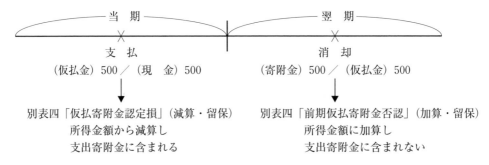

当　期 — 翌　期

支　払　　　消　却

（仮払金）500／（現　金）500　　　（寄附金）500／（仮払金）500

↓　　　　　　　　　　↓

別表四「仮払寄附金認定損」（減算・留保）　別表四「前期仮払寄附金否認」（加算・留保）

所得金額から減算し　　　　　　　所得金額に加算し

支出寄附金に含まれる　　　　　　支出寄附金に含まれない

Ⅲ　令和5年度税制改正

　大学や高等専門学校，一定の専門学校を設置する学校法人の設立費用として企業が支出する寄附金が，指定寄附金とされました。指定寄附金に追加された寄附金は，学校法人設立準備法人に対して支出された寄附金であって，学校法人の設立に必要な費用に充てられるもののうち，その学校法人設立準備法人がその寄附金の募集につき一定の要件を満たすものとして届出書を財務大臣に提出した日から令和10年3月31日までの間に支出されたものの全額とされます。

　対象となる支出先の法人は，学校法人設立準備法人とされています。学校法人設立準備法人とは，大学等の設置を主たる目的とする私立学校法第3条に規定する学校法人の設立を目的とする法人をいうこととされます。

　この改正は，令和5年4月1日以後に支出された寄附金について適用されることとされています。

Ⅳ　寄附金の損金不算入

1　寄附金の損金不算入額

　法人が支出した寄附金の額のうち，国等に対する寄附金及び指定寄附金（以下「指定寄附金等」といいます。）については全額が損金に算入され，その他の寄附金については一般寄附金の損金算入限

— 186 —

度額を超える部分の金額は損金の額に算入されないことになります（法法37①③）。

　特定公益増進法人等に対する寄附金の額（出資に関する業務に充てられることが明らかなものを除きます。）がある場合には，その他の寄附金の損金算入限度額のほかに，その特定公益増進法人等に対する寄附金の額の合計額と特定公益増進法人等に対する寄附金の特別損金算入限度額とのいずれか少ない方の金額を損金に算入できることになっています（法法37④）。

　国外関連者に対する寄附金の額については，全額が損金の額に算入されません（措法66の4③）。

　また，内国法人において，その内国法人との間に完全支配関係（法人による完全支配関係に限ります。）がある他の内国法人に対して支出した寄附金の額（以下「完全支配関係がある法人に対する寄附金額」といいます。）がある場合には，その寄附金の額の全額について，損金の額に算入されません（法法37②）。

---

　①　支出した寄附金の総額
　　(a)　指定寄附金等の金額
　　(b)　特定公益増進法人等に対する寄附金額
　　(c)　その他の寄附金額（国外関連者に対する寄附金額を含みます。）
　　(d)　計　(a)+(b)+(c)＝××
　　(e)　完全支配関係がある法人に対する寄附金額
　　(f)　計　(d)+(e)＝××
　②　損金算入限度額
　　(a)　一般寄附金の損金算入限度額
　　(b)　特定公益増進法人等に対する寄附金の特別損金算入限度額
　③　損金不算入額
　　(a)　①(d)支出した寄附金の総額−①(a)指定寄附金等の金額−特定公益増進法人に対する寄附金の損金算入額（注）−①(c)のうち国外関連者に対する寄附金額＝××
　　（注）①(b)　>< ②(b)　　∴少ない金額
　　(b)　(a)−②(a)一般寄附金の損金算入限度額＝××　（＜0　∴0　マイナスの場合は0になります。）
　　(c)　(b)+①(c)のうち国外関連者に対する寄附金額+①(e)完全支配関係がある法人に対する寄附金額＝××　（別表四(27)）寄附金の損金不算入額（加算・社外流出）

2　寄附金の意義

①　寄附金の範囲（法法37⑦⑧）

　寄附金とは，寄附金，拠出金，見舞金その他いずれの名義をもってするかを問わず，法人が行った金銭その他の資産又は経済的な利益の贈与又は無償の供与等をいいます。

内　容	例　示	寄附金の額
金銭その他の資産	金銭を寄附	金銭の額
	金銭以外の資産を贈与	贈与資産の時価相当額
	金銭以外の資産を低額譲渡	譲渡資産の時価相当額−対価の額
経済的な利益	資産の高価買い入れ	対価の額−資産の時価
	金銭の無償貸付け	通常収受すべき利息
	資産の低額貸与	通常収受すべき賃貸料−実際収受した賃貸料

② 寄附金の範囲から除外されるもの

次のような費用は，事業上の経費と認められ，寄附金としての性格が乏しいと考えられるため，寄附金の範囲から除外されています。

内　　　容	取　扱　い
広告宣伝費，見本品費，交際費，接待費，福利厚生費とされるべきもの（法法37⑦）	交際費等の損金不算入額を除き，それぞれの費用として損金
固定資産の取得に関連して支出する地方公共団体に対する寄附等（法基通7－3－3）	その資産の取得価額に算入
子会社等を整理する場合の損失負担等（法基通9－4－1）	損失負担等による経済的利益の額は損金
子会社等を再建する場合の無利息貸付け等（法基通9－4－2）	無利息貸付等による経済的利益の額は損金
役員等が個人として負担すべき寄附金（法基通9－4－2の2）	その役員等に対する給与
自社製品等の被災者に対する提供（法基通9－4－6の4）	その他の費用として損金
自己が便益を受ける公共的施設又は共同的施設の設置又は改良のために支出する費用（法令14①六イ）	繰延資産として所定の方法で償却（後掲別表十六（六）の項参照）

③ 支出寄附金の内訳区分

寄附金の損金不算入額を計算するためには，法人が支出した寄附金の額を「指定寄附金等の金額」「特定公益増進法人等に対する寄附金額」及び「その他の寄附金額」並びに「完全支配関係がある法人に対する寄附金額」に区分する必要がありますが，その内訳は次のとおりです。

(a) 指定寄附金等の金額（法法37③）

区　　分	内　　　容
国又は地方公共団体に対する寄附金	国公立の学校施設の拡張等を目的とする後援会等に対する寄附金で，その施設が完成後遅滞なく国等に帰属することが明らかなもの（法基通9－4－3）（注）
	被災者のための義援金等の募集を行う募金団体に対して拠出した義援金等で，最終的に義援金配分委員会等に拠出されることが募金趣意書等において明らかにされている寄附金（法基通9－4－6）
指定寄附金の一例	国立大学法人等の業務に充てられる寄附金
	各都道府県共同募金会が行う共同募金に対する寄附金 ・赤い羽根募金（10月1日〜12月31日） ・社会福祉事業又は更生保護事業，これらの事業に係る経常経費等に充てるための寄附金の全額
	中央共同募金会に対する寄附金 ・社会福祉事業又は更生保護事業，これらの事業に係る経常経費等に充てるための寄附金の全額
	日本赤十字社に対して，毎年4月1日〜9月30日までの期間内に支出された寄附金で，その寄附金の募集につき財務大臣の承認を受けたもの ただし，事業費・経常経費に充てるための寄附金は，特定公益増進法人等に対する寄附金になります。
指定寄附金の一例	独立行政法人日本学生支援機構に対するもので，学資の貸与に充てるための寄附金 ただし，事業費・経常経費に充てるための寄附金は，特定公益増進法人等に対する寄附金になります。
	学校法人設立準備法人に対して支出された寄附金。 当該法人が学校法人の設立に必要な費用に充てるために募集する寄附金で，その学校法人設立準備法人がその寄附金の募集につき一定の要件を満たすものとして届出書を財務大臣に提出した日から令和10年3月31日までの間に支出されたものとされています。

（注）国等に対して採納の手続を経て支出した寄附金であっても，その寄附金が特定の団体に交付されるこ

とが明らかである等最終的に国等に帰属しないと認められるものは，国等に対する寄附金には該当しません（法基通 9 - 4 - 4）。

(b)　特定公益増進法人等に対する寄附金額

ⓐ　特定公益増進法人に対する寄附金（法法37④，法令77）

　　特定公益増進法人とは，公共法人，公益法人等（非営利型法人に該当する一般社団法人及び一般財団法人を除きます。）その他特別の法律により設立された法人のうち，教育又は科学の振興，文化の向上，社会福祉への貢献その他公益の増進に著しく寄与する次に掲げる法人をいいます。

・独立行政法人通則法第 2 条第 1 項に規定する独立行政法人

・地方独立行政法人法第 2 条第 1 項に規定する地方独立行政法人で一定の業務を主たる目的とするもの

・自動車安全運転センター，日本司法支援センター，日本私立学校振興・共済事業団及び日本赤十字社及び福島国際研究教育機構

・公益社団法人及び公益財団法人

・私立学校法第 3 条に規定する学校法人等で一定のもの

・社会福祉法第22条に規定する社会福祉法人

・更生保護事業法第 2 条第 6 項に規定する更生保護法人

ⓑ　認定特定非営利活動法人に対する寄附金（措法66の11の 3 ②）

ⅰ　制度の概要

　　認定特定非営利活動法人等に対する特定非営利活動に係る事業に関連する寄附金（出資に関する業務に充てられることが明らかなものを除きます。）の額は，特定公益増進法人等に対する寄附金の額と合わせて特定公益増進法人等に対する寄附金の特別損金算入限度額を限度として損金の額に算入されます。

ⅱ　認定特定非営利活動法人等

　　下記①及び②の法人をいいます。

①　認定特定非営利活動法人

　　特定非営利活動法人のうち，その運営組織及び事業活動が適正であって公益の増進に資するものは，申請により所轄庁（主たる事務所が所在する都道府県の知事又は指定都市の長）の認定を受けることができることとされています（特定非営利活動促進法（以下「NPO法」といいます。）44）。

　　認定の有効期間は，所轄庁による認定の日から起算して 5 年となっており（NPO法51①），認定の有効期間の満了後，引き続き認定NPO法人として活動を行おうとする認定NPO法人は，有効期間の満了の日の 6 月前から 3 月前までの間に，所轄庁の条例で定めるところにより，有効期間の更新の申請書を提出し，有効期間の更新を受けることとされています（NPO法51②③⑤）。

②　特例認定特定非営利活動法人

　　新たに設立された特定非営利活動法人のうち，その運営組織及び事業活動が適正であって特定非営利活動の健全な発展の基盤を有し公益の増進に資すると見込まれるものは，申請により所轄庁（主たる事務所が所在する都道府県の知事又は指定都市の長）の特例認定を受けることができることとされています（NPO法58）。

　　なお，特例認定の有効期間は所轄庁による特例認定の日から起算して 3 年となり（NPO法60），

特例認定の有効期間が経過したときは，特例認定は失効します（更新はできません。）。特例認定の有効期間中又は有効期間経過後に認定NPO法人として認定を受けたい場合は認定の申請を行う必要があり，特例認定NPO法人が認定NPO法人として認定を受けたときは，特例認定の効力を失います（NPO法61）。

ⓒ　みなし寄附金

公益法人等に対する寄附金は，その収益事業に属する資産のうちから収益事業以外の事業（公益社団法人・公益財団法人にあっては，公益目的事業）のために支出した金額は，その収益事業に係る寄附金とみなされます。ただし，不正経理など隠蔽又は仮装して経理することにより収益事業に係る収入を過少に申告するなどして非収益事業のために支出した金額は，令和３年４月１日以後はみなし寄附金制度は適用されません（法法37⑤ただし書）。

(c)　その他の寄附金額

法人が支出した寄附金の額のうち，指定寄附金等及び特定公益増進法人等に対する寄附金以外の寄附金をいい，次のようなものが該当します。

- ・公共企業体等に対する寄附金（日本中央競馬会，日本下水道事業団等）（法基通９－４－５）
- ・町内会の祭費用等に充てるための寄附金
- ・政治団体に対する寄附金
- ・寺・神社への祭礼費用，社殿改造資金
- ・宗教法人に対する寄附金

(d)　国外関連者に対する寄附金（措法66の４①③，措令39の12）

国外関連者に対する寄附金の額は，「支出した寄附金の総額」の計算ではその他の寄附金額に含めます（損金算入限度額の計算には関係させます。）が，その全額が損金不算入として取り扱われます。

なお，国外関連者とは，法人と次の関係にある外国法人のことをいいます。

- ・発行済株式等の50％以上を直接又は間接に保有し又は保有される関係
- ・同一の者によってそれぞれの発行済株式等の50％以上を直接又は間接に保有される関係
- ・法人の事業の方針の全部又は一部につき実質的に決定できる関係

(e)　完全支配関係がある法人に対する寄附金額（法法37②）

ⓐ　寄附金の全額損金不算入

平成22年度税制改正により，いわゆる100％グループ内の内国法人間の寄附について，寄附金を支出した内国法人については，その寄附金全額が損金不算入とされ，寄附金を受領した内国法人については，その受贈益全額が益金不算入とされるようになりました（法法37②，25の２①）。

すなわち，内国法人が各事業年度において，その内国法人との間に完全支配関係がある他の内国法人に対して支出した寄附金の額は，その内国法人の各事業年度の所得の金額の計算上，損金の額に算入しないこととなります（相手方の受贈益の額については，益金の額に算入しないこととなります。）。

この場合の「**完全支配関係**」は，「法人による完全支配関係」に限られるため，個人による完全支配関係がある内国法人間の寄附については，従来どおりの寄附金税制が適用されます。

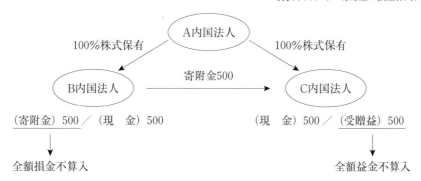

※　なお，完全支配している親法人（上記A内国法人）においては，その親法人が所有しているそれぞれの子法人株式（B内国法人株式・C内国法人株式）について，税務上の帳簿価額を修正する処理が必要となります（法令9七，119の3⑨，119の4①）。

B内国法人株式：（利益積立金額）　500／（B内国法人株式）500

C内国法人株式：（C内国法人株式）500／（利益積立金額）　500

ⓑ　完全支配関係がある場合の適用対象法人

　完全支配関係がある法人に対する寄附金額は，「支出した寄附金の総額」の計算では，指定寄附金等の金額や特定公益増進法人等に対する寄附金額，その他の寄附金額と合算して，損金算入限度額の計算に関係させることとなります。しかし，その全額が損金不算入として取り扱われます。

　この「完全支配関係がある法人に対する寄附金額」に該当する寄附金は，寄附金を受領した内国法人において，受贈益の益金不算入（法法25の2）の規定を適用しないとした場合に，その受領した内国法人の各事業年度の所得の金額の計算上益金の額に算入される受贈益の額（法法25の2②）に対応する寄附金に限られます（法法37②，法基通9－4－2の6）。

　また，「完全支配関係がある法人に対する寄附金額」に該当する寄附金は，「法人による完全支配関係がある」場合の寄附金に限られますが，「法人による完全支配関係がある」かどうかについては，寄附をした当事者間を抜き出して判定することとなります。したがって，寄附をした内国法人と受領をした内国法人の発行済株式等を他の法人を通じて個人が間接に保有することによる完全支配関係があるときであっても，その寄附金の額は，「完全支配関係がある法人に対する寄附金額」に該当することとなります（法基通9－4－2の5）。

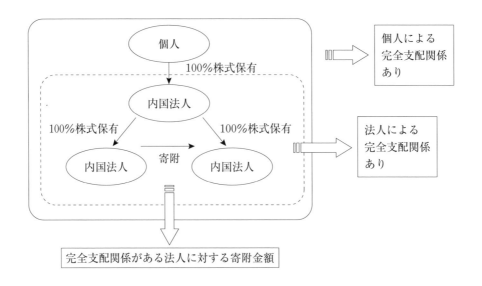

（f）　特定公益信託に対する寄附金（法法37⑥，法令77の４）

　　特定公益信託（公益信託ニ関スル法律第１条に規定する公益信託で一定の要件を満たすもの）の信託財産とするために支出した金銭の額は，その他の寄附金の額とみなして損金算入限度額の計算を行うこととされています。

　　なお，特定公益信託のうち，一定の要件に該当する認定特定公益信託の信託財産とするために支出した金銭の額は，特定公益増進法人等に対する寄附金として取り扱うこととされています。

3　寄附金の損金不算入額の計算

① 一般寄附金の損金算入限度額（法令73，法規22の４，措法66の11の３）

支出した法人の区分		損金算入限度額
普通法人，協同組合等及び人格のない社団等	資本の金額又は出資金を有するもの	(a)　資本基準額 $（期末資本金の額＋資本準備金の額^{（注1）}）×\dfrac{当期の月数}{12}×\dfrac{2.5}{1,000}＝××$ (b)　所得基準額 $^{（注3）}$ $（別表四「仮計㉖①」の金額＋支出寄附金総額）×\dfrac{2.5}{100}＝××$ (c)　$\{(a)＋(b)\}　×\dfrac{1}{4}＝××$
	資本の金額又は出資金を有しないもの	
• 非営利型法人に該当する一般社団法人，一般財団法人 • 一定の法律に規定等する以下の法人 　認可地縁団体，管理組合法人，団地管理組合法人，政党等，防災街区整備事業組合，特定非営利活動法人 $^{（注2）}$，マンション建替組合，マンション敷地売却組合，敷地分割組合 $^{（注4）}$		$（別表四「仮計㉖①」の金額＋支出寄附金総額）×\dfrac{1.25}{100}＝××$

	公益社団法人，公益財団法人	（別表四「仮計⑳①」の金額＋支出寄附金総額）$\times \dfrac{50}{100} = \times \times$
公益法人等	学校法人，社会福祉法人，更生保護法人，社会医療法人	(a)（別表四「仮計⑳①」の金額＋支出寄附金総額）$\times \dfrac{50}{100} = \times \times$ (b)　年200万円 (c)　(a)と(b)のうちいずれか大きい金額
	その他	（別表四「仮計⑳①」の金額＋支出寄附金総額）$\times \dfrac{20}{100} = \times \times$

（注1）当該事業年度終了の時における資本金の額及び資本準備金の額の合計額又は出資金の額となります。

（注2）NPO法第2条第2項に規定する特定非営利活動法人のうち同法第2条第3項に規定する認定特定非営利活動法人を除きます。

（注3）一般寄附金の損金算入限度額の計算における所得の金額の計算上適用しないこととされる規定に，分配時調整外国税相当額の損金不算入規定が含まれることとされました。なお，この規定は令和2年1月1日以後に支払を受ける集団投資信託の収益の分配に係る所得税の額に係る分配時調整外国税相当額について適用されます（法令73②四，平成30年改正法令附則1四，法法41の2，平成30年改正法附則23，24）。

（注4）マンションの管理の適正化の推進に関する法律及びマンションの建替え等の円滑化に関する法律の一部を改正する法律（令和2年法律第62号）の施行の日から適用されます（令和3年改正法規附則1三）。

② **特定公益増進法人に対する寄附金の特別損金算入限度額（法令77の2，法規23の3）**

支出した法人の区分		損金算入限度額
普通法人，協同組合等及び人格のない社団等	資本の金額又は出資金を有するもの	(a)　資本基準額 （期末資本金の額＋資本準備金の額）$^{（注1）}\times \dfrac{当期の月数}{12} \times \dfrac{3.75}{1,000} = \times \times$ (b)　所得基準額 （別表四「仮計⑳①」の金額＋支出寄附金総額）$\times \dfrac{6.25}{100} = \times \times$ (c)　$\{(a)+(b)\} \times \dfrac{1}{2} = \times \times$
	資本の金額又は出資金を有しないもの	
・非営利型法人に該当する一般社団法人，一般財団法人 ・一定の法律に規定等する以下の法人 　認可地縁団体，管理組合法人，団地管理組合法人，政党等，防災街区整備事業組合，特定非営利活動法人[注2]，マンション建替組合，マンション敷地売却組合，敷地分割組合[注3]		（別表四「仮計⑳①」の金額＋支出寄附金総額）$\times \dfrac{6.25}{100} = \times \times$

（注1）当該事業年度終了の時における資本金の額及び資本準備金の額の合計額又は出資金の額となります。

（注2）NPO法第2条第2項に規定する特定非営利活動法人のうち同法第2条第3項に規定する認定特定非営利活動法人を除きます。

（注3）マンションの管理の適正化の推進に関する法律及びマンションの建替え等の円滑化に関する法律の

一部を改正する法律（令和2年法律第62号）の施行の日から適用されます（令和3年改正法規附則1三）。

③ **公益社団法人又は公益財団法人の寄附金の損金算入限度額の特例（法令73の2）**

公益社団法人又は公益財団法人については，みなし寄附金の額のうち公益目的事業の実施のために必要な金額として算定された金額（公益法人特別限度額）が上記①公益社団法人，公益財団法人の損金算入限度額の金額を超えるときは，その公益法人特別限度額に相当する金額が損金算入限度額とされます。

ただし，公益法人特別限度額は，みなし寄附金に相当する金額を限度とすることとされています。

V 手続規定

指定寄附金等及び特定公益増進法人等に対する寄附金については，確定申告書，修正申告書又は更正請求書に寄附金の損金算入に関する明細書（別表十四（二））の添付があり，さらに特定公益増進法人等に対する寄附金については財務省令で定める書類の保存が必要です（法法37⑨）。

なお，指定寄附金等については，保存を要求される書類はありませんが，税務調査等に備えて寄附の事実を証明する書類等は完備しておくべきです。

また，公益社団法人又は公益財団法人の寄附金の損金算入限度額の特例（法令73の2）を適用する場合には，確定申告書，修正申告書又は更正請求書に公益法人特別限度額及びその計算に関する明細書（別表十四（二）付表）を添付することが必要です（法令73の2②）。

	添付資料	保存書類
指定寄附金等	寄附金の明細書（別表十四（二））	
特定公益増進法人に対する寄附金（法規24）	寄附金の明細書（別表十四（二））	その寄附金がその法人の主たる目的である業務に関連する寄附金である旨のその法人が証する書類その他一定の書類
認定特定非営利活動法人等に対する寄附金（措規22の12）	寄附金の明細書（別表十四（二））	その寄附金がその認定特定非営利活動法人等の行う特定非営利活動に係る事業に関連する寄附金である旨のその認定特定非営利活動法人等が証する書類
特定公益信託（法令77の4⑤）	・寄附金の明細書（別表十四（二）） ・主務大臣の証明書の写し	－
認定特定公益信託（法令77の4⑤，法規24四）	・寄附金の明細書（別表十四（二）） ・主務大臣の証明書の写し	認定特定公益信託に該当する旨の主務大臣の認定書の写し（認定の日がその支出の日以前5年内であるものの写しに限ります。）

VI 別表十四（二）の記入上の留意点

① 別表十四（二）において，「寄附金支出前所得金額 (8)」の欄及び「期末の資本金の額及び資本準備金の額の合計額又は出資金の額 (10)」の欄の金額がマイナスになる場合には，ゼロ（0円）と記載します。

② 寄附金の支出については現金主義を採用しているので，「支出した寄附金の額 (1)～(6)」の欄の金額には，仮払寄附金は含めて，未払寄附金は含めません。

Ⅶ　設例による個別検討

《設例 1 》寄附金の損金不算入（仮払経理を含む場合）

　次の資料に基づき，株式会社M社（普通法人）の当期（令和 5 年 4 月 1 日から令和 6 年 3 月31日）における別表十四（二）「寄附金の損金算入に関する明細書」の記載はどのようになりますか。

1　当期において寄附金として費用計上した金額の内訳は以下のとおりです。

　　1　中央共同募金会に対するもの（指定寄附金等に該当します。）^(注1)　　　　　1,050,000円

　　2　日本私立学校振興・共済事業団に対するもの（特定公益増進法人等に対する寄附金に該当^(注2)

　　　します。）　　　　　　　　　　　　　　　　　　　　　　　　　　　　200,000円

　　3　日本中央競馬会に対するもの（その他の寄附金に該当します。）　　　　　500,000円

　　4　外国子会社（国外関連者に該当します。）に対するもの　　　　　　　　　800,000円

　（注 1 ）寄附した日：令和 5 年12月18日・告示番号：昭和40年大蔵省告示第154号第四号の二

　　　　　寄附金の使途：更生保護事業

　（注 2 ）寄附した日：令和 5 年10月19日・寄附金の使途：経常経費

2　上記 1 のほか，仮払金勘定には，S政治団体に対する寄附金（その他の寄附金に該当します。）350,000円が含まれています。なお，翌期において，その仮払金は消却されています。

3　当期末における資本金の額及び資本準備金の額の合計額（別表五（一）「32の④」＋「33の④」）は50,000,000円です。

4　当期における別表仮計の金額（別表四「26の①」）は48,380,000円です。

5　M社の株式は，全て個人が所有しています。

〈解　説〉

1　支出寄附金の総額

　　1　指定寄附金等　　　　　　　　　　1,050,000円

　　2　特定公益増進法人等に対する寄附金　　200,000円

　　3　その他の寄附金　　　　　　　500,000円＋350,000円^(注1)＋800,000円^(注2)＝1,650,000円

　　4　1＋2＋3＝2,900,000円

　（注 1 ）寄附金の計上は現金主義を採用しているので，仮払金により処理されていたS政治団体に対する

　　　　　寄附金　350,000円も支出寄附金「その他の寄附金」に計上します。

　　　　　→別表四「仮払寄附金認定損」（減算・留保）の欄に転記します。

　　　　　（翌期は別表四「前期仮払寄附金否認」（加算・留保）の欄に転記します。）

　（注 2 ）その他の寄附金には，国外関連者に対する寄附金を含めて計算します。

2　損金算入限度額

　　1　一般寄附金の損金算入限度額

　　(a)　資本基準額　$50,000,000円 \times \dfrac{12}{12} \times \dfrac{2.5}{1,000} = 125,000円$

　　(b)　所得基準額　$(48,380,000円 + 2,900,000円) \times \dfrac{2.5}{100} = 1,282,000円$

　　(c)　$((a)+(b)) \times \dfrac{1}{4} = 351,750円$

② 特別損金算入限度額

(a) 資本基準額　$50,000,000円 \times \dfrac{12}{12} \times \dfrac{3.75}{1,000} = 187,500円$

(b) 所得基準額　$(48,380,000円 + 2,900,000円) \times \dfrac{6.25}{100} = 3,205,000円$

(c) $((a) + (b)) \times \dfrac{1}{2} = 1,696,250円$

3　損金不算入額

① $2,900,000円$（支出寄附金の総額1④）$- 800,000円$[注3]（国外関連者に対する寄附金）$= 2,100,000円$

② ① $- 1,050,000円$（指定寄附金等1①）$- 200,000円$[注4] $= 850,000円$

（注3）国外関連者に対する寄附金（800,000円）は全額損金不算入となりますので，まず①において計算対象から除外し，最後に④において③で計算された損金不算入額に加算します。

（注4）200,000円（特定公益増進法人等に対する寄附金1②）＜1,696,250円（特別損金算入限度額2②）

∴200,000円（いずれか少ない金額）

③ ② $- 351,750円$（損金算入限度額2①）$= 498,250円$

④ ③ $+ 800,000円$[注3]（国外関連者に対する寄附金）$= 1,298,250円 \rightarrow$ 別表四「寄附金の損金不算入額　(27)」（加算・社外流出）の欄に転記します。

4　損金算入額

支出寄附金の総額2,900,000円から損金不算入額1,298,250円を控除した損金算入額1,601,750円は，次の寄附金によって構成されることになります。

指定寄附金　　　特定公益増進法人等に対する寄附金　　　　　　　　　　その他の寄附金
1,050,000円 +　　　　200,000円　　　 + 351,750円（1,650,000円 - 1,298,250円）= 1,601,750円

《設例１》による記入例

寄附金の損金算入に関する明細書

事業年度	5・4・1 6・3・31	法人名	株式会社Ｍ社	別表十四(二)

公益法人等以外の法人の場合 / 公益法人等の場合

区分		項目	No	金額		区分	項目	No	金額
一般寄附金の損金算入限度額の計算	支出した寄附金の額	指定寄附金等の金額 (41の計)	1	1,050,000円		損金算入限度額の計算	長期給付事業への繰入利子額	25	円
		特定公益増進法人等に対する寄附金額 (42の計)	2	200,000			同上以外のみなし寄附金額	26	
		その他の寄附金額	3	1,650,000			その他の寄附金額	27	
		計 (1)＋(2)＋(3)	4	2,900,000			計 (25)＋(26)＋(27)	28	
		完全支配関係がある法人に対する寄附金額	5				所得金額仮計 (別表四「26の①」)	29	
		計 (4)＋(5)	6	2,900,000			寄附金支出前所得金額 (28)＋(29) (マイナスの場合は０)	30	
	所得金額仮計 (別表四「26の①」)		7	48,380,000			同上の 20又は50/100 相当額	31	
	寄附金支出前所得金額 (6)＋(7) (マイナスの場合は０)		8	51,280,000			公益社団法人又は公益財団法人の公益法人特別限度額 (別表十四(二)付表「3」)	32	
	同上の 2.5×11.25/100 相当額		9	1,282,000			長期給付事業を行う共済組合等の損金算入限度額 ((25)と融資額の年5.5％相当額のうち少ない金額)	33	
	期末の資本金の額及び資本準備金の額の合計額又は出資金の額 (別表五(一)「32の④」＋「33の④」)		10	50,000,000			損金算入限度額 (31)＋(31)と(32)のうち多い金額)又は((31)と(33)のうち多い金額)	34	
	同上の月数換算額 (10)× 12/12		11	50,000,000			指定寄附金等の金額 (41の計)	35	
	同上の 2.5/1,000 相当額		12	125,000			国外関連者に対する寄附金額及び完全支配関係がある法人に対する寄附金額	36	
	一般寄附金の損金算入限度額 ((9)＋(12))× 1/4		13	351,750			(28)の寄附金額のうち同上の寄附金以外の寄附金額 (28)－(36)	37	
特定公益増進法人等に対する寄附金の特別損金算入限度額の計算	寄附金支出前所得金額の 6.25/100 相当額 (8)× 6.25/100		14	3,205,000			同上のうち損金の額に算入されない金額 (37)－(34)－(35)	38	
	期末の資本金の額及び資本準備金の額の合計額又は出資金の額の月数換算額の 3.75/1,000 相当額 (11)× 3.75/1,000		15	187,500			国外関連者に対する寄附金額及び完全支配関係がある法人に対する寄附金額 (36)	39	
	特定公益増進法人等に対する寄附金の特別損金算入限度額 ((14)＋(15))× 1/2		16	1,696,250			計 (38)＋(39)	40	
	特定公益増進法人等に対する寄附金の損金算入額 ((2)と((14)又は(16))のうち少ない金額)		17	200,000					
	指定寄附金等の金額 (1)		18	1,050,000					
	国外関連者に対する寄附金額及び本店等に対する内部寄附金額		19	800,000					
	(4)の寄附金額のうち同上の寄附金以外の寄附金額 (4)－(19)		20	2,100,000					
損金不算入額	同上のうち損金の額に算入されない金額 (20)－((9)又は(13))－(17)－(18)		21	498,250					
	国外関連者に対する寄附金額及び本店等に対する内部寄附金額 (19)		22	800,000					
	完全支配関係がある法人に対する寄附金額 (5)		23						
	計 (21)＋(22)＋(23)		24	1,298,250					

指定寄附金等に関する明細

寄附した日	寄附先	告示番号	寄附金の使途	寄附金額 41
令和5.12.18	中央共同募金会	昭和40年大蔵省告示第154号	更生保護事業	1,050,000円
		計		1,050,000

特定公益増進法人若しくは認定特定非営利活動法人等に対する寄附金又は認定特定公益信託に対する支出金の明細

寄附した日又は支出した日	寄附先又は受託者	所在地	寄附金の使途又は認定特定公益信託の名称	寄附金額又は支出金額 42
令和5.10.19	日本私立学校振興・共済事業団	東京都千代田区富士見	経常経費	200,000円
		計		200,000

その他の寄附金のうち特定公益信託（認定特定公益信託を除く。）に対する支出金の明細

支出した日	受託者	所在地	特定公益信託の名称	支出金額
				円

別表四「寄附金の損金不算入額(27)(加算・社外流出)」へ

《設例2》寄附金の損金不算入（未払経理を含む場合）

　次の資料に基づき，株式会社M社（普通法人）の当期（令和5年4月1日から令和6年3月31日）における別表十四（二）「寄附金の損金算入に関する明細書」の記載はどのようになりますか。

1　当期において寄附金として費用計上した金額の内訳は以下のとおりです。

　　① F政治団体に対するもの（その他の寄附金に該当します。）　　　　　　　　　500,000円

　　② S宗教法人に対するもの（その他の寄附金に該当します。）　　　　　　　　　800,000円

　　③ 自動車安全運転センターに対するもの（特定公益増進法人等に対する寄附金に該当します。）(注)

　　　　　　　　　　　　　　　　　　　　　　　　　　　　　　　　　　　　　　300,000円

　　（注）寄附した日：令和5年6月23日・寄附金の使途：経常経費

2　上記1のうち，①F政治団体に対する寄附金については，約束手形（支払期日：翌期の令和6年5月2日）を振り出しています。なお，その約束手形は翌期になり，その支払期日に決済がされました。

3　前期において未払金経理をした下記寄附金（2,000,000円）を，令和5年6月30日に現金で支払いました（指定寄附金等に該当します）。

　　寄附先：財団法人D博物館

　　告示番号：令和元年財務省告示第××号

　　寄附金の使途：博物館建築資金

4　当期末における資本金の額及び資本準備金の額の合計額（別表五（一）「32の④」＋「33の④」）は60,000,000円です。

5　当期における別表仮計の金額（別表四「26の①」）は50,300,000円です。

6　M社の株式は，全て個人が所有しています。

〈解　説〉

1　支出寄附金の総額(注1)

　　① 指定寄附金等　　　　　　　　　　2,000,000円(注2)

　　② 特定公益増進法人等に対する寄附金　300,000円

　　③ その他の寄附金　　　　　　　　　800,000円

　　④ ①＋②＋③＝3,100,000円

　　（注1）寄附金の計上は現金主義を採用しており，F政治団体に対する寄附金は，実際に支払われていないため支出寄附金に含まれません。

　　（注2）当期に現金で支払われた財団法人D博物館に対する寄附金は，支出寄附金に含まれます。

2　損金算入限度額

　　① 一般寄附金の損金算入限度額

　　(a)　資本基準額　$60,000,000円 \times \dfrac{12}{12} \times \dfrac{2.5}{1,000} = 150,000円$

　　(b)　所得基準額　$(50,300,000円 + 3,100,000円) \times \dfrac{2.5}{100} = 1,335,000円$

　　(c)　$((a)+(b)) \times \dfrac{1}{4} = 371,250円$

②　特別損金算入限度額

(a)　資本基準額　$60,000,000円 \times \dfrac{12}{12} \times \dfrac{3.75}{1,000} = 225,000円$

(b)　所得基準額　$(50,300,000円 + 3,100,000円) \times \dfrac{6.25}{100} = 3,337,500円$

(c)　$((a) + (b)) \times \dfrac{1}{2} = 1,781,250円$

3　損金不算入額

① 3,100,000円（支出寄附金の総額1④）－2,000,000円（指定寄附金等1①）－300,000円[注3]=800,000円

（注3）300,000円（特定公益増進法人等に対する寄附金1②）＜1,781,250円（損金算入限度額2②）

∴300,000円（いずれか少ない金額）

② ①－371,250円＝428,750円→別表四「寄附金の損金不算入額(27)」（加算・社外流出）の欄に記載します。

（注4）約束手形を振り出したF政治団体に対する寄附金（支払期日は翌期）　500,000円

→別表四「未払寄附金否認」（加算・留保）の欄に記載します。

（翌期は別表四「前期未払寄附金認容」（減算・留保）の欄に転記します。）

（注5）現金で支払った財団法人D博物館に対する寄附金（前期の未払寄附金）

（前期は別表四「未払寄附金否認」（加算・留保）の欄に記載されています。）

→別表四「前期未払寄附金認容」（減算・留保）の欄に記載します。

《設例２》による記入例

寄附金の損金算入に関する明細書

事業年度	5・4・1 6・3・31	法人名	株式会社M社

別表十四(二)

	公益法人等以外の法人の場合				公益法人等の場合		
一般寄附金の損金算入限度額の計算	支出した寄附金の額	指定寄附金等の金額 (41の計)	1	2,000,000円	損金算入した寄附金の額	長期給付事業への繰入利子額	25	円
		特定公益増進法人等に対する寄附金額 (42の計)	2	300,000		同上以外のみなし寄附金額	26	
		その他の寄附金額	3	800,000		その他の寄附金額	27	
		計 (1)＋(2)＋(3)	4	3,100,000		計 (25)＋(26)＋(27)	28	
		完全支配関係がある法人に対する寄附金額	5		所得金額仮計 (別表四「26の①」)		29	
		計 (4)＋(5)	6	3,100,000				
		所得金額仮計 (別表四「26の①」)	7	50,300,000	限度額の計算	寄附金支出前所得金額 (28)＋(29) (マイナスの場合は0)	30	
		寄附金支出前所得金額 (6)＋(7) (マイナスの場合は0)	8	53,400,000		同上の 20又は50／100 相当額 〔50／100 相当額が年200万円に満たない場合 (当該法人が公益社団法人又は公益財団法人である場合を除く。)は、年200万円〕	31	
		同上の 2.5／100 相当額	9	1,335,000				
		期末の資本金の額及び資本準備金の額の合計額又は出資金の額 (別表五(一)「32の④」＋「33の④」)	10	60,000,000		公益社団法人又は公益財団法人の公益法人特別限度額 (別表十四(二)付表「3」)	32	
		同上の月数換算額 (10)× 12／12	11	60,000,000		長期給付事業を行う共済組合等の損金算入限度額 (25)と融資額の年5.5%相当額のうち少ない金額	33	
		同上の 2.5／1,000 相当額	12	150,000		損金算入限度額 (31)、(31)と(32)のうち多い金額)又は((31)と(33)のうち多い金額)	34	
		一般寄附金の損金算入限度額 ((9)＋(12))× 1／4	13	371,250				
特定公益増進法人等に対する寄附金の特別損金算入限度額の計算		寄附金支出前所得金額の 6.25／100 相当額 (8)× 6.25／100	14	3,337,500		指定寄附金等の金額 (41の計)	35	
		期末の資本金の額及び資本準備金の額の合計額又は出資金の額の月数換算額の 3.75／1,000 相当額 (11)× 3.75／1,000	15	225,000		国外関連者に対する寄附金額及び完全支配関係がある法人に対する寄附金額	36	
		特定公益増進法人等に対する寄附金の特別損金算入限度額 ((14)＋(15))× 1／2	16	1,781,250		(28)の寄附金額のうち同上の寄附金以外の寄附金額 (28)－(36)	37	
		特定公益増進法人等に対する寄附金の損金算入額 ((2)と((14)又は(16))のうち少ない金額)	17	300,000	損金不算入額	同上のうち損金の額に算入されない金額 (37)－(34)－(35)	38	
		指定寄附金等の金額 (1)	18	2,000,000		国外関連者に対する寄附金額及び完全支配関係がある法人に対する寄附金額 (36)	39	
		国外関連者に対する寄附金額及び本店等に対する内部寄附金額	19			計 (38)＋(39)	40	
損金不算入額		(4)の寄附金額のうち同上の寄附金以外の寄附金額 (4)－(19)	20	3,100,000				
		同上のうち損金の額に算入されない金額 (20)－((9)又は(13))－(17)－(18)	21	428,750				
		国外関連者に対する寄附金額及び本店等に対する内部寄附金額 (19)	22					
		完全支配関係がある法人に対する寄附金額 (5)	23					
		計 (21)＋(22)＋(23)	24	428,750				

別表四「寄附金の損金不算入額(27)(加算・社外流出)」へ

指定寄附金等に関する明細

寄附した日	寄附先	告示番号	寄附金の使途	寄附金額 41
令和5.6.30	財団法人D博物館	令和元年財務省告示××号	博物館建築資金	2,000,000円
		計		2,000,000

特定公益増進法人若しくは認定特定非営利活動法人等に対する寄附金又は認定特定公益信託に対する支出金の明細

寄附した日又は支出した日	寄附先又は受託者	所在地	寄附金の使途又は認定特定公益信託の名称	寄附金額又は支出金額 42
令和5.6.23	自動車安全運転センター	東京都千代田区二番町	経常経費	300,000円
		計		300,000

その他の寄附金のうち特定公益信託(認定特定公益信託を除く。)に対する支出金の明細

支出した日	受託者	所在地	特定公益信託の名称	支出金額
				円

《設例3》寄附金の損金不算入（完全支配関係がある法人に対する寄附金額がある場合）

　次の資料に基づき，株式会社M社（普通法人）の当期（令和5年4月1日から令和6年3月31日）における別表十四（二）「寄附金の損金算入に関する明細書」の記載はどのようになりますか。

1　当期において寄附金として費用計上した金額の内訳は以下のとおりです。

　①　株式会社A社に対するもの(注1)　　　　　　　　1,000,000円

　②　株式会社B社に対するもの(注2)　　　　　　　　1,500,000円

　③　株式会社C社に対するもの(注3)　　　　　　　　300,000円

　（注1）株式会社A社は，M社の親会社である株式会社R社（M社の株式を100%所有）に株式を100%所有されています。

　（注2）株式会社B社は，M社の代表取締役であるX氏に株式を100%所有されています。

　（注3）株式会社C社は，M社の100%子会社に該当します。

2　当期末における資本金の額及び資本準備金の額の合計額（別表五（一）「㉜の④」＋「㉝の④」）は10,000,000円です。

3　当期における別表仮計の金額（別表四「㉖の①」）は65,000,000円です。

〈**解　説**〉

1　支出寄附金の総額

　①　その他の寄附金　　　　　　　　　　　　1,500,000円(注1)

　②　完全支配関係がある法人に対する寄附金額　1,000,000円(注2)＋300,000円(注2)＝1,300,000円

　③　①＋②＝2,800,000円

　（注1）株式会社B社は，個人であるX氏に支配されており，M社との間に法人による完全支配関係がないことから，その他の寄附金に含まれます。

　（注2）株式会社A社と株式会社C社は，M社との間に法人による完全支配関係があるため，それぞれに対する寄附金は完全支配関係がある法人に対する寄附金額に含まれます。

2　損金算入限度額（一般寄附金の損金算入限度額）

　①　資本基準額　$10,000,000円 \times \dfrac{12}{12} \times \dfrac{2.5}{1,000} = 25,000円$

　②　所得基準額　$(65,000,000円 + 2,800,000円) \times \dfrac{2.5}{100} = 1,695,000円$

　③　$(① + ②) \times \dfrac{1}{4} = 430,000円$

3　損金不算入額

　①　1,500,000円（その他の寄附金1①）

　②　①－430,000円（損金算入限度額2③）＝1,070,000円

　③　1,300,000円（完全支配関係がある法人に対する寄附金額）

　④　②＋③＝2,370,000円　→　別表四「寄附金の損金不算入額㉗」（加算・社外流出）の欄に記載します。

《設例3》による記入例

寄附金の損金算入に関する明細書

| 事 業
年 度 | 5 ・ 4 ・ 1
6 ・ 3 ・31 | 法人名 | 株式会社M社 | 別
表
十
四
(二) |

公 益 法 人 等 以 外 の 法 人 の 場 合				公 益 法 人 等 の 場 合		
一般寄附金の損金算入限度額の計算	支出した寄附金の額	指 定 寄 附 金 等 の 金 額 (41の計)	1	円	損金算入限度額の計算	支出した寄附金の額	長 期 給 付 事 業 へ の 繰 入 利 子 額	25	円
		特定公益増進法人等に対する寄附金額 (42の計)	2			同 上 以 外 の み な し 寄 附 金 額	26	
		そ の 他 の 寄 附 金 額	3	1,500,000		そ の 他 の 寄 附 金 額	27	
		計 (1) + (2) + (3)	4	1,500,000		計 (25) + (26) + (27)	28	
		完 全 支 配 関 係 が あ る 法 人 に 対 す る 寄 附 金 額	5	1,300,000		所 得 金 額 仮 計 (別表四「26の①」)	29	
		計 (4) + (5)	6	2,800,000			
	所 得 金 額 仮 計 (別表四「26の①」)	7	65,000,000		寄 附 金 支 出 前 所 得 金 額 (28) + (29) (マイナスの場合は0)	30	
	寄 附 金 支 出 前 所 得 金 額 (6) + (7) (マイナスの場合は0)	8	67,800,000		
	同 上 の 2.5又は1.25 相 当 額 100	9	1,695,000		同 上 の 20又は50 相 当 額 100 [50 相当額が年200万円に満たない場合 100 (当該法人が公益社団法人又は公益財団 法人である場合を除く。)は、年200万円]	31	
	期 末 の 資 本 金 の 額 及 び 資 本 準 備 金 の 額 の 合 計 額 又 は 出 資 金 の 額 (別表五(一)「32の④」+「33の④」)	10	10,000,000		
	同 上 の 月 数 換 算 額 (10) × 12 12	11	10,000,000		公 益 社 団 法 人 又 は 公 益 財 団 法 人 の 公 益 法 人 特 別 限 度 額 (別表十四(二)付表「3」)	32	
	同 上 の 2.5 相 当 額 1,000	12	25,000		長 期 給 付 事 業 を 行 う 共 済 組 合 等 の 損 金 算 入 限 度 額 ((25)と融資額の年5.5%相当額のうち少ない金額)	33	
	一 般 寄 附 金 の 損 金 算 入 限 度 額 ((9) + (12)) × 1/4	13	430,000		
特定公益増進法人等に対する寄附金の特別損金算入限度額の計算	寄附金支出前所得金額の 6.25 相 当 額 100 (8) × 6.25 100	14			損 金 算 入 限 度 額 (31)、((31) と (32)のうち多い金額) 又は ((31) と (33)のうち多い金額)	34	
	期末の資本金の額及び資本準備金の額の合計額 又は出資金の額の月数換算額の 3.75 相 当 額 (11) × 3.75 1,000	15			指 定 寄 附 金 等 の 金 額 (41の計)	35	
	特定公益増進法人等に対する寄附金の特別損金算入限度額 ((14) + (15)) × 1/2	16			国 外 関 連 者 に 対 す る 寄 附 金 額 及 び 完 全 支 配 関 係 が あ る 法 人 に 対 す る 寄 附 金 額	36	
特定公益増進法人等に対する寄附金の損金算入額 ((2)と((14)又は(16))のうち少ない金額)	17			(28)の寄附金額のうち同上の寄附金以外の寄附金額 (28) - (36)	37	
指 定 寄 附 金 等 の 金 額 (1)	18			損金不算入額	同上のうち損金の額に算入されない金額 (37) - (34) - (35)	38	
国 外 関 連 者 に 対 す る 寄 附 金 額 及 び 本 店 等 に 対 す る 内 部 寄 附 金 額	19				
(4)の寄附金額のうち同上の寄附金以外の寄附金額 (4) - (19)	20	1,500,000			国 外 関 連 者 に 対 す る 寄 附 金 額 及 び 完 全 支 配 関 係 が あ る 法 人 に 対 す る 寄 附 金 額 (36)	39	
損金不算入額	同上のうち損金の額に算入されない金額 (20) - ((9) 又は (13)) - (17) - (18)	21	1,070,000		
	国 外 関 連 者 に 対 す る 寄 附 金 額 及 び 本 店 等 に 対 す る 内 部 寄 附 金 額 (19)	22			計 (38) + (39)	40	
	完全支配関係がある法人に対する寄附金額 (5)	23	1,300,000		
	計 (21) + (22) + (23)	24	2,370,000		

指 定 寄 附 金 等 に 関 す る 明 細					
寄 附 し た 日	寄 附 先	告 示 番 号	寄 附 金 の 使 途	寄 附 金 額 41	
					円
		計			

特定公益増進法人若しくは認定特定非営利活動法人等に対する寄附金又は認定特定公益信託に対する支出金の明細					
寄附した日又は支出した日	寄附先又は受託者	所 在 地	寄附金の使途又は認定特定 公益信託の名称	寄 附 金 額 又 は 支 出 金 額 42	
					円
		計			

その他の寄附金のうち特定公益信託（認定特定公益信託を除く。）に対する支出金の明細				
支 出 し た 日	受 託 者	所 在 地	特 定 公 益 信 託 の 名 称	支 出 金 額
				円

別表四「寄附金の損金不算入額㉗（加算・社外流出）」へ

Ⅷ　地方創生応援税制（企業版ふるさと納税）

1　概要（措法42の12の２，地法附則８の２の２，９の２の２）

　青色申告書を提出する法人が，地域再生法の一部を改正する法律（平成28年法律第30号）の施行の日（平成28年４月20日）から令和７年３月31日までの間に，地域再生法の認定地方公共団体が行った同法のまち・ひと・しごと創生寄附活用事業に関連する寄附金（特定寄附金）を支出した場合には，その支出した日を含む事業年度において，次に掲げる法人事業税，法人住民税及び法人税の税額控除ができることとされます。

区　　分		税額控除額の計算
法人事業税	税額控除限度額	支出寄附金の額×20％
	税額基準額（上限）	法人事業税の額×20％
法人住民税	税額控除限度額	支出寄附金の額×40％
	税額基準額（上限）	法人道府県民税法人税割額×20％
		法人市町村民税法人税割額×20％
法　人　税	税額控除限度額	①　法人住民税で控除しきれなかった金額(注) ②　支出寄附金の額×10％ ③　①と②のいずれか少ない金額
	税額基準額（上限）	法人税の額×５％

（注）税額控除限度額の計算

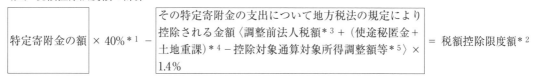

- ＊１　令和２年４月１日前に支出する特定寄附金は20％。
- ＊２　その事業年度に支出した特定寄附金の合計額の10％限度。
- ＊３　租税特別措置法42条の４第19項第２号の調整前法人税額をいいます。
- ＊４　法人税施行令139条の10第２項第１号に掲げる金額をいい，具体的には租税特別措置法第62条の規定の使途秘匿金課税並びに第62条の３及び第63条の規定をいいます。
- ＊５　法人税施行令第139条の10第２項第２号ロ及びハをいいます。

　この制度を活用することによって，企業が支出した寄附金のうち，損金算入措置（法法37①③）によって税負担が約３割軽減する効果に加えて，企業版ふるさと納税では，法人事業税，法人住民税及び法人税の税負担の約９割が税額控除によって軽減されます。

〈税負担軽減の概要〉

	損金算入による 軽減効果	←	税額控除による軽減効果（60%）		→
所得が 大きい法人	法人税，事業税，住民税 （約30％）	事業税 （約20％）	住民税 （40％）		法人の 自己負担分 （約10％）

	損金算入による 軽減効果	←	税額控除による軽減効果（60%）		→
所得が 小さい法人	法人税，事業税，住民税 （約30％）	事業税 （約20％）	住民税 （上限）	法人税 （40％－左記住 民税控除額）	法人の 自己負担分 （約10％）

内閣府資料「企業版ふるさと納税ぽータルサイト制度概要より」

2 対象事業の範囲

　企業版ふるさと納税の対象となる事業は，県及び市区町村が「まち・ひと・しごと創生寄附活用事業」として，①移住・定住の促進，②結婚・出産・育児がしやすい環境の整備，③地域を支える人材の育成，④観光・農林水産業等の働く場所の創出につながるものとして申請し，国の認定を受けたものとされます。

　なお，具体的対象事業者については，内閣府地方創生推進事務局「企業版ふるさと納税ポータルサイト」を参照して下さい。

3 留 意 点

企業版ふるさと納税を活用して寄附を行う場合には，次に掲げる留意点があります。

① 寄附を行うことの代償として経済的な利益（いわゆる「返戻品」）を受け取ることは禁止されています。

② 企業の本社（主たる事務所又は事業所）が所在する地方公共団体への寄附については対象とされません。

③ 地方交付税の不交付団体である都道府県又は地方交付税の不交付団体であって，その全域が地方拠点強化税制の支援対象外地域とされている市町村（令和2年度の例：東京都，茨城県守谷市，埼玉県戸田市・和光市・八潮市・三芳町，千葉県市川市・浦安市・印西市，東京都23特別区・立川市・武蔵野市・三鷹市・府中市・調布市・小金井市・国分寺市・国立市・多摩市・瑞穂町，神奈川県川崎市・鎌倉市・藤沢市・厚木市・海老名市・寒川町・中井町・愛川町）への寄附については対象とされません。

④ 1回当たり10万円以上の寄附が対象とされます。

⑤ 寄附の払込については，地方自治体が対象となる事業を実施し，事業費が確定した後に行うこととされています。この場合，税額控除の対象となる寄附は，確定した事業費の範囲内までとされています。

（「地方創生応援税制（企業版ふるさと納税）活用の手引き」）

4　適用期間

　この制度は，法人が，地域再生法の一部を改正する法律（平成28年法律第30号）の施行の日（平成28年4月20日）から令和7年3月31日までの間に特定寄附金を支出した場合に適用できることとされています（措法42の12の2①）。

5　申告要件

　この規定は，確定申告書等に控除の対象となる特定寄附金の額，控除を受ける金額及びこの金額の計算に関する明細を記載した書類の添付があり，かつ，この書類に記載された寄附金が特定寄附金に該当することを証する書類を保存している場合に限り，適用することとされています（措法42の12の2②，措規20の8）。

6　設例による個別検討

《設例4》企業版ふるさと納税

　次の資料に基づき，東京に本社を置く株式会社M社（普通法人）の当期（令和5年4月1日から令和6年3月31日）における別表十四（二）「寄附金の損金算入に関する明細書」及び別表六（二十四）「認定地方公共団体の寄附活用事業に関連する寄附をした場合の法人税額の特別控除に関する明細書」の記載はどのようになりますか。

　また，企業版ふるさと納税の税負担軽減の効果についても教えて下さい。

1　当期において寄附金として費用計上した金額の内訳は以下のとおりです。

　　①　A県B市に対するもの　　　　　　　　　　　　　　500,000円
　　　　※　上記の寄附金は，令和5年10月20日にA県B市の公立高校建設のために支出したもので，地域再生法の認定地方公共団体に対する特定寄附金に該当しないものです。

　　②　C県D市のE事業計画に対するもの　　　　　　　　300,000円
　　　　※　上記の寄附金は，令和5年10月25日にC県D市のE事業計画のために支出したもので，地域再生法の認定地方公共団体に対する特定寄附金に該当するものです。

2　当期末における資本金の額及び資本準備金の額の合計額（別表五（一）「㉜の④」＋「㉝の④」）は3,000,000円です。

3　当期における別表仮計の金額（別表四「㉖の①」）は20,000,000円です。

4　当期における法人税額（別表一「(2)」）は7,386,000円とします。

5　上記の他「認定地方公共団体の寄附活用事業に関連する寄附をした場合の法人税額の特別控除」の規定を受ける上での要件は満たしていることとします。また，上記の他に，法人税額の特別控除に関する規定の適用はないものとします。

6　M社の株式は，全て個人が所有しています。

〈解　説〉

1　寄附金の損金不算入
　　指定寄附金等　500,000円＋300,000円＝800,000円

※　A県B市に対するもの，C県D市に対するものは，両者ともに国等に対するものであるため，指定寄附金等に該当します。したがって，すべて損金の額に算入されることから，損金不算入額はありません。

2　法人税額の特別控除額

   1　税額控除限度額

   (1)　差引税額控除基準額残額

   ①　税額控除基準額　300,000円×40％＝120,000円

   ②　住民税額控除額の計算

   (イ)　調整前法人税額　7,386,000円

   ※　調整前法人税額は別表一「(2)」の金額です。

   (ロ)　住民税額控除額の計算の基礎となる法人税額　7,386,000円

   ※　住民税額控除額の計算の基礎となる法人税額は，「調整前法人税額」に使途秘匿金の支出がある場合の課税の特例など一定の「加算調整額」を加算し，試験研究を行った場合の法人税額の特別控除など一定の「税額控除額」を減算した金額です（措法42の12の2①，措令27の12の2①）。

   本問では加算調整すべき金額，減算調整すべき金額がありませんので，調整前法人税額が住民税額控除額の計算の基礎となる法人税額となります。

   (ハ)　住民税額控除額　7,386,000円×1.4／100＝103,404円

   ※　税額控除限度額の計算上控除される特定寄附金の支出につき道府県民税及び市町村民税の額から控除される金額については，循環計算を避けるため，一定の仮計算とされています（措法42の12の2①，措令27の12の2①，平成28年改正措令附則15①）。

   ③　①－②＝16,596円

   (2)　特定寄附金基準額　300,000円×10／100＝30,000円

   (3)　(1)と(2)のうち少ない金額　∴16,596円

   2　税額基準額　7,386,000円×5／100＝369,300円

   3　1と2のうち少ない金額　∴16,596円

3　企業版ふるさと納税の税負担軽減の効果

   1　法人税の税額控除額　上記2 3　16,596円

   2　事業税の税額控除額

   (1)　税額控除限度額　300,000円×20％＝60,000円

   (2)　税額基準額　1,192,000円（注）×20％＝238,400円

   (注)　東京都で事業税（税額控除前）の額を計算すると次の金額になります。

   ①　4,000,000円×3.500／100＝140,000円

   ②　4,000,000円×5.300／100＝212,000円

   ③　12,000,000円×7.000／100＝840,000円

   ④　①＋②＋③＝1,192,000円

   (3)　(1)＜(2)　∴60,000円

   3　住民税の税額控除額

   (1)　税額控除限度額　300,000円×40％＝120,000円

   (2)　税額基準額　517,020円（注）×20％＝103,404円

   (注)　東京都で住民税（税額控除前）の額を計算すると次の金額になります。

　　　　7,386,000円×7.0／100＝517,020円

(3)　(1)＞(2)　∴103,404円

④　税負担軽減の効果

(1)　税額控除額の合計　①＋②＋③＝180,000円

(2)　税負担軽減の効果　180,000円÷300,000円（特定寄附金の額）＝0.6（60％）

　　法人税，事業税，住民税の合計で180,000円の税額控除がされていることから，特定寄附金の支出額300,000円の6割部分が軽減されていることが分かります。また，法人税の所得金額の計算上，特定寄附金の額は損金の額に算入されますので，約3割の軽減効果を持っています。税額控除制度と損金算入措置を合わせると，寄附額の約9割に相当する額が軽減されていることになります。

《設例４》による記入例

寄附金の損金算入に関する明細書

事業年度	5・4・1 6・3・31	法人名	株式会社M社	別表十四(二)

<table>
<tr><td colspan="5" align="center">公 益 法 人 等 以 外 の 法 人 の 場 合</td><td colspan="4" align="center">公 益 法 人 等 の 場 合</td></tr>
<tr>
<td rowspan="13">一般寄附金の損金算入限度額の計算</td>
<td rowspan="6">支出した寄附金の額</td>
<td>指 定 寄 附 金 等 の 金 額
(41の計)</td><td>1</td><td>800,000円</td>
<td rowspan="4">損金算入限度額の計算</td>
<td>長 期 給 付 事 業 へ の 繰 入 利 子 額</td><td>25</td><td>円</td>
</tr>
<tr>
<td>特定公益増進法人等に対する寄附金額
(42の計)</td><td>2</td><td></td>
<td>同 上 以 外 の み な し 寄 附 金 額</td><td>26</td><td></td>
</tr>
<tr>
<td>その他の寄附金額</td><td>3</td><td></td>
<td>そ の 他 の 寄 附 金 額</td><td>27</td><td></td>
</tr>
<tr>
<td>計
(1) + (2) + (3)</td><td>4</td><td>800,000</td>
<td>計
(25) + (26) + (27)</td><td>28</td><td></td>
</tr>
<tr>
<td>完全支配関係がある法人に対する寄附金額</td><td>5</td><td></td>
<td rowspan="9">損金算入限度額の計算</td>
<td>所 得 金 額 仮 計
(別表四「26の①」)</td><td>29</td><td></td>
</tr>
<tr>
<td>計
(4) + (5)</td><td>6</td><td>800,000</td>
<td>寄 附 金 支 出 前 所 得 金 額
(28) + (29)
(マイナスの場合は0)</td><td>30</td><td></td>
</tr>
<tr>
<td>所 得 金 額 仮 計
(別表四「26の①」)</td><td>7</td><td>20,000,000</td>
<td rowspan="2">同 上 の $\frac{20又は50}{100}$ 相 当 額
[$\frac{50}{100}$相当額が年200万円に満たない場合
(当該法人が公益社団法人又は公益財団法人である場合を除く。)は、年200万円]</td><td rowspan="2">31</td><td rowspan="2"></td>
</tr>
<tr>
<td>寄附金支出前所得金額
(6) + (7)
(マイナスの場合は0)</td><td>8</td><td>20,800,000</td>
</tr>
<tr>
<td>同上の $\frac{2.5又は1.25}{100}$ 相 当 額</td><td>9</td><td>520,000</td>
<td>公 益 社 団 法 人 又 は 公 益 財 団
法 人 の 公 益 法 人 特 別 限 度 額
(別表十四(二)付表「3」)</td><td>32</td><td></td>
</tr>
<tr>
<td>期末の資本金の額及び資本準備金の額の合計額又は出資金の額
(別表五(一)「32の④」+「33の①」)</td><td>10</td><td>3,000,000</td>
<td>長 期 給 付 事 業 を 行 う 共 済
組 合 等 の 損 金 算 入 限 度 額
((25)と融資額の年5.5%相当額のうち少ない金額)</td><td>33</td><td></td>
</tr>
<tr>
<td>同 上 の 月 数 換 算 額
(10) × $\frac{12}{12}$</td><td>11</td><td>3,000,000</td>
<td>損 金 算 入 限 度 額
(31)、((31)と(32)のうち多い金額)又は
((31)と(33)のうち多い金額)</td><td>34</td><td></td>
</tr>
<tr>
<td>同上の $\frac{2.5}{1,000}$ 相 当 額</td><td>12</td><td>7,500</td>
<td>指 定 寄 附 金 等 の 金 額
(41の計)</td><td>35</td><td></td>
</tr>
<tr>
<td>一般寄附金の損金算入限度額
((9)+(12))× $\frac{1}{4}$</td><td>13</td><td>131,875</td>
<td>国 外 関 連 者 に 対 す る 寄 附 金 額 及 び
完 全 支 配 関 係 が あ る 法 人 に 対 す る 寄 附 金 額</td><td>36</td><td></td>
</tr>
<tr>
<td rowspan="4">特定公益増進法人等に対する寄附金の特別損金算入限度額の計算</td>
<td>寄附金支出前所得金額の $\frac{6.25}{100}$ 相当額
(8) × $\frac{6.25}{100}$</td><td>14</td><td></td>
<td>(28)の寄附金額のうち同上の寄附金以外の寄附金額
(28) − (36)</td><td>37</td><td></td>
</tr>
<tr>
<td>期末の資本金の額及び資本準備金の額の合計額又は出資金の額の月数換算額の $\frac{3.75}{1,000}$ 相当額
(11) × $\frac{3.75}{1,000}$</td><td>15</td><td></td>
<td rowspan="3">損金不算入額</td>
<td>同 上 の う ち 損 金 の 額 に 算 入 さ れ な い 金 額
(37) − (34) − (35)</td><td>38</td><td></td>
</tr>
<tr>
<td>特定公益増進法人等に対する寄附金の特別損金算入限度額
((14)+(15))× $\frac{1}{2}$</td><td>16</td><td></td>
<td>国 外 関 連 者 に 対 す る 寄 附 金 額 及 び
完 全 支 配 関 係 が あ る 法 人 に 対 す る 寄 附 金 額
(36)</td><td>39</td><td></td>
</tr>
<tr>
<td>特定公益増進法人等に対する寄附金の損金算入額
(2)と((14)又は(16))のうち少ない金額</td><td>17</td><td></td>
<td>計
(38) + (39)</td><td>40</td><td></td>
</tr>
<tr>
<td>指 定 寄 附 金 等 の 金 額
(1)</td><td>18</td><td>800,000</td>
<td colspan="4"></td>
</tr>
<tr>
<td>国 外 関 連 者 に 対 す る 寄 附 金 額
及 び 本 店 等 に 対 す る 内 部 寄 附 金 額</td><td>19</td><td></td>
<td colspan="4"></td>
</tr>
<tr>
<td>(4)の寄附金額のうち同上の寄附金以外の寄附金額
(4) − (19)</td><td>20</td><td>800,000</td>
<td colspan="4"></td>
</tr>
<tr>
<td rowspan="4">損金不算入額</td>
<td>同上のうち損金の額に算入されない金額
(20) − ((9)又は(13)) − (17) − (18)</td><td>21</td><td>0</td>
<td colspan="4"></td>
</tr>
<tr>
<td>国 外 関 連 者 に 対 す る 寄 附 金 額 及 び
本 店 等 に 対 す る 内 部 寄 附 金 額
(19)</td><td>22</td><td></td>
<td colspan="4"></td>
</tr>
<tr>
<td>完 全 支 配 関 係 が あ る 法 人 に 対 す る 寄 附 金 額
(5)</td><td>23</td><td></td>
<td colspan="4"></td>
</tr>
<tr>
<td>計
(21) + (22) + (23)</td><td>24</td><td>0</td>
<td colspan="4"></td>
</tr>
</table>

指 定 寄 附 金 等 に 関 す る 明 細

寄 附 し た 日	寄 附 先	告 示 番 号	寄 附 金 の 使 途	寄 附 金 額 41
令和 5.10.20	A県B市		公立高校建設	500,000円
令和 5.10.25	C県D市		E事業計画	300,000
		計		800,000

特定公益増進法人若しくは認定特定非営利活動法人等に対する寄附金又は認定特定公益信託に対する支出金の明細

寄附した日又は支出した日	寄附先又は受託者	所 在 地	寄附金の使途又は認定特定公益信託の名称	寄附金額又は支出金額 42
				円
		計		

その他の寄附金のうち特定公益信託（認定特定公益信託を除く。）に対する支出金の明細

支 出 し た 日	受 託 者	所 在 地	特定公益信託の名称	支 出 金 額
				円

別表十四(二)　寄附金の損金算入に関する明細書

《設例４》による記入例

認定地方公共団体の寄附活用事業に関連する寄附をした場合の法人税額の特別控除に関する明細書

事業年度	5・4・1 〜 6・3・31	法人名	株式会社M社

特定寄附金の額の合計額　(23の計)	1	300,000円
税額控除基準額　$(1)\times\frac{40}{100}$	2	120,000
差引税額控除基準額残額　(2)－(22)	3	16,596
特定寄附金基準額　$(1)\times\frac{10}{100}$	4	30,000
税額控除限度額　((3)と(4)のうち少ない金額)	5	16,596
調整前法人税額　(別表一「2」又は別表一の二「2」若しくは「13」)	6	7,386,000
当期税額基準額　$(6)\times\frac{5}{100}$	7	369,300
当期税額控除可能額　((5)と(7)のうち少ない金額)	8	16,596
調整前法人税額超過構成額　(別表六(六)「8の⑭」)	9	0
法人税額の特別控除額　(8)－(9)	10	16,596

住民税額控除額の計算の基礎となる法人税額の計算

調整前法人税額　(6)	11	7,386,000円
加算課税額の計算 税額控除超過取戻税額等の加算額　(別表六(十)付表「30」+「35」)+(別表六(十四)付表二「19」+「24」)	12	
通算法人の仮装経理に基づく過大申告の場合等の法人税額に係る加算額	13	
法人税額調整加算額　(別表三(二)「25」)+(別表三(二の二)「26」)+(別表三(三)「21」)+(別表六(三十一)「31」)	14	
加算課税額　(12)+(13)+(14)	15	
法人税額調整減算額 中小企業者等以外の法人　(別表六(六)「7の②」+「7の④」から「7の⑦」までの合計+「7の⑮」+「7の⑯」+「7の㉒」から「7の㉔」までの合計)	16	
中小企業者等　(別表六(六)「3」+「7の②」から「7の⑦」までの合計+「7の⑩」から「7の⑬」までの合計+「7の⑮」から「7の㉔」までの合計)	17	
仮計　(11)+(15)-((16)又は(17))　(マイナスの場合は0)	18	7,386,000
加算対象通算対象欠損調整額等	19	
控除対象通算適用前欠損調整額等	20	
住民税額控除額の計算の基礎となる法人税額　(18)+(19)-(20)　((20)>((18)+(19)-(15))の場合は(15))	21	7,386,000
住民税額控除額　$(21)\times\frac{1.4}{100}$	22	103,404

特定寄附金に関する明細

寄附した年月日	寄附先	まち・ひと・しごと創生寄附活用事業の内容	特定寄附金の額　23
令和5・10・25	C県D市	E事業計画	300,000円
・・			
・・			
計			300,000

別表十五　交際費等の損金算入に関する明細書

I　制度の概要

　法人が平成26年4月1日から令和6年3月31日までの間に開始する各事業年度において支出する交際費等の額(以下「支出交際費等の額」といいます。)のうち，接待飲食費の額の100分の50に相当する金額を超える部分の金額は，損金の額に算入されません。これは，企業，特に社用族の冗費の節約を通じて，企業の自己資本の充実・経営基盤の強化を図るという政策的な規制です。ただし，事業遂行上必要な交際費等もあるため，社用族と関係のうすい期末資本金(出資金)の額が1億円以下の中小法人(一定の法人を除きます。)に限って，一定の限度額まで損金算入が認められています(措法61の4)。

II　本制度と会計処理との関係

　法人の支出交際費等の額は，会社が確定した決算において損金経理をしても法人税法上原則として損金の額に算入されません。また，法人の支出交際費等の額を損金不算入の対象としているため会計処理上損金経理したか否か，どのような勘定科目で処理したか等は関係ありません。例えば仮払金として処理している場合や固定資産の取得価額に含まれている場合にも，法人の支出交際費等の額を把握し税務調整を行わなければなりません。

III　交際費等の損金不算入額の計算

1　交際費等の損金不算入額

> 支出交際費等の額（下記IV参照）－損金算入限度額（下記2参照）
> 　　　　　　　　　　　　＝（別表四(8)）交際費等の損金不算入額（加算・社外流出）

2　交際費等の損金算入限度額の計算

　交際費等の損金算入限度額は，法人の期末の資本金（出資金）の額（注）の区分に応じ，それぞれの金額とされます。

　（注）資本又は出資を有しない法人等の場合には，租税特別措置法施行令第37条の4各号「資本金の額又は出資金の額に準ずるものの範囲等」の規定により計算した金額とします。

① 　1億円超の法人及び下記②※1で除かれる法人

　支出飲食費等の額のうち接待飲食費の額の100分の50に相当する金額

② 　1億円以下の法人（中小法人）※1

　①の金額又は次の金額のうちいずれか大きい金額

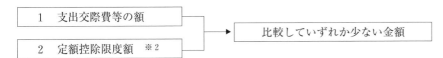

※1　期末の資本金（出資金）の額が1億円以下の普通法人のうち，以下に掲げる法人については除かれます（措法61の4②，法法66⑤二・三）。

（ア）大法人^(注)との間にその大法人による完全支配関係がある普通法人

（注）次に掲げる法人をいいます。

㋐　資本金の額又は出資金の額が5億円以上である法人

㋑　相互会社

㋒　受託法人

（イ）普通法人との間に完全支配関係がある全ての大法人が有する株式及び出資の全部をその全ての大法人のうちいずれか一の法人が有するものとみなした場合において，そのいずれか一の法人とその普通法人との間にそのいずれか一の法人による完全支配関係があることとなるときのその普通法人

※2　定額控除限度額は，年800万円（800万円×その事業年度の月数^(注)／12）です（措法61の4②一）。

（注）月数は，暦に従って計算し，1月に満たない端数を生じたときは，1月とします（措法61の4④）。

なお，令和2年度税制改正により，資本金の額等が100億円超の法人は飲食費の特例の適用対象外となり，支出する交際費等の全額が損金に算入されないこととされました。

3　実務上のポイント

上記1，2により交際費等の損金不算入額を計算することになりますが，その結果は次のとおりとなります。したがって，期末の資本金（出資金）の額が1億円以下の法人については，支出交際費等の額を800万円以内に押さえることが交際費課税対策の1つのポイントになります。

期末資本金（出資金）の額による区分	交際費等の損金不算入額	
1億円超の法人 （上記2①に該当する法人）	接待飲食費の額の100分の50に相当する金額を超える部分の金額	
1億円以下の法人 （上記2②に該当する法人）	支出交際費等の額が800万円以下の場合	0円
	支出交際費等の額が800万円超かつ接待飲食費の額が1,600万円以下	800万円を超える金額
	接待飲食費の額が1,600万円超	接待飲食費の額の100分の50に相当する金額を超える部分の金額

Ⅳ　支出交際費等の額

上記Ⅲのように交際費等の損金不算入額を計算しますが，そこで最も重要になってくるのが支出交際費等の額の把握です。どのようなものが支出交際費等に該当するのかをしっかりと理解する必要があります。

1 支出交際費等及び接待交際費の範囲（措法61の4⑥，措令37の5）

支出交際費等		交際費，接待費，機密費，その他の費用で，法人がその得意先，仕入先その他事業に関係のある者等^(注)に対する接待，供応，慰安，贈答その他これらに類する行為のために支出するもの
	接待飲食費	支出交際費等のうち，飲食その他これに類する行為等のために要する費用（社内飲食費を除きます。以下「飲食費」といいます。）であって，法人税法上で整理・保存が義務付けられている帳簿書類に一定の事項（下記2③(a)に掲げる事項のうちⅲを除いたもの）が記載されているもの
支出交際費等に該当しない費用	福利厚生費	専ら従業員の慰安のために行われる運動会，演芸会，旅行等のために通常要する費用
	交際費 （下記2参照）	飲食費であって，1人当たり5,000円以下の費用（一定の書類を保存している場合に限ります。）
	広告宣伝費	カレンダー，手帳，扇子，うちわ，手ぬぐいその他これらに類する物品を贈与するために通常要する費用
	会議費	会議に関連して，茶菓，弁当その他これらに類する飲食物を供与するために通常要する費用
	取材費	新聞，雑誌等の出版物又は放送番組を編集するために行われる座談会その他記事の収集のために，又は放送のための取材に通常要する費用

（注）直接その法人の事業に取引関係のある者だけでなく，間接にその法人の利害に関係のある者及びその法人の役員，従業員，株主等も含まれます（措通61の4(1)-22）。

2 飲食費及び1人当たり5,000円以下の飲食費（措法61の4⑥，措令37の5①，措規21の18の4）

　飲食費及び支出交際費等に該当しない費用として取り扱われる1人当たり5,000円以下の飲食費に係る留意点は下記のとおりとなります（いずれの場合も一定の書類を保存している場合に限ります。）。

1 「飲食費」に関する留意点

(a) 飲食その他これに類する行為の範囲（措通61の4(1)-15の2，交際費等（飲食費）に関するQ&A）

　ⅰ　得意先等社外の者に対する接待，供応の際の飲食の他，例えば，得意先等の業務の遂行や行事の開催に際して，得意先等の従業員等によって飲食されることが想定される弁当等の差し入れが含まれます。

　　（注）　中元・歳暮の贈答のように，単なる飲食物の詰め合わせ等を贈答する行為は，飲食等には含まれません。

　ⅱ　飲食等に付随して支出した次のような費用については，飲食費に含めて差し支えありません。

　　●飲食店での飲食後，その飲食店等で提供されている飲食物の持ち帰りに要する「お土産代」の費用

　　●飲食等のためにテーブルチャージ料やサービス料等として飲食店等に直接支払う費用（タクシー代等の送迎費用は含まれません。）

(b) 旅行，観劇等の行事に際しての飲食等（措通61の4(1)-16（注））

　ⅰ　旅行，観劇等の行事に際しての飲食等は，その行事の実施を主たる目的とする一連の行為の1つであることから，その行事と不可分かつ一体的なものとして取り扱い，この規定の対象になりません。

　ⅱ　飲食等がその一連の行為とは別に単独で行われていると認められる次のような場合には，この規定の対象になります。

　　●企画した旅行の行程のすべてが終了して解散した後に，一部の取引先を誘って飲食等を行った場合

(c)　社内飲食費（交際費等（飲食費）に関するQ&A）

ⅰ　社内飲食費とは，専らその法人の役員若しくは従業員又はこれらの親族に対する接待等のために支出する飲食費をいいます。

ⅱ　得意先が1人であっても，自己の従業員が相当数参加する必要があったのであれば，社内飲食費に該当することはありませんが，得意先等を形式的に参加させていると認められる場合には，社内飲食費に該当することがあります。

ⅲ　相手方が資本関係100％の親会社の役員等であっても，社外の者となることから，社内飲食費に該当することはありません。

ⅳ　同業者パーティの会費や得意先等との共同開催の懇親会費用は，互いに接待しあっているということであり，社内飲食費に該当することはありません。

② 「1人当たり5,000円以下の費用」に関する留意点

(a)　1人当たりの金額計算

個々の得意先等が飲食店等においてそれぞれどの程度の飲食等を実際に行ったかどうかにかかわらず，単純にその飲食等に参加した人数で除して計算した金額で判定することになります。

$$\boxed{\text{飲食等のために要する費用として支出する金額}} ÷ \boxed{\text{飲食等に参加した者の数}} = \boxed{\text{1人当たりの金額}}$$

(b)　2以上の法人が共同して接待した場合等（措通61の4(1)−23（注）書き）

ⅰ　2以上の法人が共同して接待等，又は同業者団体等が接待等の行為をした場合におけるこれらの法人の分担又は負担した金額については，その飲食等のために要する費用の総額をその飲食等に参加した者の数で除して計算した金額が5,000円以下であるかどうか判定することになります。

ⅱ　分担又は負担した法人側にその費用の総額の通知がなく，かつ，その飲食等に要する1人当たりの費用の金額がおおむね5,000円程度に止まると想定される場合には，その分担又は負担した金額をもって判定して差し支えありません。

(c)　1次会と2次会の費用（交際費等（飲食費）に関するQ&A）

ⅰ　全く別の業態の飲食店等を利用しているときなど，それぞれの行為が単独で行われていると認められるときには，それぞれの飲食費ごとに1人当たり5,000円以下であるかどうか判定することができます。

ⅱ　実質的に同一の飲食店等で行われた飲食等であるにもかかわらず，その飲食等の費用を分割して支払っていると認められるときなど，それぞれの行為が一体で行われていると認められるときには，その行為の全体に係る飲食費を基礎として1人当たり5,000円以下であるかどうか判定することになります。

(d)　支出する費用に係る消費税等の額（交際費等（飲食費）に関するQ&A）

飲食費が1人当たり5,000円以下であるかどうかは，その飲食費を支出した法人の適用している税抜経理方式又は税込経理方式に応じ，その適用方式により算定した金額により判定します。

(e)　会議費等との関係（交際費等（飲食費）に関するQ&A）

従来から交際費等に該当しないこととされている会議費等については，1人当たり5,000円超のものであっても，その費用が通常要する費用として認められるものである限りにおいて，交際費等に該

当しないものとされます。

(f) 支出交際費等とされない飲食等の費用の額（交際費等（飲食費）に関するQ&A）

　1人当たりの金額が5,000円を超える費用については，その費用のうちその超える部分だけが支出交際費等に該当するものではなく，その費用のすべてが支出交際費等に該当することになります。

③　「一定の書類の保存」に関する留意点

(a)　書類の保存要件（措規21の18の4）

　飲食等のために要する費用について次に掲げる事項を記載した書類を保存していることが必要とされます。

　　ⅰ　その飲食等のあった年月日

　　ⅱ　その飲食等に参加した得意先，仕入先その他事業に関係のある者等の氏名又は名称及びその関係

　　ⅲ　その飲食等に参加した者の数（1人当たり5,000円以下の飲食費の場合のみ）

　　ⅳ　その費用の金額並びにその飲食店，料理店等の名称及びその所在地

　　（注）店舗を有しないことその他の理由によりその名称又はその所在地が明らかでない場合は，領収書等に記載された支払先の氏名若しくは名称，住所若しくは居所又は本店若しくは主たる事務所の所在地が記載事項となります。

　　ⅴ　その他飲食費であることを明らかにするために必要な事項

(b)　保存書類への記載事項（交際費等（飲食費）に関するQ&A）

　　ⅰ　書類の保存要件の1つに上記(a)ⅱがあります。これは，社内飲食費でないことを明らかにするためのものであり，飲食等を行った相手方である社外の得意先等に関する事項を「○○会社・□□部，△△◇◇（氏名），卸売先」というようにして記載する必要があります。したがって，通常の経理処理等に当たって把握していると思われる自己の役員や従業員等の氏名までも記載を求めているものではありません。

　　ⅱ　相手方の氏名についてその一部が不明の場合や多数参加したような場合には，その参加者が真正である限りにおいて「○○会社・□□部，△△◇◇（氏名）部長他10名，卸売先」という表示であっても差し支えありません。

　　ⅲ　保存書類の様式は法定されているものではありませんので，記載事項を欠くものでなければ，適宜の様式で作成して差し支えありません。

3　交際費等と他の費用との区分

　上記1のほか，寄附金，売上割戻し，販売奨励金等の費用は，交際費等と類似しており，その区分が重要になります。その区分は下記のとおりとなります。

①　寄附金と交際費等との区分（措通61の4(1)-2）

事業に直接関係のない者に対する贈与	・社会事業団体，政治団体に対する拠出金 ・神社の祭礼等の寄贈金		寄附金
	上記以外	金　　銭	原則寄附金（注）
		物　品　等	寄附金又は交際費等（注）

　（注）寄附金であるか交際費等であるかは個々の実態により判定することになります。

2　売上割戻し等と交際費等との区分（措通61の4(1)－3・61の4(1)－4・61の4(1)－6）

得意先である事業者に対して支出	・売上高若しくは売掛金の回収高に比例して支出 ・売上高の一定額ごとに支出	金銭の交付		売上割戻し
		旅行，観劇等に招待		交際費等
		物品の交付	事業用資産	売上割戻し
			少額物品（注）	売上割戻し
			上記以外	交際費等

（注）購入単価がおおむね3,000円以下である物品をいいます。

3　景品費と交際費等との区分（措通61の4(1)－5）

得意先に対して景品引換券付販売又は景品付販売により景品を交付	少額物品（注），かつ，その種類及び金額が確認できるもの	販売促進費等
	上記以外	交際費等

（注）購入単価がおおむね3,000円以下である物品をいいます。

4　販売奨励金等と交際費等との区分（措通61の4(1)－7）

販売促進目的で特定地域の得意先に対して交付	事業用資産		販売促進費等
	金銭	法人が，その製品又は商品の卸売業者に対し，その卸売業者が小売業者等を旅行，観劇等に招待する費用の全部又は一部を負担した場合のその負担額	交際費等
		上記以外	販売促進費等
特約店等の従業員等を被保険者とする掛捨生命保険等の保険料を負担	役員，部課長その他特定の従業員等のみを被保険者とするもの		交際費等
	上記以外		販売促進費等

5　情報提供料等と交際費等との区分（措通61の4(1)－8）

情報提供等を行うことを業としていない者に対して情報提供等の対価として金品を交付	正当な対価である	交際費以外の費用
	正当な対価ではない	交際費等

6　慶弔禍福の費用と交際費等（措通61の4(1)－10・61の4(1)－15）

慶弔，禍福に際し支出する金品等の費用	従業員等（従業員等であった者を含みます。）又はその親族等に一定の基準に従って支給されるもの	福利厚生費
	得意先，仕入先等社外の者に対して支出するもの	交際費等

7　記念式典等の費用と交際費等（措通61の4(1)－10・61の4(1)－15）

何周年記念又は社屋新築記念における宴会費，交通費及び記念品代等の費用	従業員等におおむね一律に社内において供与される通常の飲食に要する費用	福利厚生費
	上記以外	交際費等
式典の祭事のために通常要する費用		雑費等

8　旅行等に招待し，併せて会議を行った場合の会議費用（措通61の4(1)－16）

特約店等を旅行・観劇等に招待し併せて会議を行った費用	実体を備えていると認められ，かつ，会議に通常要すると認められる費用	会議費
	上記以外	交際費等

⑨　ゴルフクラブの入会金等と交際費等（法基通 9 － 7 －11～ 9 － 7 －13）

ゴルフクラブに対して支出した入会金	法人会員	記名式の法人会員で，名義人たる特定の役員又は使用人が専ら法人の業務に関係なく利用するため，これらの者が負担すべきものと認められるもの	給与
		上記以外	資産
	個人会員	無記名式の法人会員制度がないため，個人会員として入会し，その入会金を法人が資産に計上した場合で，その入会が法人業務の遂行上必要と認められるもの	資産
		上記以外（特定の役員又は使用人が負担すべきもの）	給与
名義書換料	購入に際して他人の名義を変更するための費用		資産
	上記以外		交際費等
年会費・年決めロッカー料等	入会金が資産とされる場合		交際費等
	入会金が給与とされる場合		給与
プレーに直接要する費用	その費用が法人の業務の遂行上必要と認められるもの（注）		交際費等
	上記以外（特定の役員又は使用人が負担すべきもの）（注）		給与

（注）入会金が資産に計上されているかどうかは関係ありません。

⑩　レジャークラブの入会金（法基通 9 － 7 －13の 2 ）

レジャークラブの入会金	会員としての有効期間が定められており，かつ，その脱退に際して入会金相当額の返還を受けることができないもの		特定の役員又は使用人が負担すべきもの	給与
			上記以外	繰延資産
	上記以外	法人会員	記名式の法人会員で，名義人たる特定の役員又は使用人が専ら法人の業務に関係なく利用するため，これらの者が負担すべきものと認められるもの	給与
			上記以外	資産
		個人会員	無記名式の法人会員制度がないため，個人会員として入会し，その入会金を法人が資産に計上した場合で，その入会が法人業務の遂行上必要と認められるもの	資産
			上記以外（特定の役員又は使用人が負担すべきもの）	給与
年会費等	その使途に応じて判断			交際費等又は福利厚生費又は給与

11　社交団体の入会金等（法基通9－7－14～9－7－15）

社交団体の入会金		法人会員	交際費等
	個人会員	法人会員制度がないため，個人会員として入会した場合において，その入会が法人の業務の遂行上必要と認められるもの	交際費等
		上記以外（特定の役員又は使用人が負担すべきもの）	給与
会費等	経常会費	入会金が交際費等に該当	交際費等
		入会金が給与に該当	給与
	経常会費以外	法人の業務の遂行上必要なもの	交際費等
		上記以外（特定の役員又は使用人が負担すべきもの）	給与

12　ロータリークラブ及びライオンズクラブの入会金等（法基通9－7－15の2）

ロータリークラブ及びライオンズクラブの入会金等		入会金又は経常会費として負担	交際費等
	上記以外	特定の役員又は使用人が負担すべきもの	給与
		上記以外（その使途に応じて判断します。）	寄附金又は交際費等

13　その他交際費等に該当するものとしないもの

交際費等に該当するもの（措通61の4⑴－15）
・下請工場，特約店等となるため，又はするための運動費等の費用 　（注）これらの取引関係を結ぶために相手方である事業者に対して金銭又は事業用資産を交付する場合のその費用は，交際費等に該当しません。 ・総会対策等のために総会屋等に支出する会費，賛助金，寄附金，広告料，購読料等の名目で支出する金品に係るもの ・得意先，仕入先等の従業員等に対して取引の謝礼等として支出する金品の費用 ・建設業者等が工事の入札等に際して支出するいわゆる談合金その他これに類する費用　等
交際費等に該当しないもの
〔広告宣伝費（措通61の4⑴－9）〕 ・抽選により，一般消費者に対し金品を交付するために要する費用又は一般消費者を旅行，観劇等に招待するために要する費用 ・得意先等に対する見本品，試用品の供与に通常要する費用　等 〔給与等（措通61の4⑴－12）〕 ・常時給与される昼食等の費用 ・自社の製品，商品等を原価以下で従業員等に販売した場合の原価に達するまでの費用 ・機密費，接待費，交際費，旅費等の名義で支給したもののうち，その法人の業務のために使用したことが明らかでないもの 〔特約店等のセールスマンのために支出する費用（措通61の4⑴－13）〕 　製造業者又は卸売業者が自己又はその特約店等に専属するセールスマン（その報酬が事業所得に該当するものに限ります。）のために支出する次の費用 ・セールスマンに対し，取扱数量又は取扱金額に応じてあらかじめ定められているところにより交付する金品の費用 ・セールスマンの慰安のために行われる運動会，演芸会，旅行等のために通常要する費用 ・セールスマン又はその親族等の慶弔，禍福に際し一定の基準に従って交付する金品の費用

〔現地案内等に要する費用（措通61の4(1)-17）〕
・ 新製品，季節商品等の展示会等に得意先等を招待する場合の交通費又は食事若しくは宿泊のために通常要する費用
・ 自社製品又は取扱商品に関する商品知識の普及等のため得意先等に当該製品又は商品の製造工場等を見学させる場合の交通費又は食事若しくは宿泊のために通常要する費用　等

〔下請企業の従業員等のために支出する費用（措通61の4(1)-18）〕
　法人が自己の従業員等と同等の事情にある専属下請先の従業員等又はその親族等の慶弔，禍福に際し一定の基準に従って支給する金品の費用　等

〔災害の場合の取引先に対する売掛債権の免除等（措通61の4(1)-10の2）〕
　法人が，災害を受けた得意先等の取引先に対してその復旧を支援することを目的として災害発生後相当の期間内に売掛金，未収請負金，貸付金その他これらに準ずる債権の全部又は一部を免除したことによる損失

〔取引先に対する災害見舞金等（措通61の4(1)-10の3）〕
　法人が，被災前の取引関係の維持，回復を目的として災害発生後相当の期間内にその取引先に対して行った災害見舞金の支出又は事業用資産の供与若しくは役務の提供のために要した費用

4　交際費等の支出の方法（措通61の4(1)-23）及び支出の意義（措通61の4(1)-24）

次の場合でも，交際費等の支出があったものとします。

支出の方法	法人が直接に支出したか間接に支出したかを問いません
	① 2以上の法人が共同して接待等の行為をして，その費用を分担した場合
	② 同業者団体等が接待等の行為をして，その費用を法人が負担した場合
	③ 法人が団体等に対する会費等を負担した場合において，その団体が専ら団体相互間の懇親のための会合を催す等のために組織されたと認められるときは，その会費等の負担額
支出の意義	交際費等の支出の事実（接待等の行為）があったものをいいます
	① 未払金経理をしている場合
	② 仮払金経理をしている場合
	→ （別表四及び別表五（一））仮払交際費認定損（減算・留保）の調整が必要です（注1）。
	③ 何も経理していない場合
	→ （別表四及び別表五（一））交際費認定損（減算・留保）の調整が必要です（注2）。

（注1）翌期に仮払金を交際費等として損金経理した場合
　　　→ （別表四及び別表五（一））前期仮払交際費否認（加算・留保）の調整が必要です。
（注2）翌期に交際費等として損金経理した場合
　　　→ （別表四及び別表五（一））前期交際費否認（加算・留保）の調整が必要です。

5　原価算入交際費等の調整（措通61の4(1)-24・61の4(2)-7）

　固定資産若しくは棚卸資産の取得価額又は繰延資産の金額に含まれている交際費等でその事業年度の損金の額に算入されていないもの（以下「原価算入交際費等」といいます。）であっても，支出の事実があった事業年度の支出交際費等の額に含めます。

　また，その原価算入交際費等の額のうち上記Ⅲの規定による損金不算入額があるときは，その事業年度の確定申告書において，その原価算入交際費等の額のうち損金不算入額から成る部分の金額を限度として，その事業年度終了の時における固定資産の取得価額等を減額することができます。

```
① 上記Ⅲの規定により，原価算入交際費等の額を含めて交際費等の損金不算入額を計算します。
```

↓

```
② 次の算式により取得価額等の減額金額を計算します。
   交際費等の損金不算入額× 原価算入交際費等の額
                      その事業年度の支出交際費等の額 ＝資産取得価額減額（別表四及び別表
                                              五（一））（減算・留保）（注）
```

（注）この金額を，確定した決算において下記の処理をすることにより，取得価額から減額することも可能
　　　です。その場合には，別表四及び別表五（一）での調整はありません。

```
        （借方）交際費　×××        （貸方）固定資産等　×××
```

Ⅴ　別表十五の記入上の留意点

① まず下段の「支出交際費等の額の明細」から記入を行い，次に上段を⑴欄から順に記入してい
　きます。

② 下段の「支出交際費等の額の明細」は，法人の損益計算書及び貸借対照表から支出交際費等の
　額を含むすべての勘定科目を記載します。

③ ⑹欄には，法人の損益計算書及び貸借対照表の計上金額を記載します。

④ ⑺欄には，⑹欄の金額のうち当期の支出交際費等の額に含まれないものを記載します。
　　なお，支出交際費等から除かれる一定の飲食費（1人当たり5,000円以下の飲食費を含みます。）
　がある場合には，その飲食費の金額も⑺欄に記載します。

⑤ ⑼欄には，⑻欄の金額のうち接待飲食費の額を記載し，その金額の合計の100分の50に相当す
　る金額を⑵欄に記載します。

⑥ ⑶欄は，期末資本金（出資金）の額が1億円超か1億円以下かによって記載金額が異なります
　ので注意が必要です。

　⒜　期末資本金（出資金）の額が，1億円以下の法人（以下の⒝に該当する法人を除きます。）
　　については，800万円に当期の月数を乗じて，これを12で除して計算した金額を記載します。

　⒝　期末資本金（出資金）の額が，1億円以下の法人のうち，資本金（出資金）の額が5億円以
　　上である法人による完全支配関係がある法人等又は1億円超の法人については，「0円」と記
　　載します。

Ⅵ 設例による個別検討

《設例1》中小法人の場合

　次の資料に基づき，株式会社M社の当期（令和5年4月1日から令和6年3月31日）における別表十五「交際費等の損金算入に関する明細書」の記載はどのようになりますか。

1　当期中に交際費勘定として費用計上した金額3,300,000円の内訳は次のとおりです。

① 得意先に対する中元の贈答費用　　　　　　　　　　　　　500,000円

② 得意先に対するM社名入りカレンダー等の配布費用　　　1,864,000円

③ 得意先をクラブで接待した費用で未払金経理しているもの　889,500円

④ M社営業社員2名が得意先3名を接待した際にかかった飲食費　22,500円

　（なお，書類の保存は適正に行われています。）

⑤ M社及びM社の子会社であるO社とが，両社の得意先であるP社を共同で接待した際に，M社が負担した金額　　　　　　　　　　　　　　　　　　24,000円

　（M社営業社員2名，O社営業社員1名，P社2名，飲食費の総額36,000円）

2　当期中に売上高に比例して売上割戻しを行い，売上割戻し勘定として費用計上した金額1,000,000円の内訳は次のとおりです。

① 金銭による割戻額　　　　　　　　　　　　　　　　　　　600,000円

② 旅行への招待費用　　　　　　　　　　　　　　　　　　　400,000円

　（うち飲食代24,000円。なお，1人当たり5,000円以下です。）

3　上記のほか，当期中に土地10,800,000円を取得していますが，当該土地を取得するために要した交際費等の額（飲食費ではありません。）800,000円が，当該土地の取得価額に含まれています。

4　M社の当期末における資本金額は1億円であり，M社の株主は個人株主です。

〈解　説〉

1　支出交際費等の額の明細

　① 交際費勘定

　　3,300,000円 − 1,864,000円（注1）− 22,500円（注3）＝ 1,413,500円

（注1）当社名入りカレンダー等の配布費用は広告宣伝費に該当します。

（注2）得意先をクラブで接待した費用889,500円は未払いであっても，当期に接待行為を行っていますので，当期の支出交際費等の額に含まれます。

（注3）22,500円 ÷ 5名 ＝ 4,500円 ≦ 5,000円

　　　　1人当たりの飲食費が5,000円以下であり，書類の保存が適正に行われているため，支出交際費等から除かれます。

（注4）36,000円 ÷ 5名 ＝ 7,200円 ＞ 5,000円

　　　　2以上の法人で，共同して接待した場合には，原則として，飲食費等の総額で，1人当たり5,000円以下であるかどうか判定します。

　　　　したがって，M社負担額24,000円は支出交際費等に含まれます。

　　②　売上割戻し勘定

　　　1,000,000円－600,000円＝400,000円

　　旅行に際しての飲食代は，旅行を目的とする一連の行為の１つであることから，飲食費等としては，取り扱いません。

　　③　土地勘定（原価算入交際費）

　　　10,800,000円－10,000,000円＝800,000円（注５）

　（注５）800,000円は原価算入交際費等に該当します（下記〈留意点〉参照）。

　　④　①＋②＋③＝2,613,500円

　　⑤　接待飲食費の額

　　　889,500円＋24,000円＝913,500円

　　クラブで接待した費用とＯ社と共同で接待した費用のうちＭ社負担額が該当します。

２　支出接待飲食費損金算入基準額

　　$1⑤ \times \dfrac{50}{100} = 456{,}750$円

３　中小法人等の定額控除限度額

　　期末資本金額が１億円以下であり，資本金の額が５億円以上である法人との間に，その法人による完全支配関係がある法人等に該当しないため，定額控除限度額は以下のようになります。

　　$8{,}000{,}000円 \times \dfrac{12 ヶ月}{12 ヶ月} = 8{,}000{,}000$円　＞　1④　∴　2,613,500円

４　損金算入限度額

　　２　＜　３　∴　2,613,500円

５　損金不算入額

　　1④　－　４　＝　0円

〈留　意　点〉

　土地取得価額減額

　　　　上記1③の原価算入交際費800,000円のうち損金不算入額から成る部分の金額は０円のため，原価算入交際費等の調整（措通61の4(2)－7）の適用はありません。

　　　　$0円 \times \dfrac{800{,}000円}{2{,}613{,}500円} = 0$円

《設例 1 》による記入例

交際費等の損金算入に関する明細書

事業年度	5・4・1 6・3・31	法人名	株式会社M社	別表十五

支出交際費等の額 （8 の 計）	1	2,613,500 円	損金算入限度額 (2)又は(3)	4	2,613,500 円
支出接待飲食費損金算入基準額 （9の計）×$\frac{50}{100}$	2	456,750			
中小法人等の定額控除限度額 （(1)と((800万円×$\frac{12}{12}$)又は(別表十五付表「5」))のうち少ない金額)	3	2,613,500	損金不算入額 (1)－(4)	5	0

支 出 交 際 費 等 の 額 の 明 細

科　　　　　　　目	支　出　額	交際費等の額から控除される費用の額	差引交際費等の額	(8)のうち接待飲食費の額
	6	7	8	9
交　　際　　費	3,300,000 円	1,886,500 円	1,413,500 円	913,500 円
売 上 割 戻 し	1,000,000	600,000	400,000	0
土　　　　　地	10,800,000	10,000,000	800,000	0
計	15,100,000	12,486,500	2,613,500	913,500

別表四「交際費等の損金不算入額(8)（加算・社外流出)」へ「0」と記載

《設例2》大法人の場合

　上記《設例1》で，当期末の資本金額が1億円超であるとした場合の，別表十五「交際費等の損金算入に関する明細書」の記載はどのようになりますか。

〈解　　説〉

1　支出交際費等の額の明細

　《設例1》の解説と同様のため，省略します。

2　支出接待飲食費損金算入基準額

　設例1 ⑤　×　$\dfrac{50}{100}$ ＝456,750円

3　中小法人等の定額控除限度額

　期末資本金額が1億円超になりますので0円になります。

4　損金算入限度額　　2　＞　3　∴　456,750円

5　損金不算入額　　設例1〈解説〉1 ④　－　4　＝　2,156,750円

〈留 意 点〉

1　上記Ⅲ2で解説したとおり，期末資本金（出資金）の額が1億円超の法人については，定額控除限度額が0円となります。

2　土地取得価額減額

　上記《設例1》3の原価算入交際費800,000円のうち次の算式で計算した金額を土地の取得価額から減額できます。

　2,156,750円×　$\dfrac{800,000円}{2,613,500円}$　＝660,187円　→（別表四）土地取得価額減額（減算・留保）

　また，上記減額した金額については，翌事業年度において決算上調整することとなります（措通61の4⑵－7（注））。

《設例2》による記入例

交際費等の損金算入に関する明細書

| | | 事業年度 | 5・4・1 6・3・31 | 法人名 | 株式会社M社 | 別表十五 |

支 出 交 際 費 等 の 額 (8 の 計)	1	2,613,500 円	損 金 算 入 限 度 額 (2)又は(3)	4	456,750 円
支出接待飲食費損金算入基準額 (9の計)×50/100	2	456,750	損 金 不 算 入 額 (1)−(4)	5	2,156,750
中小法人等の定額控除限度額 ((1)と((800万円×1/12)又は(別表十五付表「5」))のうち少ない金額)	3	0			

→

支 出 交 際 費 等 の 額 の 明 細

科 目	支 出 額	交際費等の額から控除される費用の額	差引交際費等の額	(8)のうち接待飲食費の額
	6	7	8	9
交 際 費	3,300,000 円	1,886,500 円	1,413,500 円	913,500 円
売 上 割 戻 し	1,000,000	600,000	400,000	0
土 地	10,800,000	10,000,000	800,000	0
計	15,100,000	12,486,500	2,613,500	913,500

別表十六（一） 旧定額法又は定額法による減価償却資産の償却額の計算に関する明細書

I　制度の概要

　法人が，事業の用に供するために固定資産を取得した場合には，その取得のために要した費用は，取得価額を構成し資産として計上されます。これを一定の方法にしたがって，各事業年度の費用として配分する会計上の手続きを減価償却といいます。

　法人税法では，減価償却の対象となる「減価償却資産」の範囲を明確に規定しています（法法2二十三，法令13）。そして，法人の有する「減価償却資産」について，その償却費として各事業年度の所得の金額の計算上損金の額に算入する金額は，その法人がその事業年度において「償却費として損金経理をした金額」のうち，その資産について選定した「償却の方法」に基づいて計算した「償却限度額」に達するまでの金額とされています（法法22③，31）。

II　本制度と会計処理の関係

　法人税法上，償却費として損金の額に算入される金額は，確定した決算において，損金経理する必要があります。なお，「償却費」には，「償却費」以外の科目名で処理したものであっても（例えば，資産を修繕費として損金経理した場合等），「償却費」として取り扱われる場合もあります（法基通7－5－1）。

III　税務上の減価償却

1　趣　　旨

　減価償却は，前述したとおり，減価償却資産の取得価額を，費用配分の原則にしたがって，各事業年度の費用として配分する会計上の手続きをいい，法人税法上においても，その本質は変わるものではありません。しかしながら，税務上は，課税の公平が要請されることから，償却費として損金の額に算入する金額は，償却限度額までとされています。すなわち，減価償却は，金銭等が支出されるものではなく，あくまで見積計算であり，恣意性の介入する余地があるため，償却限度額までしか損金とされないのです。

【償却超過額及び償却不足額】

　会社が償却限度額を超えて償却費を計上した場合には，その超える部分（以下「償却超過額」といいます。）については損金不算入となり，別表四(6)で加算・留保の調整が必要となります。逆に，償却限度額より少なく償却費を計上している場合には，償却不足となりますが法人税法上は特に調整は

ありません。

　なお，過年度の償却超過額については，「償却費として損金経理をした金額」に含まれることとなりますので，償却不足となった事業年度において，償却超過額のうち償却限度額に達するまでの金額について別表四⑿で減算・留保（認容）の調整を行うこととなります（法法31④）。

〔償却超過額が生じている場合〕

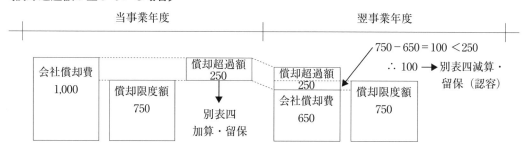

2　平成19年3月31日以前に取得した減価償却資産

　平成19年度税制改正により，減価償却制度は大幅に改正されましたが，平成19年3月31日以前に取得し事業の用に供した減価償却資産については，原則的には，従来の償却方法が維持されています。そして，償却可能限度額まで償却をした事業年度の翌事業年度以後5年間で1円まで均等償却できることとなりました。

① 償却限度額の計算

(a)　償却方法

　法人税法上，平成19年3月31日以前に取得し事業の用に供した減価償却資産の減価償却の方法は，原則として，旧定額法，旧定率法，旧生産高比例法及び旧国外リース期間定額法の4種類が規定されており，どの減価償却資産について，どの償却方法を選定することができるかについても規定されています（法令48①）。そして，その法人が選定した償却方法に基づいて，償却限度額を計算することとなります（法令58）。なお，期中に取得し，事業の用に供した場合は，事業の用に供した日からその事業年度終了の日までの月数や数量に応じた金額になるように按分します。月数は，暦に従って計算し，1月に満たない端数を生じたときは，これを1月とします（法令59①②）。

資産の種類		選定可能償却方法（法令48）
建物	平成10年3月31日以前取得	旧定額法，旧定率法
	平成10年4月1日以後取得	旧定額法
建物の附属設備，構築物，機械及び装置，船舶，航空機，車両及び運搬具，工具，器具及び備品		旧定額法，旧定率法
鉱業用減価償却資産		旧定額法，旧定率法，旧生産高比例法
無形固定資産，生物		旧定額法
鉱業権		旧定額法，旧生産高比例法
国外リース資産（そのリース契約が平成20年3月31日までに締結されたものに限ります。）		旧国外リース期間定額法

償却方法	償 却 限 度 額 （法令48）
旧定額法	（取得価額－残存価額）×法定耐用年数に応じた旧定額法償却率（耐用年数省令別表第七より）
旧定率法	（取得価額－損金の額に算入された減価償却累計額）×法定耐用年数に応じた旧定率法償却率（耐用年数省令別表第七より） ※旧定率法及び定率法の詳細は，別表十六（二）の項を参照して下さい。
旧生産高比例法	$\dfrac{取得価額－残存価額}{その資産の属する鉱区の採掘予定数量※}×各事業年度におけるその鉱区の採掘数量$ ※その資産の耐用年数とその資産の属する鉱区の採掘予定年数とのいずれか短い期間内の数量となります。
旧国外リース期間定額法	（取得価額－見積残存価額）×$\dfrac{その事業年度における国外リース資産のリース期間の月数}{その国外リース資産のリース期間の月数}$

(b)　償却方法の選定

　法人は，構築物，機械及び装置などといった減価償却資産の区分ごとになどに償却方法を選定しなければなりません。この場合において，二以上の事業所又は船舶を有する内国法人は，事業所又は船舶ごとに償却方法を選定することができます（法令51①）。

　そして，確定申告書の提出期限までに，その有する減価償却資産と同一の区分に属する減価償却資産につき，その区分ごとに採用する償却方法を記載した「減価償却資産の償却方法の届出書」を納税地の所轄税務署長に届け出ることとされています（法令51②）。

　平成20年3月31日以前に締結したリース契約に係る所有権移転外ファイナンスリース取引の賃貸資産（国外リース資産を除きます。）については，賃貸人において，平成20年4月1日以後に終了する事業年度から旧リース期間定額法を選定することができます（法令49の2）。

(c)　法定償却方法

　その法人が償却方法の選定の届出をしなかった場合には，法定の償却方法となります（法令53一）。

資産の種類		法定償却方法（法令53一）
建物	平成10年3月31日以前取得	旧定率法
建物の附属設備，構築物，機械及び装置，船舶，航空機，車両及び運搬具，工具，器具及び備品		旧定率法
鉱業用減価償却資産，鉱業権		旧生産高比例法

② 残存価額

　減価償却資産は，耐用年数を経過した場合においても，その価値がすべてなくなるわけではありません。そのような減価償却資産の耐用年数経過後の利用価値を「残存価額」といいます。

　税務上では，減価償却資産の残存価額は，耐用年数省令別表第十一の「種類」及び「細目」欄の区分に応じ，同表に定める残存割合をその取得価額に乗じて計算した金額としています（法令56，耐令6①）。なお，牛及び馬の残存価額は，耐用年数省令別表第十一に掲げる金額と10万円とのいずれか少ない金額とされています（耐令6②）。

③ 償却可能限度額

　有形減価償却資産の減価償却については，残存価額に達した後においても，引き続き事業の用に供している場合には，償却可能限度額に達するまで減価償却を行うことができます。

　償却可能限度額は，次のように資産の種類に応じて定められています（法令61①一）。

	①建物，機械及び装置，車両及び運搬具など（法令13一～七）	②坑道及び無形固定資産（法令13八）	③生物（法令13九）	④国外リース資産（法令48①六）(注)	⑤リース賃貸資産（法令49の2①）
償却可能限度額	取得価額の95％	取得価額	取得価額－残存価額	取得価額－見積残存価額	取得価額－残価保証額（残価保証額が零の場合は1円）

（注）　平成20年3月31日以前に締結された契約に係るリース取引に限ります。

4　5年間均等償却

　平成19年3月31日以前に取得し事業の用に供した上記3①又は③の減価償却資産について，その事業年度の前事業年度までにした償却額の累計額が上記3①又は③の償却可能限度額に達している場合には，次の算式で計算した金額をその事業年度の償却限度額とみなして，1円まで償却ができるようになりました（法令61②）。なお，月数は暦に従って計算し，1月に満たない端数を生じたときは，これを1月とします（法令61③）。

　(a)　建物，機械及び装置，車両及び運搬具などの減価償却資産（法令13一～七）

$$\{取得価額－（取得価額×95％＋1円）\}×\frac{その事業年度の月数}{60}$$

　(b)　牛，馬，綿羊及びやぎなどの生物（法令13九）

$$\{取得価額－（取得価額－残存価額＋1円）\}×\frac{その事業年度の月数}{60}$$

〔適用関係〕

　5年間の均等償却を開始するのは，償却可能限度額に到達した事業年度の翌事業年度となります。また，この規定は，平成19年4月1日以後に開始する事業年度において適用されます。

〔7月末1年決算法人の場合〕

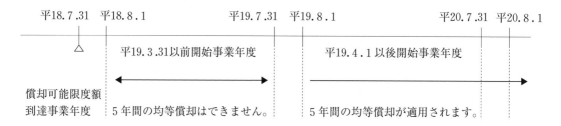

〔旧定額法による5年間均等償却の計算例〕

取得価額500,000円の器具及び備品，法定耐用年数5年（償却率0.200）

(単位：円)

経過年数	期首簿価	当期償却額（償却限度額）	期末簿価	備　　考
1年	500,000	$(500{,}000 - 500{,}000 \times 10\%) \times 0.200 = 90{,}000$	410,000	
2年	410,000	$(500{,}000 - 500{,}000 \times 10\%) \times 0.200 = 90{,}000$	320,000	
3年	320,000	$(500{,}000 - 500{,}000 \times 10\%) \times 0.200 = 90{,}000$	230,000	
4年	230,000	$(500{,}000 - 500{,}000 \times 10\%) \times 0.200 = 90{,}000$	140,000	
5年	140,000	$(500{,}000 - 500{,}000 \times 10\%) \times 0.200 = 90{,}000$	50,000	残存価額到達年度
6年	50,000	$(500{,}000 - 500{,}000 \times 10\%) \times 0.200 = 90{,}000$ $> \{50{,}000 - (500{,}000 - 500{,}000 \times 95\%)\} = 25{,}000$ $\rightarrow \quad 25{,}000$	25,000	償却可能限度額到達年度
7年	25,000	$\{500{,}000 - (500{,}000 \times 95\% + 1)\} \times 12 / 60 = 4{,}999$	20,001	5年均等償却開始年度
8年	20,001	$\{500{,}000 - (500{,}000 \times 95\% + 1)\} \times 12 / 60 = 4{,}999$	15,002	
9年	15,002	$\{500{,}000 - (500{,}000 \times 95\% + 1)\} \times 12 / 60 = 4{,}999$	10,003	
10年	10,003	$\{500{,}000 - (500{,}000 \times 95\% + 1)\} \times 12 / 60 = 4{,}999$	5,004	
11年	5,004	$\{500{,}000 - (500{,}000 \times 95\% + 1)\} \times 12 / 60 = 4{,}999$	5	
12年	5	$5 - 1$（備忘価額）$= 4$	1	償却終了年度

5　堅固な建物等の償却限度額の特例

次に掲げる資産につき，取得価額の95％まで償却した場合において，その事業年度開始の日からその資産が使用不能となるものと認められる日までの期間（以下「残存使用可能期間」といいます。）につき納税地の所轄税務署長の認定を受けたときは，上記134にかかわらず，その残存使用可能期間で帳簿価額が1円に達するまで償却が認められます（法令61の2）。

(a)　鉄骨鉄筋コンクリート造，鉄筋コンクリート造，れんが造，石造又はブロック造の建物

(b)　鉄骨鉄筋コンクリート造，鉄筋コンクリート造，コンクリート造，れんが造，石造又は土造の構築物又は装置

3　平成19年4月1日以後に取得された減価償却資産

平成19年度税制改正により，企業の設備投資の促進や国際競争力を高めるために，減価償却制度が大幅に改正され，平成19年4月1日以後に取得された減価償却資産について適用されています。なお，経過措置として，法人が平成19年3月31日以前に取得し，かつ，平成19年4月1日以後に事業の用に供した減価償却資産については，その事業の用に供した日においてその減価償却資産の取得をしたものとみなして，新たな減価償却制度が適用されました（平成19年改正法令附則11②）。

また，平成23年12月税制改正により，国際的な水準や課税ベースの拡大を考慮して，平成24年4月1日以後に取得をされた減価償却資産の定率法の償却率が，定額法の償却率に2を乗じて計算した割合（200％定率法）に改正されました（改正前250％定率法）。

〔平成19年度税制改正における新たな減価償却制度の適用時期〕

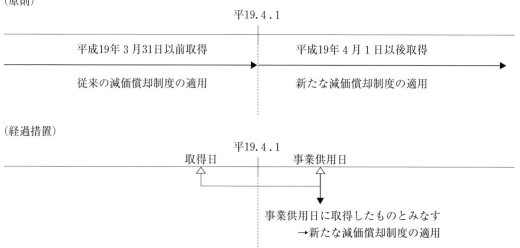

（原則）

平19.4.1

平成19年3月31日以前取得 | 平成19年4月1日以後取得

従来の減価償却制度の適用 | 新たな減価償却制度の適用

（経過措置）

平19.4.1

取得日　　　　　　　　　事業供用日

事業供用日に取得したものとみなす
→新たな減価償却制度の適用

〔平成23年12月税制改正における新たな定率法の適用時期〕

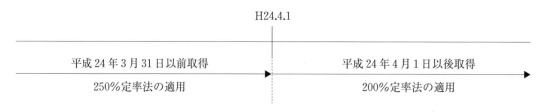

H24.4.1

平成24年3月31日以前取得 | 平成24年4月1日以後取得

250％定率法の適用 | 200％定率法の適用

① 償却限度額の計算

（a）償却方法

　法人税法上，平成19年4月1日以後に取得し事業の用に供した減価償却資産の減価償却の方法は，原則として，定額法，定率法，生産高比例法及びリース期間定額法の4種類が規定されており，どの減価償却資産について，どの償却方法を選定することができるかについても規定されています（法令48の2①）。そして，その法人が選定した償却方法に基づいて，償却限度額を計算することとなります（法令58）。期中に事業の用に供した場合の月数按分は，上記2①(a)と同様です（法令59①②）。なお，平成28年度税制改正により，平成28年4月1日以後に取得する建物の附属設備及び構築物，並びに鉱業用減価償却資産のうち建物，建物の附属設備及び構築物に該当するものについては，定率法を選択することができなくなりました（法令48の2①一ロ・三イ）。

資産の種類	選定可能償却方法（法令48の2）	
	平成28年3月31日以前に取得	平成28年4月1日以後に取得
建物	定額法	
建物の附属設備	定額法，定率法	定額法
構築物	定額法，定率法	定額法
機械及び装置	定額法，定率法	
船舶及び航空機	定額法，定率法	
車両及び運搬具	定額法，定率法	
工具，器具及び備品	定額法，定率法	
鉱業用減価償却資産（注1）	定額法，定率法，生産高比例法	定額法，生産高比例法
無形固定資産	定額法	
生物	定額法	
鉱業権	定額法，生産高比例法	
リース資産（注2）	リース期間定額法	

（注1）「鉱業用減価償却資産」のうち，建物，建物の附属設備及び構築物に該当するものに限ります。

（注2）所有権移転外リース取引に係る契約が平成20年4月1日以後に締結されたものに限ります。

償却方法	償却限度額（法令48の2）
定額法	取得価額×法定耐用年数に応じた定額法償却率（耐用年数省令別表第八より）
定率法	【調整前償却額 ≧ 償却保証額】 （取得価額－損金の額に算入された減価償却累計額）×法定耐用年数に応じた定率法償却率（注） 【調整前償却額 ＜ 償却保証額】 改定取得価額×法定耐用年数に応じた改定償却率 ※旧定率法及び定率法の詳細は，別表十六（二）の項を参照して下さい。
生産高比例法	$$\frac{取得価額}{その資産の属する鉱区の採掘予定数量※}×その事業年度におけるその鉱区の採掘数量$$ ※その資産の耐用年数とその資産の属する鉱区の採掘予定年数とのいずれか短い期間内の数量となります。
リース期間定額法	$$取得価額×\frac{その事業年度におけるリース資産のリース期間月数}{そのリース資産のリース期間の月数}$$ ※取得価額に残価保証額に相当する金額が含まれている場合には，その取得価額からその残価保証額を控除した金額となります（下記2参照）。

（注）次に掲げる減価償却資産の区分に応じその資産の耐用年数に応じた次の割合の償却率を使用します。
　　なお，一定の経過措置が設けられていますが，その内容は別表十六（二）の項を参照して下さい。

減価償却資産の区分	割　合	通　称	耐用年数省令別表
平成24年3月31日以前取得	定額法償却率×2.5	250％定率法	別表第九
平成24年4月1日以後取得	定額法償却率×2.0	200％定率法	別表第十

(b)　償却方法の選定

　平成19年3月31日以前に取得された減価償却資産（上記2①(b)）と同様です（平成28年4月1日以後に取得した建物の附属設備，構築物及び鉱業用減価償却資産を除きます。）（法令51①②）。

(c)　法定償却方法

　その法人が償却方法の選定の届出をしなかった場合には，法定の償却方法となります（法令53二）。

資産の種類	法定償却方法（法令53二）
建物の附属設備(注)，構築物(注)，機械及び装置，船舶，航空機，車両及び運搬具，工具，器具及び備品	定率法
鉱業用減価償却資産，鉱業権	生産高比例法

(注) 平成28年4月1日以後に取得したものを除きます。

(d) 償却方法のみなし選定

平成19年3月31日以前に取得した減価償却資産（以下「旧償却方法適用資産」といいます。）について，旧定額法，旧定率法又は旧生産高比例法を選定している場合（法定償却方法によっている場合を含みます。）において，平成19年4月1日以後に取得した減価償却資産（以下「新償却方法適用資産」といいます。）で，平成19年3月31日以前に取得するとしたならば，旧償却方法適用資産と同一の区分に属するものについて，償却方法の選定の届出を行っていないときは，新償却方法適用資産においては，旧償却方法適用資産について選定していた償却方法の区分に応じた償却方法を選定したとみなされます（法令51③）。

したがって，「旧定額法」を選定している場合は「定額法」を，「旧定率法」を選定している場合は「定率法」を，「旧生産高比例法」を選定している場合は「生産高比例法」を適用することとなります。

ただし，その新償却方法適用資産と同一の区分に属する他の新償却方法適用資産について，償却方法の変更の承認を受けている場合には，変更した償却方法が適用されます（法令51③ただし書）。

② 残存簿価及び償却可能限度額

平成19年4月1日以後に取得し事業の用に供された減価償却資産については，残存価額の規定が廃止されました。これにより，耐用年数経過時点でそれぞれ資産の種類ごとに定められている金額（以下「残存簿価」といいます。）まで償却できるようになりました（法令61①二）。

	建物，機械及び装置，車両及び運搬具など（法令13一〜七）	坑道及び無形固定資産（法令13八）	生物（法令13九）	リース資産（法令48の2①六）
残存簿価	1円	0円	1円	残価保証額

※リース資産とは，所有権移転外リース取引に係る賃借人が取得したものとされる減価償却資産をいいます（法令48の2⑤四）。また，残価保証額とは，リース期間終了の時にリース資産の処分価額が，所有権移転外リース取引に係る契約において定められている保証額に満たない場合に，その満たない部分の金額をその所有権移転外リース取引に係る賃借人がその賃貸人に支払うこととされている場合におけるその保証額をいいます（法令48の2⑤六）。なお，リース資産の取扱いについては，下記4を参照して下さい。

〔定額法による計算例〕

取得価額500,000円の器具及び備品，法定耐用年数5年（償却率0.200）

(単位：円)

経過年数	期首簿価	当期償却額（償却限度額）	期末簿価	備考
1年	500,000	500,000×0.200＝100,000	400,000	
2年	400,000	500,000×0.200＝100,000	300,000	
3年	300,000	500,000×0.200＝100,000	200,000	
4年	200,000	500,000×0.200＝100,000	100,000	
5年	100,000	100,000－1（残存簿価）＝99,999	1	償却終了年度

4　売買取引とされるリース取引の減価償却

平成19年3月30日において，企業会計基準委員会より，企業会計基準第13号「リース取引に関する会計基準」及び企業会計基準適用指針第16号「リース取引に関する会計基準の適用指針」が公表され，所有権移転外ファイナンスリース取引について，例外処理として認められていた賃貸借処理が原則廃止され，通常の売買処理によることとなりました。これにより，税務上も所有権移転外ファイナンスリース取引について売買取引によることとなりました（法法64の2）。

①　所有権移転外ファイナンスリース取引

所有権移転外ファイナンスリース取引の契約を締結した賃借人は，そのリース資産の引渡しの時に売買があったものとみなされ，上記3①(a)のリース期間定額法により減価償却を行っていくこととなります（法法64の2，法令48の2①六）。

なお，そのリース資産につき賃借人が賃借料として損金経理をした金額は，償却費として損金経理をした金額に含まれるものとされ（法令131の2③），かつ，そのリース資産のその事業年度の償却限度額その他償却費の計算に関する明細書をその事業年度の確定申告書に添付する必要はありません（法令63①かっこ書）。

②　所有権移転ファイナンスリース取引

所有権移転ファイナンスリース取引の契約を締結した賃借人は，そのリース資産の引渡しの時に売買があったものとみなされ，通常の取得資産と同様に，上記3①(a)の定額法や定率法により減価償却を行っていくこととなります（法法64の2，法令48の2①）。

5　取得価額

減価償却資産の取得価額は，取得の態様に応じて定められており，原則的には，次のような構成となります（法令54，法基通7－3－3の2）。

| 購入代価及び付随費用 | ＋ | 事業の用に供するために直接要した費用の額 |

6　資本的支出の取得価額の特例

資本的支出とは，修理，改良その他いずれの名義をもってするかを問わず，その有する固定資産について支出した金額で次に掲げる金額に該当するものをいいます（実質基準）（法令132）。

| ① | その資産の使用可能期間を延長させる部分の金額 |
| ② | その資産の価額を増加させる部分に対応する金額 |

①　新たな減価償却資産を取得したものとする場合

内国法人が有する減価償却資産について，新たな減価償却資産を取得したものとする場合，資本的支出があった場合には，その資本的支出は，その有する減価償却資産と種類及び耐用年数を同じくする減価償却資産を新たに取得したものとして取り扱うこととなります（法令55①）。

なお，旧定率法を採用している建物，その附属設備及び構築物（鉱業用減価償却資産を除きます。）に資本的支出をした場合において，下記②の適用を受けずにこの①を適用するときには，その資本的支出に係る償却方法は，定額法のみの適用となりますので注意が必要です（法基通７－２－１の２）。

② 平成19年３月31日以前に取得した減価償却資産への加算

　平成19年３月31日以前に取得した減価償却資産について，資本的支出があった場合には，その資本的支出を行った事業年度において，従来どおり，その資本的支出をその減価償却資産の取得価額に加算することができます（法令55②）。これは，「資本的支出を行った事業年度」において，既存の減価償却資産の取得価額に加算することができる規定であるため，翌事業年度以後において加算することはできません。また加算した場合は，平成19年３月31日以前に取得した既存の減価償却資産の種類，耐用年数及び償却方法に基づいて減価償却を行っていくこととなります。

　なお，一度加算した場合には，その後において分離することはできませんので注意が必要です（法基通７－３－15の４）。

③ 旧減価償却資産と追加償却資産の合算

　内国法人が有する減価償却資産（250％定率法適用資産を除きます。以下「旧減価償却資産」といいます。）とその減価償却資産に対する資本的支出で上記①により新たに取得したものとされた減価償却資産（以下「追加償却資産」といいます。）がある場合において，減価償却の方法についていずれも定率法を採用しているときは，その資本的支出があった事業年度の翌事業年度開始の時に，旧減価償却資産の帳簿価額と追加減価償却資産の帳簿価額を合算した金額を取得価額とする一の減価償却資産を新たに取得したものとすることができます（法令55④）。なお，詳細については，別表十六（二）Ⅰ３①を参照して下さい。

④ 複数の追加償却資産の合算

　一事業年度内に複数の追加償却資産がある場合において，その追加償却資産の償却方法についていずれも定率法を採用し，かつ，上記③の適用を受けないときは，その資本的支出があった事業年度の翌事業年度開始の時に，それらの追加償却資産の帳簿価額を合算した金額を取得価額とする一の減価償却資産を新たに取得したものとすることができます（法令55⑤）。

　なお，詳細については別表十六（二）Ⅰ３②を参照して下さい。

別表十六(一)　旧定額法又は定額法による減価償却資産の償却額の計算に関する明細書

5　資本的支出と修繕費のフローチャート

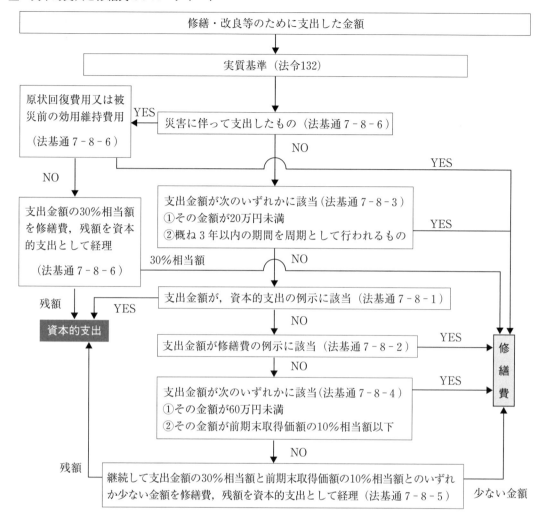

7　耐用年数

1　法定耐用年数及び償却率

　減価償却資産の使用可能期間である耐用年数は減価償却資産の耐用年数等に関する省令（以下「耐用年数省令」といいます。）において資産の種類ごとに規定されており，これを法定耐用年数といいます。

　減価償却資産の償却限度額は，耐用年数省令に規定する減価償却資産の種類の区分（その種類について構造若しくは用途，細目又は設備の種類の区分が定められているものについては，その区分）ごとに，かつ，耐用年数及び償却方法の異なるものについては，その異なるごとに計算した金額とされています（法規19①）。しかし，機械及び装置については事務負担軽減の観点から，償却限度額を平成20年度税制改正による大括り化にかかわらず，旧耐用年数表の設備の種類の区分ごとに計算することができます（法規19②）。

　なお，平成23年12月税制改正により，法人がそのよるべき償却方法として定率法を採用している減価償却資産のうちに平成24年3月31日以前に取得をされた減価償却資産（250％定率法適用資産）と

平成24年4月1日以後に取得をされた減価償却資産（200％定率法適用資産）とがある場合には，これらの減価償却資産は，それぞれ償却方法が異なるものとして取り扱われます（法規19③）。

また，平成23年12月税制改正における償却方法の改正により，耐用年数省令別表についても次のような改正が行われています。

区　　分	改正前	改正後
平成19年3月31日以前に取得をされた減価償却資産の償却率表	別表第七	別表第七
平成19年4月1日以後に取得をされた減価償却資産の定額法の償却率表	別表第八	別表第八
平成19年4月1日から平成24年3月31日までの間に取得をされた減価償却資産の定率法の償却率，改定償却率及び保証率の表		別表第九
平成24年4月1日以後に取得をされた減価償却資産の定率法の償却率，改定償却率及び保証率の表	－	別表第十
平成19年3月31日以前に取得をされた減価償却資産の残存割合表	別表第九	別表第十一

② 耐用年数の短縮特例（法令57）

耐用年数の短縮特例制度は，平成23年6月税制改正により，未経過使用可能期間をもって法定耐用年数とみなして償却限度額を計算することとされました（法令57）。ただし，法人が平成23年4月1日前に開始した事業年度において耐用年数の短縮特例の承認を受けた場合（同日以後に開始する事業年度において同年6月30日前にその承認を受ける場合を含みます。）のその承認に係る減価償却資産の償却限度額は，従前どおりとされており，改正前の規定が適用されます（平成23年6月改正法令附則6②）。

(a) 短縮事由（法令57①，法規16）

次に掲げる事由のいずれかに該当したことにより，その使用可能期間が法定耐用年数に比して著しく短いこと又は短いこととなった場合において，納税地の所轄国税局長の承認を受けたときは，耐用年数の短縮特例の適用を受けることができます。

	事　　由
①	その資産の材質又は製作方法がこれと種類及び構造を同じくする他の減価償却資産の通常の材質又は製作方法と著しく異なること
②	その資産の存する地盤が隆起し又は沈下したこと
③	その資産が陳腐化したこと
④	その資産がその使用される場所の状況に基因して著しく腐しょくしたこと
⑤	その資産が通常の修理又は手入れをしなかったことに基因して著しく損耗したこと
⑥	減価償却資産の耐用年数等に関する省令の一部を改正する省令（平成20年財務省令第32号）による改正前の耐用年数省令（以下「旧耐用年数省令」といいます。）を用いて償却限度額を計算することとした場合に，旧耐用年数省令に定める一の耐用年数を用いて償却限度額を計算すべきこととなる減価償却資産の構成がその耐用年数を用いて償却限度額を計算すべきこととなる同一種類の他の減価償却資産の通常の構成と著しく異なること
⑦	その資産が機械及び装置である場合において，その資産の属する設備が旧耐用年数省令別表第二に特掲された設備以外のものであること
⑧	上記に掲げる事由に準ずる事由

(b)　申請書の提出（法令57②，法規17）

　　上記の承認を受けようとする内国法人は，一定の事項を記載した申請書に，その資産が上記(a)に掲げる事由のいずれかに該当することを証する書類を添付し，納税地の所轄税務署長を経由して，これを納税地の所轄国税局長に提出しなければなりません。なお，平成23年6月税制改正後の耐用年数の短縮特例の適用を受ける場合は，その申請書に未経過使用可能期間やその算定の基礎を記載することとされました。

(c)　効力（法令57⑥）

　　国税局長の承認の処分があった場合には，その処分のあった日の属する事業年度以後の各事業年度の所得の金額を計算する場合のその処分に係る減価償却資産の償却限度額の計算について，その処分の効果が生ずることとなります。

(d)　みなし規定（法令57⑦⑧，法規18）

　　内国法人が，その有する耐用年数の短縮特例の承認に係る減価償却資産の一部について，これに代わる新たな資産（以下「更新資産」といいます。）と取り替えた場合その他一定の場合において，その更新資産の取得をした日の属する事業年度に係る申告書の提出期限までに，一定の事項を記載した届出書を納税地の所轄税務署長を経由して，納税地の所轄国税局長に提出したときは，その届出書をもって上記(b)の申請書とみなし，その届出書の提出をもってその事業年度終了の日その他一定の日において，耐用年数の短縮特例の承認があったものとみなされます。

　　また，内国法人が，その有する耐用年数の短縮特例の承認（一定の事由による承認に限ります。）に係る減価償却資産と材質又は製作方法を同じくする一定の減価償却資産の取得をした場合等において，その取得をした日の属する事業年度に係る申告書の提出期限までに，一定の事項を記載した届出書を納税地の所轄税務署長を経由して，納税地の所轄国税局長に提出したときも同様とされます。

(e)　取得価額の調整

　　内国法人の有する減価償却資産について，上記(a)の承認を受けた場合には，その資産の旧定額法若しくは旧生産高比例法，定額法若しくは生産高比例法による償却限度額の計算の基礎となる取得価額，定率法の償却保証額の計算の基礎となる取得価額には，その資産につき承認を受けた日の属する事業年度の前事業年度までの各事業年度においてした償却の額（各事業年度の所得の金額の計算上損金の額に算入されたものに限ります。）の累積額を含まないものとします（法令57⑨）。したがって，承認された時点の帳簿価額が，承認以後の償却限度額の計算の基礎となる取得価額とされます。

(f)　5年間均等償却の準用

　　上記2④の5年間均等償却の規定は，上記(a)の承認に係る減価償却資産（定率法を採用しているものに限ります。）について，その承認を受けた日の属する事業年度において，その承認がないものとした場合の調整前償却額が，上記(e)の取得価額の調整をしないで計算した償却保証額に満たない場合に準用することとされ，その計算は以下の算式によることとなります（法令57⑩）。

$$\frac{取得価額-（承認前償却累積額+1円）}{未経過使用可能期間の月数} \times \frac{承認を受けた日の属する事業年度}{以後の各事業年度の月数}$$

8 圧縮記帳と償却限度額との関係

圧縮記帳とは，租税政策等の観点から，一時に課税することが適当ではない受贈益等について，一定の要件のもと，一定額（以下「圧縮限度額」といいます。）までの損金算入を認め，その受贈益等への課税を繰り延べる制度です。

圧縮記帳は，あくまで課税の繰延制度であり，減価償却等を通じて課税利益を取り戻すことが前提とされています。したがって，減価償却の計算上，留意すべき点がいくつかあります。

① 償却限度額との関係

圧縮記帳を適用した減価償却資産の取得価額は，取得価額から「圧縮記帳により損金の額に算入された金額」（税務上適正額）を控除した後の金額を，その減価償却資産の取得価額とみなすこととなります（法令54③，92の2，措法64⑧，65の7⑧ほか）。

・定額法の場合

償却限度額 ＝（取得価額－圧縮記帳損金算入額）×法定耐用年数に応じた定額法償却率

② 償却費との関係

圧縮記帳の経理方法は，いくつかの方法が認められていますが，その中で，損金経理により取得価額を直接減額する方法があります。この損金経理により取得価額を直接減額する方法を採用した場合，圧縮限度額を超えて損金経理している部分がある場合には，その超える部分は「償却費として損金経理をした金額」に含まれることとなります（法基通7－5－1⑵）。

	損金経理による方法	積立金経理による方法
積立金経理に関する調整	－	圧縮積立金認定損（別表四減算・留保）
圧縮限度額	各々の圧縮記帳規定により計算します。	同　左
圧縮超過額	圧縮超過額は，償却費に加算します。	圧縮積立金積立超過額（別表四加算・留保）
償却限度額	（取得価額－圧縮記帳損金算入額）×償却率	同　左
償却費	会社償却費＋圧縮超過額	会社償却費
償却超過額	減価償却超過額（別表四「6」加算・留保）	同　左

9 少額減価償却資産及び一括償却資産

① 少額減価償却資産

法人税法上，実務上の簡便性等の観点から，法人が，その使用可能期間が1年未満又は取得価額が10万円未満である減価償却資産を有する場合において，その取得価額に相当する金額につき事業の用に供した日の属する事業年度において損金経理をしたときは，その取得価額の全額を損金の額に算入する制度を設けています（法令133）。

なお，令和4年4月1日以後に取得等をした取得価額が10万円未満の減価償却資産のうち貸付け（主要な事業として行われるものを除きます。）の用に供したものが除外されます（令和4年改正法令附則9）。

② 中小企業者等の少額減価償却資産の取得価額の損金算入の特例

青色申告書を提出する中小企業者等（措法42の4⑲七・九，措令39の28①）が，平成18年4月1日から令和6年3月31日までの間に取得等し，かつ，事業の用に供した減価償却資産で，その取得価額が30万円未満であるもの（以下「特例少額減価償却資産」といいます。）を有する場合において，その

取得価額に相当する金額につき事業の用に供した日の属する事業年度において損金経理したときは，上限を300万円までとしてその事業年度の損金の額に算入する特例も設けています（措法67の5①）。

　なお，令和4年4月1日以後に取得等をした特例少額減価償却資産のうち貸付け（主要な事業として行われるものを除きます。）の用に供したものが除外されます（令和4年改正措法附則48）。

　詳細については，後述する別表十六（七）を参照して下さい。

③　一括償却資産

　法人税法上，法人が，取得価額が20万円未満である減価償却資産を事業の用に供した場合には，取得価額の3分の1ずつを損金の額に算入する制度を設けています（法令133の2）。

　なお，令和4年4月1日以後に取得等をした取得価額20万円未満の減価償却資産のうち貸付け（主要な事業として行われるものを除きます。）の用に供したものが除外されます（令和4年改正法令附則9）。

　詳細については，後述する別表十六（八）を参照して下さい。

減価償却資産の取得価額	原　　則	中小企業者等に対する特例
10万円未満	少額減価償却資産	少額減価償却資産
10万円以上20万円未満	一括償却資産	特例少額減価償却資産
20万円以上30万円未満	通常の減価償却資産	（左列の制度との選択）
30万円以上		通常の減価償却資産

10　特別償却

　特定の設備等については，様々な政策的要請から，租税特別措置法において特別償却制度が設けられています（措法42の6ほか）。ここでは，それぞれの制度の解説は省略しますが，特別償却には，「狭義の特別償却」と「割増償却」とがあります。

①　特別償却（狭義）

　特別償却（狭義）は，特別償却の対象となる減価償却資産を取得し，事業の用に供した場合に，その事業の用に供した日の属する事業年度において，普通償却限度額と取得価額に一定割合を乗じて計算した特別償却限度額との合計額を償却限度額とすることができる制度です。

②　割増償却

　割増償却は，割増償却の対象となる減価償却資産を取得し，事業の用に供した場合に，その事業の用に供した日の属する事業年度以後の一定期間内の各事業年度において，普通償却限度額と普通償却限度額を割増しして計算した割増償却限度額との合計額を償却限度額とすることができる制度です。

11　明細書の添付

　内国法人は，各事業年度終了の時において，その有する減価償却資産につき償却費として損金経理をした金額がある場合には，その資産のその事業年度の償却限度額その他償却費の計算に関する明細書をその事業年度の確定申告書等に添付しなければなりません（法令63①）。

　なお，リース資産につき，その賃借人が賃借料として損金経理している場合には，原則として明細書の添付は必要ありません（法令63①かっこ書）。

Ⅳ　別表十六（一）記入上の留意点

1️⃣　この明細書は，減価償却資産の種類等及び耐用年数の異なるごとに別の行に記載します（当期の中途で事業の用に供したものについても別の行とします。）。ただし，特別償却の適用を受ける資産は，他の資産と区分して別の行に記載してください。

2️⃣　「種類　(1)」,「構造　(2)」及び「細目　(3)」は，耐用年数省令別表第一から第六までに定める種類，構造及び細目に従って記載します。ただし，機械及び装置については，「構造　(2)」は，耐用年数省令別表第二の番号を記載します。なお，減価償却資産をその種類ごと，かつ，償却の方法の異なるごとに区分し，その区分ごとの合計額を記載した書類を確定申告書に添付したときは，その明細書を保存している場合に限り，個々の資産ごとの明細書の添付は必要ありません（法令63②）。ただし，その場合においても，この明細書の書式により記載することとなります。

3️⃣　「耐用年数　(6)」は，耐用年数省令別表第一から別表第六までに定める耐用年数を記載します。

4️⃣　「旧定額法の償却率　⒇」は，耐用年数省令別表第七の償却率を，「定額法の償却率　㉖」には耐用年数省令別表第八の償却率を記載します。

5️⃣　「算出償却額　㉔」の算式中「　／60」の分子には当期の月数を記載します。

6️⃣　「算出償却額　㉔」及び「計　㉙」は，その金額が「合計　⒃」から1円を控除した金額を上回る場合には，その上回る部分の金額を控除した金額を記載します。

7️⃣　「当期償却額　㉟」には，償却費として損金経理した金額を記載します。また，前述したとおり，償却費以外の科目名で損金経理した費用も，償却費として取り扱われるものがありますので，そのような費用がある場合にはその金額も含めます（法基通7－5－1）。

【法基通7－5－1】償却費として損金経理をした金額の意義

「償却費として損金経理をした金額」には，法人が償却費の科目をもって経理した金額のほか，損金経理をした次に掲げるような金額も含まれます。

(1)　減価償却資産の取得価額の規定により減価償却資産の取得価額に算入すべき付随費用の額のうち原価外処理をした金額

(2)　減価償却資産について法人税法又は租税特別措置法の規定による圧縮限度額を超えてその帳簿価額を減額した場合のその超える部分の金額

(3)　減価償却資産について支出した金額で修繕費として経理した金額のうち資本的支出の規定により損金の額に算入されなかった金額

(4)　無償又は低い価額で取得した減価償却資産につきその取得価額として法人の経理した金額が減価償却資産の取得価額に満たない場合のその満たない金額

(5)　減価償却資産について計上した除却損又は評価損の金額のうち損金の額に算入されなかった金額
　（注）　評価損の金額には，法人が計上した減損損失の金額も含まれます。

(6)　少額な減価償却資産（おおむね60万円以下）又は耐用年数が3年以下の減価償却資産の取得価額を消耗品費等として損金経理をした場合のその損金経理をした金額

(7)　ソフトウエアの取得価額に算入すべき金額を研究開発費として損金経理をした場合のその損金経理

をした金額

V　設例による個別検討

《設例1》通常の減価償却の場合（ケース1）

　株式会社M社（資本金1,000万円の青色申告法人であり，中小企業者等に該当します。）は，当期末現在，次に掲げる資産を取得し保有しています。次の資料に基づき，当期（令和5年4月1日から令和6年3月31日）の別表十六（一）「旧定額法又は定額法による減価償却資産の償却額の計算に関する明細書」の記載はどのようになりますか。

1　取得・保有資産の明細

種　　類	取得価額	会社上期首帳簿価額	当期償却額 （損金経理）	法定耐用年数 （償却率）
建　　物	50,000,000円	34,700,000円	900,000円	50年（0.020）
機械装置	3,500,000円	35,004円	100,000円	10年（0.100）

2　建物は，平成18年4月1日に取得し事業の用に供したもので，鉄筋コンクリート造の事務所用建物です。

3　機械装置（印刷設備）は，平成18年10月1日に取得し事業の用に供したものであり，前事業年度末までの償却累計額は3,464,996円ですが，前事業年度末までに償却不足が生じています。

4　M社は減価償却の方法について，旧定額法を選定しています。

〈解　　説〉　記入例→245頁

1　減価償却の計算

　1⃣　建物

　(a)　償却限度額　　（50,000,000円－50,000,000円×10％）×0.020＝900,000円

　(b)　当期償却額　　900,000円

　(c)　(b)－(a)＝0　　∴　別表四による税務調整はありません。

　　建物は，平成19年3月31日以前に取得し，事業の用に供しているため，旧定額法により償却限度額を計算します。

　2⃣　機械装置

　(a)　償却限度額

　　ⓐ　前事業年度までにした償却額の累計額3,464,996円

　　ⓑ　償却可能限度額3,500,000円×95％＝3,325,000円

　　ⓒ　ⓐ＞ⓑ　∴　5年間均等償却

　　ⓓ　当期償却限度額（3,500,000円－（3,500,000円×95％＋1円））×$\frac{12}{60}$＝34,999円

　(b)　当期償却額　　35,004円

　(c)　(b)－(a)＝5円（償却超過　→　別表四(6)で加算・留保の調整を行います。）

　　機械装置は，平成19年3月31日以前に取得し事業の用に供しており，旧定額法を選定しているため，旧定額法により償却限度額を計算します。機械装置の償却可能限度額は，取得価額の95％

（3,500,000円×95％＝3,325,000円）であるため，それを超えて減価償却を行うことはできません。しかし前事業年度以前において，償却可能限度額に到達しているので，5年間の均等償却を行うことができます。

なお，前事業年度までの償却不足がある場合においては，税務上は特に調整はありませんので会社決算上帳簿価額と税務上帳簿価額とは一致しています。

《設例2》通常の減価償却の場合（ケース2）

株式会社M社（資本金1,000万円の青色申告法人であり，中小企業者等に該当します。）は，当期末現在，次に掲げる資産を取得し保有しています。次の資料に基づき，当期（令和5年4月1日から令和6年3月31日）の別表十六（一）「旧定額法又は定額法による減価償却資産の償却額の計算に関する明細書」の記載はどのようになりますか。

1 取得・保有資産の明細

種 類	取得価額	会社上期首帳簿価額	当期償却額 （損金経理）	法定耐用年数 （償却率）
建 物	84,000,000円	－	840,000円	50年 （0.020）
器具備品	900,000円	31,500円	4,999円	15年 （0.066）
建物附属設備	1,800,000円	54,002円	17,999円	15年 （0.066）

2 建物は，当期の10月25日に取得し事業の用に供したもので，鉄筋コンクリート造の事務所用建物です。

3 器具備品（金属性キャビネット）は，平成18年9月9日に取得し事業の用に供したもので，前期において償却超過額13,500円が発生しています。また，当期の償却限度額は，8,999円です。

4 建物附属設備（電気設備でその他のもの）は，平成17年4月9日に取得し事業の用に供したもので，既に償却可能限度額に到達しました。

5 M社は減価償却の方法について，旧定額法及び定額法を選定しています。

〈解　説〉 記入例→246頁

1 減価償却の計算

1️⃣ 建物

(a) 償却限度額　　　$84,000,000円 \times 0.020 \times \frac{6}{12} = 840,000円$

(b) 当期償却額　　　840,000円

(c) (b)−(a)＝0　　　∴ 別表四による税務調整はありません。

建物は，平成19年4月1日以後に取得し，事業の用に供しているため，定額法により償却限度額を計算します。

2️⃣ 器具備品

(a) 償却限度額　　　8,999円

(b) 当期償却額　　　4,999円

(c) (b)−(a)＝△4,000円（償却不足）

(d) 認容　13,500円＞4,000円　∴4,000円（別表四⑫で減算・留保の調整を行います。）

　器具備品は，平成19年3月31日以前に取得し，事業の用に供しており，旧定額法を選定しているため，旧定額法により償却限度額を計算します。器具備品は，前期において13,500円の償却超過額が生じており，当期は償却限度額よりも少なく償却費を計上しているため（償却不足のため），前期以前の償却超過額を償却不足額に達するまで別表四で認容（減算・留保）の調整を行います。

③　建物附属設備

(a)　償却限度額　　$\{1,800,000円 － （1,800,000円×95\% ＋ 1円）\} ×\dfrac{12}{60}＝17,999円$

(b)　当期償却額　　17,999円

(c)　(b)−(a)＝0　　∴　別表四による税務調整はありません。

　建物附属設備は，平成19年3月31日以前に取得し，事業の用に供している減価償却資産で，既に償却可能限度額まで減価償却を行っているため，5年間で1円（残存簿価）まで均等償却を行うことができます。

《設例3》 資本的支出がある場合

　株式会社M社（資本金1,000万円の青色申告法人であり，中小企業者等に該当します。）は，当期末現在，次に掲げる資産を取得し保有しています。次の資料に基づき，当期（令和5年4月1日から令和6年3月31日）の別表十六（一）「旧定額法又は定額法による減価償却資産の償却額の計算に関する明細書」の記載はどのようになりますか。

1　取得・保有資産の明細

種　　類	取得価額	会社上期首帳簿価額	当期償却額 （損金経理）	法定耐用年数 （償却率）
機械装置a	15,500,000円	845,525円	70,525円	15年（0.066）
資本的支出a	1,200,000円	－	60,300円	15年（0.067）
建物b	22,000,000円	13,446,400円	534,600円	38年（0.027）
資本的支出b	1,800,000円	－	18,225円	38年（0.027）

2　機械装置a（自動車整備業用設備）は，平成18年5月1日に取得し事業の用に供したものです。また，当期の償却限度額は70,525円です。

3　資本的支出aは，当期の7月7日に機械装置aに対して行ったものであり，機械装置aと種類及び耐用年数を同じくする機械装置を「新たに取得したもの」として取り扱うこととし，機械装置a本体には加算しないこととしています。

4　建物b（工場）は，平成18年4月20日に取得し事業の用に供したものです。

5　資本的支出bは，当期の11月25日に建物bに対して行ったものであり，建物b本体の取得価額に加算することとしています。

6　M社は減価償却の方法について，旧定額法及び定額法を選定しています。

〈**解　説**〉　記入例→247頁

1　減価償却の計算

　□1　機械装置 a

　　(a)　償却限度額　　70,525円

　　(b)　当期償却額　　70,525円

　　(c)　(b)－(a)＝ 0　　∴　別表四による税務調整はありません。

　　　機械装置 a は，平成19年 3 月31日以前に取得し，事業の用に供しており，旧定額法を選定しているため，旧定額法により償却限度額を計算します。

　□2　資本的支出 a

　　(a)　償却限度額　　$1,200,000円 \times 0.067 \times \dfrac{9}{12} = 60,300円$

　　(b)　当期償却額　　60,300円

　　(c)　(b)－(a)＝ 0　　∴　別表四による税務調整はありません。

　　　資本的支出 a は，機械装置 a と種類及び耐用年数を同じくする機械装置を「新たに取得したもの」として取り扱うこととしていますので，機械装置 a の種類及び耐用年数に基づいて償却を行っていくこととなります。なお，翌事業年度以後も機械装置 a 本体とは別に減価償却を行っていきます。

　□3　建物 b 及び資本的支出 b

　　(a)　償却限度額

　　　ⓐ　建物 b　　$（22,000,000円 － 22,000,000円 \times 10\%）\times 0.027 = 534,600円$

　　　ⓑ　資本的支出 b　$（1,800,000円 － 1,800,000円 \times 10\%）\times 0.027 \times \dfrac{5}{12} = 18,225円$

　　　ⓒ　ⓐ＋ⓑ＝552,825円

　　(b)　当期償却額　　534,600円＋18,225円＝552,825円

　　(c)　(b)－(a)＝ 0　　∴　別表四による税務調整はありません。

　　　建物 b は，平成19年 3 月31日以前に取得し，事業の用に供しており，旧定額法を選定しているため，旧定額法により償却限度額を計算します。資本的支出 b は，建物 b の取得価額に加算することとしていますので，旧定額法により償却限度額の計算をすることとなります。なお，資本的支出 b は，事業年度の中途において取得しており，月数按分が必要なことから，償却初年度においては建物 b 本体とは分離して償却限度額を計算し，翌事業年度以後において建物 b 本体と合算して償却限度額の計算を行っていくこととなります。

　　　なお，翌事業年度以後の償却限度額の計算は，次のとおりです。

　　　　$｛（22,000,000円 ＋ 1,800,000円）－（22,000,000円 ＋ 1,800,000円）\times 10\%｝\times 0.027 = 578,340円$

　　　そして，償却可能限度額に到達したときには，到達した事業年度の翌事業年度より 1 円（残存簿価）まで 5 年間の均等償却を行うこととなります。

別表十六（一）　旧定額法又は定額法による減価償却資産の償却額の計算に関する明細書

《設例１》による記入例

| 旧定額法又は定額法による減価償却資産の償却額の計算に関する明細書 | 事業年度 | 5・4・1　6・3・31 | 法人名 | 株式会社M社 | 別表十六（一） |

資産区分		種　　　類	1	建　　　物	機械装置		合　　　計
		構　　　造	2	鉄筋コンクリート造	印刷設備		
		細　　　目	3	事務所用	その他の設備		
		取得年月日	4	平18・4・1	平18・10・1	・・	・・
		事業の用に供した年月	5	平成18年4月	平成18年10月		
		耐用年数	6	50 年	10 年	年	年
取得価額		取得価額又は製作価額	7	外 50,000,000 円	外 3,500,000 円	外 円	外 53,500,000 円
		(7)のうち積立金方式による圧縮記帳の場合の償却計算の対象となる取得価額に算入しない金額	8				
		差引取得価額 (7)-(8)	9	50,000,000	3,500,000		53,500,000
帳簿価額		償却額計算の対象となる期末現在の帳簿記載金額	10	33,800,000	0		33,800,000
		期末現在の積立金の額	11				
		積立金の期中取崩額	12				
		差引帳簿記載金額 (10)-(11)-(12)	13	外△ 33,800,000	外△ 0	外△	外△ 33,800,000
		損金に計上した当期償却額	14	900,000	35,004		935,004
		前期から繰り越した償却超過額	15	外	外	外	外
		合計 (13)+(14)+(15)	16	34,700,000	35,004		34,735,004
当期分の普通償却限度額等	平成19年3月31日以前取得分	残存価額	17	5,000,000	350,000		5,350,000
		差引取得価額×5% (9)×5/100	18	2,500,000	175,000		2,675,000
		旧定額法の償却額計算の基礎となる金額 (9)-(17)	19	45,000,000			45,000,000
		旧定額法の償却率	20	0.020			
	(16)＞(18)の場合	算出償却額 (19)×(20)	21	900,000 円	円	円	900,000 円
		増加償却額 (21)×割増率	22	( )	( )	( )	( )
		計 (21)+(22)又は(16)-(18)	23	900,000			900,000
	(16)≦(18)の場合	算出償却額 ((18)-1円)×12/60	24		34,999		34,999
	平成19年4月1日以後取得分	定額法の償却額計算の基礎となる金額 (9)	25				
		定額法の償却率	26				
		算出償却額 (25)×(26)	27	円	円	円	円
		増加償却額 (27)×割増率	28	( )	( )	( )	( )
		計 (27)+(28)	29				
当期分の償却限度額	当期分の普通償却限度額等 (23)、(24)又は(29)		30	900,000	34,999		934,999
	特別償却又は割増償却	租税特別措置法適用条項	31	(条 項)	(条 項)	(条 項)	(条 項)
		特別償却限度額	32	外 円	外 円	外 円	外 円
		前期から繰り越した特別償却不足額又は合併等特別償却不足額	33				
		合計 (30)+(32)+(33)	34	900,000	34,999		934,999
当期償却額			35	900,000	35,004		935,004
差引		償却不足額 (34)-(35)	36	0	0		
		償却超過額 (35)-(34)	37	0	5		5
償却超過額		前期からの繰越額	38	外	外	外	外
	当期損金認容額	償却不足によるもの	39				
		積立金取崩しによるもの	40				
		差引合計翌期への繰越額 (37)+(38)-(40)	41		5		5
特別償却不足額		翌期に繰り越すべき特別償却不足額 (((36)-(39))と((32)+(33))のうち少ない金額)	42				
		当期において切り捨てる特別償却不足額又は合併等特別償却不足額	43				
		差引翌期への繰越額 (42)-(43)	44				
	翌期への繰越額の内訳		45				
		当期分不足額	46				
適格組織再編成により引き継ぐべき合併等特別償却不足額 (((36)-(39))と(32)のうち少ない金額)			47				
備考							

別表四(6)(加算・留保)へ

《設例2》による記入例

<table>
<tr><td colspan="4">旧定額法又は定額法による減価償却資産
の償却額の計算に関する明細書</td><td colspan="2">事 業
年 度</td><td>5・4・1
6・3・31</td><td>法人名</td><td colspan="2">株式会社M社</td><td>別表十六(一)</td></tr>
<tr><td rowspan="4">資産区分</td><td colspan="3">種　　　類</td><td>1</td><td colspan="2">建　　物</td><td>器 具 備 品</td><td>建物附属設備</td><td></td><td>合　　計</td></tr>
<tr><td colspan="3">構　　　造</td><td>2</td><td colspan="2">鉄筋コンクリート造</td><td>電 気 機 器</td><td>電 気 設 備</td><td></td><td></td></tr>
<tr><td colspan="3">細　　　目</td><td>3</td><td colspan="2">事 務 所 用</td><td>金属性キャビネット</td><td>その他のもの</td><td></td><td></td></tr>
<tr><td colspan="3">取 得 年 月 日</td><td>4</td><td colspan="2">令5・10・25</td><td>平成18・9・9</td><td>平成17・4・9</td><td>・　・</td><td>・　・</td></tr>
<tr><td colspan="4">事業の用に供した年月</td><td>5</td><td colspan="2">令和5年10月</td><td>平成18年9月</td><td>平成17年4月</td><td></td><td></td></tr>
<tr><td colspan="4">耐 用 年 数</td><td>6</td><td colspan="2">50 年</td><td>15 年</td><td>15 年</td><td>年</td><td>年</td></tr>
<tr><td rowspan="10">取得価額</td><td colspan="3">取得価額又は製作価額</td><td>7</td><td>外</td><td>84,000,000円</td><td>外 900,000円</td><td>外 1,800,000円</td><td>外 円</td><td>外 86,700,000円</td></tr>
<tr><td colspan="3">(7)のうち積立金方式による圧縮記帳の場合の償却計算の対象となる取得価額に算入しない金額</td><td>8</td><td></td><td></td><td></td><td></td><td></td><td></td></tr>
<tr><td colspan="3">差 引 取 得 価 額
(7)-(8)</td><td>9</td><td></td><td>84,000,000</td><td>900,000</td><td>1,800,000</td><td></td><td>86,700,000</td></tr>
<tr><td colspan="3">償却額計算の対象となる期末現在の帳簿記載金額</td><td>10</td><td></td><td>83,160,000</td><td>26,501</td><td>36,003</td><td></td><td>83,222,504</td></tr>
<tr><td rowspan="4">帳簿価額</td><td colspan="2">期末現在の積立金の額</td><td>11</td><td></td><td></td><td></td><td></td><td></td><td></td></tr>
<tr><td colspan="2">積立金の期中取崩額</td><td>12</td><td></td><td></td><td></td><td></td><td></td><td></td></tr>
<tr><td colspan="2">差 引 帳 簿 記 載 金 額
(10)-(11)-(12)</td><td>13</td><td>外△</td><td>83,160,000</td><td>外△ 26,501</td><td>外△ 36,003</td><td>外△</td><td>外△ 83,222,504</td></tr>
<tr><td colspan="2">損金に計上した当期償却額</td><td>14</td><td></td><td>840,000</td><td>4,999</td><td>17,999</td><td></td><td>862,998</td></tr>
<tr><td rowspan="2"></td><td colspan="2">前期から繰り越した償却超過額</td><td>15</td><td>外</td><td></td><td>外 13,500</td><td>外</td><td>外</td><td>外 13,500</td></tr>
<tr><td colspan="2">合　　計
(13)+(14)+(15)</td><td>16</td><td></td><td>84,000,000</td><td>45,000</td><td>54,002</td><td></td><td>84,099,002</td></tr>
<tr><td rowspan="9">当期分の普通償却限度額等</td><td rowspan="8">平成19年3月31日以前取得分</td><td colspan="2">残 存 価 額</td><td>17</td><td></td><td></td><td>90,000</td><td>180,000</td><td></td><td>270,000</td></tr>
<tr><td colspan="2">差引取得価額×5%
(9)×5/100</td><td>18</td><td></td><td></td><td>45,000</td><td>90,000</td><td></td><td>135,000</td></tr>
<tr><td colspan="2">旧定額法の償却額計算の基礎となる金額
(9)-(17)</td><td>19</td><td></td><td></td><td></td><td></td><td></td><td></td></tr>
<tr><td colspan="2">旧定額法の償却率</td><td>20</td><td></td><td></td><td></td><td></td><td></td><td></td></tr>
<tr><td>(16)>(18)の場合</td><td>算 出 償 却 額
(19)×(20)</td><td>21</td><td></td><td>円</td><td>円</td><td>円</td><td>円</td><td>円</td></tr>
<tr><td></td><td>増 加 償 却 額
(21)×割増率</td><td>22</td><td>(　)</td><td>(　)</td><td>(　)</td><td>(　)</td><td>(　)</td><td>(　)</td></tr>
<tr><td></td><td>計
((21)+(22))又は((16)-(18))</td><td>23</td><td></td><td></td><td></td><td></td><td></td><td></td></tr>
<tr><td>(16)≦(18)の場合</td><td>算 出 償 却 額
((18)-1円)×12/60</td><td>24</td><td></td><td></td><td>8,999</td><td>17,999</td><td></td><td>26,998</td></tr>
<tr><td rowspan="5">平成19年4月1日以後取得分</td><td colspan="2">定額法の償却額計算の基礎となる金額
(9)</td><td>25</td><td></td><td>84,000,000</td><td></td><td></td><td></td><td>84,000,000</td></tr>
</table>

<table>
<tr><td rowspan="4">当期分の普通償却限度額等</td><td rowspan="4">平成19年4月1日以後取得分</td><td colspan="2">定 額 法 の 償 却 率</td><td>26</td><td>0.020</td><td></td><td></td><td></td><td></td></tr>
<tr><td colspan="2">算 出 償 却 額
(25)×(26)</td><td>27</td><td>1,680,000×6/12円
840,000</td><td>円</td><td>円</td><td>円</td><td>840,000円</td></tr>
<tr><td colspan="2">増 加 償 却 額
(27)×割増率</td><td>28</td><td>(　)</td><td>(　)</td><td>(　)</td><td>(　)</td><td>(　)</td></tr>
<tr><td colspan="2">計
(27)+(28)</td><td>29</td><td>840,000</td><td></td><td></td><td></td><td>840,000</td></tr>
<tr><td rowspan="4">当期分の償却限度額</td><td colspan="3">当期分の普通償却限度額等
(23)、(24)又は(29)</td><td>30</td><td>840,000</td><td>8,999</td><td>17,999</td><td></td><td>866,998</td></tr>
<tr><td>特別償却又は割増償却</td><td>租税特別措置法適用条項</td><td></td><td>31</td><td>条 項
(　)</td><td>条 項
(　)</td><td>条 項
(　)</td><td>条 項
(　)</td><td>条 項
(　)</td></tr>
<tr><td></td><td>特別償却限度額</td><td></td><td>32</td><td>外 円</td><td>外 円</td><td>外 円</td><td>外 円</td><td>外 円</td></tr>
<tr><td colspan="3">前期から繰り越した特別償却不足額又は合併等特別償却不足額</td><td>33</td><td></td><td></td><td></td><td></td><td></td></tr>
<tr><td colspan="4">合　　計
(30)+(32)+(33)</td><td>34</td><td>840,000</td><td>8,999</td><td>17,999</td><td></td><td>866,998</td></tr>
<tr><td colspan="4">当 期 償 却 額</td><td>35</td><td>840,000</td><td>4,999</td><td>17,999</td><td></td><td>862,998</td></tr>
<tr><td rowspan="3">差引</td><td colspan="3">償 却 不 足 額
(34)-(35)</td><td>36</td><td>0</td><td>4,000</td><td>0</td><td></td><td>4,000</td></tr>
<tr><td colspan="3">償 却 超 過 額
(35)-(34)</td><td>37</td><td>0</td><td>0</td><td>0</td><td></td><td>0</td></tr>
<tr><td></td><td></td><td></td><td></td><td></td><td></td><td></td><td></td><td></td></tr>
<tr><td rowspan="4">償却超過額</td><td colspan="3">前 期 か ら の 繰 越 額</td><td>38</td><td>外</td><td>外 13,500</td><td>外</td><td>外</td><td>外 13,500</td></tr>
<tr><td rowspan="2">当期損金認容額</td><td colspan="2">償却不足によるもの</td><td>39</td><td></td><td>4,000</td><td></td><td></td><td>4,000</td></tr>
<tr><td colspan="2">積立金取崩しによるもの</td><td>40</td><td></td><td></td><td></td><td></td><td></td></tr>
<tr><td colspan="3">差引合計翌期への繰越額
(37)+(38)-(39)-(40)</td><td>41</td><td></td><td>9,500</td><td></td><td></td><td>9,500</td></tr>
<tr><td rowspan="5">特別償却不足額</td><td colspan="3">翌期に繰り越すべき特別償却不足額
(((36)-(39))が(32)+(33))のうち少ない金額)</td><td>42</td><td></td><td></td><td></td><td></td><td></td></tr>
<tr><td colspan="3">当期において切り捨てる特別償却不足額又は合併等特別償却不足額</td><td>43</td><td></td><td></td><td></td><td></td><td></td></tr>
<tr><td colspan="3">差 引 翌 期 へ の 繰 越 額
(42)-(43)</td><td>44</td><td></td><td></td><td></td><td></td><td></td></tr>
<tr><td rowspan="2">翌期への繰越額の内訳</td><td colspan="2"></td><td>45</td><td></td><td></td><td></td><td></td><td></td></tr>
<tr><td colspan="2">当 期 分 不 足 額</td><td>46</td><td></td><td></td><td></td><td></td><td></td></tr>
<tr><td colspan="4">適格組織再編成により引き継ぐべき合併等特別償却不足額
(((36)-(39))と(32)のうち少ない金額)</td><td>47</td><td></td><td></td><td></td><td></td><td></td></tr>
<tr><td colspan="5">備考</td><td></td><td></td><td></td><td></td><td></td></tr>
</table>

別表四(12)（減算・留保）へ

《設例3》による記入例

旧定額法又は定額法による減価償却資産の償却額の計算に関する明細書			事業年度	5・4・1 6・3・31	法人名	株式会社M社	別表十六(一)

資産区分	種類	1	機械装置a	資本的支出a	建物b	資本的支出b	
	構造	2	自動車整備業用設備	同　　左	工場	同　　左	
	細目	3					
	取得年月日	4	平成18・5・1	令5・7・7	平成18・4・20	令5・11・25	・・
	事業の用に供した年月	5	平成18年5月	令和5年7月	平成18年4月	令和5年11月	
	耐用年数	6	15 年	15 年	38 年	38 年	年
取得価額	取得価額又は製作価額	7	外 15,500,000 円	外 1,200,000 円	外 22,000,000 円	外 1,800,000 円	外 円
	(7)のうち積立金方式による圧縮記帳の場合の償却計算の対象となる取得価額に算入しない金額	8					
	差引取得価額 (7)-(8)	9	15,500,000	1,200,000	22,000,000	1,800,000	
帳簿価額	償却額計算の対象となる期末現在の帳簿記載金額	10	775,000	1,139,700	12,911,800	1,781,775	
	期末現在の積立金の額	11					
	積立金の期中取崩額	12					
	差引帳簿記載金額 (10)-(11)-(12)	13	外△ 775,000	外△ 1,139,700	外△ 12,911,800	外△ 1,781,775	外△
	損金に計上した当期償却額	14	70,525	60,300	534,600	18,225	
	前期から繰り越した償却超過額	15	外	外	外	外	外
	合計 (13)+(14)+(15)	16	845,525	1,200,000	13,446,400	1,800,000	
当期分の普通償却限度額等	平成19年3月31日以前取得分	残存価額	17	1,550,000		2,200,000	180,000	
		差引取得価額×5% (9)×5/100	18	775,000		1,100,000	90,000	
		(16)>(18)の場合	旧定額法の償却額計算の基礎となる金額 (9)-(17)	19	13,950,000		19,800,000	1,620,000	
			旧定額法の償却率	20	0.066		0.027	0.027	
			算出償却額 (19)×(20)	21	920,700 円	円	534,600 円	43,740×5/12 18,225 円	円
			増加償却額 (21)×割増率	22	( )	( )	( )	( )	( )
			計 (21)+(22)又は((16)-(18))	23	70,525		534,600	18,225	
		(16)≦(18)の場合	算出償却額 ((18)-1円)×60分の12	24					
	平成19年4月1日以後取得分	定額法の償却額計算の基礎となる金額 (9)	25		1,200,000			
		定額法の償却率	26		0.067			
		算出償却額 (25)×(26)	27	円	80,400×9/12 60,300 円	円	円	円
		増加償却額 (27)×割増率	28	( )	( )	( )	( )	( )
		計 (27)+(28)	29		60,300			
	当期分の普通償却限度額等 (23)、(24)又は(29)	30	70,525	60,300	534,600	18,225	
当期分の償却限度額	特別償却限度額	租税特別措置法適用条項	31	条 項	条 項	条 項	条 項	条 項
		特別償却限度額	32	外 円	外 円	外 円	外 円	外 円
		前期から繰り越した特別償却不足額又は合併等特別償却不足額	33					
	合計 (30)+(32)+(33)	34	70,525	60,300	534,600	18,225	
	当期償却額	35	70,525	60,300	534,600	18,225	
差引	償却不足額 (34)-(35)	36					
	償却超過額 (35)-(34)	37					
償却超過額	前期からの繰越額	38	外	外	外	外	外
	当期損金認容額	償却不足によるもの	39					
		積立金取崩しによるもの	40					
	差引合計翌期への繰越額 (37)+(38)-(39)-(40)	41					
特別償却不足額	翌期に繰り越すべき特別償却不足額 (((36)-(39))と((32)+(33))のうち少ない金額)	42					
	当期において切り捨てる特別償却不足額又は合併等特別償却不足額	43					
	差引翌期への繰越額 (42)-(43)	44					
	翌期への繰越額の内訳		45	・・	・・	・・	・・	・・
		当期分不足額	46					
適格組織再編成により引き継ぐべき合併等特別償却不足額 (((36)-(39))と(32)のうち少ない金額)		47					

備考

I　税務上の減価償却

　減価償却の仕組みについては，定額法と同様です。したがって，ここでは定額法と取扱いが異なるところを中心に解説していきます。

1　平成19年3月31日以前に取得した減価償却資産

①　残存価額

　別表十六（一）で解説したとおり，減価償却資産の耐用年数経過後の利用価値を「残存価額」といい，税務上，減価償却資産の残存価額は，耐用年数省令別表第十一の「種類」及び「細目」欄の区分に応じ，同表に定める残存割合をその取得価額に乗じて計算した金額としています（法令56，耐令6）。

　償却限度額の計算上，旧定額法においては，取得価額に残存割合を乗じて計算した金額を残存価額として償却限度額の計算を行います。

　しかし，旧定率法の場合は，法定耐用年数を経過した時点で，帳簿価額が一定金額（残存価額）になるように償却率が定められているため，旧定額法のような残存価額を控除する等の計算は必要ありません。

②　償却限度額の計算

　　償却方法

　　　旧定率法（法令48①）

$$償却限度額 = \underbrace{\left(取得価額 - \begin{matrix} 損金の額に算入され \\ た減価償却累計額 \end{matrix} \right)}_{税務上（期首）帳簿価額} \times 法定耐用年数に応じた旧定率法償却率$$

　なお，旧定率法を適用している減価償却資産についても，償却額が償却可能限度額に達している場合には，その達した事業年度の翌事業年度から，5年間の均等償却を行うことができます（法令61②）。詳細については，前掲の別表十六（一）Ⅲ2④を参照して下さい。

2　平成19年4月1日以後に取得した減価償却資産

①　残存価額及び償却可能限度額

　別表十六（一）で解説したとおり，平成19年4月1日以後に取得し，事業の用に供された減価償却資産については，残存価額の規定が廃止されました。これにより，耐用年数経過時点で残存簿価（別表十六（一）Ⅲ3②参照）まで償却できるようになりました。

2　**償却方法に関する改正（平成23年12月税制改正）**

　減価償却資産の減価償却の方法について，いわゆる「250％定率法」が「200％定率法」に改正されました。具体的には，平成24年4月1日以後に取得をされた減価償却資産の定率法の償却率が，定額法の償却率に2（改正前は2.5）を乗じて計算した割合とされ，改定償却率及び保証率についても所要の整備がされました（法令48の2①一イ(2)，耐令5①二，別表第九，第十）。

〔**200％定率法による計算例　平成24年4月1日以後に取得の場合**〕

　取得価額　1,500,000円の機械及び装置，法定耐用年数10年（償却率0.200），保証率0.06552，

　改定償却率0.250

（単位：円）

経過年数	期首簿価	調整前償却額	償却保証額 (注)	改定取得価額×改定償却率	償却限度額	期末簿価	備考
1年	1,500,000	1,500,000×0.200 =300,000	98,280	−	300,000≧98,280 ∴300,000	1,200,000	調整前償却額が償却保証額以上であるため，調整前償却額が各事業年度の償却限度額となります。
2年	1,200,000	1,200,000×0.200 =240,000	98,280	−	240,000≧98,280 ∴240,000	960,000	
3年	960,000	960,000×0.200 =192,000	98,280	−	192,000≧98,280 ∴192,000	768,000	
4年	768,000	768,000×0.200 =153,600	98,280	−	153,600≧98,280 ∴153,600	614,400	
5年	614,400	614,400×0.200 =122,880	98,280	−	122,880≧98,280 ∴122,880	491,520	
6年	491,520	491,520×0.200 =98,304	98,280	−	98,304≧98,280 ∴98,304	393,216	
7年	393,216	393,216×0.200 =78,643	98,280	393,216×0.250=98,304	78,643＜98,280 ∴98,304	294,912	償却計算切換年度
8年	294,912	294,912×0.200 =58,982	−	393,216×0.250=98,304	98,304	196,608	
9年	196,608	−	−	393,216×0.250=98,304	98,304	98,304	
10年	98,304	−	−	98,304−1＝98,303	98,303	1	償却終了年度

（注）償却保証額：1,500,000円×0.06552＝98,280円

3　**償却限度額の計算**

　定率法は，減価償却資産の取得価額（損金の額に算入された減価償却累計額がある場合にはそれを控除した金額）に，その償却費が毎年一定の割合で逓減するようにその資産の耐用年数に応じた償却率を乗じて計算した金額（以下「調整前償却額」といいます。）を償却限度額として償却する方法です（法令48の2①一イ(2)）。

減価償却資産の区分	償却率	通　称	耐用年数省令別表
平成24年3月31日以前取得	定額法償却率×2.5	250％定率法	別表第九
平成24年4月1日以後取得	定額法償却率×2.0	200％定率法	別表第十

　そして，各事業年度において，そのように計算した調整前償却額が，「償却保証額」に満たない場

合には，原則として，その最初に満たないこととなる事業年度の期首帳簿価額（以下「改定取得価額」といいます。）に，その償却費がその後毎年同一となるように，その資産の耐用年数に応じた「改定償却率」を乗じて計算した金額を，その各事業年度の償却限度額として償却を行っていきます。ここでいう「償却保証額」とは，その減価償却資産の取得価額に，その資産の耐用年数に応じた「保証率」を乗じて計算した金額をいいます。

　なお，償却保証額を算出する際に使用する「保証率」と改定取得価額に乗ずる「改定償却率」は，平成24年3月31日までの間に取得をされた減価償却資産については，耐用年数省令別表第九に，平成24年4月1日以後に取得をされた減価償却資産については，耐用年数省令別表第十に規定されていますので，その資産の耐用年数に応じた率を使用します（耐令5①二イロ）。

定率法（法令48の2①一イ(2)）
（調整前償却額　≧　償却保証額）

$$償却限度額 = \underbrace{\left(取得価額 - \substack{損金の額に算入され \\ た減価償却累計額} \right)}_{税務上（期首）帳簿価額} \times 法定耐用年数に応じた定率法償却率$$

（調整前償却額　＜　償却保証額）

$$償却限度額 = \underbrace{改定取得価額}_{\substack{\rightarrow 取得価額 - 損金の額に算入された減価償却累計額 \\ 最初に満たないこととなる事業年度の税務上（期首）帳簿価額}} \times 法定耐用年数に応じた改定償却率$$

　期中に取得し，事業の用に供した場合は，事業の用に供した日からその事業年度終了の日までの月数に応じた金額になるように按分します。月数は，暦に従って計算し，1月に満たない端数を生じたときは，これを1月とします（法令59①②）。

　なお，償却保証額と比較する調整前償却額は，月数按分をする前の金額となります（法令48の2①一イ(2)）。

3　資本的支出の取得価額の特例

　資本的支出の取得価額の特例についての全体的な解説は，前掲の別表十六（一）Ⅲ6を参照して下さい。ここでは，資本的支出の取得価額の特例のうち定率法を採用している場合における特例について解説します。

① 旧減価償却資産と追加償却資産の合算

　内国法人が有する減価償却資産（250％定率法適用資産を除きます。以下「旧減価償却資産」といいます。）とその減価償却資産に対する資本的支出で新たに取得したものとされた減価償却資産（以下「追加償却資産」といいます。）がある場合において，減価償却の方法についていずれも定率法を採用しているときは，その資本的支出があった事業年度の翌事業年度開始の時に，その時における旧減価償却資産の帳簿価額と追加償却資産の帳簿価額との合計額を取得価額とする一の減価償却資産を新たに取得したものとすることができます（法令55④）。

　この場合には，翌事業年度開始の日を取得の日として，旧減価償却資産に現に適用している耐用年数により減価償却を行っていくこととなります（耐通1-1-2）。

〔３月決算法人の場合〕

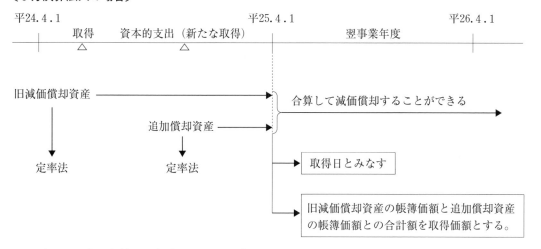

　　ただし，一度，合算した場合には，その後において分離することはできませんので注意が必要です（法基通７－３－15の４）。

② **複数の追加償却資産の合算**

　　一事業年度内に複数の追加償却資産がある場合において，その追加償却資産の償却方法についていずれも定率法を採用し，かつ，上記①の適用を受けないときは，その資本的支出があった事業年度の翌事業年度開始の時に，その追加償却資産のうち種類及び耐用年数を同じくするもののその時における追加償却資産の帳簿価額の合計額を取得価額とする一の減価償却資産を新たに取得したものとすることができます（法令55⑤）。

　　なお，この場合には，翌事業年度開始の日を取得の日として，旧減価償却資産に現に適用している耐用年数により減価償却を行っていくこととなります（耐通１－１－２）。

　　また，次図のように，追加償却資産のうち種類及び耐用年数について同じであるものが３以上あるときは，各追加償却資産の帳簿価額をどのように組み合わせるかは，その法人の選択によることとなります（法基通７－３－15の５）。

〔３月決算法人の場合〕

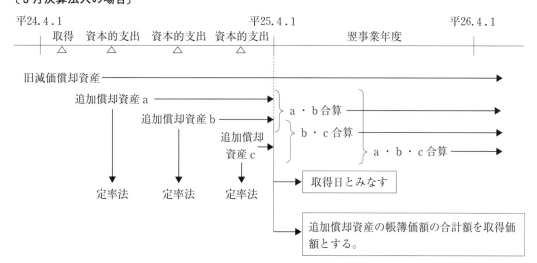

一度，合算した場合には，その後において分離することはできませんので注意が必要です（法基通7－3－15の4）。

③ 平成23年12月税制改正に伴う経過措置

(a) 合算をした減価償却資産に関する経過措置

　法人が，平成24年3月31日の属する事業年度の同日以前の期間内に減価償却資産について支出した金額（その事業年度が改正事業年度である場合には，「経過旧資本的支出額（注1）」を含み，「経過新資本的支出額（注2）」を除きます。）について，翌事業年度開始の時において本体に合算し，又は資本的支出どうしを合算して新たに取得したものとされる減価償却資産は，平成24年3月31日以前に取得をされた減価償却資産に該当するものとされています（平成23年12月改正法令附則3⑤）。この規定は，その新たに取得をしたものとされる減価償却資産について200％定率法が適用されるという解釈がされるおそれがあることから，250％定率法が適用されることが確認的に規定されたものです。

　(注1) 「経過旧資本的支出額」とは，改正事業年度（平成24年4月1日前に開始し，かつ，同日以後に終了する事業年度）の平成24年4月1日以後の期間内に減価償却資産についてする資本的支出につき新たに取得したものとされる減価償却資産について経過措置の適用を受ける場合のその支出額をいいます。

　(注2) 「経過新資本的支出額」とは，改正事業年度の平成24年4月1日前の期間内に減価償却資産についてした資本的支出につき新たに取得したものとされる減価償却資産について経過措置の適用を受ける場合のその支出額をいいます。

○減価償却資産と資本的支出の合算（平成23年12月改正法令附則3⑤）

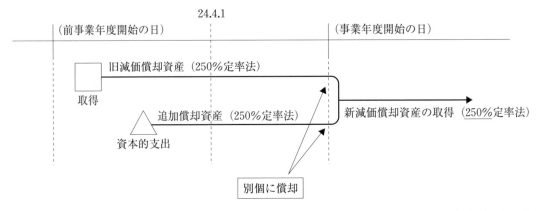

（財務省「平成24年度税制改正の解説」「法人税法の改正」（主税局税制第三課課長補佐　椎谷晃，藤田泰弘，藤山智博）122頁より抜粋）

(b) 資本的支出どうしの合算に関する経過措置

　法人の改正事業年度の翌事業年度においては，平成24年4月1日前に減価償却資産について支出した金額（経過旧資本的支出額を含み，経過新資本的支出額を除きます。）に係る追加償却資産（以下「旧追加償却資産」といいます。）と同日以後に減価償却資産について支出する金額（経過旧資本的支出額を除き，経過新資本的支出額を含みます。）に係る追加償却資産で旧追加償却資産と種類及び耐用年数を同じくするものとは，異なる種類及び耐用年数の資産とみなすこととされています（平成23年12月改正法令附則3⑥）。これは，翌期首における資本的支出どうしの合算について，償却率の異なる追加償却資産どうしは合算できないこととされたものです。

○資本的支出どうしの合算（平成 23 年 12 月改正法令附則 3 ⑤⑥）

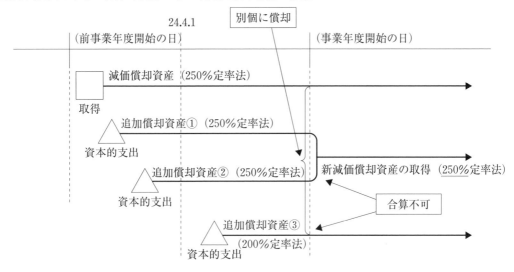

（財務省「平成24年度税制改正の解説」「法人税法の改正」（主税局税制第三課課長補佐　椎谷晃，藤田泰弘，藤山智博）122頁より抜粋）

4　償却超過額

　旧定率法又は定率法による償却限度額を計算する上で，注意すべき点は，取得価額から「損金の額に算入された」減価償却累計額を控除する点です。税務上，償却費は，償却限度額までしか損金とされません。したがって，償却超過額がある場合，会社上の帳簿価額と税務上の帳簿価額とが一致しないこととなります。

〔会社決算上帳簿価額と税務上帳簿価額〕

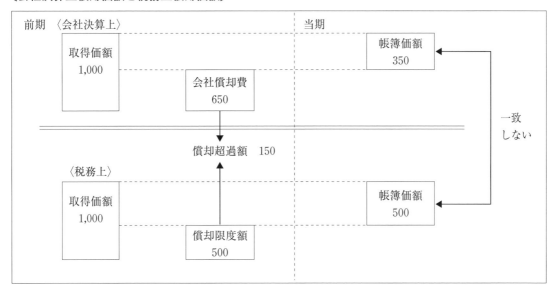

　このように，償却超過額がある場合においては，会社決算上帳簿価額と税務上帳簿価額とが一致しないこととなりますが，旧定率法及び定率法による償却限度額は，前述したとおり，取得価額から

「損金の額に算入された」減価償却累計額を控除して計算することとなりますので，結果的に，税務上の帳簿価額により計算されることとなります。つまり，会社決算上は，償却超過額の分だけ帳簿価額が少なくなっていたとしても，税務上は償却超過額の分は減額されなかったものとみなして，償却限度額の計算がされることとなります（法令62）。

　なお，償却不足がある場合においては，税務上は特に調整はありませんので，会社決算上帳簿価額と税務上帳簿価額とは一致することとなります。

Ⅱ　別表十六（二）記入上の留意点

① 　定率法を適用する減価償却資産で，事業年度の中途において事業の用に供しているものがある場合には，「調整前償却額 ㉖」は，調整前償却額をかっこ書きにより記載し，償却限度額は月数按分した金額を記載して下さい。

（例）調整前償却額637,500円，償却限度額425,000円（事業供用月数 8 ヶ月）

調整前償却額 ⒅×㉕	26	(637,500)	8／12円 425,000

② 　「改定取得価額 ㉙」は，その減価償却資産に係る前事業年度の別表十六（二）「改定取得価額 ㉙」に金額の記載がある場合にはその金額を記載し，同欄に金額の記載がない場合には㉖＜㉘となった事業年度の「償却額計算の基礎となる金額 ⒅」の金額を記載して下さい。

③ 　「計 ㉝」は，「調整前償却額 ㉖」の金額を記載して下さい。

Ⅲ　設例による個別検討

《設例 1 》通常の減価償却の場合

　株式会社M社（資本金 1 億円の青色申告法人です。）は，当期末現在，次に掲げる資産を取得し保有しています。次の資料に基づき，当期（令和 5 年 4 月 1 日から令和 6 年 3 月31日）の別表十六（二）「旧定率法又は定率法による減価償却資産の償却額の計算に関する明細書」の記載はどのようになりますか。

1 　取得・保有資産の明細

（単位：円）

種類	取得価額	会社上 期首帳簿価額	当期償却額 （損金経理）	法定耐用年数 （償却率）	改定償却率	保証率
機械装置	2,550,000	－	340,000	10年（0.200）	0.250	0.06552
建物附属設備	5,220,000	345,592	57,885	15年（0.142）	－	－
器具備品	850,000	473,250	174,629	5 年（0.369）	－	－

2 　機械装置（飲料製造用設備）は，当期の 8 月 1 日に取得し事業の用に供しています。

3 　建物附属設備（電気設備）は，平成18年 8 月20日に取得し事業の用に供したもので，償却超過額が62,050円生じています。

4 　器具備品（テレビジョン）は，平成18年10月 7 日に取得し事業の用に供したもので，前期以前において償却不足が生じています。

5　M社は減価償却の方法について，旧定率法及び定率法を選定しています。

〈解　説〉

1　減価償却の計算

　　□1　機械装置

　　　(a)　調整前償却額と償却保証額との比較

　　　　ⓐ　調整前償却額　　　　2,550,000円×0.200＝510,000円

　　　　ⓑ　償却保証額　　　　　2,550,000円×0.06552＝167,076円

　　　　ⓒ　ⓐ≧ⓑ　∴調整前償却額が償却限度額となりますが，期中で取得したため月数按分が必要
　　　　　　　　　　　　です。

　　　(b)　償却限度額　　　　　$2,550,000円 \times 0.200 \times \frac{8}{12} = 340,000円$

　　　(c)　当期償却額　　　　　340,000円

　　　(d)　(c)−(b)＝0　　　　∴　別表四による税務調整はありません。

　機械装置は，平成24年4月1日以後に取得し事業の用に供しているため，定率法（200％定率法）により償却限度額を計算します。

　したがって，この機械装置は，各事業年度において調整前償却額と償却保証額との比較を行うこととなります。そして，翌事業年度以後において調整前償却額が償却保証額に満たなくなった場合には，原則として，その最初に満たないこととなる事業年度以後においては，改定取得価額にその資産の耐用年数に応じた「改定償却率」を乗じて計算した金額を，その各事業年度の償却限度額として償却を行っていきます。

（単位：円）

決算期 （令和）	期首簿価	調整前 償却額	償却保証額	改定取得価額 ×改定償却率	償却限度額	期末簿価
6.3月期	2,550,000	510,000	167,076	−	340,000	2,210,000
7.3月期	2,210,000	442,000	167,076	−	442,000	1,768,000
8.3月期	1,768,000	353,600	167,076	−	353,600	1,414,400
9.3月期	1,414,400	282,880	167,076	−	282,880	1,131,520
10.3月期	1,131,520	226,304	167,076	−	226,304	905,216
11.3月期	905,216	181,043	167,076	−	181,043	724,173
12.3月期	724,173	144,834	167,076	181,043	181,043	543,130
13.3月期	543,130	−	−	181,043	181,043	362,087
14.3月期	362,087	−	−	181,043	181,043	181,044
15.3月期	181,044	−	−	181,043	181,043	1

（参考）令和12年3月期の取扱い

　期首帳簿価額724,173円，償却率0.200，改定償却率0.250，保証率0.06552

　　　(a)　調整前償却額と償却保証額との比較

　　　　ⓐ　調整前償却額　　　　724,173円×0.200＝144,834円

　　　　ⓑ　償却保証額　　　　　2,550,000円×0.06552＝167,076円

　　　　ⓒ　ⓐ＜ⓑ　∴調整前償却額が償却保証額に満たないこととなったため，改定取得価額（期首
　　　　　　　　　　　帳簿価額）に改定償却率を乗じた金額が償却限度額となります。

(b)　償却限度額　　　　724,173円×0.250＝181,043円

② 建物附属設備

(a)　償却限度額　　　　（345,592円＋62,050円）×0.142＝57,885円

(b)　当期償却額　　　　57,885円

(c)　(b)－(a)＝0　　　∴　別表四による税務調整はありません。

　建物附属設備は，前期において62,050円の償却超過額があるため，会社上帳簿価額と税務上帳簿価額とが一致していません。定率法による償却限度額の計算は，税務上帳簿価額により計算されることから，会社上帳簿価額345,592円に償却超過額62,050円を加算して計算することとなります。

　なお，この建物附属設備は，平成19年3月31日以前に取得し事業の用に供しているため，旧定率法により償却可能限度額まで減価償却をし，償却可能限度額到達事業年度の翌事業年度以後は，1円（残存簿価）まで5年間の均等償却を行っていくこととなります。

③ 器具備品

(a)　償却限度額　　　　473,250円×0.369＝174,629円

(b)　当期償却額　　　　174,629円

(c)　(b)－(a)＝0　　　∴　別表四による税務調整はありません。

　器具備品は，前期以前において償却不足が生じていますが，法人税法上は特に調整はありません（会社上帳簿価額と税務上帳簿価額が一致しています。）。したがって，会社上期首帳簿価額473,250円を基礎に償却限度額を計算します。

　なお，この器具備品についても，平成19年3月31日以前に取得し事業の用に供しているため，旧定率法により償却可能限度額まで減価償却を行っていき，償却可能限度額到達事業年度の翌事業年度以後は，1円（残存簿価）まで5年間の均等償却を行っていくこととなります。

別表十六(二) 旧定率法又は定率法による減価償却資産の償却額の計算に関する明細書

《設例1》による記入例

| 旧定率法又は定率法による減価償却資産の償却額の計算に関する明細書 | 事業年度 | 5・4・1 6・3・31 | 法人名 | 株式会社M社 | 別表十六(二) |

資産区分	項目	No.					
	種類	1	機械装置	建物附属設備	器具備品		
	構造	2					
	細目	3		電気設備	テレビジョン		
	取得年月日	4	令5・8・1	平18・8・20	平18・10・7	・・	・・
	事業の用に供した年月	5	令和5年8月	平成18年8月	平成18年10月		
	耐用年数	6	10 年	15 年	5 年	年	年
取得価額	取得価額又は製作価額	7	外 2,550,000円	外 5,220,000円	850,000円 外	円外	円
	(7)のうち積立金方式による圧縮記帳の場合の償却額計算の対象となる取得価額に算入しない金額	8					
	差引取得価額 (7)-(8)	9	2,550,000	5,220,000	850,000		
償却額計算の基礎となる額	償却額計算の対象となる期末現在の帳簿記載金額	10	2,210,000	287,707	298,621		
	期末現在の積立金の額	11					
	積立金の期中取崩額	12					
	差引帳簿記載金額 (10)-(11)-(12)	13	外△ 2,210,000	外△ 287,707	外△ 298,621	外△	外△
	損金に計上した当期償却額	14	340,000	57,885	174,629		
	前期から繰り越した償却超過額	15	外	外 62,050	外	外	外
	合計 (13)+(14)+(15)	16	2,550,000	407,642	473,250		
	前期から繰り越した特別償却不足額又は合併等特別償却不足額	17					
	償却額計算の基礎となる金額 (16)-(17)	18	2,550,000	407,642	473,250		
当期分の普通償却限度額等	平成19年3月31日以前取得分 差引取得価額×5% (9)×5/100	19		261,000	42,500		
	旧定率法の償却率	20		0.142	0.369		
	(16)>(19)の場合 算出償却額 (18)×(20)	21		57,885	174,629	円	円
	増加償却額 (21)×割増率	22	( )	( )	( )	( )	( )
	計 ((21)+(22))又は((18)-(19))	23		57,885	174,629		
	(16)≦(19)の場合 算出償却額 ((19)-1円)×12/60	24					
	平成19年4月1日以後取得分 定率法の償却率	25	0.200				
	調整前償却額 (18)×(25)	26	(510,000) 8/12円 340,000	円	円	円	円
	保証率	27	0.06552				
	償却保証額 (9)×(27)	28	167,076円	円	円	円	円
	(26)<(28)の場合 改定取得価額	29					
	改定償却率	30					
	改定償却額 (29)×(30)	31	円	円	円	円	円
	増加償却額 ((26)又は(31))×割増率	32	( )	( )	( )	( )	( )
	計 ((26)又は(31))+(32)	33	340,000				
当期分の償却限度額	当期分の普通償却限度額等 (23)、(24)又は(33)	34	340,000	57,885	174,629		
	特別償却限度額 租税特別措置法適用条項	35	条 項	条 項	条 項	条 項	条 項
	特別償却限度額	36	外 円	外 円	外 円	外 円	外 円
	前期から繰り越した特別償却不足額又は合併等特別償却不足額	37					
	合計 (34)+(36)+(37)	38	340,000	57,885	174,629		
	当期償却額	39	340,000	57,885	174,629		
差引	償却不足額 (38)-(39)	40					
	償却超過額 (39)-(38)	41					
償却超過額	前期からの繰越額	42	外	外 62,050	外	外	外
	当期認容額 償却不足によるもの	43					
	積立金取崩しによるもの	44					
	差引合計翌期への繰越額 (41)+(42)-(43)-(44)	45		62,050			
特別償却不足額	翌期に繰り越すべき特別償却不足額 (((40)-(43))と((36)+(37))のうち少ない金額)	46					
	当期において切り捨てる特別償却不足額又は合併等特別償却不足額	47					
	差引翌期への繰越額 (46)-(47)	48					
	翌期への繰越額の明細 ・・・	49					
	当期分不足額	50					
	適格組織再編成により引き継ぐべき合併等特別償却不足額 (((40)-(43))と(36)のうち少ない金額)	51					

備考

《設例2》資本的支出がある場合

　株式会社M社（資本金1億円の青色申告法人です。）は，当期末現在，次に掲げる資産を取得し保有しています。次の資料に基づき，当期（令和5年4月1日から令和6年3月31日）の別表十六（二）「旧定率法又は定率法による減価償却資産の償却額の計算に関する明細書」の記載はどのようになりますか。

1　取得・保有資産の明細

種類	取得価額	会社上期末帳簿価額	当期償却額（損金経理）	法定耐用年数（償却率）	改定償却率	保証率
機械装置a	2,820,000円	2,507,450円	312,550円	15年（0.133）	0.143	0.04565
資本的支出a	780,000円	710,840円	69,160円	15年（0.133）	0.143	0.04565
機械装置b	1,700,000円	1,511,584円	188,416円	15年（0.133）	0.143	0.04565
資本的支出b	850,000円	774,634円	75,366円	15年（0.133）	0.143	0.04565
資本的支出c	560,000円	535,174円	24,826円	15年（0.133）	0.143	0.04565

2　機械装置a（ガスタービン発電設備）は，当期の6月1日に取得し事業の用に供しているものです。

3　資本的支出aは，当期の8月20日に上記機械装置aに対して行ったものであり，翌事業年度において機械装置a本体と合算することとしています。

4　機械装置b（汽力発電設備）は，当期の6月1日に取得し事業の用に供しているものです。

5　資本的支出bは，当期の8月20日に上記機械装置bに対して行ったものです。なお，機械装置b本体には加算しないこととしています。

6　資本的支出cは，当期の12月24日に上記機械装置bに対して行ったもので，翌事業年度において上記資本的支出bと合算することとしています。

7　M社は減価償却の方法について，定率法を選定しています。

〈解　説〉

1　減価償却の計算

　① 機械装置a

　　(a) 調整前償却額と償却保証額との比較

　　　ⓐ　調整前償却額　　　2,820,000円×0.133＝375,060円

　　　ⓑ　償却保証額　　　　2,820,000円×0.04565＝128,733円

　　　ⓒ　ⓐ≧ⓑ　∴　調整前償却額が償却限度額となりますが，期中で取得したため月数按分が必要です。

　　(b) 償却限度額　　　　$2,820,000円 \times 0.133 \times \frac{10}{12} = 312,550円$

　　(c) 当期償却額　　　　312,550円

　　(d) (c)−(b)＝0　　　∴　別表四による税務調整はありません。

　機械装置aは，平成24年4月1日以後に取得し事業の用に供しているため，定率法（200％定率法）により償却限度額を計算します。

2　資本的支出 a

(a)　調整前償却額と償却保証額との比較

ⓐ　調整前償却額　　　　780,000円×0.133＝103,740円

ⓑ　償却保証額　　　　　780,000円×0.04565＝35,607円

ⓒ　ⓐ≧ⓑ　∴　調整前償却額が償却限度額となりますが，期中で取得したため月数按分が必要です。

(b)　償却限度額　　　　780,000円×0.133×$\frac{8}{12}$＝69,160円

(c)　当期償却額　　　　69,160円

(d)　(c)−(b)＝0　　　∴　別表四による税務調整はありません。

　翌事業年度において機械装置 a と合算する場合でも，資本的支出を行った事業年度においては単独で減価償却を行うこととなります。そして，平成24年4月1日以後に資本的支出が行われていますので，定率法（200％定率法）により償却限度額を計算します。

　なお，翌事業年度においては，機械装置 a の期首帳簿価額2,507,450円（2,820,000円−312,550円）と資本的支出 a の期首帳簿価額710,840円（780,000円−69,160円）との合計額3,218,290円を取得価額として翌事業年度開始の日において新たに取得したものとして減価償却を行っていきます。

　なお，翌事業年度の償却限度額の計算は次のとおりとなります。

ⓐ　調整前償却額　　　　（2,507,450円＋710,840円）×0.133＝428,032円

ⓑ　償却保証額　　　　　（2,507,450円＋710,840円）×0.04565＝146,914円

ⓒ　ⓐ≧ⓑ　∴調整前償却額が償却限度額となります。

（単位：円）

決算期 （令和）	期首簿価	調整前 償却額	償却保証額	改定取得価額 ×改定償却率	償却限度額	期末簿価
7.3月期	3,218,290	428,032	146,914	−	428,032	2,790,258
8.3月期	2,790,258	371,104	146,914	−	371,104	2,419,154
9.3月期	2,419,154	321,747	146,914	−	321,747	2,097,407
10.3月期	2,097,407	278,955	146,914	−	278,955	1,818,452
11.3月期	1,818,452	241,854	146,914	−	241,854	1,576,598
12.3月期	1,576,598	209,687	146,914	−	209,687	1,366,911
13.3月期	1,366,911	181,799	146,914	−	181,799	1,185,112
14.3月期	1,185,112	157,619	146,914	−	157,619	1,027,493
15.3月期	1,027,493	136,656	146,914	146,931	146,931	880,562
16.3月期	880,562	−	−	146,931	146,931	733,631
17.3月期	733,631	−	−	146,931	146,931	586,700
18.3月期	586,700	−	−	146,931	146,931	439,769
19.3月期	439,769	−	−	146,931	146,931	292,838
20.3月期	292,838	−	−	146,931	146,931	145,907
21.3月期	145,907	−	−	145,906	145,906	1

3　機械装置 b

(a)　調整前償却額と償却保証額との比較

ⓐ　調整前償却額　　　　1,700,000円×0.133＝226,100円

ⓑ　償却保証額　　　　　1,700,000円×0.04565＝77,605円

ⓒ ⓐ≧ⓑ ∴ 調整前償却額が償却限度額となりますが，期中で取得したため月数按分が必要です。

(b) 償却限度額　　　$1,700,000円 \times 0.133 \times \dfrac{10}{12} = 188,416円$

(c) 当期償却額　　　188,416円

(d) (c)−(b)= 0　　　∴ 別表四による税務調整はありません。

　機械装置bは，平成24年4月1日以後に取得し，事業の用に供しているため，定率法（200％定率法）により償却限度額を計算します。

④ 資本的支出b

(a) 調整前償却額と償却保証額との比較

ⓐ 調整前償却額　　　$850,000円 \times 0.133 = 113,050円$

ⓑ 償却保証額　　　$850,000円 \times 0.04565 = 38,802円$

ⓒ ⓐ≧ⓑ ∴ 調整前償却額が償却限度額となりますが，期中で取得したため月数按分が必要です。

(b) 償却限度額　　　$850,000円 \times 0.133 \times \dfrac{8}{12} = 75,366円$

(c) 当期償却額　　　75,366円

(d) (c)−(b)= 0　　　∴ 別表四による税務調整はありません。

　翌事業年度において資本的支出cと合算する場合でも，資本的支出を行った事業年度においては単独で減価償却を行うこととなります。そして，平成24年4月1日以後に資本的支出が行われていますので，定率法（200％定率法）により償却限度額を計算します。

⑤ 資本的支出c

(a) 調整前償却額と償却保証額との比較

ⓐ 調整前償却額　　　$560,000円 \times 0.133 = 74,480円$

ⓑ 償却保証額　　　$560,000円 \times 0.04565 = 25,564円$

ⓒ ⓐ≧ⓑ ∴ 調整前償却額が償却限度額となりますが，期中で取得したため月数按分が必要です。

(b) 償却限度額　　　$560,000円 \times 0.133 \times \dfrac{4}{12} = 24,826円$

(c) 当期償却額　　　24,826円

(d) (c)−(b)= 0　　　∴ 別表四による税務調整はありません。

　翌事業年度において資本的支出bと合算する場合でも，資本的支出を行った事業年度においては単独で減価償却を行うこととなります。そして，平成24年4月1日以後に資本的支出が行われていますので，定率法（200％定率法）により償却限度額を計算します。

　なお，翌事業年度においては，資本的支出bの期首帳簿価額774,634円（850,000円−75,366円）と資本的支出cの期首帳簿価額535,174円（560,000円−24,826円）との合計額1,309,808円を取得価額として翌事業年度開始の日において新たに取得したものとして減価償却を行っていきます。

《設例 2 》による記入例

旧定率法又は定率法による減価償却資産の償却額の計算に関する明細書	事業年度	5 ・ 4 ・ 1　6 ・ 3 ・ 31	法人名	株式会社M社		別表十六(二)

			1	機 械 装 置 a	資本的支出a	機 械 装 置 b	資本的支出b	資本的支出c
資産区分	種	類	1	機 械 装 置 a	資本的支出a	機 械 装 置 b	資本的支出b	資本的支出c
	構	造	2					
	細	目	3					
	取 得 年 月 日		4	令 5 ・ 6 ・ 1	令 5 ・ 8 ・ 20	令 5 ・ 6 ・ 1	令 5 ・ 8 ・ 20	令 5 ・ 12 ・ 24
	事 業 の 用 に 供 し た 年 月		5	令和 5 年 6 月	令和 5 年 8 月	令和 5 年 6 月	令和 5 年 8 月	令和 5 年 12 月
	耐 用 年 数		6	15 年	15 年	15 年	15 年	15 年
取得価額	取 得 価 額 又 は 製 作 価 額		7	外 2,820,000 円	外 780,000 円	外 1,700,000 円	外 850,000 円	外 560,000 円
	(7)のうち積立金方式による圧縮記帳の場合の償却額計算の対象となる取得価額に算入しない金額		8					
	差 引 取 得 価 額 (7) − (8)		9	2,820,000	780,000	1,700,000	850,000	560,000
償却額計算の基礎となる額	償却額計算の対象となる期末現在の帳簿記載金額		10	2,507,450	710,840	1,511,584	774,634	535,174
	期 末 現 在 の 積 立 金 の 額		11					
	積 立 金 の 期 中 取 崩 額		12					
	差 引 帳 簿 記 載 金 額 (10) − (11) − (12)		13	外△ 2,507,450	外△ 710,840	外△ 1,511,584	外△ 774,634	外△ 535,174
	損 金 に 計 上 し た 当 期 償 却 額		14	312,550	69,160	188,416	75,366	24,826
	前期から繰り越した償却超過額		15	外	外	外	外	外
	合 計 (13) + (14) + (15)		16	2,820,000	780,000	1,700,000	850,000	560,000
	前期から繰り越した特別償却不足額又は合併等特別償却不足額		17					
	償却額計算の基礎となる金額 (16) − (17)		18	2,820,000	780,000	1,700,000	850,000	560,000
当期分の普通償却限度額等	平成19年3月31日以前取得分	差 引 取 得 価 額 × 5 % (9) × 5/100	19					
		旧 定 率 法 の 償 却 率	20					
		(16) > (19)の場合 算 出 償 却 額 (18) × (20)	21	円	円	円	円	円
		増 加 償 却 額 (21) × 割増率	22	( )	( )	( )	( )	( )
		計 ((21) + (22)) 又は((18) − (19))	23					
		(16) ≦ (19)の場合 算 出 償 却 額 ((19) − 1円) × 60分の12	24					
	平成19年4月1日以後取得分	定 率 法 の 償 却 率	25	0.133	0.133	0.133	0.133	0.133
		調 整 前 償 却 額 (18) × (25)	26	(375,060)10/12 円 312,550	(103,740)8/12 円 69,160	(226,100)10/12 円 188,416	(113,050)8/12 円 75,366	(74,480) 4/12 円 24,826
		保 証 率	27	0.04565	0.04565	0.04565	0.04565	0.04565
		償 却 保 証 額 (9) × (27)	28	128,733 円	35,607 円	77,605 円	38,802 円	25,564 円
		(26) < (28)の場合 改 定 取 得 価 額	29					
		改 定 償 却 率	30					
		改 定 償 却 額 (29) × (30)	31	円	円	円	円	円
		増 加 償 却 額 ((26) 又は (31)) × 割増率	32	( )	( )	( )	( )	( )
		計 ((26) 又は (31)) + (32)	33	312,550	69,160	188,416	75,366	24,826
	当期分の普通償却限度額等 (23)、(24) 又は (33)		34	312,550	69,160	188,416	75,366	24,826
当期分の償却限度額	特別償却限度額	租 税 特 別 措 置 法 適 用 条 項	35	条 項 ( )	条 項 ( )	条 項 ( )	条 項 ( )	条 項 ( )
		特 別 償 却 限 度 額	36	外 円	外 円	外 円	外 円	外 円
	前期から繰り越した特別償却不足額又は合併等特別償却不足額		37					
	合 計 (34) + (36) + (37)		38	312,550	69,160	188,416	75,366	24,826
	当 期 償 却 額		39	312,550	69,160	188,416	75,366	24,826
差引	償 却 不 足 額 (38) − (39)		40					
	償 却 超 過 額 (39) − (38)		41					
償却超過額	前 期 か ら の 繰 越 額		42	外	外	外	外	外
	当期損金認容額	償却不足によるもの	43					
		積立金取崩しによるもの	44					
	差 引 合 計 翌 期 へ の 繰 越 額 (41) + (42) − (43) − (44)		45					
特別償却不足額	翌期に繰り越すべき特別償却不足額 (((40) − (43)) と ((36) + (37)) のうち少ない金額)		46					
	当期において切り捨てる特別償却不足額又は合併等特別償却不足額		47					
	差 引 翌 期 へ の 繰 越 額 (46) − (47)		48					
	翌期への繰越額の内訳		49	・ ・	・ ・	・ ・	・ ・	・ ・
		当 期 分 不 足 額	50					
	適格組織再編成により引き継ぐべき合併等特別償却不足額 (((40) − (43)) と (36) のうち少ない金額)		51					
備考								

《設例3》 建物附属設備の減価償却

　株式会社Ｍ社（資本金1,000万円の青色申告法人であり，中小企業者等に該当します。）は，当期末現在，次に掲げる資産を取得し保有しています。次の資料に基づき，当期（令和5年4月1日から令和6年3月31日）の別表十六（一）「旧定額法又は定額法による減価償却資産の償却額の計算に関する明細書」及び別表十六（二）「旧定率法又は定率法による減価償却資産の償却額の計算に関する明細書」の記載はどのようになりますか。

1　取得・保有資産の明細

種類	取得価額	会社上 期首帳簿価額	当期償却額 （損金経理）	改定 償却率	法定耐用年数 （償却率）	保証率
建物の附属設備 a	1,000,000円	－	100,000円	－	10年（0.100）	－
構築物 a	1,000,000円	－	100,000円	－	10年（0.100）	－
建物の附属設備 b	1,000,000円	196,608円	65,536円	0.250	10年（0.200）	0.06552

2　建物の附属設備 a 及び建物の附属設備 b は，いずれも耐用年数省令別表一のうち構造又は用途に掲げられているもの以外のもののうち金属製ではないものに該当し，構築物 a は，放送用のアンテナに該当します。

3　建物の附属設備 a は，当期4月5日に取得し同日より事業の用に供しています。

4　構築物 a は，当期4月5日に取得し同日より事業の用に供しています。

5　建物の附属設備 b は，平成28年3月25日に取得し平成28年4月5日より事業の用に供しています。改定取得価額は，262,144円です。

6　Ｍ社は減価償却の方法について，選定の届出をしていません。

〈解　説〉

　平成28年4月1日以後に取得された建物の附属設備及び構築物については，定率法を選定することができないため，減価償却の方法は定額法となります。他方，事業の用に供した日が平成28年4月1日以後であっても，平成28年3月31日以前に取得されたこれらの資産については，選定の届出をしていなければ，法定償却方法である定率法を選定することになります。

1　減価償却の計算

　① 建物の附属設備 a

　　(a)　償却限度額　　　　$1,000,000円 \times 0.100 \times \dfrac{12}{12} = 100,000円$

　　(b)　当期償却額　　　　100,000円

　　(c)　(b)－(a)＝0　　　∴別表四による税務調整はありません。

　② 構築物 a

　　(a)　償却限度額　　　　$1,000,000円 \times 0.100 \times \dfrac{12}{12} = 100,000円$

　　(b)　当期償却額　　　　100,000円

　　(c)　(b)－(a)＝0　　　∴別表四による税務調整はありません。

　③ 建物の附属設備 b

　　(a)　調整前償却額と償却保証額との比較及び償却限度額

ⓐ　調整前償却額　　　　196,608円×0.200＝39,321円

ⓑ　償却保証額　　　　　1,000,000円×0.06552＝65,520円

ⓒ　ⓐ＜ⓑ　　　　∴調整前償却額が償却保証額に満たないこととなったため，改定取得価額262,144円に改定償却率を乗じた金額が償却限度額となります。

(b)　償却限度額　　　　262,144円×0.250＝65,536円

(c)　当期償却額　　　　65,536円

(d)　(c)－(b)＝0　　　　∴別表四による税務調整はありません。

《設例3》による記入例

			旧定額法又は定額法による減価償却資産 の償却額の計算に関する明細書	事 業 年 度	5 ・ 4 ・ 1 6 ・ 3 ・31	法人名	株式会社M社					別 表 十 六 (一)

資産区分	種　　　　　　　　類	1	建物附属設備a	構　築　物a			
	構　　　　　　　　造	2		放　送　用			
	細　　　　　　　　目	3	その他のもの	アンテナ			
	取　得　年　月　日	4	令5・ 4・ 5	令5・ 4・ 5	・ ・	・ ・	・ ・
	事業の用に供した年月	5	令和5年4月	令和5年4月			
	耐　用　年　数	6	10 年	10 年	年	年	年
取得価額	取得価額又は製作価額	7	外 1,000,000 円	外 1,000,000 円	外 円	外 円	外 円
	(7)のうち積立金方式による圧縮記帳の場合の償却額計算の対象となる取得価額に算入しない金額	8					
	差　引　取　得　価　額 (7)-(8)	9	1,000,000	1,000,000			
帳簿価額	償却額計算の対象となる 期末現在の帳簿記載金額	10	900,000	900,000			
	期末現在の積立金の額	11					
	積立金の期中取崩額	12					
	差　引　帳　簿　記　載　金　額 (10)-(11)-(12)	13	外△ 900,000	外△ 900,000	外△	外△	外△
	損金に計上した当期償却額	14	100,000	100,000			
	前期から繰り越した償却超過額	15	外	外	外	外	外
	合　　　　　　計 (13)+(14)+(15)	16	1,000,000	1,000,000			
当期分の普通償却限度額等	平成19年3月31日以前取得分	残　存　価　額	17					
		差引取得価額 × 5 % (9)× 5/100	18					
		旧定額法の償却額計算の基礎となる金額 (9)-(17)	19					
		旧定額法の償却率	20					
		(16)>(18)の場合 算出償却額 (19)×(20)	21	円	円	円	円	円
		増加償却額 (21)×割増率	22	( )	( )	( )	( )	( )
		計 ((21)+(22))又は((16)-(18))	23					
		(16)≦(18)の場合 算出償却額 ((18)-1円)× 60	24					
	平成19年4月1日以後取得分	定額法の償却額計算の基礎となる金額 (9)	25	1,000,000	1,000,000			
		定　額　法　の　償　却　率	26	0.100	0.100			
		算　出　償　却　額 (25)×(26)	27	(100,000) 12/12 円 100,000	(100,000) 12/12 円 100,000	円	円	円
		増加償却額 (27)×割増率	28	( )	( )	( )	( )	( )
		計 (27)+(28)	29	100,000	100,000			
当期分の償却限度額	当期分の普通償却限度額等 (23)、(24)又は(29)	30	100,000	100,000			
	特別償却又は割増償却 租税特別措置法 適　用　条　項	31	条 項 ( )	条 項 ( )	条 項 ( )	条 項 ( )	条 項 ( )
	特　別　償　却　限　度　額	32	外 円	外 円	外 円	外 円	外 円
	前期から繰り越した特別償却不足額又は合併等特別償却不足額	33					
	合　　計 (30)+(32)+(33)	34	100,000	100,000			
	当　期　償　却　額	35	100,000	100,000			
差引	償　却　不　足　額 (34)-(35)	36					
	償　却　超　過　額 (35)-(34)	37					
償却超過額	前　期　か　ら　の　繰　越　額	38	外	外	外	外	外
	当期損金認容額 償却不足によるもの	39					
	積立金取崩しによるもの	40					
	差引合計翌期への繰越額 (37)+(38)-(39)-(40)	41					
特別償却不足額	翌期に繰り越すべき特別償却不足額 (((36)-(39))と((32)+(33))のうち少ない金額)	42					
	当期において切り捨てる特別償却 不足額又は合併等特別償却不足額	43					
	差引翌期への繰越額 (42)-(43)	44					
	翌期への繰越額の内訳	・ ・	45					
	当　期　分　不　足　額	46					
適格組織再編成により引き継ぐべき 合併等特別償却不足額 (((36)-(39))と(32)のうち少ない金額)		47					

備考

― 264 ―

《設例3》による記入例

旧定率法又は定率法による減価償却資産の償却額の計算に関する明細書	事業年度	5 ・ 4 ・ 1 6 ・ 3 ・31	法人名	株式会社M社	別表十六(二)

資産区分	種　　　　類	1	建物附属設備b					
	構　　　　造	2						
	細　　　　目	3	その他のもの					
	取　得　年　月　日	4	平28・3・25	・　・	・　・	・　・	・　・
	事業の用に供した年月	5	平成28年4月					
	耐　用　年　数	6	10 年	年	年	年	年
取得価額	取得価額又は製作価額	7	外 1,000,000 円	外 円	外 円	外 円	外 円
	(7)のうち積立金方式による圧縮記帳の場合の償却額計算の対象となる取得価額に算入しない金額	8						
	差　引　取　得　価　額 (7) − (8)	9	1,000,000					
償却額計算の基礎となる額	償却額計算の対象となる期末現在の帳簿記載金額	10	131,072					
	期末現在の積立金の額	11						
	積立金の期中取崩額	12						
	差引帳簿記載金額 (10) − (11) − (12)	13	外△ 131,072	外△	外△	外△	外△
	損金に計上した当期償却額	14	65,536					
	前期から繰り越した償却超過額	15	外	外	外	外	外
	合　　　計 (13) + (14) + (15)	16	196,608					
	前期から繰り越した特別償却不足額又は合併等特別償却不足額	17						
	償却額計算の基礎となる金額 (16) − (17)	18	196,608					
当期分の普通償却限度額等	平成19年3月31日以前取得分	差引取得価額 × 5% (9) × 5/100	19					
		旧定率法の償却率	20					
		算出償却額 (18) × (20)	21	円	円	円	円	円
		増加償却額 (21) × 割増率	22	( )	( )	( )	( )	( )
		計 ((21) + (22)) 又は ((18) − (19))	23					
	(16) ≦ (19) の場合	算出償却額 ((19) − 1円) × 1/60	24					
	平成19年4月1日以後取得分	定率法の償却率	25	0.200				
		調整前償却額 (18) × (25)	26	39,321 円	円	円	円	円
		保証率	27	0.06552				
		償却保証額 (9) × (27)	28	65,520 円	円	円	円	円
	(26) < (28) の場合	改定取得価額	29	262,144				
		改定償却率	30	0.250				
		改定償却額 (29) × (30)	31	65,536 円	円	円	円	円
		増加償却額 ((26) 又は (31)) × 割増率	32	( )	( )	( )	( )	( )
		計 ((26) 又は (31)) + (32)	33	65,536					
	当期分の普通償却限度額等 (23)、(24) 又は (33)	34	65,536					
当期分の償却限度額	特別償却限度額又は割増償却限度額	租税特別措置法適用条項	35	条　項 ( )	条　項 ( )	条　項 ( )	条　項 ( )	条　項 ( )
		特別償却限度額	36	外 円	外 円	外 円	外 円	外 円
	前期から繰り越した特別償却不足額又は合併等特別償却不足額	37						
	合　　　計 (34) + (36) + (37)	38	65,536					
当期償却額		39	65,536					
差引	償却不足額 (38) − (39)	40						
	償却超過額 (39) − (38)	41						
償却超過額	前期からの繰越額	42	外	外	外	外	外
	当期損金認容額	償却不足によるもの	43						
		積立金取崩しによるもの	44						
	差引合計翌期への繰越額 (41) + (42) − (43) − (44)	45						
特別償却不足額	翌期に繰り越すべき特別償却不足額 (((40) − (43)) と ((36) + (37)) のうち少ない金額)	46						
	当期において切り捨てる特別償却不足額又は合併等特別償却不足額	47						
	差引翌期への繰越額 (46) − (47)	48						
	翌期繰越額の内訳		49					
		当期分不足額	50						
適格組織再編成により引き継ぐべき合併等特別償却不足額 (((40) − (43)) と (36) のうち少ない金額)		51						
備考								

別表十六（四） 旧国外リース期間定額法若しくは旧リース期間定額法又はリース期間定額法による償却額の計算に関する明細書

I 制度の概要

減価償却の仕組みについては，別表十六（一）を参照して下さい。なお，本項では，平成20年4月1日以後に締結された所有権移転外ファイナンス・リース取引に係る賃借人の処理を中心に解説していきます。

II 本制度と会計処理の関係

法人税法上，償却費として損金の額に算入される金額は，確定した決算において，損金経理する必要があります。なお，売買取引とされるリース取引について，賃借人が賃借料として損金経理をした金額は，償却費として損金経理をした金額に含まれることとなります（法令131の2③）。

III 税務上のリース取引の取扱い （平成20年4月1日以後に締結されるリース取引）

1 概 要

内国法人がリース取引を行った場合には，そのリース取引の目的となったリース資産の賃貸人から賃借人への引渡しの時にそのリース資産の売買があったものとして，その賃貸人又は賃借人である内国法人の各事業年度の所得の金額を計算します（法法64の2①）。

平成19年度税制改正前においては，税務上は所有権移転リース取引のみが売買取引とされ，所有権移転外リース取引については賃貸借取引とされていました。しかし，平成19年度税制改正において，平成20年4月1日以後に締結される契約に係る所有権移転外リース取引についても，売買取引とされることとなりました。

区　　　分	平成20年4月1日前	平成20年4月1日後
所有権移転リース取引	売買取引	売買取引
所有権移転外リース取引	賃貸借取引	売買取引
オペレーティングリース取引		賃貸借取引

（改正後の所有権移転外リース取引に係る賃借人の基本的な処理）

① 取得時

（借）リース資産　×××（貸）リース債務　×××

② リース料支払時

（借）リース債務　×××（貸）現預金　×××

③　減価償却費計上時

（借）減価償却費　　×××　（貸）リース資産　　×××

2　税務上のリース取引の範囲

　税務上のリース取引とは，資産の賃貸借（所有権が移転しない土地の賃貸借などを除きます。）で，次に掲げる要件に該当するものをいいます（法法64の2③）。

<table>
<tr><td colspan="2">① その賃貸借に係る契約が，賃貸借期間の中途においてその解除をすることができないものであること又はこれに準ずるものであること。</td></tr>
<tr><td></td><td>「これに準ずるもの」とは，例えば，次に掲げるものをいいます（法基通12の5−1−1）。
（a）資産の賃貸借に係る契約に解約禁止条項がない場合であって，賃借人が契約違反をした場合又は解約をする場合において，賃借人が，その賃貸借に係る賃貸借期間のうちの未経過期間に対応するリース料の額の合計額のおおむね全部（原則として100分の90以上）を支払うこととされているもの
（b）資産の賃貸借に係る契約において，その賃貸借期間中に解約をする場合の条項として次のような条件が付されているもの
　　ⓐ　賃貸借資産（その賃貸借の目的となる資産をいいます。）を更新するための解約で，その解約に伴いより性能の高い機種又はおおむね同一の機種を同一の賃貸人から賃貸を受ける場合は解約金の支払を要しないこと
　　ⓑ　ⓐ以外の場合には，未経過期間に対応するリース料の額の合計額（賃貸借資産を処分することができたときは，その処分価額の全部又は一部を控除した額）を解約金とすること</td></tr>
<tr><td colspan="2">② その賃貸借に係る賃借人がその賃貸借に係る資産からもたらされる経済的な利益を実質的に享受することができ，かつ，その資産の使用に伴って生ずる費用を実質的に負担すべきこととされているものであること。</td></tr>
<tr><td></td><td>「資産の使用に伴って生ずる費用を実質的に負担すべきこととされているもの」とは，資産の賃貸借について，その賃貸借期間（その資産の賃貸借に係る契約の解除をすることができないものとされている期間に限ります。）において賃借人が支払う賃借料の金額の合計額がその資産の取得のために通常要する価額（その資産を事業の用に供するために要する費用の額を含みます。）のおおむね100分の90に相当する金額を超える場合が該当します（法令131の2②）。
　なお，「おおむね100分の90」の判定に当たって，次の点については，次のとおり取り扱います（法基通12の5−1−2）。
（a）資産の賃貸借に係る契約等において，賃借人が賃貸借資産を購入する権利を有し，その権利の行使が確実であると認められる場合には，その権利の行使により購入するときの購入価額をリース料の額に加算します。この場合，その契約書等にその購入価額についての定めがないときは，残価に相当する金額を購入価額とします。
　（注）残価とは，賃貸人におけるリース料の額の算定に当たって賃貸借資産の取得価額及びその取引に係る付随費用（賃貸借資産の取得に要する資金の利子，固定資産税，保険料等その取引に関連して賃貸人が支出する費用をいいます。）の額の合計額からリース料として回収することとしている金額の合計額を控除した残額をいいます。
（b）資産の賃貸借に係る契約等において，中途解約に伴い賃貸借資産を賃貸人が処分し，未経過期間に対応するリース料の額からその処分価額の全部又は一部を控除した額を賃借人が支払うこととしている場合には，その全部又は一部に相当する金額を賃借人が支払うこととなる金額に加算します。</td></tr>
</table>

3 所有権移転外リース取引

① 範　　囲

　所有権移転外リース取引とは，税務上のリース取引のうち，次のいずれかに該当するもの（これらに準ずるものを含みます。）以外のリース取引をいいます（法令48の2⑤五，法基通7-6の2-2～2-8）。

(a)	リース期間終了の時又はリース期間の中途において，そのリース取引に係る契約において定められているそのリース取引の目的とされている資産（以下「目的資産」といいます。）が無償又は名目的な対価の額でそのリース取引に係る賃借人に譲渡されるものであること
(b)	そのリース取引に係る賃借人に対し，リース期間終了の時又はリース期間の中途において目的資産を著しく有利な価額で買い取る権利が与えられているものであること
(c)	目的資産の種類，用途，設置の状況等に照らし，その目的資産がその使用可能期間中そのリース取引に係る賃借人によってのみ使用されると見込まれるものであること又はその目的資産の識別が困難であると認められるものであること
(d)	リース期間が，目的資産の耐用年数に比して相当短いもの（そのリース取引に係る賃借人の法人税の負担を著しく軽減することになると認められるものに限ります。）であること

（注）リース期間とは，リース取引に係る契約において定められているリース資産の賃貸借の期間をいいます（法令48の2⑤七）。

　上記のいずれかに該当するリース取引は，所有権移転リース取引とされ，通常の取得資産と同様の取扱いを受けることから，別表十六（一）・（二）を参照して下さい。

② 償却限度額の計算

　所有権移転外リース取引に該当する場合のリース資産は，下記の算式により，償却限度額を計算します（法令48の2①六）。

$$ 償却限度額 = リース資産の取得価額（※） \times \frac{その事業年度における\\その リース期間月数}{その リース資産の\\リース期間月数} $$

（※）　取得価額に残価保証額に相当する金額が含まれている場合には，その取得価額からその残価保証額を控除した金額となり，償却累積額はこの金額を超えることはできません（法令61①二ハ）。

リース資産 （法令48の2⑤四）	リース資産とは，所有権移転外リース取引に係る賃借人が取得したものとされる減価償却資産をいいます。
取得価額 （法基通7-6の2-9）	賃借人におけるリース資産の取得価額は，原則としてそのリース期間中に支払うべきリース料の額の合計額によります。ただし，リース料の額の合計額のうち利息相当額から成る部分の金額を合理的に区分することができる場合には，そのリース料の額の合計額からその利息相当額を控除した金額をそのリース資産の取得価額とすることができます。 （注1）再リース料の額は，原則として，リース資産の取得価額に算入しません。ただし，再リースをすることが明らかな場合には，その再リース料の額は，リース資産の取得価額に含まれます。 （注2）リース資産を事業の用に供するために賃借人が支出する付随費用の額は，リース資産の取得価額に含まれます。 （注3）本文ただし書の適用を受ける場合には，その利息相当額はリース期間の経過に応じて利息法又は定額法により損金の額に算入します。

残価保証額 （法令48の2⑤六）	残価保証額とは，リース期間終了の時にリース資産の処分価額が，所有権移転外リース取引に係る契約において定められている保証額に満たない場合に，その満たない部分の金額をその所有権移転外リース取引に係る賃借人がその賃貸人に支払うこととされている場合におけるその保証額をいいます。

③　賃借料として損金経理をした金額

　企業会計上，所有権移転外リース取引については，一定のリース取引に限って賃貸借処理が認められています。税務上においては，前述したとおり，すべての所有権移転外リース取引が売買取引となります。しかし，税務上，その賃借人が賃借料として損金経理をした金額は，償却費として損金経理をした金額に含まれることとしているため，法人が賃貸借処理をしたとしても，その金額がリース期間定額法により計算される償却限度額と同額であれば，別表四で申告調整は必要ありません（法令131の2③）。この場合，本明細書の申告書への添付は必要ありません（法令63①かっこ書）。

〔例題：リース料総額720千円（年額144千円），リース期間5年，残価保証額0円〕

会計上	（借）賃借料　144千円／（貸）現預金　144千円 　　　　→「償却費として損金経理をした金額」に含まれる。
税務上	償却限度額：720千円×12ヶ月／60ヶ月＝144千円
	∴　賃借料144千円 ＝ 償却限度額144千円　別表四の申告調整不要 　　　　　　　　　　　　　　　　　　　　明細書の添付不要

　なお，リース期間におけるリース料の額が均等ではないため，その事業年度において償却費として損金経理をした金額とされた賃借料の額とその事業年度のリース資産に係る償却限度額とが異なることとなるものについては，本明細書を用いるなどして償却超過額又は償却不足額の計算をすることとなります（法基通7－6の2－16）。

④　所有権移転外リース取引に係るリース資産への資本的支出

　平成20年4月1日以後に締結される契約に係る所有権移転外リース取引に該当するリース資産について資本的支出があった場合においては，新たに取得したものとされる資本的支出（減価償却資産）は，リース資産に該当するものとして取り扱われます（法令55③前段）。この場合において，その資本的支出部分については，その支出した日からそのリース期間終了の日までの期間を「リース期間」として償却限度額の計算を行うこととなります（法令55③後段）。

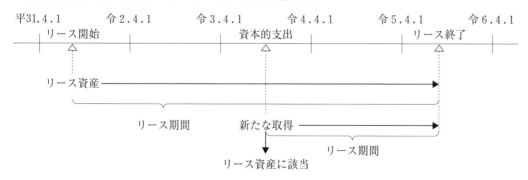

⑤　他規定との関係

(a)　圧縮記帳制度との関係

　所有権移転外リース取引により賃借人が取得したものとされるリース資産については，圧縮記帳制

度を適用することはできません（法法47①，措法65の7①⑯二ほか）。

(b) 特別償却制度及び特別控除制度との関係

  ⓐ 特別償却制度

    所有権移転外リース取引により賃借人が取得したものとされるリース資産については，特別償却制度を適用することはできません（措法42の6①⑤ほか）。

  ⓑ 特別控除制度

    所有権移転外リース取引により賃借人が取得したものとされるリース資産については，取得の場合の特別控除制度を適用することができます（措法42の6②ほか）。

(c) 少額減価償却資産及び一括償却資産等との関係

  所有権移転外リース取引により賃借人が取得したものとされるリース資産については，少額減価償却資産の取得価額の損金算入制度及び一括償却資産の損金算入制度を適用することはできません（法令133かっこ書・133の2①かっこ書）。なお，中小企業者等の少額減価償却資産の取得価額の損金算入制度については適用することができます（措法67の5）。詳細については，別表十六（七）を参照して下さい。

4 明細書の添付

  内国法人は，各事業年度終了の時において，その有する減価償却資産につき償却費として損金経理をした金額がある場合には，その資産のその事業年度の償却限度額その他償却費の計算に関する明細書をその事業年度の確定申告書等に添付しなければなりません（法令63①）。

  なお，リース資産につき，その賃借人が賃借料として損金経理をしている場合には，原則として，明細書の添付は必要ありません（法令63①かっこ書）。

Ⅳ　別表十六（四）記入上の留意点

① この明細書は，基本的には，別表十六（一）又は別表十六（二）の相当欄に準じて記載します。

② 資産の種類ごと，かつ，償却の方法の異なるごとに区分し，その区分ごとの合計額を記載した書類をその事業年度の確定申告書に添付したときは，その明細書を保存している場合に限り，この明細書の添付は必要ありません（法令63②）。ただし，その合計額を記載した書類は，この明細書の書式により記載することとなります。その場合，「構造 (2)」から「賃貸の用又は事業の用に供した年月 (5)」まで，「見積残存価額 (9)」，「残価保証額 (15)」，「残価保証額 (18)」，「償却額計算の対象となる期末現在の帳簿記載金額 (20)」から「積立金の期中取崩額 (22)」まで，「リース期間又は改定リース期間の月数 (24)」，「当期におけるリース期間又は改定リース期間の月数 (25)」の各欄の記載は要しません。

③ 「種類 (1)」，「構造 (2)」及び「細目 (3)」には，減価償却資産の耐用年数省令別表第一から第六までに定める種類，構造及び細目に従って記載します。

④ 「賃貸の用又は事業の用に供した年月 (5)」は，当期の中途において賃貸の用又は事業の用に供した年月を記載します。

⑤ 「残価保証額 (15)」及び「残価保証額 (18)」は，リース期間終了の時に，リース資産の処分価額

別表十六(四) 旧国外リース期間定額法若しくは旧リース期間定額法又はリース期間定額法による償却額の計算に関する明細書

が所有権移転外リース取引に係る契約において定められている保証額に満たない場合に，その満たない部分の金額をその所有権移転外リース取引に係る賃借人がその賃貸人に支払うこととされている場合におけるその保証額を記載します。

6 「リース期間又は改定リース期間の月数 ⑭」及び「当期におけるリース期間又は改定リース期間の月数 ⑮」は，リース期間の月数及び当期におけるリース資産の賃貸借期間の月数を記載します。

V 設例による個別検討

《設例1》リース期間定額法の計算（ケース1）

次の資料に基づき，株式会社M社の当期（令和5年4月1日から令和6年3月31日）の別表十六（四）「旧国外リース期間定額法若しくは旧リース期間定額法又はリース期間定額法による償却額の計算に関する明細書」の記載はどのようになりますか。なお，株式会社M社（資本金1,000万円の青色申告法人であり，中小企業者等に該当します。）は，当期において，次に掲げる所有権移転外リース取引の契約を締結しています。

1 所有権移転外リース取引の内容

種類	リース料総額 （うち残価保証額）	リース期間	当期償却額 （損金経理）
リース資産a	1,200,000円 （うち0円）	令5.6.1〜令10.5.31（5年間） （契約日・事業供用日：令5.6.1）	210,000円
リース資産b	1,100,000円 （うち50,000円）	令5.10.25〜令8.10.24（3年間） （契約日・事業供用日：令5.10.25）	200,000円

2 リース資産aは，複写機であり設置費用として60,000円の支出があります。上記のリース料総額とともにリース資産に計上しています。

3 リース資産bは，営業用の小型車であり，リース料総額をリース資産に計上しています。

4 上記リース資産はともに，リース期間終了後は再リースする予定はありません。また，リース料総額のうち利息相当額は区分経理していません。

5 上記リース資産の他，平成19年11月において製造用機械装置のリース契約を締結しています。毎月30,000円のリース料を支払っており，支払いの都度，賃借料として処理しています。このリース契約は，所有権移転外リース取引に該当し，リース期間は20年間です。

〈解　説〉

1 減価償却の計算

　　1 リース資産a

　　　(a)　償却限度額　　（1,200,000円＋60,000円）$\times \dfrac{10 ヶ月}{60 ヶ月}$＝210,000円

　　　(b)　当期償却額　　210,000円

　　　(c)　(b)－(a)＝0　　∴　別表四による税務調整はありません。

　設置費用（60,000円）はリース資産の取得価額となるため，リース料総額に加算して償却限度額を算出します。

② リース資産b

(a) 償却限度額　　　（1,100,000円－50,000円）$\times \dfrac{6\text{ヶ月}}{36\text{ヶ月}} = 175,000$円

(b) 当期償却額　　　200,000円

(c) (b)－(a)＝25,000円

（償却超過額　→　別表四(6)で加算・留保の調整を行います）

取得価額に残価保証額が含まれている場合には，取得価額から残価保証を控除した金額をもとに償却限度額の計算を行います。

③ 製造用機械装置

平成20年3月31日以前に締結した所有権移転外リース取引については，法人税法上，賃貸借取引とされることから，特段の調整はありません。

別表十六(四)　旧国外リース期間定額法若しくは旧リース期間定額法又はリース期間定額法による償却額の計算に関する明細書

《設例1》による記入例

旧国外リース期間定額法若しくは旧リース期間定額法又はリース期間定額法による償却額の計算に関する明細書		事業年度	5・4・1 6・3・31	法人名	株式会社M社	

資産区分	種　　　　　類	1	器具及び備品	車両及び運搬具			合　計
	構　　　　　造	2	事 務 機 器				
	細　　　　　目	3	複 写 機	小 型 車			
	契　約　年　月　日	4	令5・6・1	令5・10・25	・　・	・　・	・　・
	賃貸の用又は事業の用に供した年月	5	令和5年6月	令和5年10月			

償却額計算の基礎となる金額	旧国外リース期間定額法	取 得 価 額 又 は 製 作 価 額	6	外　　　　　円	外　　　　　円	外　　　　円	外　　　　円	外　　　　円
		(6)のうち積立金方式による圧縮記帳の場合の償却額計算の対象となる取得価額に算入しない金額	7					
		差 引 取 得 価 額 (6)－(7)	8					
		見 積 残 存 価 額	9					
		償却額計算の基礎となる金額 (8)－(9)	10					
	旧リース期間定額法	旧リース期間定額法を採用した事業年度	11	・　・	・　・	・　・	・　・	・　・
		取 得 価 額 又 は 製 作 価 額	12	外　　　　　円	外　　　　　円	外　　　　円	外　　　　円	外　　　　円
		(12)のうち(11)の事業年度前に損金の額に算入された金額	13					
		差 引 取 得 価 額 (12)－(13)	14					
		残 価 保 証 額	15					
		償却額計算の基礎となる金額 (14)－(15)	16					
	リース期間定額法	取 得 価 額	17	外 1,260,000	外 1,100,000	外	外	外 2,360,000
		残 価 保 証 額	18	0	50,000			50,000
		償却額計算の基礎となる金額 (17)－(18)	19	1,260,000	1,050,000			2,310,000
帳簿記載金額		償却額計算の対象となる期末現在の帳簿記載金額	20	1,050,000	900,000			1,950,000
		期 末 現 在 の 積 立 金 の 額	21					
		積 立 金 の 期 中 取 崩 額	22					
		差 引 帳 簿 記 載 金 額 (20)－(21)－(22)	23	外△ 1,050,000	外△ 900,000	外△	外△	外△ 1,950,000
		リース期間又は改定リース期間の月数	24	(　　)月 60	(　　)月 36	(　　)月	(　　)月	(　　)月
		当期におけるリース期間又は改定リース期間の月数	25	10	6			
当		当 期 分 の 普 通 償 却 限 度 額 ((10)、(16)又は(19))×(25)/(24)	26	円 210,000	円 175,000	円	円	円 385,000
		当 期 償 却 額	27	210,000	200,000			410,000
差引		償 却 不 足 額 (26)－(27)	28					
		償 却 超 過 額 (27)－(26)	29		25,000			25,000
償却超過額		前 期 か ら の 繰 越 額	30	外	外	外	外	外
	当期損金認容額	償 却 不 足 に よ る も の	31					
		積 立 金 取 崩 し に よ る も の	32					
		差 引 合 計 翌 期 へ の 繰 越 額 (29)＋(30)－(31)－(32)	33		25,000			25,000
備考								

別表四(6)(加算・留保)へ

《設例2》 リース期間定額法の計算（ケース2）

　次の資料に基づき，株式会社M社の当期（令和5年4月1日から令和6年3月31日）の別表十六（四）「旧国外リース期間定額法若しくは旧リース期間定額法又はリース期間定額法による償却額の計算に関する明細書」の記載はどのようになりますか。なお，株式会社M社（資本金1,000万円の青色申告法人であり，中小企業者等に該当します。）は，当期において，次に掲げる所有権移転外リース取引の契約を締結しています。

1　所有権移転外リース取引の内容

種　　類	リース料総額 （うち残価保証額）	リース期間	当期償却額 （損金経理）
リース資産a	1,050,000円 （うち0円）	令5.9.20～令9.9.19（4年間） （契約日・事業供用日：令5.9.20）	153,125円
リース資産b	2,500,000円 （うち0円）	令5.7.15～令10.7.14（5年間） （契約日・事業供用日：令5.7.15）	375,000円

2　リース資産aは，サーバー用電子計算機であり，リース料総額をリース資産に計上しています。なお，当期の1月20日に資本的支出として506,000円の支出があり，支出額をリース資産として計上したのち，減価償却費として34,500円計上しています。

3　リース資産bは，印刷業用設備であり，リース料総額をリース資産に計上しています。なお，リース資産bは，「中小企業者等が機械等を取得した場合の法人税額の特別控除」（措法42の6②）の適用を受けることができる「特定機械装置等」に該当します。そこで，同制度の特別控除を受けようと考えています（特別控除額：基準取得価額×7％，税額基準額：法人税額×20％）。当期の法人税額《別表一(2)》は1,100,000円です。

4　上記リース資産はともに，リース期間終了後は再リースする予定はありません。また，リース料総額のうち利息相当額は区分経理していません。

〈解　　説〉

1　減価償却の計算

　① リース資産a（本体）

　　(a)　償却限度額　　　　$1,050,000円 \times \dfrac{7 ヶ月}{48 ヶ月} = 153,125円$

　　(b)　当期償却額　　　153,125円

　　(c)　(b)−(a)＝0　　　∴　別表四による税務調整はありません。

　② リース資産a（資本的支出）

　　(a)　償却限度額　　　　$506,000円 \times \dfrac{3 ヶ月}{44 ヶ月} = 34,500円$

　　(b)　当期償却額　　　34,500円

　　(c)　(b)−(a)＝0　　　∴　別表四による税務調整はありません。

　平成20年4月1日以後に締結される契約に係る所有権移転外リース取引に該当するリース資産について資本的支出があった場合には，その資本的支出はリース資産に該当するものとして取り扱われます。この場合において，その資本的支出部分については，その支出した日からそのリース期間終了の

日までの期間を「リース期間」として償却限度額の計算などを行うこととなります。

③　リース資産b

(a)　償却限度額　　　$2,500,000円 \times \dfrac{9 ヶ月}{60 ヶ月} = 375,000円$

(b)　当期償却額　　　375,000円

(c)　(b)－(a)＝0円　　　∴　別表四による税務調整はありません。

（中小企業者等が機械等を取得した場合の法人税額の特別控除）

(a)　特別控除額　　　$2,500,000円 \times 7\% = 175,000円$

(b)　税額基準額　　　$1,100,000円 \times 20\% = 220,000円$

(c)　(a)＜(b)　∴175,000円（当期の法人税額から控除します）

↓

別表六(六)(7)⑤へ

〈類　　題〉

　上記リース資産bについて，リース料総額をリース資産に計上せず，リース料を支払う都度，賃借料として会計処理をしている場合には，税務上の調整はどうなりますか。

〈会計処理〉

（借）賃借料　375,000円　　（貸）現預金　375,000円

〈税　務　上〉

(a)　償却限度額　　$2,500,000円 \times \dfrac{9 ヶ月}{60 ヶ月} = 375,000円$

(b)　賃借料　　　　375,000円

(c)　(b)－(a)＝0円　　　∴　別表四による税務調整はありません。

〈解　　説〉

　税務上，その賃借人が賃借料として損金経理をした金額は，償却費として損金経理をした金額に含まれることとなります。したがって，法人が賃貸借処理をしたとしても，その金額がリース期間定額法により計算される償却限度額と同額であれば，別表四で申告調整は必要ありません。この場合，本明細書の申告書への添付は必要ありません。

《設例2》による記入例

旧国外リース期間定額法若しくは旧リース期間定額法又はリース期間定額法による償却額の計算に関する明細書			事業年度	5・4・1 6・3・31	法人名	株式会社M社		別表十六(四)

資産区分				種　　　　類	1	器具及び備品(本体)	器具及び備品(資本的支出)	機械及び装置		合　計
				構　　　　造	2	通信機器	同　左			
				細　　　　目	3	電子計算機	同　左			
				契　約　年　月　日	4	令5・9・20	令6・1・20	令5・7・15	・・・	・・・
				賃貸の用又は事業の用に供した年月	5	令和5年9月	令和6年1月	令和5年7月		
償却額計算の基礎となる金額	旧国外リース期間定額法			取得価額又は製作価額	6	外　　　　円	外　　　　円	外　　　　円	外　　　　円	外　　　　円
				(6)のうち積立金方式による圧縮記帳の場合の償却額計算の対象となる取得価額に算入しない金額	7					
				差引取得価額 (6)－(7)	8					
				見積残存価額	9					
				償却額計算の基礎となる金額 (8)－(9)	10					
	旧リース期間定額法			旧リース期間定額法を採用した事業年度	11	・・・	・・・	・・・	・・・	・・・
				取得価額又は製作価額	12	外　　　　円	外　　　　円	外　　　　円	外　　　　円	外　　　　円
				(12)のうち(11)の事業年度前に損金の額に算入された金額	13					
				差引取得価額 (12)－(13)	14					
				残価保証額	15					
				償却額計算の基礎となる金額 (14)－(15)	16					
	リース期間定額法			取得価額	17	外 1,050,000	外 506,000	外 2,500,000	外	外 4,056,000
				残価保証額	18	0	0	0		0
				償却額計算の基礎となる金額 (17)－(18)	19	1,050,000	506,000	2,500,000		4,056,000
帳簿記載金額				償却額計算の対象となる期末現在の帳簿記載金額	20	896,875	471,500	2,125,000		3,493,375
				期末現在の積立金の額	21					
				積立金の期中取崩額	22					
				差引帳簿記載金額 (20)－(21)－(22)	23	外△ 896,875	外△ 471,500	外△ 2,125,000	外△	外△ 3,493,375
リース期間又は改定リース期間の月数					24	(　　)月 48	(　　)月 44	(　　)月 60	(　　)月	(　　)月
当期におけるリース期間又は改定リース期間の月数					25	7	3	9		
当期分の普通償却限度額 ((10)、(16)又は(19))×(25)/(24)					26	円 153,125	円 34,500	円 375,000	円	円 562,625
当期償却額					27	153,125	34,500	375,000		562,625
差引	償却不足額 (26)－(27)				28					
	償却超過額 (27)－(26)				29					
償却超過額	前期からの繰越額				30	外	外	外	外	外
	当期損金認容額	償却不足によるもの			31					
		積立金取崩しによるもの			32					
	差引合計翌期への繰越額 (29)＋(30)－(31)－(32)				33					
備考										

I　制度の概要

　法人税法上，法人が支出する費用のうち支出の効果がその支出の日以後1年以上に及ぶもの（法法2二十四，法令14，資産の取得に要した金額とされるべき費用及び前払費用を除きます。）については，支出事業年度の一時の費用とはせずに資産として認識し，その支出の効果の及ぶ期間に応じ費用配分することが税法上要求されています（法法32）。

II　本制度と会計処理との関係

　繰延資産につき償却費としてその事業年度の損金の額に算入する金額は，法人がその事業年度の確定した決算において償却費として損金経理した金額のうち，その繰延資産に係る支出の効果の及ぶ期間を基礎として計算した償却限度額に達するまでの金額とされています。したがって，会社が繰延資産について帳簿上費用処理した金額が税務上の償却限度額を超える場合には，その超える部分の金額（償却超過額）はその事業年度の損金の額に算入されないため別表四において損金不算入の加算調整が必要です。なお，償却超過額の取扱いについては前述した減価償却の場合と同様になります。

　また，下記III 2に掲げる税法独自の繰延資産は，会計上の繰延資産に該当しないため，「投資その他の資産」に長期前払費用等として表示します。

III　繰延資産の範囲及び償却限度額

　法人税法上の繰延資産は，法人が支出する費用（資産の取得に要した金額とされるべき費用及び前払費用を除きます。）のうち次に掲げるものをいい，会計上の繰延資産と法人税法独自の繰延資産に大別されており，その内容に応じて支出の効果の及ぶ期間（償却期間）及び償却方法が定められています。

（注）　前払費用とは，法人が一定の契約に基づき継続的に役務の提供を受けるために支出する費用のうち，その支出する日の属する事業年度終了の日においてまだ提供を受けていない役務に対応するものをいいます（法令14②）。

1　会計上の繰延資産（法令14①一 ～ 五，法基通8－1－1～8－1－2）

　会社法施行に伴い，従来商法施行規則に定められていた繰延資産の規定が削除され，繰延資産として計上する項目及びその会計処理が会計基準に委ねられることとなりました。これを受け，企業会計基準委員会から実務対応報告第19号「繰延資産の会計処理に関する当面の取扱い」が公表され，税法

においても平成19年度税制改正により会計上の繰延資産の範囲が改正されました。

(a) 範　囲

項　目	内　容	償却期間
ⓐ　創立費	発起人に支払う報酬，設立登記のために支出する登録免許税その他法人の設立のために支出する費用で，当該法人の負担に帰すべきものをいいます。	任意償却
ⓑ　開業費	法人の設立後事業を開始するまでの間に開業準備のために特別に支出する費用をいいます。	
ⓒ　開発費	新たな技術若しくは新たな経営組織の採用，資源の開発又は市場の開拓のために特別に支出する費用をいいます。	
ⓓ　株式交付費	株券等の印刷費，資本金の増加の登記についての登録免許税その他自己の株式（出資を含みます。）の交付のために支出する費用をいいます。	
ⓔ　社債等発行費	社債券等の印刷費その他債券（新株予約権を含みます。）の発行のために支出する費用をいいます。	

(b) 償却限度額（法法32①，法令64①一）

> 償却限度額＝その繰延資産の額－前期以前の償却額（損金算入額）

　法人税法上，会計上の繰延資産については改正前と同様に別段の償却期間を設けることはせず，会社がその繰延資産について会計処理した償却額をそのまま償却限度額としています。したがって，税務上は繰延資産の未償却残額の範囲内での任意償却となります。

2　税法独自の繰延資産（法令14①六，法基通8－1－3 ～ 8－1－6・8－1－8 ～ 8－1－12・8－2－1・8－2－3・8－2－4）

(a) 範　囲

　次に掲げる費用で支出の効果がその支出の日以後1年以上に及ぶものをいいます。なお，繰延資産となる費用の支出の効果の及ぶ期間は，固定資産を利用するために支出した繰延資産についてはその固定資産の耐用年数を，一定の契約をするにあたり支出した繰延資産についてはその契約期間をそれぞれ基礎として適正に見積もった期間によることとされています。

　具体的には次のように定められています。

項　目		内　容	償却期間（注1）
自己が便益を受ける公共的施設又は共同的施設の設置又は改良のために支出する費用	公共的施設負担金	① 施設等をその負担者が専ら使用する場合	耐用年数×7/10
		② 上記以外の場合	耐用年数×4/10
		③ 土地を国等に提供した場合	上記耐用年数を15年として計算
		④ 港湾しゅんせつに伴う受益者負担金	10年
	共同的施設負担金	① 施設が負担者の共同の用に供される又は協会等の本来の用に供されるものである場合	耐用年数×7/10（土地取得部分は45年）
		② 協会等の本来の用に供される会館等の建設負担金	10年
		③ 商店街のアーケード，日よけ等一般公衆の用にも供される場合	5年 耐用年数 ｝短い方

資産を賃借し又は使用するために支出する権利金，立退料，その他の費用（注2）	借家権	① 建物の新築に際し支払った権利金等がその建物の建築費の大部分に相当し，かつ，建物の存続期間中賃借できる状況にあるもの	耐用年数×7/10
		② 建物の賃借の際に支払った①以外の権利金等で明け渡しに際して借家権として転売可能なもの	賃借後の見積残存耐用年数×7/10
		③ ①及び②以外の権利金等	5年（契約期間が5年未満で更新時に再び権利金等の支払いがあるときはその賃借期間）
	電子計算機その他の機器の賃借に伴って支出する費用		耐用年数×7/10 }短い方 賃借期間
役務の提供を受けるために支出する権利金その他の費用	ノウハウの頭金等		5年（有効期間が5年未満で更新時に一時金等の支払いがある場合には有効期間）
製品等の広告宣伝の用に供する資産を贈与したことにより生ずる費用	広告宣伝の用に供する資産を贈与したことにより生ずる費用		耐用年数×7/10（その期間が5年を超える場合には5年）
その他自己が便益を受けるために支出する費用	スキー場のゲレンデ整備費用		12年
	出版権の設定の対価		契約による存続期間（存続期間の定めがない場合には3年）
	同業者団体の加入金（構成員としての地位を他に譲渡することができるものを除きます。）		5年
	職業運動選手等の契約金等		契約期間（契約期間の定めがない場合には3年）

（注1）耐用年数は，その繰延資産となる費用の支出の目的となった資産に係る耐用年数を使用し，計算した償却期間に1年未満の端数があるときは，その端数を切り捨てます。

（注2）建物の賃借に際して支払った仲介手数料の額は，繰延資産として計上せずにその支払った日の属する事業年度の損金の額に算入することができます（法基通8－1－5（注））。

(b)　償却限度額（法令64①二・④）

$$償却限度額 ＝ その繰延資産の額 × \frac{事業年度の月数※}{支出の効果の及ぶ期間の月数}$$

※　その事業年度が繰延資産となる費用の支出をした事業年度である場合には，その支出した日からその事業年度終了の日までの期間の月数とします。この場合の月数は，暦に従って計算し，1月に満たない端数は1月とします。

3　償却額の計算単位（法基通8－3－7）

繰延資産の償却限度額は，費目の異なるごとに，かつ，その償却期間の異なるごとに計算します。

4　償却開始の時期（法基通8－3－5）

繰延資産となるべき費用が，固定資産を利用するためのものであり，かつ，その固定資産の建設等

に着手されていないときは，その固定資産の建設等に着手した時から償却を開始します。

Ⅳ 少額な繰延資産の特例（法令134，法基通8－3－8）

　均等償却を行う繰延資産に該当する費用を支出した場合において，その費用のうちその支出する金額が20万円未満であるものにつき，その支出する日の属する事業年度においてその全額を損金経理したときは，その全額をその事業年度の損金の額に算入することができます。

　なお，支出する費用の金額が20万円未満であるかどうかの判定は，共同的施設の負担金等については一の設置計画又は改良計画につき支出する金額，資産を賃借するための権利金等及び役務の提供を受けるための権利金等については契約ごとに支出する金額，広告宣伝用資産の贈答費用についてはその支出の対象となる資産の一個又は一組ごとに支出する金額により判定します。

　また，減価償却資産の場合の少額の判定は10万円未満であり，繰延資産とは金額が異なりますので注意して下さい。

Ⅴ 繰延資産の支出の対象となった資産が滅失した場合等（法基通8－3－6）

　繰延資産とされた費用の支出の対象となった固定資産又は契約について滅失又は解約等があった場合には，その滅失又は解約等があった日の属する事業年度においてその繰延資産の未償却残額を損金の額に算入します。

Ⅵ 別表十六（六）の記入上の留意点

1️⃣ この明細書は，繰延資産の種類の区分ごとに，かつ，償却期間の異なるごとに別行に記載します。また，種類及び償却期間が同じであっても，当期に支出したものは別行で記載します。

2️⃣ 「同上のうち当期損金認容額 ⒂」は，当期に償却不足が生じた場合において，前期から繰り越された償却超過額があるときは，その償却超過額の範囲内でその償却不足額に達するまでの金額が認容されますので，その認容額を記載します。

Ⅶ 設例による個別検討

> 《設　例》繰延資産の種類と償却計算
> 　次の場合において，株式会社M社の当期（令和5年4月1日から令和6年3月31日）における別表十六（六）「繰延資産の償却額の計算に関する明細書」の記載はどのようになりますか。
> 1　当期の9月1日に新株の発行を行い，支出した新株発行に係る費用1,500,000円のうち1,000,000円は資産に計上し，残額である500,000円は損金経理をしています。なお，資産に計上した繰延資産の処理については，翌期以降に検討します。
> 2　当期の10月20日に同業者団体に加入し，その際に加入金（構成員としての地位を他に譲渡することができません。）450,000円及び年会費60,000円を支払い，その全額を損金経理しています。

3　平成30年5月に締結した機械装置のリース契約を当期に解除し，機械装置をリース会社に返還しています。なお，機械装置を賃借した際に支出した引取運賃及び据付費は支出時に全額損金経理しており，前期より繰延資産償却超過額65,000円が繰り越されています。

4　当期の12月1日に店舗一室を賃借（契約期間3年）するにあたり権利金900,000円及び仲介手数料200,000円を支出し全額を損金経理しています。なお，その権利金は転売することはできず，更新時には再び権利金等を支払うこととなっています。

5　当期の1月14日に当社名入りの陳列棚（取得価額180,000円，耐用年数8年）を小売店に贈答し，同額を損金経理しています。

6　前期の6月10日にノウハウの頭金450,000円を支出し，その全額を損金経理したため償却超過額375,000円が前期より繰り越されています。なお，償却期間は5年とします。

〈解　説〉

1　株式交付費は会計上の繰延資産であり，税務上は任意償却が認められています。したがって，会社が損金経理した金額500,000円が償却限度額となるため税務調整は生じません。

2　同業者団体の加入金450,000円（構成員としての地位を他に譲渡することができるものを除きます。）については償却期間5年で均等償却を行う必要がありますが，年会費60,000円については繰延資産には該当しません。

3　繰延資産の支出の対象となった契約が解約されていますので，当期において税務上の未償却残高65,000円については損金の額に算入することになります。なお，別表十六（六）の記載は不要です。

　→　繰延資産償却超過額認容 65,000円（別表四 減算・留保）

4　借家権利金900,000円については，次の年数により償却を行います。

　①　5年

　②　3年（賃借期間）

　③　①＞②　∴　3年（短い方）

　なお，仲介手数料200,000円については繰延資産として処理せずに当期の損金の額に算入することができます。

5　広告宣伝用資産の贈答費用については原則として耐用年数を基礎に繰延資産として償却する必要がありますが，本設例の場合には支出した金額が20万円未満であり，かつ，その全額を損金経理していることから，その全額を当期の損金とすることができます。

6　ノウハウの頭金450,000円は，前期にその全額を損金経理したため，前期の償却限度額75,000円（450,000円×10／60）を超える375,000円は償却超過額として損金不算入の税務調整が行われています。したがって，当期においては帳簿上特段の経理処理は行われませんが，繰越償却超過額の範囲内で当期の償却限度額90,000円（450,000円×12／60）を認容（別表四　減算・留保）します。

繰延資産の償却額の計算に関する明細書

事 業 年 度	5 · 4 · 1 6 · 3 · 31	法人名	株式会社M社

別表十六(六)

Ⅰ 均等償却を行う繰延資産の償却額の計算に関する明細書

繰 延 資 産 の 種 類	1	同業者団体 加入金	建物賃借 権利金	ノウハウ の頭金		合 計
支 出 し た 年 月	2	令5・10	令5・12	令4・6		
支 出 し た 金 額	3	450,000 円	900,000 円	450,000 円	円	1,800,000 円
償 却 期 間 の 月 数	4	60 月	36 月	60 月	月	月
当期の期間のうちに含まれる償却期間の月数	5	6	4	12		
当期分の普通償却限度額 (3)×(5)/(4)	6	45,000 円	100,000 円	90,000 円	円	235,000 円
租 税 特 別 措 置 法 適 用 条 項	7	(条 項)	(条 項)	(条 項)	(条 項)	(条 項)
特 別 償 却 限 度 額	8	外 円	外 円	外 円	外 円	外 円
前期から繰り越した特別償却不足額又は合併等特別償却不足額	9					
合 計 (6)+(8)+(9)	10					
当 期 償 却 額	11	450,000	900,000	0		1,350,000
差引 償 却 不 足 額 (10)-(11)	12			90,000		90,000
差引 償 却 超 過 額 (11)-(10)	13	405,000	800,000			1,205,000
償却超過額 前 期 か ら の 繰 越 額	14			375,000		375,000
償却超過額 同上のうち当期損金認容額 ((12)と(14)のうち少ない金額)	15			90,000		90,000
償却超過額 差引合計翌期への繰越額 (13)+(14)-(15)	16	405,000	800,000	285,000		1,490,000
特別償却不足額 翌期に繰り越すべき特別償却不足額 ((12)と((8)+(9))のうち少ない金額)	17					
特別償却不足額 当期において切り捨てる特別償却不足額又は合併等特別償却不足額	18					
特別償却不足額 差引翌期への繰越額 (17)-(18)	19					
翌越期への額の内訳	20	· ·				
翌越期への額の内訳 当 期 分 不 足 額	21					
適格組織再編成により引き継ぐべき合併等特別償却不足額 ((12)と(8)のうち少ない金額)	22					

別表四「繰延資産償却超過額(加算・留保)」へ

別表四「繰延資産償却超過額認容(減算・留保)」へ

Ⅱ 一時償却が認められる繰延資産の償却額の計算に関する明細書

繰 延 資 産 の 種 類	23	株式交付費				合 計
支 出 し た 金 額	24	1,500,000 円	円	円	円	1,500,000 円
前 期 ま で に 償 却 し た 金 額	25					
当 期 償 却 額	26	500,000				500,000
期 末 現 在 の 帳 簿 価 額	27	1,000,000				1,000,000

別表十六（七） 少額減価償却資産の取得価額の損金算入の特例に関する明細書

I　制度の概要

　青色申告書を提出する中小企業者等が，平成18年4月1日から令和6年3月31日までの間に取得等し事業の用に供した減価償却資産で，取得価額が30万円未満であるもの（以下「特例少額減価償却資産」といいます。）につき，その取得価額に相当する金額をその事業供用年度において損金経理をしたときは，300万円までは，取得価額に相当する金額をその事業年度の損金の額に算入することができます（措法67の5）。

II　本制度と会計処理との関係

　本制度は，特例少額減価償却資産の取得価額に相当する金額をその事業供用年度における確定した決算において，損金経理している場合に適用があります。

III　適用対象法人及び適用期限

　適用対象となる法人は，中小企業者（適用除外事業者を除きます。）又は農業協同組合等で青色申告書を提出しているもので常時使用する従業員の数が500人以下のもの（通算法人を除きます。）とされます（措法42の4⑲七，67の5①，措令27の4⑰，39の28）。

　適用は令和6年3月31日までの間に取得し，又は製作し，若しくは建設し，かつ事業の用に供したものに限ります（措法67の5①）。

1　中小企業者又は農業組合等

　適用対象となる法人は，通算法人を除く中小企業者又は農業組合等で青色申告書を提出している法人です。

　なお，中小企業者とは，次に掲げる法人をいいます（措法42の4⑲七，措令27の4⑰）。

　この場合において，事業年度の中途において中小企業者に該当しないこととなったときでも，その該当しないこととなった日前に取得等して事業の用に供した特例少額減価償却資産については本制度の適用を受けることができます（措通67の5-1）。

(a)　資本金の額若しくは出資金の額が1億円以下の法人のうち次に掲げる法人以外の法人（措令27の4⑰）

　ⓐ　その発行済株式又は出資の総数又は総額の2分の1以上が同一の大規模法人（注1）の所有に属している法人

　ⓑ　その発行済株式又は出資の総数又は総額の3分の2以上が大規模法人（注1）の所有に属している法人

（注１）　資本金の額若しくは出資金の額が１億円を超える法人，大法人との間にその大法人[注2]による完全支配関係がある法人，完全支配関係がある全ての大法人が有する株式及び出資の全部をその全ての大法人のうちいずれか一の法人が有するものとみなした場合においてそのいずれか一の法人による完全支配関係がある法人又は資本若しくは出資を有しない法人のうち常時使用する従業員の数が1,000人を超える法人をいい，中小企業投資育成株式会社を除きます。

（注２）　大法人とは以下の法人をいいます。
- ・資本金の額又は出資金の額が５億円以上である法人
- ・保険業法に規定する相互会社及び外国相互会社のうち，常時使用する従業員の数が1,000人を超える法人
- ・受託法人
- ・100％グループ内の複数の大法人に発行済株式又は出資の総数又は総額の全部を保有されている法人

(b)　**資本若しくは出資を有しない法人のうち常時使用する従業員の数が1,000人以下の法人**（措令27の４⑰）

② **適用除外事業者**

中小企業者等のうち「適用除外事業者」に該当するものの事業年度においては，この制度を適用することができません（措法67の５①）。

「適用除外事業者」とはその事業年度開始の日前３年以内に終了した各事業年度（以下②において，「基準年度」といいます。）の所得の金額の合計額を各基準年度の月数の合計数で除し，これに12を乗じて計算した金額が15億円を超える法人をいいます（措法42の４⑲八）。

③ **従業員500人以下**

上記①に該当する中小企業者又は農業組合等であっても常時使用する従業員の数が500人以下でなければこの制度を適用することができません（措令39の28）。

Ⅳ　対象設備の範囲

1　対象設備

対象設備は，減価償却資産で取得価額が30万円未満のものとされます。しかし，次に掲げる規定の適用を受けるものは除かれます（措法67の５①，措令39の28②）。

- (1)　取得価額が10万円未満であるもの（措法67の５①）
- (2)　特別償却等に関する複数の規定の不適用の規定（措法53①各号）
- (3)　少額減価償却資産の取得価額の損金算入の規定（法令133）
- (4)　一括償却資産の損金算入の規定（法令133の２）
- (5)　農用地等を取得した場合の課税の特例などの一定の規定（措法61の３①，64①など）
- (6)　貸付け（主要な事業として行われるものを除きます。）の用に供されるもの（措令39の28②）

2　取得価額の判定単位

取得価額が30万円未満であるかどうかは，通常一単位として取引されるその単位，例えば，機械及び装置については１台又は１基ごとに，工具，器具及び備品については１個，１組又は１そろいごとに判定し，構築物のうち，例えば，枕木，電柱等単体では機能を発揮できないものについては一の工

事等ごとに判定します（措通67の5－2）。

3　資本的支出との関係

　内国法人が有する減価償却資産について，平成19年4月1日以後に資本的支出を行った場合には，その資本的支出はその有する減価償却資産と種類及び耐用年数を同じくする減価償却資産を新たに取得したものとされます（法令55①）。

　この新たに取得したものとされる資本的支出は，既存の減価償却資産についての改良，改造等のための支出であることから，原則として，本制度の適用はありません。しかし，資本的支出の内容が，規模の拡張である場合や単独資産としての機能の付加である場合など，実質的に新たな資産を取得したと認められる場合には，その資本的支出について本制度を適用することができます（措通67の5－3）。

4　所有権移転外リース取引との関係

　平成20年4月1日以後に締結される所有権移転外リース取引については，リース資産の引渡し時にそのリース資産の売買があったものとされます（法法64の2）。この売買があったものとされる所有権移転外リース取引について，賃借人が取得したとされるリース資産については，本制度を適用することができます。

V　損金算入限度額

　その事業年度において損金経理した特例少額減価償却資産の取得価額の合計額が300万円を超える場合は，その取得価額の合計額のうち300万円に達するまでの取得価額の合計額を限度として，その事業年度の損金の額に算入されることとなります。なお，下記〈損金算入限度額〉で示すとおり，1つの特例少額減価償却資産について，部分的に本制度の適用を受けることはできません。

〈損金算入限度額〉

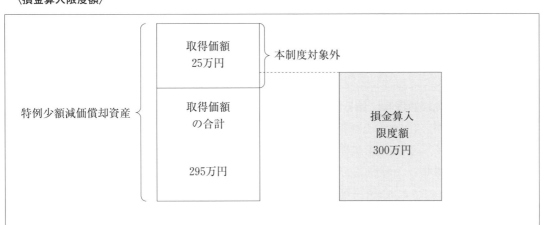

　上図の取得価額25万円の特例少額減価償却資産については，5万円部分が本制度の対象になるわけではなく，25万円全額が本制度の対象外となり，通常の減価償却を行うこととされます。
　また，どの特例少額減価償却資産について本制度を適用させるかは，その会社の任意となります。

なお，事業年度が１年に満たない場合には，300万円を12で除し，これにその事業年度の月数を乗じて計算した金額が損金算入限度額となります。この場合，月数は暦に従って計算し，１月に満たない端数を生じたときは，これを１月とします（措法67の５①②）。

Ⅵ　申告要件

　本制度は，確定申告書等に本制度の適用を受ける「少額減価償却資産の取得価額の損金算入の特例に関する明細書」の添付（別表十六（七））がある場合に限り，適用することができます（措法67の５③）。

Ⅶ　別表十六（七）の記入上の留意点

1　この明細書は，事業の用に供した特例少額減価償却資産で，本制度の適用を受ける場合に記入します。
2　「種類⑴」，「構造⑵」及び「細目⑶」の欄については，耐用年数省令別表第一から別表第六までに定める種類，構造及び細目に従って記載しますが，機械及び装置については，耐用年数省令別表第二の番号を「構造⑵」に記載します。
3　「当期の少額減価償却資産の取得価額の合計額　⑻」欄の金額については，300万円（当期が１年に満たない場合には，300万円を12で除し，これに当期の月数を乗じて計算した金額）が限度となります。

Ⅷ　実務上の留意点

　地方税における償却資産税においては，少額減価償却資産（法令133）及び一括償却資産（法令133の２）は課税客体としない旨が規定されています（地法341四，地令49）。しかし，「中小企業者等の少額減価償却資産の取得価額の損金算入の特例（措法67の５）」を選択した場合の特例償却資産については，この規定の適用はないため，会社経理においては取得価額相当額が費用に計上されますが，地方税法における償却資産税の課税対象とされますので留意が必要です。

〔コラム：認定先端設備等に係る償却資産税の特例措置〕
　中小企業者等が，生産性向上特別措置法施行日（平成30年６月６日）から令和５年３月31日までの期間において，認定先端設備等導入計画に従って取得等した先端設備等に対して課される固定資産税の課税標準をゼロ以上２分の１以下にする特例措置が，期限をもって廃止されました。その措置に代わって，エネルギー等を中心としたコストプッシュ型の物価上昇等の現下の経済情勢を踏まえ，中小事業者等の生産性の向上や賃上げの促進を図ることを目的に，令和５年度以降を対象に，中小事業者等の償却資産の導入に係る新たな特例措置が創設されました（地法附則15㊺）。
　具体的には，中小企業等経営強化法に規定する市町村の導入促進基本計画に適合し，かつ，労

働生産性を年平均３％以上向上させるものとして認定を受けた中小事業者等の先端設備等導入計画に記載された一定の機械・装置等（今回，構築物・事業用家屋は対象から除外）であって，生産・販売活動等の用に直接供されるものに係る固定資産税について，課税標準を最初の３年間，価格の２分の１とする特例措置を令和５年４月１日から令和７年３月31日まで講じることとされました。

　特に，先端設備等導入計画に賃上げ目標を盛り込んだ場合には，最初の５年間（令和６年４月１日から令和７年３月31日までの間に取得されるものは最初の４年間），価格の３分の１とすることとされています。なお，対象となる機械装置等について，生産性革命の実現に向けた償却資産に係る特例措置においては，旧モデル比で生産性が年平均１％以上向上するものであることが要件の１つとされていましたが，真に生産性の向上に直結するものに対象を限定するという観点で，当該要件については，今回の特例措置においては，年平均の投資利益率が５％以上となることが見込まれる投資計画に記載されたものとされました。

　概要は次のとおりです。

対象者	資本金１億円以下の法人，従業員数1,000人以下の個人事業主等のうち，先端設備等導入計画の認定を受けた者（大企業の子会社等を除く）。
対象設備(※１)	認定経営革新等支援機関の確認を受けた投資利益率５％以上の投資計画に記載された①から④の設備 【減価償却資産の種類ごとの要件（最低取得価格）】 　①　機械装置（160万円以上） 　②　測定工具及び検査工具（30万円以上） 　③　器具備品（30万円以上） 　④　建物附属設備(※２)（60万円以上）
その他要件	・生産，販売活動等の用に直接供されるものであること ・中古資産でないこと
特例措置	固定資産税の課税標準を３年間に限り，１／２に軽減。 さらに，賃上げ方針を計画内に位置付けて従業員に表明した場合は，以下の期間に限り，課税標準を１／３に軽減。 ・令和６年３月31日までに取得した設備：５年間 ・令和７年３月31日までに取得した設備：４年間

※１　市町村によって異なる場合あり　　※２　家屋と一体となって効果を果たすものを除く

IX　設例による個別検討

《設例１》30万円未満の減価償却資産を取得等した場合

　次の資料に基づき，株式会社Ｍ社の当期（令和５年４月１日から令和６年３月31日）の別表十六（七）「少額減価償却資産の取得価額の損金算入の特例に関する明細書」の記載はどのようになりますか。なお，株式会社Ｍ社（資本金1,000万円の青色申告法人であり，常時使用する従業員の数が500人以下の中小企業者等に該当します。）は，当期において次に掲げる資産を取得しています。また，株式会社Ｍ社は資産の貸付けを主要な事業として行っていません。

1 取得資産の明細

種 類	取得価額	当期損金経理額	法定耐用年数 （償却率）
器具備品a	295,000円	295,000円	4 年 （0.500）
器具備品b	225,000円	225,000円	5 年 （0.400）
器具備品c	210,000円	210,000円	8 年 （0.250）
器具備品d	180,000円	180,000円	5 年 （0.400）
器具備品e	220,000円	220,000円	5 年 （0.400）

2 器具備品a（電子計算機でサーバー用以外）は，当期の9月10日に取得し事業供用しています。

3 器具備品b（美容機器）は，当期の11月14日に取得し事業供用しています。

4 器具備品c（室内装飾品で非金属製）は，当期の12月11日に取得し事業供用しています。

5 器具備品d（テレビジョン）は，当期の3月3日に取得し事業供用しています。なお，この器具備品dは，一括償却資産の損金算入の規定（法令133の2）の適用を受けることとしています。

6 器具備品e（美容機器）は，当期4月5日に取得し他者への貸付けの用に供されています。

7 当期は，上記の他には300,000円未満の減価償却資産を取得していません。

8 株式会社M社は減価償却の方法について，定率法を選定しています。

〈解　説〉

1 損金算入額（器具備品a・b・c）

(a) 当期損金経理額　295,000円＋225,000円＋210,000円＝730,000円

(b) (a)≦3,000,000円　→　全額損金算入（別表四による税務調整はありません。）

　　器具備品a・b・cについては，取得価額に相当する金額を損金経理しており，本制度の適用を受けようとする資産の取得価額の合計額が3,000,000円を超えていないため，全額損金の額に算入されます。

2 器具備品d

　　器具備品dについては，一括償却資産の損金算入の規定（法令133の2）の適用を受けることとしているため，本制度の適用を受けることはできません。

　　なお，一括償却資産の損金算入額は，次のとおりとなります。

(a) 損金算入限度額　　180,000円 $\times \dfrac{12}{36} = 60,000$円

(b) 当期損金経理額　　180,000円

(c) (b)－(a)＝120,000円（損金算入限度超過）→　別表四（加算・留保）の調整を行います。

　　一括償却資産の損金算入の規定に関する詳細については，別表十六（八）を参照して下さい。

3 器具備品e

　　器具備品eについては，貸付けの用に供されるものであり，本制度の適用を受けることができません（措法67の5①，措令39の28②）。したがって，定率法により償却限度額を算定します。

(a) 償却限度額　　220,000円 $\times 0.400 \times \dfrac{12}{12} = 88,000$円

(b) 当期損金経理額　　220,000円

(c) (b)－(a)＝132,000円（減価償却の償却超過額）→　別表四(6)（加算・留保）の調整を行います。

《設例1》による記入例

少額減価償却資産の取得価額の損金算入の特例に関する明細書			事業年度	5・4・1 6・3・31	法人名	株式会社M社		別表十六(七)

資産区分	種　　　類	1	器具及び備品	器具及び備品	器具及び備品		
	構　　　造	2	事　務　機　器	美　容　機　器	家　　　　　具		
	細　　　目	3	電子計算機		室内装飾品		
	事業の用に供した年月	4	令和5.9	令和5.11	令和5.12		
取得価額	取得価額又は製作価額	5	円 295,000	円 225,000	円 210,000	円	円
	法人税法上の圧縮記帳による積立金計上額	6	0	0	0		
	差引改定取得価額　(5)-(6)	7	295,000	225,000	210,000		

資産区分	種　　　類	1					
	構　　　造	2					
	細　　　目	3					
	事業の用に供した年月	4					
取得価額	取得価額又は製作価額	5	円	円	円	円	円
	法人税法上の圧縮記帳による積立金計上額	6					
	差引改定取得価額　(5)-(6)	7					

資産区分	種　　　類	1					
	構　　　造	2					
	細　　　目	3					
	事業の用に供した年月	4					
取得価額	取得価額又は製作価額	5	円	円	円	円	円
	法人税法上の圧縮記帳による積立金計上額	6					
	差引改定取得価額　(5)-(6)	7					

当期の少額減価償却資産の取得価額の合計額 ((7)の計)	8	円 730,000

《設例2》損金算入限度額を超える場合

　次の資料に基づき，株式会社M社の当期（令和5年4月1日から令和6年3月31日）の別表十六（七）「少額減価償却資産の取得価額の損金算入の特例に関する明細書」の記載はどのようになりますか。なお，株式会社M社（資本金1,000万円の青色申告法人であり，常時使用する従業員の数が500人以下の中小企業者等に該当します。）は，当期において次に掲げる資産を取得しています。

1　取得資産の明細

種　類	取得価額	当期損金経理額	法定耐用年数（償却率）
器具備品a	252,000円	252,000円	8年（0.250）
器具備品b	260,000円	260,000円	6年（0.333）
器具備品c　9台	2,520,000円（@280,000円）	2,520,000円	8年（0.250）

2　器具備品a（応接セット）は，当期の7月1日に取得し事業供用しています。
3　器具備品b（冷房用機器）は，当期の9月9日に取得し事業供用しています。
4　器具備品c（陳列だな）は，当期の12月1日に取得し事業供用しています。
5　M社は，本制度の適用にあたって，取得価額の合計額が300万円を超える場合は，法定耐用年数の長い資産から本制度を適用していくこととしています。
6　株式会社M社は減価償却の方法について，定率法を選定しています。

〈解　説〉

損金不算入額

(a)　当期損金経理額　252,000円＋260,000円＋2,520,000円＝3,032,000円

(b)　(a)＞3,000,000円　→　取得価額の合計額が300万円超であるため，どの資産について本制度を適用させるか選択が必要となります。

　この設例では，法定耐用年数の長い資産から本制度を適用させることとしているので，器具備品bを本制度の適用から除外します（この場合，器具備品bについては，減価償却を通じて税務調整が必要となります。）。

　3,032,000円－260,000円＝2,772,000円≦3,000,000円

〈留意点〉

　その事業年度において，損金経理した特例少額減価償却資産の取得価額の合計額が300万円を超える場合は，その取得価額の合計額のうち300万円に達するまでの取得価額の合計額を限度として，その事業年度の損金の額に算入されます。

　どの特例少額減価償却資産について，本制度を適用させるかは会社の任意となりますが，法定耐用年数の長短や取得価額の大小をもとに選択するのが一般的です。

　この設例では，器具備品bについて，本制度の適用から除外した場合の別表十六（七）の記載を示すこととします。

《設例2》による記入例

少額減価償却資産の取得価額の損金算入の特例に関する明細書		事業年度	5・4・1 6・3・31	法人名	株式会社M社			別表十六(七)

資産区分	種　類	1	器具及び備品	器具及び備品	器具及び備品	器具及び備品	器具及び備品
	構　造	2	家　具	家　具	家　具	家　具	家　具
	細　目	3	応接セット	陳列だな	陳列だな	陳列だな	陳列だな
	事業の用に供した年月	4	令和5.7	令和5.12	令和5.12	令和5.12	令和5.12
取得価額	取得価額又は製作価額	5	円 252,000	円 280,000	円 280,000	円 280,000	円 280,000
	法人税法上の圧縮記帳による積立金計上額	6	0	0	0	0	0
	差引改定取得価額　(5)-(6)	7	252,000	280,000	280,000	280,000	280,000

資産区分	種　類	1	器具及び備品	器具及び備品	器具及び備品	器具及び備品	器具及び備品
	構　造	2	家　具	家　具	家　具	家　具	家　具
	細　目	3	陳列だな	陳列だな	陳列だな	陳列だな	陳列だな
	事業の用に供した年月	4	令和5.12	令和5.12	令和5.12	令和5.12	令和5.12
取得価額	取得価額又は製作価額	5	円 280,000	円 280,000	円 280,000	円 280,000	円 280,000
	法人税法上の圧縮記帳による積立金計上額	6	0	0	0	0	0
	差引改定取得価額　(5)-(6)	7	280,000	280,000	280,000	280,000	280,000

資産区分	種　類	1					
	構　造	2					
	細　目	3					
	事業の用に供した年月	4					
取得価額	取得価額又は製作価額	5	円	円	円	円	円
	法人税法上の圧縮記帳による積立金計上額	6					
	差引改定取得価額　(5)-(6)	7					

当期の少額減価償却資産の取得価額の合計額 ((7)の計)	8	円 2,772,000

別表十六（八）　一括償却資産の損金算入に関する明細書

Ⅰ　制度の概要

　内国法人が各事業年度において，減価償却資産で取得価額が20万円未満（国外リース資産及びリース資産並びに少額減価償却資産の取得価額の損金算入の適用を受けるものを除きます。）であるものを事業の用に供した場合において，その資産（貸付け（主要な事業として行われるものを除きます。）の用に供したものを除きます。）の全部又は特定の一部を一括したもの（以下「一括償却資産」といいます。）の取得価額の合計額を，その事業年度以後の各事業年度の費用の額又は損失の額とする方法を選定したときは，その一括償却資産の全部又は一部につき損金経理をした金額のうち，損金算入限度額（原則として，取得価額の３分の１ずつ）に達するまでの金額を損金の額に算入することとされています（法令133の２）。

Ⅱ　本制度と会計処理の関係

　法人税法上，一括償却資産の損金算入の規定の適用を受けようとする場合は，確定した決算において，損金算入限度額相当額を損金経理する必要があります。

　なお，一括償却資産については，取得価額相当額を一旦資産計上した後に損金算入限度額相当額を損金経理する方法と，資産取得時に全額消耗品費等として損金経理し損金算入限度額を超える部分の金額を別表四において損金不算入の申告調整を行う方法との２つがあります。

Ⅲ　適用要件

　この規定は，事業の用に供した日の属する事業年度の確定申告書等に，その一括償却資産の取得価額の合計額の記載があり，かつ，その計算に関する書類を保存している場合に限り，適用されます（法令133の２⑪）。

　また，一括償却資産につき損金経理した金額がある場合には，損金の額に算入される金額の計算に関する明細書（別表十六（八））を確定申告書等に添付しなければなりません（法令133の２⑫）。

Ⅳ　損金算入限度額

1　損金算入限度額の計算

　一括償却資産について，その事業年度以後の各事業年度の損金の額に算入する金額は，その一括償却資産の全部又は一部につき損金経理をした金額のうち，「損金算入限度額」に達するまでの金額と

なります。

$$損金算入限度額　＝　一括償却資産の取得価額の合計額　×　\frac{その事業年度の月数^{(注)}}{36}$$

　　（注）月数は暦に従って計算し，1月未満の端数は1月とします（法令133の2⑥）。

2　滅失等があった場合

　一括償却資産について，その全部又は一部について滅失・除却又は譲渡等の事実が生じた場合であっても，損金の額に算入される金額は，損金算入限度額までとされています（法基通7-1-13）。

V　損金算入限度超過額

　会社の損金経理額が損金算入限度額を超えている場合には，通常の減価償却と同様に，その超える部分（以下「損金算入限度超過額」といいます。）については損金不算入となり，別表四で加算・留保の調整を行うこととなります。逆に，損金算入限度額より少なく損金経理している場合には，損金経理額が不足（損金算入不足）となりますが法人税の申告上は特に調整はありません。

　損金算入限度超過額についても，通常の減価償却と同様に，その事業年度後の各事業年度において，「損金経理した金額」に含まれることとなりますので，損金算入不足となったときに，損金算入限度超過額のうち損金算入限度額に達するまでの金額について別表四で減算・留保（認容）の調整を行うこととなります（下図参照）。

〈損金算入限度超過額が生じている場合〉

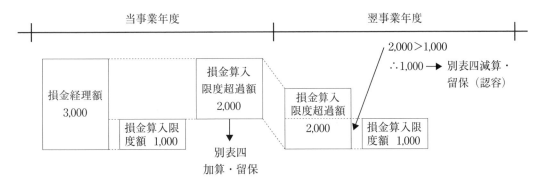

VI　対象資産

　減価償却資産で取得価額が20万円未満であるもの（国外リース資産及びリース資産並びに少額減価償却資産の取得価額の損金算入の適用を受けるものを除きます。）を事業の用に供した場合に対象となりますが，貸付け（主要な事業として行われるものを除きます。）の用に供したものは除きます（法令133の2①）。

　取得価額が20万円未満かどうかの判定は，通常1単位として取引されるその単位，たとえば，機械装置については1台又は1基ごとに，工具器具備品については1個，1組又は1そろいごとに判定することとなります（法基通7-1-11）。

Ⅶ 他規定との関係

1 少額減価償却資産及び特例少額減価償却資産との関係
少額減価償却資産（法令133）及び特例少額減価償却資産（措法67の5①）との関係については，別表十六（七）Ⅳを参照して下さい。

2 所有権移転外リース取引との関係
平成20年4月1日以後に締結される所有権移転外リース取引については，リース資産の引渡しの時にそのリース資産の売買があったものとされます（法法64の2）。この売買があったものとされる所有権移転外リース取引について，賃借人が取得したとされるリース資産については，本制度を適用することはできません。

Ⅷ 別表十六（八）の記入上の留意点

1 添付する明細書には，一括償却資産の適用を受けた又は受ける事業年度ごとに，別の行に必要事項を記載します。
2 「同上の事業年度において事業の用に供した一括償却資産の取得価額の合計額 (2)」には，それぞれの事業年度ごとの一括償却資産の取得価額の合計額を記載することとなりますので，資産の種類等ごとに区別する必要はありません。

Ⅸ 設例による個別検討

《設例1》一括償却資産の計算（ケース1）

次の資料に基づき，株式会社M社の当期の別表十六（八）「一括償却資産の損金算入に関する明細書」の記載はどのようになりますか。なお，株式会社M社（資本金2億円の青色申告法人）は，当期（令和5年4月1日から令和6年3月31日）において，次に掲げる資産を取得しています。また，株式会社M社は資産の貸付けを主要な事業として行っていません。

1 取得資産の明細

種類	取得価額	会社上期首帳簿価額	当期損金経理額	法定耐用年数（償却率）
器具備品a（応接セット）	120,000円	－	120,000円	8年（0.250）
器具備品b（事務机）	130,000円	－	130,000円	8年（0.250）
器具備品c（じゅうたん）	110,000円	－	110,000円	6年（0.333）
器具備品d（貸付用）	190,000円	－	190,000円	4年（0.500）

2　上記資産 a ～ c は，当期の 5 月22日に取得・事業供用し，上記資産 d は，当期の 4 月 5 日に取得し貸付けの用に供し，すべて取得価額の全額を消耗品費として費用計上しています。

3　上記資産の他，前期の 1 月24日に器具備品 e を取得（取得価額180,000円）しており，当期末現在も保有しています。この器具備品 e は，前期において一括償却資産として取得価額の全額を損金経理したため，「損金算入限度超過額　120,000円」が生じています。

4　株式会社M社は減価償却の方法について，定率法を選定しています。

〈解　説〉〔損金算入限度額の計算〕

1　当期取得分（器具備品 a・b・c）
(a)　損金算入限度額　（120,000円＋130,000円＋110,000円）$\times \dfrac{12}{36}=120,000$円
(b)　当期損金経理額　　360,000円
(c)　(b)－(a)＝240,000円（損金算入限度超過　→　別表四で加算・留保の調整を行います。）

2　当期減価償却（器具備品 d）
(a)　償却限度額　　190,000円×0.500$\times \dfrac{12}{12}=95,000$円
(b)　当期損金経理額　　190,000円
(c)　(b)－(a)＝95,000円（減価償却の償却超過額　→　別表四(6)で加算・留保の調整を行います。）

3　前期取得分（器具備品 e）
(a)　損金算入限度額　　180,000円$\times \dfrac{12}{36}=60,000$円
(b)　当期損金経理額　　0 円
(c)　(b)－(a)＝△60,000円（損金算入不足）
(d)　認容　　120,000円＞60,000円　　∴60,000円（別表四で減算・留保の調整を行います。）

〈留 意 点〉

　器具備品 d は，貸付けの用に供しているため，一括償却資産の対象とはなりません（法令133の 2 ①）。したがって，定率法により償却限度額を算定します。

　器具備品 e は，前期において損金算入限度超過額が120,000円生じており，当期においては損金算入不足であるため，損金算入限度額に達するまでの金額を別表四で減算・留保の調整を行います。

《設例1》による記入例

一括償却資産の損金算入に関する明細書

			事業年度	5・4・1 6・3・31	法人名	株式会社M社			別表十六(八)

事 業 の 用 に 供 し た 事 業 年 度	1	令4・4・1 令5・3・31	・ ・ ・ ・	・ ・ ・ ・	・ ・ ・ ・	・ ・ ・ ・			(当期分)
同上の事業年度において事業の用に供した一括償却資産の取得価額の合計額	2	円 180,000	円	円	円	円			円 360,000
当 期 の 月 数 (事業の用に供した事業年度の中間申告の場合は、当該事業年度の月数)	3	月 12	月	月	月	月			月 12
当 期 分 の 損 金 算 入 限 度 額 $(2) \times \dfrac{(3)}{36}$	4	円 60,000	円	円	円	円			円 120,000
当 期 損 金 経 理 額	5								360,000
差 引	損 金 算 入 不 足 額 (4) - (5)	6	60,000						
	損 金 算 入 限 度 超 過 額 (5) - (4)	7						240,000	
損金算入限度超過額	前 期 か ら の 繰 越 額	8	120,000						
	同上のうち当期損金認容額 ((6)と(8)のうち少ない金額)	9	60,000						
	翌 期 へ の 繰 越 額 (7) + (8) - (9)	10	60,000					240,000	

別表四（減算・留保）へ

別表四（加算・留保）へ

— 296 —

《設例２》一括償却資産の計算（ケース２）

　次の資料に基づき，株式会社M社の当期の別表十六（八）「一括償却資産の損金算入に関する明細書」の記載はどのようになりますか。なお，株式会社M社（資本金２億円の青色申告法人）は，当期（令和５年４月１日から令和６年３月31日）において，次に掲げる資産を取得しています。

1　取得資産の明細

種類	取得価額	会社上期首帳簿価額	当期損金経理額	法定耐用年数（償却率）
器具備品ａ（キャビネット）	135,000円	－	45,000円	８年（0.250）

2　上記器具備品ａは，当期の２月24日に取得・事業供用し，資産に計上しています。この器具備品ａは，通常の減価償却ではなく，一括償却を選択することとしています。

3　なお，前期に取得した器具備品ｂ（事務いす：取得価額153,000円）について，当期中に破損したため除却しました。この器具備品ｂについては，前期に一括償却資産として取得価額の全額を損金経理していたため，「損金算入限度超過額　102,000円」が生じています。

4　株式会社M社は減価償却の方法について，定率法を選定しています。

〈解　説〉〔損金算入限度額の計算〕

1　当期取得分（器具備品ａ）
　(a)　損金算入限度額　　　　$135,000円 \times \dfrac{12}{36} = 45,000円$
　(b)　当期損金経理額　　　　45,000円
　(c)　(b)−(a)＝0　　　∴　別表四による税務調整はありません。

2　前期取得分（器具備品ｂ）
　(a)　損金算入限度額　　　　$153,000円 \times \dfrac{12}{36} = 51,000円$
　(b)　当期損金経理額　　　　0円
　(c)　(b)−(a)＝△51,000円（損金算入不足）
　(d)　認容　　102,000円＞51,000円　　∴51,000円（別表四で減算・留保の調整を行います。）

〈留意点〉

　器具備品ｂは，当期中に除却しましたが，滅失，除却又は譲渡等の事実が生じた場合であっても，損金の額に算入される金額は，損金算入限度額までとされていますので，51,000円のみが損金の額に算入されます（法基通７−１−13）。つまり，前期から繰り越された損金算入限度超過額102,000円全額を損金の額に算入することはできません。

《設例2》による記入例

一括償却資産の損金算入に関する明細書

			事 業 年 度	5・4・1 6・3・31	法人名	株式会社M社			別表十六(八)

事 業 の 用 に 供 し た 事 業 年 度	1	令4・4・1 令5・3・31	・ ・ ・ ・	・ ・ ・ ・	・ ・ ・ ・	・ ・ ・ ・		(当期分)
同上の事業年度において事業の用に供した一括償却資産の取得価額の合計額	2	円 153,000	円	円	円	円	円 135,000
当 期 の 月 数 (事業の用に供した事業年度の中間申告の場合は、当該事業年度の月数)	3	月 12	月	月	月	月	月 12
当 期 分 の 損 金 算 入 限 度 額 $(2) \times \dfrac{(3)}{36}$	4	円 51,000	円	円	円	円	円 45,000
当 期 損 金 経 理 額	5						45,000
差 引	損 金 算 入 不 足 額 (4) - (5)	6	51,000					
	損 金 算 入 限 度 超 過 額 (5) - (4)	7						
損金算入限度超過額	前 期 か ら の 繰 越 額	8	102,000					
	同上のうち当期損金認容額 ((6)と(8)のうち少ない金額)	9	51,000					
	翌 期 へ の 繰 越 額 (7) + (8) - (9)	10	51,000					

別表四（減算・留保）へ

— 298 —

別表十六（十）　資産に係る控除対象外消費税額等の損金算入に関する明細書

I　控除対象外消費税額等の概要

　法人が消費税等の経理方法として税抜経理方式を採用している場合，基本的には納付すべき消費税額は仮受消費税等から仮払消費税等を控除した金額となりますが，消費税法上その課税期間中の課税売上高が5億円超又は課税売上割合が95％未満であるときは仮払消費税等のうち控除対象とされない部分の税額（「控除対象外消費税額等」といいます。）が発生します。

　これは，消費税法上「課税仕入れ等に係る消費税等の額」として「課税売上げに係る消費税等の額」から控除できるのは課税売上割合に対応した金額に限られるためです。

　そこで法人税法では，この控除対象外消費税額等のうち資産に係るものについては，これを「繰延消費税額等」として資産計上し，5年以上の期間で償却することとされていますが，下記IV 1のフローチャートのとおり，一定の要件に該当する控除対象外消費税額等については一時の損金の額として経理することが認められます（法令139の4）。

II　平成30年度税制改正（令和5年10月1日施行）

1　軽減税率対象の課税仕入れ等に係る控除対象外消費税額等の計算における地方消費税の額に相当する金額の改正（法令139の4⑥）

　消費税の軽減税率制度が導入されること等に伴い，課税仕入れ等が軽減税率の対象資産の譲渡等及び保税地域から引き取る軽減税率の対象課税貨物に係るものである場合の控除対象外消費税額等の計算における地方消費税の額に相当する金額について，地方消費税を税率が1.76％（本則税率：2.2％）の消費税であると仮定して消費税に関する法令の規定の例により計算した金額とされました。

2　適用関係及び経過措置

1　上記1の改正は，法人が令和5年10月1日以後に行う課税仕入れ及び法人が同日以後に保税地域から引き取る課税貨物について適用し，法人が同日前に行った課税仕入れ及び法人が同日前に保税地域から引き取った課税貨物については，従前どおりとされています（平成30年改正法令附則14①）。

2　法人が令和元年10月1日から令和5年9月30日までの間に行う課税仕入れ及び法人が令和元年10月1日から令和5年9月30日までの間に保税地域から引き取る課税貨物が元年軽減対象資産の譲渡等及び元年軽減対象課税貨物に係るものである場合の控除対象外消費税額等の計算における地方消費税の額に相当する金額について，地方消費税を税率が1.76％（本則税率：2.2％）の消費税であると仮定して消費税に関する法令の規定の例により計算した金額とする所要の読替え規定が設けられています（平成30年改正法令附則14②）。

（注）　「元年軽減対象資産の譲渡等」及び「元年軽減対象課税貨物」とは，平成28年改正法附則第34条第1項に規定する元年軽減対象資産の譲渡等及び保税地域から引き取られる課税貨物のうち同項第1号に規定する飲食料品に該当するもので，消費税の軽減税率6.24％が適用されるものをいいます。

③　消費税法の適格請求書等保存方式（インボイス制度）の導入に伴うインボイス発行事業者以外の者（免税事業者）から行う課税仕入れに係る税額控除に関する経過措置（平成28年改正法附則52，53）に対応して，本制度について所要の経過措置が設けられています。具体的には，法人の課税仕入れが，令和5年10月1日から令和11年9月30日までの間にインボイス発行事業者以外の者から行ったものである場合の控除対象外消費税額等の計算をする場合におけるその課税仕入れの支払対価の額に係る消費税額相当額について，消費税法本則の適用があるものとした場合における課税仕入れ等の税額に対し，令和5年10月1日から令和8年9月30日までの間は80％を，令和8年10月1日から令和11年9月30日までの間は50％を，それぞれ乗じた額として計算する所要の読替え規定が設けられています（改正法令附則14③④）。この場合において，課税仕入れが「26年経過措置資産の譲渡等」及び「元年経過措置資産の譲渡等」に係るものであるときは，地方消費税に相当する金額は，地方消費税を，消費税率及び地方消費税率の引上げの際の経過措置税率（1％，1.7％）の消費税であると仮定して，仕入控除割合（80％，50％）を乗じて計算することとされています。

（注1）　「26年経過措置資産の譲渡等」とは，旅客運賃等の税率等に関して設けられている課税資産の譲渡等に係る消費税額を算出する割合である108分の6.3を105分の4とする平成26年4月1日の税率引上げに係る経過措置の対象となる課税資産の譲渡等をいい，「元年経過措置資産の譲渡等」とは，その割合である110分の7.8を108分の6.3とする令和元年10月1日の税率引上げに係る経過措置の対象となる課税資産の譲渡等をいいます（平成30年改正消令附則7②③）。すなわち，支払対価の額の110分の10相当額（軽減対象資産の譲渡等に係るものである場合又は元年経過措置資産の譲渡等に係るものである場合には108分の8相当額，26年経過措置資産の譲渡等に係るものである場合には105分の5相当額）に80％又は50％を乗じた金額を仮払消費税額等として，この仮払消費税額等を基礎に控除対象外消費税額等を計算することになります。

（注2）　仮にインボイス発行事業者以外の者から行った課税仕入れの支払対価の額のうち110分の10相当額（軽減対象資産の譲渡等に係るものである場合又は元年経過措置資産の譲渡等に係るものである場合には108分の8相当額，26年経過措置資産の譲渡等に係るものである場合には105分の5相当額）を仮払消費税額等として経理した場合（80％又は50％を乗じなかった場合）においても，これに80％又は50％を乗じて計算した金額が仮払消費税額等として取り扱われます。

（注3）　上記のほか，平成26年4月1日及び令和元年10月1日の地方消費税の額に相当する金額を計算する場合の消費税相当割合の引上げに係る経過措置について，経過措置の対象を令和5年10月1日以後に行う課税仕入れについては消費税法第30条の適用があるもの，すなわちインボイス発行事業者から行う課税仕入れに限定することとする整備が行われています（地方税法施行令の一部を改正する政令（平成25年政令第54号）附則10，地方税法施行令の一部を改正する政令（平成26年政令第316号）附則11）。したがって，令和5年10月1日以後にインボイス発行事業者以外の者から行う課税仕入れについては，上記の読替え規定（改正法令附則14③④）により読み替えられた法人税法施行令本則（第139条の4）が適用されます。

Ⅲ　本制度と会計処理との関係

本制度が適用されるのは，会計処理において消費税の税抜経理方式を適用している場合のみとなり

ます。その場合に下記Ⅳ1のフローチャートにあるように，会社の確定した決算においてその控除対象外消費税額等を損金経理していることを要件として，一定の場合を除いて（下記Ⅳ1のフローチャートの網掛け部分）税法上も損金算入が認められます。

Ⅳ　繰延消費税額等の計算方法

1　控除対象外消費税額等の取扱い

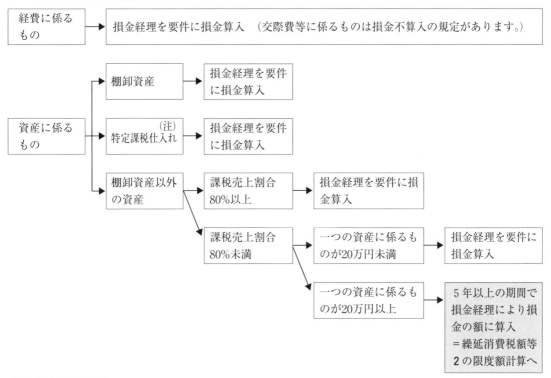

（注）特定課税仕入れ
　　課税仕入れのうち事業として他の者から受けた「事業者向け電気通信利用役務の提供」をいいます。

2　限度額の計算方法

　上記1のフローチャートの網掛け部分については，繰延消費税額等として，その控除対象外消費税額等を60ヶ月に分割し，その事業年度の月数に相当する額を損金の額に算入します。

　ただし購入事業年度はその2分の1が損金の額となります。

1 　繰延消費税額等が生じた事業年度（全額を費用処理する場合）

（a）損金算入限度額　　　→別表十六（十）の当期分(2)欄

$$繰延消費税額等 \times \frac{当期の月数}{60} \times \frac{1}{2}$$

（b）損金不算入額　　　→別表十六（十）の当期分(5)欄

　　繰延消費税額等－(a)損金算入限度額　＝繰延消費税額等損金算入限度超過額

　　　　　　　　　→別表四　加算・留保　へ

→別表五（一）　繰延消費税額等の欄の当期の増③へ

② **繰延消費税額等が生じた事業年度後の事業年度**

(a)　損金算入限度額　　　→別表十六（十）の該当発生事業年度分(2)欄

$$繰延消費税額等 \times \frac{当期の月数}{60}$$

(b)　損金算入額

ⓐ　(a)損金算入限度額　　→別表十六（十）の該当発生事業年度分(2)欄

ⓑ　繰延消費税額等　－　既に損金に算入された金額

ⓒ　ⓐとⓑのいずれか少ない金額＝繰延消費税額等損金算入限度超過額認容

→　別表四　減算・留保　へ

→　別表五（一）「繰延消費税額等」の欄の当期の減②へ

V　記入上の留意点

1　法人が資産に係る消費税等の経理方法について税込経理方式を適用している場合には，課税期間中の取引は消費税額を含んでいるため，当別表の調整は必要ありません。

2　交際費等に係る仮払消費税等のうち控除対象外消費税額等については，経費分として勘定科目は雑損失等となると思われますが，何らかの形で費用化されますので税務上は交際費等として把握し，交際費等の損金不算入の計算が必要になります（《設例2》を参照して下さい。）。

3　別表十六（十）の下段について

⑽には当期における課税仕入れ等に係る消費税額等を記入し，⑿には⑾のうち資産に係るものの金額（⑾の金額から経費に係るものを控除した金額となります。）を記入します。この⑿の金額のうち会社が損金経理した金額を⒁に記入して，そこから課税売上割合が80％以上であれば⒂に⒁の金額を記入し，80％未満であれば⒁の金額のうち，会社が損金経理していれば損金算入が認められる棚卸資産に係るもの⒃，20万円未満のもの⒅を記入します。

この結果⒆で当期の繰延消費税額等が計算され，上段の(1)の当期分の欄へ転記します。

VI　設例による個別検討

> **《設例1》通常の場合**
>
> 次の資料に基づき，当期（令和5年4月1日から令和6年3月31日）における別表十六（十）「資産に係る控除対象外消費税額等の損金算入に関する明細書」の記載はどのようになりますか。
>
> 1　株式会社M社は，消費税等の経理方法として税抜経理を採用しており，当期の課税売上げ等の状況は以下のとおりです。
>
> | | 本体価額（税抜） | 仮受消費税等 |
> |---|---|---|
> | 課税売上高 | 200,000,000円 | 20,000,000円 |
> | 非課税売上高 | 300,000,000円 | 0円 |
> | 合計 | 500,000,000円 | 20,000,000円 |

2　課税売上割合は下記のとおりであり，仕入れに係る消費税額の控除については一括比例配分方式を選択します（消法30②二）。

$$\frac{200,000,000円}{200,000,000円＋300,000,000円}＝40\%$$

3　課税仕入れ等の状況

		本体価額	仮払消費税等	仮払消費税等の内訳	
				控除対象消費税額等（40％）	控除対象外消費税額等（60％）
経費にかかるもの		48,000,000円	4,800,000円	1,920,000円	2,880,000円
棚卸資産にかかるもの		160,000,000円	16,000,000円	6,400,000円	9,600,000円
棚卸資産以外の資産にかかるもの	20万円以上のもの	96,000,000円	9,600,000円	3,840,000円	5,760,000円
	20万円未満のもの	1,200,000円	120,000円	48,000円	72,000円
合計		305,200,000円	30,520,000円	12,208,000円	18,312,000円

4　前期に発生した繰延消費税額等

　　前期に1,200,000円の繰延消費税額が発生し，会社において全額損金経理したため，別表四において繰延消費税額等限度超過額1,080,000円（加算・留保）の処理を行っています。

　　したがって，当期の別表五（一）の期首現在利益積立金額に繰延消費税額等1,080,000円の記載があります。

5　会社の仕訳

（借方）　仮受消費税等　20,000,000円　　　（貸方）　仮払消費税等　30,520,000円
　　　　　雑損失　　　　18,312,000円（注）　　　　　未払消費税等　7,792,000円
（注）控除対象外消費税額等の全額を雑損失として損金経理しています。

〈解　説〉

1　納付すべき消費税額等
（仮受消費税等）（控除対象消費税額等）
20,000,000円　－　12,208,000円　＝　7,792,000円

2　控除対象外消費税額等のうち損金経理を要件に損金算入される額
　①　経費分　2,880,000円
　②　資産に係るもの
　（棚卸資産）（資産のうち20万円未満）
　9,600,000円　＋　72,000円　＝　9,672,000円

3　繰延消費税額等（棚卸資産以外の資産のうち20万円以上のもの）
5,760,000円

4　当期発生分の損金算入額の計算
　①　損金算入限度額
　$5,760,000円\times\frac{12}{60}\times\frac{1}{2}＝576,000円$

② 損金不算入額

    5,760,000円 − 576,000円 = 5,184,000円

5　前期発生分の認容額

  ① 損金算入限度額

$$1,200,000円 \times \frac{12}{60} = 240,000円$$

  ② 認容額

    240,000円 < 1,080,000円　　∴　240,000円

《設例1》による記入例

資産に係る控除対象外消費税額等の損金算入に関する明細書		事 業 年 度	5・4・1 6・3・31	法人名	株式会社M社				別表十六(十)

			1,200,000円	円	円	円	円	5,760,000円
繰 延 消 費 税 額 等 （発生した事業年度）	1		4・4・1 5・3・31	・・・	・・・	・・・	・・・	当期分
当 期 の 損 金 算 入 限 度 額 (1)×当期の月数/60　(1)×当期の月数/60×1/2（当期発生分については）	2		240,000					576,000
当 期 損 金 経 理 額	3							5,760,000
差　損 金 算 入 不 足 額 (2)−(3)	4		240,000					
引　損 金 算 入 限 度 超 過 額 (3)−(2)	5							5,184,000
損金算入限度超過額　前 期 か ら の 繰 越 額	6		1,080,000					
同上のうち当期損金認容額 ((4)と(6)のうち少ない金額)	7		240,000					
翌 期 へ の 繰 越 額 (5)+(6)−(7)	8		840,000					5,184,000

別表四（減算・留保）へ

別表四（加算・留保）へ

当期に生じた資産に係る控除対象外消費税額等の損金算入額等の明細

			円				円
課税標準額に対する消費税額等 （税抜経理分）	9	20,000,000		(12)のうち当期損金算入額	14	15,432,000	
課 税 仕 入 れ 等 の 税 額 等 （税抜経理分）	10	30,520,000	同	(13)の割合が80%以上である場合の資産に係る控除対象外消費税額等の合計額	15		
同上の額のうち課税標準額に対する消費税額等から控除されない部分の金額	11	18,312,000	上 の	資産に係る控除対象外消費税額等で棚卸資産に係るものの合計額	16	9,600,000	
			う	資産に係る控除対象外消費税額等で特定課税仕入れに係るものの合計額	17		
同上の額のうち資産に係るものの金額 （資産に係る控除対象外消費税額等の合計額）	12	15,432,000	ち	資産に係る控除対象外消費税額等で20万円未満のものの合計額	18	72,000	
当期の消費税の課税売上割合	13	40.00%		当 期 の 繰 延 消 費 税 額 等 ((12)−(15))又は((12)−(16)−(17)−(18))	19	5,760,000	

《設例2》交際費がある場合

　前述した《設例1》の課税仕入れ等の状況の経費に係るもののうちに，交際費等がある場合には，別表十五「交際費等の損金算入に関する明細書」の記載はどのようになりますか。

　なお，課税仕入れ等の状況は，次のとおりです。

| | | 本体価額 | 仮払消費税等 | 仮払消費税等の内訳 | |
				控除対象消費税額等（40％）	控除対象外消費税額等（60％）
経費にかかるもの		48,000,000円	4,800,000円	1,920,000円	2,880,000円
（うち交際費）		(3,200,000)円	(320,000)円	(128,000)円	(192,000)円
棚卸資産にかかるもの		160,000,000円	16,000,000円	6,400,000円	9,600,000円
棚卸資産以外の資産にかかるもの	20万円以上のもの	96,000,000円	9,600,000円	3,840,000円	5,760,000円
	20万円未満のもの	1,200,000円	120,000円	48,000円	72,000円
合　計		305,200,000円	30,520,000円	12,208,000円	18,312,000円

〈解　説〉

　この場合，繰延消費税額等の計算（別表十六（十））には影響はありません。

　しかし，その交際費等に係る控除対象外消費税額等192,000円（320,000×（1−0.4）＝192,000）は《設例1》の会社仕訳上は雑損失の中に含まれていますが，交際費等に含まれることになるので別表十五（交際費等の損金算入に関する明細書）の「支出交際費等の額の明細」欄に交際費本体価額3,200,000円と一緒に記載しなければなりません（「消費税等の施行に伴う法人税の取扱いについて」（平成元年3月1日直法2−1）参照）。

　したがって，この場合の支出交際費等の額の合計は「3,392,000円」となります。

《設例2》による記入例

交際費等の損金算入に関する明細書

| | | | 事業年度 | 5・4・1
6・3・31 | 法人名 | 株式会社M社 | 別表十五 |

支出交際費等の額 （8の計）	1	3,392,000 円	損金算入限度額 (2)又は(3)	4	3,392,000 円
支出接待飲食費損金算入基準額 （9の計）× $\frac{50}{100}$	2		損金不算入額 (1)－(4)	5	0
中小法人等の定額控除限度額 （(1)と（(800万円× $\frac{12}{12}$ ）又は(別表十五付表「5」)）のうち少ない金額）	3	3,392,000			

支出交際費等の額の明細

科目	支出額	交際費等の額から 控除される費用の額	差引交際費等の額	(8)のうち接待 飲食費の額
	6	7	8	9
交際費	3,200,000 円	円	3,200,000 円	円
控除対象外消費税等	192,000		192,000	
計	3,392,000		3,392,000	

■執筆者紹介

税理士法人　右山事務所

〈代表社員〉
宮森俊樹（みやもり　としき）
昭和63年　大原簿記学校税理士課法人税法科専任講師
平成４年　右山昌一郎税理士事務所入所
平成７年　右山秀一税理士事務所入所
平成８年　税理士登録
平成14年　税理士法人右山事務所入所
現在，税理士法人右山事務所（代表社員）所長，日本税務会計学会税法部門副学会長，東
　　　京税理士会会員講師，税務会計研究学会委員，日本租税理論学会委員
〈主な著書〉
『Q＆A知っておきたい中小企業経営者と税制改正の実務―平成24～27年度版―』『減価償
却の税務調査対策』『相続時精算課税制度の徹底活用法』（以上，大蔵財務協会），『税理士
のための相続税の実務Q＆Aシリーズ　事業承継対策』（中央経済社），『新事業承継税制の
すべて』（共著・大蔵財務協会），『改訂版計算書類作成のポイント』『政省令対応Q＆A税
制改正の実務―令和５年度版―』（以上，新日本法規），『Q＆A税制改正の実務（平成29～
30年度）』『Q＆A令和元年度（平成31年度）税制改正の実務』『Q＆Aでわかる令和２年度
税制改正・新型コロナ対策税制の実務』『Q＆Aでわかる令和３年度税制改正の実務』
『Q＆Aでわかる令和４年度税制改正の実務』『減価償却・リースの税務詳解第３版』『改正
法人税法・通達の実務（共著）』『税理士のための企業再編の税務と法務（共著）』（以上，
中央経済社），『会計参与制度と実務のポイント』（共著・新日本法規），『税理士が図解式
で書いた事業承継のしくみ第２版』（共著・中央経済社），『新税理士実務質疑応答集個人
税務編』（共著・ぎょうせい），『新税理士実務質疑応答集法人税務編』（共著・ぎょうせい），
『和解をめぐる法務と税務の接点』（共著・大蔵財務協会），『わかりやすい必要経費判断・
処理の手引』（共著・新日本法規），『事業承継対策の法務と税務』（共著・新日本法規），
『Q＆A中小企業のための欠損金の活用と留意点』（清文社），『実務家が押さえておきたい
事業承継対策のリスクと対応』（共著・新日本法規）

徳丸親一（とくまる　しんいち）
平成５年　税理士登録
平成14年　税理士法人右山事務所入所
現在，税理士法人右山事務所（代表社員）会長
〈主な著書〉
『役員の報酬・賞与・退職金の税務調査対策』（大蔵財務協会），『新事業承継税制のすべて』
（共著・大蔵財務協会），『すべてがわかる税理士法人の設立・運営』（共著・ぎょうせい），
『定期借地権と定期所有権』（共著・ダイヤモンド社），『会計参与制度と実務のポイント』
（共著・新日本法規），『税理士が図解式で書いた事業承継のしくみ第２版』（共著・中央経
済社），『新税理士実務質疑応答集個人税務編』（共著・ぎょうせい），『新税理士実務質疑
応答集法人税務編』（共著・ぎょうせい），『和解をめぐる法務と税務の接点』（共著・大蔵
財務協会），『わかりやすい必要経費判断・処理の手引』（共著・新日本法規），『事業承継
対策の法務と税務』（共著・新日本法規），『実務家が押さえておきたい事業承継対策のリ
スクと対応』（共著・新日本法規）

〈社員〉
中村彰宏（なかむら　あきひろ）
平成 3 年　富士銀行（現みずほ銀行）入行
平成14年　税理士法人右山事務所入所
平成16年　税理士登録
現在，税理士法人右山事務所（社員）所長代理，日本税務会計学会税法部門委員
〈主な著書〉
『会計参与制度と実務のポイント』（共著・新日本法規），『税理士が図解式で書いた事業承
継のしくみ第 2 版』（共著，中央経済社），『新事業承継税制のすべて』（共著・大蔵財務協
会），『新税理士実務質疑応答集個人税務編』（共著・ぎょうせい），『新税理士実務質疑応
答集法人税務編』（共著・ぎょうせい），『和解をめぐる法務と税務の接点』（共著・大蔵財
務協会），『わかりやすい必要経費判断・処理の手引』（共著・新日本法規），『事業承継対
策の法務と税務』（共著・新日本法規），『実務家が押さえておきたい事業承継対策のリス
クと対応』（共著・新日本法規）

廣瀬尚子（ひろせ　なおこ）
平成 6 年　右山昌一郎税理士事務所入所
平成 7 年　右山秀一税理士事務所入所
平成14年　税理士法人右山事務所入所
平成23年　税理士登録
現在，税理士法人右山事務所（社員）
〈主な著書〉
『新税理士実務質疑応答集個人税務編』（共著・ぎょうせい），『新税理士実務質疑応答集法
人税務編』（共著・ぎょうせい），『事業承継対策の法務と税務』（共著・新日本法規），『実
務家が押さえておきたい事業承継対策のリスクと対応』（共著・新日本法規）

冨永典寿（とみなが　のりひさ）
平成14年　大原簿記学校税理士講座財務諸表論科専任講師
平成23年　税理士法人右山事務所入所
平成27年　税理士登録
現在，税理士法人右山事務所（社員），日本税務会計学会法律部門委員
〈主な著書〉
『新税理士実務質疑応答集法人税務編』（共著・ぎょうせい），『新税理士実務質疑応答集個
人税務編』（共著・ぎょうせい），『わかりやすい必要経費判断・処理の手引』（共著・新日
本法規），『事業承継対策の法務と税務』（共著・新日本法規），『中小企業が本当に使える
最新事業承継対策の法務と税務』（共著・日本法令），『事例式事業承継手続マニュアル』
（共著・新日本法規），『実務家が押さえておきたい事業承継対策のリスクと対応』（共著・
新日本法規）

〈所属税理士〉
杉山幸代（すぎやま　さちよ）
平成29年　税理士登録
令和 2 年　税理士法人右山事務所入所

小川泰幸（おがわ　やすゆき）
平成19年　大原簿記学校税理士講座簿記論科専任講師
平成26年　税理士法人右山事務所入所
令和 5 年　税理士登録
〈主な著書〉
『わかりやすい必要経費判断・処理の手引』（共著・新日本法規）

〈職員〉
林優子（はやし　ゆうこ）
令和 2 年　税理士法人右山事務所入所

法人税申告書の書き方と留意点（令和6年申告用）
基本別表編

2004年12月21日　平成16年度版発行
2024年3月5日　令和6年申告用発行

編　者　税理士法人　右 山 事 務 所
発行者　山　本　　　継
発行所　㈱中 央 経 済 社
発売元　㈱中央経済グループ
　　　　パ ブ リ ッ シ ン グ

〒101-0051・東京都千代田区神田神保町1-35
電話03（3293）3371（編集代表）
　　03（3293）3381（営業代表）
https://www.chuokeizai.co.jp
印刷／㈱堀内印刷所
製本／誠　製　本　㈱

©2024 MIGIYAMA TAX ACCOUNTANTS, CORP.
Printed in Japan

＊頁の「欠落」や「順序違い」などがありましたらお取り替えいたしますので発
　売元までご送付ください。（送料小社負担）

ISBN978-4-502-49021-7　C3034

新別表番号	別 表 名	改正の有無	
		様式	記載要領
別表七(四)	民事再生等評価換えが行われる場合以外の再生等欠損金の損金算入及び解散の場合の欠損金の損金算入に関する明細書	有	有
別表八(一)	受取配当等の益金不算入に関する明細書	有	有
別表八(二)	外国子会社から受ける配当等の益金不算入等に関する明細書	有	有
別表十(五)	収用換地等及び特定事業の用地買収等の場合の所得の特別控除等に関する明細書	無	有
別表十一(一)	個別評価金銭債権に係る貸倒引当金の損金算入に関する明細書	有	有
別表十一(一の二)	一括評価金銭債権に係る貸倒引当金の損金算入に関する明細書	有	有
別表十一(二)	返品調整引当金の損金算入に関する明細書	有	有
別表十二(一)	海外投資等損失準備金の損金算入に関する明細書	有	有
別表十二(十三)	特別修繕準備金の損金算入に関する明細書	有	有
別表十二(十五)	再投資等準備金の損金算入に関する明細書	有	有
別表十三(一)	国庫補助金等，工事負担金及び賦課金で取得した固定資産等の圧縮額等の損金算入に関する明細書	有	有
別表十三(二)	保険金等で取得した固定資産等の圧縮額等の損金算入に関する明細書	有	有
別表十三(三)	交換により取得した資産の圧縮額の損金算入に関する明細書	有	有
別表十三(四)	収用換地等に伴い取得した資産の圧縮額等の損金算入に関する明細書	有	有
別表十三(五)	特定の資産の買換えにより取得した資産の圧縮額等の損金算入に関する明細書	有	有
別表十三(六)	特定の交換分合により取得した土地等の圧縮額の損金算入に関する明細書	有	有
別表十三(七)	特定普通財産とその隣接する土地等の交換に伴い取得した特定普通財産の圧縮額の損金算入に関する明細書	有	有
別表十三(八)	賦課金で取得した試験研究用資産の圧縮額の損金算入に関する明細書	有	有
別表十四(一)	民事再生等評価換えによる資産の評価損益に関する明細書	有	有
別表十四(二)	寄附金の損金算入に関する明細書	有	有
別表十四(三)	譲渡制限付株式に関する明細書	有	有
別表十四(四)	新株予約権に関する明細書	有	無
別表十四(六)	完全支配関係がある法人の間の取引の損益の調整に関する明細書	有	有
別表十四(七)	特定資産譲渡等損失額の損金不算入に関する明細書	有	有
別表十五	交際費等の損金算入に関する明細書	無	無